böhlau

Simon Karstens

# Untergegangene Kolonialreiche

Gescheiterte Utopien in Amerika

BÖHLAU VERLAG WIEN KÖLN

Bibliografische Information der Deutschen Nationalbibliothek:
Die Deutsche Nationalbibliothek verzeichnet diese Publikation
in der Deutschen Nationalbibliografie; detaillierte bibliografische Daten
sind im Internet über http://dnb.d-nb.de abrufbar.

© 2022 Böhlau Verlag, Zeltgasse 1, A-1080 Wien, ein Imprint der Brill-Gruppe
(Koninklijke Brill NV, Leiden, Niederlande; Brill USA Inc., Boston MA, USA; Brill Asia Pte Ltd, Singapore; Brill Deutschland GmbH, Paderborn, Deutschland; Brill Österreich GmbH, Wien, Österreich)
Koninklijke Brill NV umfasst die Imprints Brill, Brill Nijhoff, Brill Hotei, Brill Schöningh, Brill Fink, Brill mentis, Vandenhoeck & Ruprecht, Böhlau, Verlag Antike und V&R unipress.
Alle Rechte vorbehalten. Das Werk und seine Teile sind urheberrechtlich geschützt. Jede Verwertung in anderen als den gesetzlich zugelassenen Fällen bedarf der vorherigen schriftlichen Einwilligung des Verlages.

Umschlagabbildung: Mostaert, Jan Jansz. Landscape with an Episode from the Conquest of America, ca. 1535. http://hdl.handle.net/10934/RM0001.COLLECT.519997 (Rijksmuseum Amsterdam)
Vor- und Nachsatz: Eine Weltkarte aus der Reiseberichtsammlung des einflussreichen englischen Kolonialpropagandisten Richard Hakluyt, den *Principal Navigations* von 1598. John Wright, after the c. 1592 globe of Emery Molyneux (https://commons.wikimedia.org/wiki/File:Map_of_the_World_Hakluyt_Vol_I_Adelaide.png), »Map of the World Hakluyt Vol I Adelaide«, als gemeinfrei gekennzeichnet, Details auf Wikimedia Commons: https://commons.wikimedia.org/wiki/Template:PD-old.

Korrektorat: Ulrike Weingärtner, Gründau
Einbandgestaltung: Michael Haderer, Wien
Satz: Michael Rauscher, Wien
Druck und Bindung: Finidr, Český, Těšín
Gedruckt auf chlor- und säurefrei gebleichtem Papier
Printed in the EU

Vandenhoeck & Ruprecht Verlage | www.vandenhoeck-ruprecht-verlage.com

ISBN 978-3-205-21471-7

# Inhalt

Vergessene Geschichte(n) .................... 7

1. Goldminen im Permafrost – Die Baffin Insel 1576–1578 ........ 19
2. Ein neues Frankreich – Das St.-Lorenz Tal 1534–1544 und 1600–1617 ........................... 39
3. Mit dem Silber des Meeres zu einem Weltreich – Neufundland 1578–1583 .................... 61
4. Als Kanada einer Frau gehörte – Die Acadie 1606–1613 ........ 77
5. Der verratene Gottesstaat – Virginia 1571 ............. 97
6. Eine verschwundene englische Stadt – North Carolina 1584–1590 ... 111
7. Wenn Eroberer zu Söldnern werden – Florida 1562–1565 ....... 141
8. Ein Konzern gründet eine Kolonie – Die Welser in Venezuela 1528–1556 .................... 167
9. Eine unmögliche Mission – Walter Ralegh in Guyana 1595 und 1617 . 193
10. Allmacht und Ohnmacht des Glaubens – Nordbrasilien 1612–1615 .. 219
11. Märtyrer unter Menschenfressern? Rio de Janeiro 1555–1560 ..... 243
12. Eine verlorene Festung am Ende der Welt – Die Magellanstraße 1584 . 265

Utopie und Untergang – Jenseits des Meeres ............. 279

Zeitleiste ............................. 285

Abbildungsnachweis ....................... 288

Danksagung ............................ 290

# Vergessene Geschichte(n)

Ob Schulbücher, TV-Dokumentationen, Erklärvideos auf Videoportalen oder historische Überblickswerke – die meisten Darstellungen der sogenannten Eroberung Amerikas schildern eine ebenso brutale wie einseitige Geschichte. Sie erzählen, wie die Spanier in eine für sie neue Welt kamen und wie daraufhin die indigenen Reiche der Azteken und der Inka kollabierten und erobert wurden. Manchmal umfasst die Geschichte noch das Schicksal der weniger urbanisierten Kulturen der Taino in der Karibik oder der *Tupinamba* in Brasilien, genauer deren Massensterben durch Seuchen, Zwangsarbeit, Misshandlung oder Vertreibung. Aus den Trümmern der indigenen Großreiche erhebt sich in den Erzählungen dann, als Resultat allen Leidens und Mordens, das Spanische Imperium, welches später wiederum von den Engländern, Franzosen und Niederländern herausgefordert wird. Diese Geschichte, die in groben Zügen durchaus zur Allgemeinbildung zählen kann, ist allerdings in mindestens zweierlei Hinsicht einseitig und unvollständig.

Erstens besteht die Geschichte der Begegnung von Europäern und Amerikanern keineswegs nur aus europäischen Triumphen, die für indigene Kulturen tragisch und verhängnisvoll waren. Sie umfasst zahlreiche Beispiele für Misserfolg und Scheitern derjenigen, die mit großen Erwartungen und einem unzweifelhaften Glauben an ihre eigene Überlegenheit den Ozean überquerten. Tatsächlich ist der größte Teil derjenigen, die hofften jenseits des Ozeans Reichtümer und Ruhm zu gewinnen, entweder geschlagen und verarmt nach Hause zurückgekehrt oder gleich bei dem Versuch gestorben, sein eigenes Reich in Übersee zu errichten. Diese oft vernachlässigte Geschichte der gescheiterten Eroberungen Amerikas steht im Zentrum dieses Buches.

Zweitens wirft ein Blick auf gescheiterte Eroberungen und untergegangene Kolonialreiche ein neues Licht auf die oft einseitige Rolle, die den Indigenen Amerikas zugeschrieben wurde. Betrachtet man scheiternde, leidende und sterbende Europäer, so wird die Handlungsmacht und historische Bedeutung all derjenigen stärker sichtbar, welche die Europäer verächtlich nur *Sauvages, Savages, Indios* oder *Wilde* nannten. Damit lässt sich die Sichtweise der Reiseberichte, Tagebücher und Briefe der Europäer hinterfragen, die sich selbst oft als Herren der Lage, von Gott auserwählte Eroberer oder Heilsbringer und als den in ihren Augen primitiven Indigenen überlegen beschrieben.

Die in diesem Buch präsentierten Ereignisse zeigen ein gänzlich anderes Bild. Rücken die gescheiterten Europäer ins Zentrum, so erscheinen die Indigenen als die entscheidenden Akteure. Sie kannten die Ressourcen und die Gefahren des Landes und waren als Verbündete überlebenswichtig. Ohne ihre Führung und Nahrungslieferungen konnte kein Stützpunkt etabliert werden und ihr aktiver oder passiver Widerstand war mehr als einmal stark genug, um selbst eine gut ausgerüstete Streitmacht zurückzuschlagen.

Dies soll nicht in Abrede stellen, dass in anderen Fällen unbewaffnete Indigene Opfer von Angriffen und brutalen Überfällen vonseiten der Europäer waren. Allerdings ist anzumerken, dass die indigene Welt auch ohne die Fremden von Gewalt geprägt war. Dies zeigt sich an den Kriegen und Konflikten, die zwischen indigenen Gruppen ausbrachen, um Handelsbeziehungen zu den neu eingetroffenen Europäern aufzubauen und für sich exklusiv zu nutzen. Sie kämpften um die neuen Waren, die ihnen erlaubten, ihre eigene Stellung in komplexen Wirtschaftsgeflechten zu verbessern, die hunderte Kilometer ins Landesinnere reichten. Mehr noch: Von Florida über Venezuela bis Brasilien waren Indigene erfolgreich darin, Europäer für sich kämpfen zu lassen – sei es als Verbündete oder als bezahlte Söldner. Mehr als einmal waren sie dann aber entsetzt über die Brutalität der Europäer oder deren Ignoranz gegenüber indigenen Hierarchien und Riten – ein Entsetzen, das aus Verbündeten schnell Feinde machen konnte.

Das Ziel dieses Buches, erfolglose Europäer und die zentrale historische Rolle der amerikanischen Indigenen in den ersten 120 Jahren nach Kolumbus zu thematisieren, bietet allerdings die Gefahr eines Missverständnisses. Es könnte der Eindruck entstehen, dass die langfristige Entwicklung, die Eroberung, Vertreibung, Unterdrückung und Vernichtung ausgeblendet oder gar relativiert werden soll. Dies ist ebenso wenig beabsichtigt, wie ein Aufrechnen des Leidens der einen oder der anderen Seite.

Das tragische Ende sollte aber auch nicht den Blick auf die keineswegs so eindeutigen und komplexen Anfänge und frühen interkulturellen Kontakte trüben. Es wäre unzutreffend, die Indigenen Amerikas als rein passive Opfer aggressiver Europäer oder naive Wegbereiter ihres eigenen Untergangs zu beschreiben. Es ist vielmehr erstaunlich, wie lange indigene Gemeinschaften angesichts neuer Seuchen, dem Zugang zu neuen Handelswaren und Technologien und dem Kontakt mit durchaus kampfstarken Europäern eine eigenständige Handlungsmacht besaßen und im Stande waren, ihre Weltordnung an die sich ändernden Umstände anzupassen, ohne ihre Identität aufzugeben. In vielen der in diesem Buch untersuchten Fälle verloren sie über mehr als 100 Jahre nicht die Macht, selbst zu entscheiden, welche geistigen oder materiellen Neuheiten sie in ihre Gesellschaften aufnahmen und ob sie die Fremden von jenseits des Meeres überhaupt in ihrer Nähe tolerieren wollten. Daher erzählt dieses Buch nicht nur die Geschichte europäischer Akteure in Amerika, sondern eine verflochtene, gemeinsame Geschichte von Begegnungen.

### Von Nord nach Süd

Dieses Buch folgt der östlichen Küstenlinie des amerikanischen Doppelkontinents vom hohen Norden bis in den tiefen Süden. Der Blick reicht dabei von der felsigen, in Permafrost gefangenen Baffin Insel westlich von Grönland über die grünen Küsten Acadiens, die schwülen Sumpflandschaften Floridas und den Dschungel Südamerikas bis zum kargen Feuerland nahe der Südspitze des Doppelkontinents. Die Darstellung führt in einer Art Reise zu historischen Schauplätzen, die durch ihre verschiedene Landesnatur vielfältige interkulturelle Begegnungen von Indigenen und Europäern prägen.

An diese Orte kamen Mönche, Missionare, Freibeuter, Fischer, Walfänger, gewaltbereite Eroberer, junge Ritter, die sich einen Namen machen wollten, alte Seehelden und immer wieder einfache Männer und Frauen, die als Dienstpersonal, Handwerker oder Familienangehörige den Ozean überquerten. Dieses Buch erzählt die Geschichten ihrer Begegnungen mit den indigenen Bewohnern der Landschaften Amerikas, seien es kleine Gruppen von Männern und Frauen, die als Jäger und Sammler lebten, Landwirtschaft treibende Dorfbewohner, spirituelle Führer, Krieger, Händler, die männlichen und weiblichen Oberhäupter großer Städte oder manchmal sogar die Herrscher von Reichen, die zehntausende Krieger zu ihrer Verteidigung aufbieten konnten.

### Die Überlieferung

Bereits ein kurzer Überblick über die Quellen, die aus der Zeit der frühen transatlantischen Kulturkontakte überliefert sind, zeigt zwei zentrale Probleme: Zum einen gibt es nahezu keine Quellen indigener Akteure, die nicht erst nach einer Eroberung und europäisierten Ausbildung der Überlebenden entstanden sind. Fast alles, was wir in Bild oder Text über indigene Kulturen und Persönlichkeiten der Amerikas wissen, stammt von Europäern.

Dies führt uns direkt zum zweiten Problem. Selbstverständlich sind historische Quellen keine neutralen Darstellungen. Sie sind zum Teil ganz offen ge-

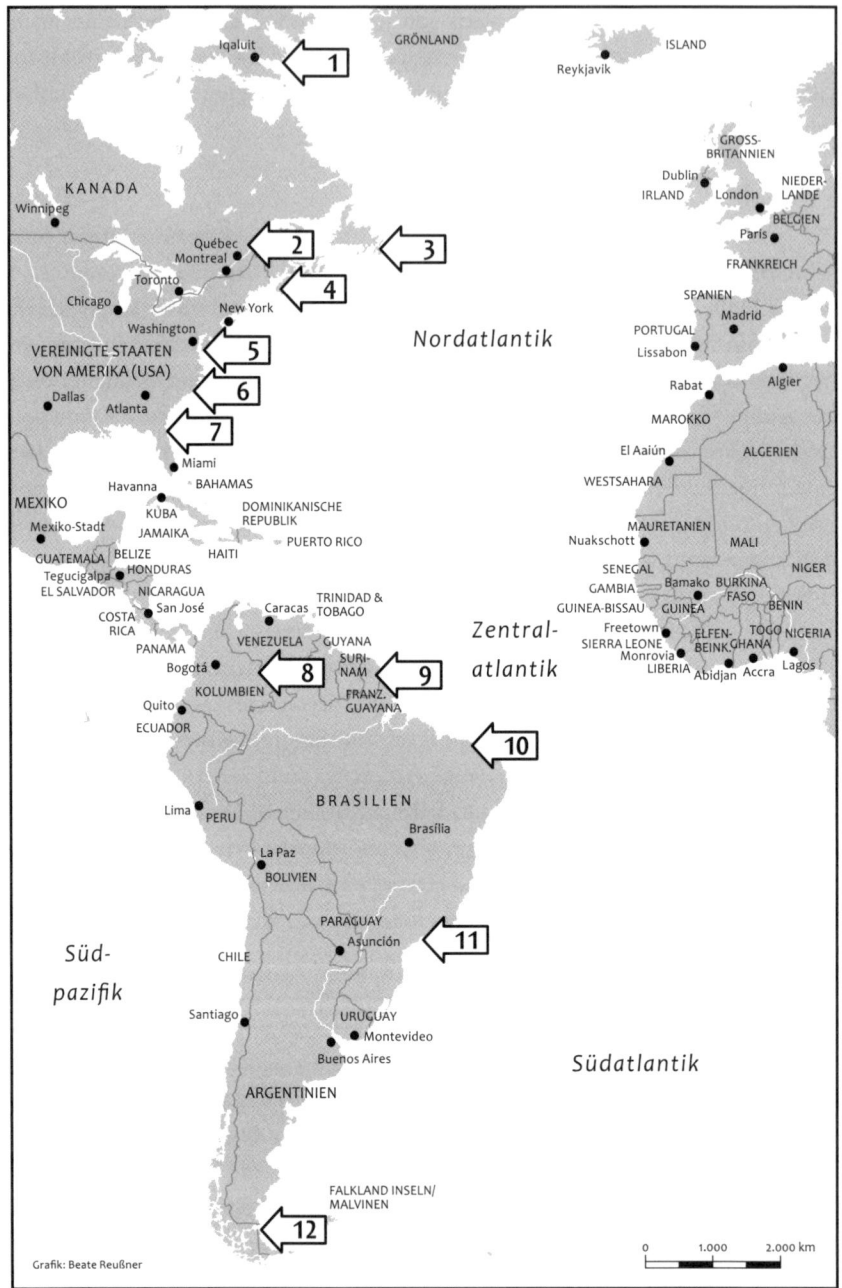

Abb. 1 Diese Karte zeigt die Lage der zwölf in diesem Buch präsentierten Kolonialprojekte und die Reihenfolge, in der sie beschrieben werden: 1., 2., 3. etc.

schrieben worden, um die Leserschaft vom eigenen Standpunkt zu überzeugen. Auslassungen, Erfindungen, Prahlerei und ähnliche Dinge sind typische Bestandteile, lassen sich aber immerhin durch kritische vergleichende Lektüre teilweise identifizieren und auflösen. Weitaus grundlegender als solche absichtlichen Verfälschungen ist aber die fundamentale Prägung aller Quellen durch den geteilten geistigen Horizont des Autors und seines Publikums in Bezug auf Wissen, Vorstellungswelten, Metaphern, moralische Konzepte, Konventionen und Traditionen des jeweiligen Genres sowie die Grenzen des Sagbaren.

Zur Überwindung dieser doppelten Problematik können neben der klassischen Quellenkritik der Geschichtswissenschaft besonders Methoden und Erkenntnisse der historischen Literaturwissenschaft genutzt werden, um die oftmals literarischen Quellen als Texte ihrer jeweiligen Zeit zu verstehen. Darüber hinaus können in einigen Fällen die Ergebnisse archäologischer Untersuchungen sowie der amerikanischen Native American Studies und der historisch arbeitenden Anthropologie einbezogen werden. Durch Kombination dieser Ansätze ist zumindest eine Annäherung an die indigenen Akteure der Zeit möglich. So vorzugehen, bleibt zwar immer angreifbar, ist aber der Alternative vorzuziehen, die Indigenen auf die Rolle bloßer Figuren in europäischen Texten zu reduzieren.

Die Kapitel dieses Buches sind das Ergebnis einer kritischen Analyse des überlieferten Quellenmaterials unter Einbeziehung der Erkenntnisse benachbarter Disziplinen. Sie entsprechen dem Stand der Forschung, können aber nicht den Anspruch erfüllen, umfassend zu sein. Für tiefere Einblicke in die Forschungsgeschichte, die Überlieferungsproblematik und weiterführende Interpretationen sei auf die Habilitationsschrift *Gescheiterte Kolonien – Erträumte Imperien* mit ihrem umfangreichen Anmerkungsapparat verwiesen. Auch in diesem Buch finden sich Hinweise auf weiterführende Lektüre und die Quellenlage zu jedem Kolonialprojekt am Ende des jeweiligen Kapitels. Es handelt sich natürlich nur um einen ersten Einblick in eine Forschung, die auf Deutsch, Englisch, Spanisch, Portugiesisch und Französisch nicht nur Regale, sondern ganze Bibliotheken füllt.

## Utopien jenseits des Meeres

Auch wenn die Indigenen bei den meisten in diesem Buch beschriebenen kolonialen Unternehmungen über Erfolg oder Niederlage entschieden, so bleibt unstreitig, dass die Initiative für die interkulturellen Begegnungen bei den Europäern lag. Sie waren es, die den Atlantik überquerten und ihre Waffen, Tauschwaren und ihre Vorstellungen von der Überlegenheit ihrer eigenen Lebensweise und einer neuen kolonialen Ordnung mitbrachten. Um die Ziele der europäischen Akteure zu verstehen, empfiehlt sich zunächst ein Blick auf das Spanische Imperium, das für alle, die nicht direkt dazugehörten, entweder Vorbild oder Feindbild war.

Auch wenn viele Konquistadoren am Widerstand indigener Gemeinschaften scheiterten, hatten Cortes, Pizarro und ihresgleichen durch ihre Feldzüge dennoch um 1535 für den Herrscher Karl V. und die spanischen Habsburger ein gewaltiges Imperium erschaffen. Nach der Eroberung Perus und Mexikos begann ein steter Strom von Edelmetall und Handelswaren zu fließen. Jedes Jahr, regelmäßig wie ein Pulsschlag, brachte die sogenannte *Flota* oder Silberflotte Schätze der Amerikas nach Sevilla. Auch wenn die Habsburger einen großen Teil davon zur Tilgung von Krediten verwenden mussten, blieb ihnen genug, um eine europaweite Machtpolitik zu finanzieren. Kriege in Italien und den Niederlanden, aber auch Bestechungen auf allerhöchster Ebene, all das ermöglichten die Schätze Amerikas.

Wenn die Silberflotte als Pulsschlag des Imperiums gelten kann, war die Karibik sein Herz. Hierhin fuhr die *Flota* aus Spanien, bevor sie unterschiedliche amerikanische Häfen anlief, und hier versammelten sich die Schiffe zur gemeinsamen Rückreise nach Sevilla. Auf den Inseln selbst hatte man, nachdem die indigene Bevölkerung durch eingeschleppte Seuchen und brutale Ausbeutung weitgehend zugrunde gegangen war, eine lukrative Plantagenwirtschaft etabliert, für die immer mehr Menschen aus Afrika als Sklaven verschleppt wurden. Doch nicht nur die Erträge der Zwangsarbeit auf den Plantagen, das Silber und Gold aus Peru und Mexiko, Edelsteine aus Kolumbien und exotische Tiere oder Pflanzen aus Südamerika wurden hier für Europa geladen, sondern auch Handelswaren von den pazifischen Gewürzinseln und den fernen Märkten Asiens, die ab den 1570er Jahren jährlich über den Pazifik durch Mexiko in die Karibik kamen.

Es wundert wenig, dass andere europäische Herrscher und ihre Untertanen keineswegs freundlich auf diese Warenströme blickten. Während Franz I. von Frankreich in einer langen Reihe von Kriegen gegen den Habsburger Karl V. stritt, waren seine Untertanen mehr als nur bereit, den Kampf auf eigene Rechnung und zum eigenen Vorteil auch in der Karibik und an der Küste Brasiliens auszutragen. Seefahrer aus der Normandie, Bretagne und dem Baskenland rüsteten schon vor 1530 Kaperfahrten aus, manche davon offiziell genehmigt, andere hingegen reine Piraterie. In der zweiten Hälfte des Jahrhunderts folgten den Franzosen dann die Untertanen Königin Elisabeths von England. Sie begannen einen jahrzehntelangen Kaperkrieg, der sich bis in den Pazifik erstreckte. Für alle diese Kaperfahrer waren das Herz und der Puls des Spanischen Imperiums, die Karibik und die Silberflotte, die bevorzugten Ziele.

Dieser Hintergrund war in mehrfacher Hinsicht prägend für die Erwartungen und Pläne aller Europäer, die nicht aus dem Spanischen Imperium kamen und dennoch Kolonien jenseits des Ozeans gründen wollten. Zum einen war die Karibik der zentrale Anlaufpunkt, wenn man nach Amerika reisen wollte. Strömungen und Winde machten die Überfahrt leicht und eventuell ließ sich dort die koloniale Unternehmung mit einer Kaperfahrt kombinieren. Die Attraktivität der Kaperei war zum anderen generell ein großes Problem für jeden, der eine Kolonie gründen wollte. Warum sollten Investoren und Seeleute sich die Mühe einer Koloniegründung machen, wenn man sich nur zu nehmen brauchte, was die Spanier bereits erbeutet hatten? Diese Frage stellte sich besonders in Kriegszeiten, so dass jeder Friedensschluss einen Aufschwung für koloniale Vorhaben und jede politische Spannung die Stimmung zugunsten von Kaperfahrten kippen ließ.

Doch es gab auch Ideen, um beides in kolonialen Projekten zu kombinieren. Man plante, Stützpunkte für Kaperfahrer in den Amerikas zu errichten. Derartige Vorhaben waren aber davon abhängig, dass das eigene Heimatland in Feindschaft mit dem Spanischen Imperium blieb. Ein Friedensschluss, der Angriffe auf spanische Schiffe untersagte, wäre für solche Kolonien das Ende.

Daher ist es nachvollziehbar, dass Pläne geschmiedet wurden, um weit im Norden oder Süden Amerikas ein Kolonialreich zu errichten, das wirtschaftlich nicht auf Beute aus Kämpfen gegen Spanier setzte. Doch selbst in solchen Fällen entkam man nicht dem Einfluss des Spanischen Imperiums. Es war der Maßstab, an dem alle anderen Vorhaben gemessen wurden. Im positiven Sinne konnte es ein Vorbild sein, wenn es den Organisatoren und Geldgebern um Eroberung, Unterwerfung und Gold ging. Doch die Spanier waren nur für wenige Jahrzehnte ein allgemein akzeptiertes Vorbild. Ab der Mitte des 16. Jahrhunderts war ihre Kolonialpolitik im restlichen Europa zunehmend umstritten und schließlich sogar verpönt. Grund hierfür waren die zahlreichen Kriege der spanischen Habsburger in Europa und ihre Rolle als Vorkämpfer des Katholizismus im Zeitalter der Reformation. Dies führte zu einer reichen Literatur, welche die Spanier als von Natur aus brutal, goldgierig und verdorben beschrieb. Die Geschichte von der Eroberung Amerikas war den Autoren ein willkommener Beweis für jene, angeblich typische Bösartigkeit der Spanier. Für alle Organisatoren kolonialer Projekte in England, Frankreich und dem protestantischen Deutschland bedeutete diese Entwicklung, dass sie sich ausdrücklich von den Spaniern distanzieren mussten, wenn sie Herrscher und Geldgeber für sich gewinnen wollten.

Sie erklärten daher, dass es ihnen um friedliche Kontakte mit den Indigenen ginge, um sie mit Milde zu christianisieren und zu guten Untertanen neuer Reiche jenseits des Ozeans zu machen. Dort würden so bessere Versionen ihres Heimatlandes entstehen und Orte, die frei von den brutalen Konflikten seien, die Europa zerrissen. Die Organisatoren kolonialer Projekte versprachen utopische Welten und für jeden ein glückliches Leben, sinnvolle gottgefällige Arbeit in einer vor Ressourcen geradezu überbordenden Naturidylle. Deren indigene Bewohner würden aus Liebe und Respekt gegenüber den Christen entweder friedlich mit ihnen zusammenleben oder ihnen das weite, fruchtbare Land gerne überlassen. Kurz: Amerika war für sie eine Projektionsfläche für Träume von besseren Gesellschaften, ein Ort für Utopien.

Diesen Begriff hatte der englische Staatsmann Thomas Morus just 1516 in einem Werk über eine fiktive, ideale Gesellschaft im modernen Sinne geprägt. Utopia ist in diesem Werk der Name für eine perfekte Gesellschaft auf einer Insel vor der Küste Amerikas, die auch Kolonien auf dem Kontinent etabliert. Bei aller Harmonie zeigt sich in Morus' Werk auch eine typische Ambivalenz. Wenn die indigenen Bewohner Amerikas sich nicht zu ihrem eigenen Besten der Expansion der Utopier fügen, so greifen letztere laut Morus mit allem Recht zu den Waffen, um ihre Interessen auf dem Kontinent durchzusetzen.

Dieser Gedanke ist für das 16. Jahrhundert durchaus typisch, da kolonialen Utopien häufig der Gedanke innewohnte, Gewalt gegen Indigene sei legitim, falls diese nicht einsahen, dass die Lebensweise und der Glaube der Europäer in jeder Hinsicht überlegen seien, und sich friedlich ergaben. Man rechtfertigte dies stets damit, dass es keine Gewalt zum Zwecke der Unterwerfung wie bei den Spaniern sei, sondern letztlich zum Wohle der Indigenen. Dass im Spanischen Imperium ganz ähnliche Rechtfertigungen vorgebracht worden waren, blendete man in England wie in Frankreich dabei nur zu gerne aus.

Da solche Utopien aber auch mit finanziellem Gewinn locken mussten, um Geldgeber anzuziehen, versprachen diejenigen, die für ihre Realisierung warben, auch monetäre Anreize. Pelze, Perlen, Edelsteine, Gold und Silber, aber immer wieder auch die Entdeckung einer Abkürzung in den Pazifik waren ihre Argumente. Tatsächlich war die Suche nach einer Nordwestpassage, nach einem Weg durch die gewaltigen Flussnetzwerke Nord- oder Südamerikas oder aber nach einer zweiten Landenge wie in Panama das Ziel zahlloser Expeditionen. Solch eine Entdeckung würde einer eigenen Kolonie den Rang einer zweiten Karibik verleihen und dem eigenen Heimatland ein goldenes Zeitalter bescheren.

Doch keine dieser Utopien wurde Realität. Manche von ihnen blieben bloße Vorstellungen in Manuskripten und Büchern, andere existierten immerhin für einige Wochen oder sogar Jahre, bevor sie letztlich untergingen. Die Träume und Versprechungen, die hinter ihnen steckten, blieben jedoch bedeutsam. Sie bestimmten, wie die Europäer ihre Erfahrungen deuteten und den Daheimgebliebenen von ihren Erlebnissen erzählten. Somit prägen sie noch heute alle Quellen, die aus dieser Zeit überliefert sind.

## Die Perspektive der anderen

Doch was ist mit den Erwartungen und Eindrücken der Indigenen Amerikas? Um sie zu beschreiben ist die Quellenlage, wie erwähnt, sehr ungünstig. Es dennoch zu versuchen, bietet aber eine gute Gelegenheit, um grundlegend über die unterschiedlichen Perspektiven der historischen Akteure nachzudenken, die einander in jedem der folgenden Kapitel begegnen.

Solch ein Versuch bedient sich am besten eines Beispiels, das sich auf die meisterhafte Einleitung von Peter Bailyn in dessen 2013 erschienenem Werk *The Barborous years. The peopling of British North America, the conflict of civilizations* stützt. Stellen wir uns eine Küstenlandschaft mit Wäldern und Bergen im Osten Nordamerikas vor. Diese Landschaft hatte für die Menschen des 16. Jahrhunderts, abhängig davon, ob sie Indigene Amerikas oder Europäer waren, nicht nur unterschiedliche Bedeutung. Ihre Sichtweise auf dieselbe Landschaft war sogar so verschieden, dass keiner von beiden auch nur verstehen konnten, was der jeweils andere sah.

Für die Indigenen war die Küste ein vertrautes Areal. Sie kannten die Landschaft, die Geräusche, die Pflanzen und die Tiere. Sie wussten, wie man an dieser Küste überlebt und wie die Landschaft ihr Gesicht im Laufe der Jahreszeiten verändert. Alles an der Küste war ihnen bekannt und alles war miteinander verbunden. Auch wenn die indigenen Kulturen Amerikas eine immense Vielfältigkeit aufweisen, ist für die Mehrheit von ihnen ein spirituelles Verständnis ihrer Umwelt grundlegend. Die Landschaft war erfüllt vom Wirken höherer Mächte. Den Tieren wohnten Geister inne, und auch die Geister der eigenen Ahnen waren Teil der spirituellen Welt und konnten sich in den Wäldern an der Küste bewegen. Man war im Wald nie wirklich allein. Durch Musik, Tanz oder Opfergaben konnte man mit den Geistern der Ahnen, denen der Tiere oder mit höheren Mächten kommunizieren, um ihren Schutz oder ihre Hilfe für Jagd und Kampf zu erbitten.

Doch die Küstenlandschaft war für indigene Betrachter auch ein politischer Ort. Sie kannten sie als Gebiet, in dem eine bestimmte Gemeinschaft fischte, jagte und entweder dauerhaft oder saisonal lebte. Indigene Betrachter wussten, mit wem die Bewohner verfeindet oder verbündet waren. Wenn an der Küste ein Mensch zu sehen war, konnten sie seine Kleidung, seine Bemalungen oder seinen Schmuck einordnen. Sie erkannten seinen oder ihren Rang, die Zugehörigkeit und wussten sofort, wie man dieser Person begegnen musste, welche Worte und Verhaltensweisen angemessen oder welche provokativ sein würden.

Außerdem stand für einen indigenen Betrachter die Küstenlandschaft nicht für sich allein. Sie war vernetzt mit dem Hinterland, wo der Verlauf von Flüssen und Bergrücken für viele Tagesreisen bekannt war. Für Indigene war offensichtlich, welche Tauschwaren sich an dieser Küste gewinnen ließen und wogegen man sie tauschen konnte. Sie wussten von Ressourcen, die aus hunderten Kilometern Entfernung hierhin gebracht wurden, und von den üblichen Zeiten, an denen Handel stattfand und wer die Waren bringen würde.

Doch was sahen die Europäer, wenn sie begannen, das Ufer zu erkunden? Für sie war die Landschaft voll ungezähmter Natur. Daran war wenig Positives, denn gemäß Gottes Auftrag an den Menschen, sich die Welt untertan zu machen, war nur eine geordnete Landschaft eine gute. Städte, Dörfer, Kirchtürme, erkennbare Wege, Felder mit Abgrenzungen und Markierungen oder Plantagen waren Zeichen einer gottgefälligen Welt. Eine Landschaft ohne all das war gefährlich. Fast alle Tiere und Pflanzen waren unbekannt. Ein europäischer Betrachter wusste nicht, ob die Küste ihn ernähren würde, ob er hungern müsste oder an einer Vergiftung zu sterben drohte. Misstrauen gegenüber der wilden Natur und Gefühle von Isolation und Einsamkeit waren daher typisch. Alles was sie sahen verglichen die Europäer mit den Pflanzen und Tieren ihrer Heimat. Immer schwang dabei eine Wertung mit: War es hier besser oder schlechter? Dabei zeigte sich eine klare Präferenz. Dinge galten als besser, wenn sie dem Bekannten ähnlich waren.

Die Spiritualität der Landschaft war für Europäerinnen und Europäer eine gänzlich andere. Der Wald war in ihren Augen leer und unbeseelt, konnte aber Geister beherbergen, die dann entsprechend einer klaren religiösen Dualität zwischen Gott und dem Teufel böse sein mussten. Gegen böse Magie und alle Gefahren der fremden Welt vertrauten die Europäer auf die Allmacht und den Beistand Gottes. Er bot ihnen Rettung vor den zahlreichen unbekannten Gefahren, sofern sie seinem Willen und Gebot folgten.

In diesem Sinne war die Landschaft für sie eine offene Aufgabe. Es galt, dieses Land entweder selbst zu kultivieren oder aber die Indigenen zu Christen zu machen und dann zu einem Leben nach europäischem Vorbild anzuleiten, damit sich Gottes Wille erfüllt. Es war völlig ausgeschlossen, die Landschaft und ihre Bewohner so zu belassen, wie sie waren.

Die Menschen an der Küste waren für die Europäer fremdartig und erschienen ihnen alle weitgehend gleich. Wichtig war nur, dass die Indigenen keine Christen waren und dass es göttlicher Wille und Auftrag war, sie zu missionieren und ihre Lebensweise und Glaubenswelten zu ändern. Dies galt als offensichtlich, da sie die Natur nicht unterworfen hatten und keine Kleidung trugen. So galten sie als *Wilde*, *Sauvages* oder *Savages*, die das Land nicht besaßen, sondern nur bewohnten.

Wie die Menschen, so musste sich auch die Landschaft ändern. Wälder mussten gerodet, Minen errichtet, Felder angelegt und Städte sowie Festungen gebaut werden. Nur so ließen sich die politischen und wirtschaftlichen Ziele und wichtiger noch, Gottes Auftrag erfüllen. Aus der Landschaft musste eine Kopie der eigenen Heimat oder sogar eine bessere Version derselben werden. Die Indigenen konnten darin einen Platz finden, wenn sie ihre Lebensweise, ihr Land, ihre Spiritualität und Identität aufgaben. Sollten sie sich aber der Errichtung der neuen utopischen Landschaften widersetzen, so war es legitim, sie zu vertreiben oder zu vernichten, wie auch die Bewohner von Thomas Morus' Utopia ihren Willen durchsetzten.

An dieser Stelle sollte deutlich geworden sein, dass die Wahrnehmungen und Erwartungen beider Seiten völlig verschieden waren. Die Chancen auf einen friedlichen Kontakt und ein Zusammenleben ohne Gewalt waren eher gering. Welche konkreten Folgen die Begegnungen aber hatten und welche Akteure oder welche Umweltbedingungen dabei den Verlauf der Geschichte prägten, ist Gegenstand der folgenden Kapitel.

# 1. Goldminen im Permafrost – Die Baffin Insel 1576–1578

In der Nacht vom 3. auf den 4. Juni 1578 drohte einer englischen Flotte westlich von Grönland eine Katastrophe. Seit Tagen hatten die mehr als zehn großen Segelschiffe aufgrund dichten Nebels still vor der Einfahrt einer Bucht gelegen, die von Eis blockiert war. Vorsichtig hatten die Männer das Treibeis von den zerbrechlichen Rümpfen ihrer Schiffe ferngehalten, misstrauisch die nahen Eisberge im Auge behalten und auf eine Gelegenheit gehofft, ihr Ziel zu erreichen: eine baum- und strauchlose Permafrostlandschaft genannt *Meta Incognita*.

Nach einem nebeligen Tag mit stiller See kam in der besagten Nacht ein Sturm auf. Der Wind war so stark, dass die großen Eisberge in Bewegung gerieten und auf die Schiffe zutrieben. Kleinere Brocken von Treibeis, das der Wind zusammengeschoben hatte, blockierten jeden Ausweg, während zugleich scharfe Windböen aus wechselnden Richtungen heulend an den Seilen zerrten und alle Segelmanöver verhinderten. Auf die offene See auszuweichen war damit unmöglich, und so mussten die Männer mit den Eisbergen, wie sie es nannten, in den Nahkampf gehen.

An Bord von gleich fünf Schiffen standen in dieser Nacht Personen, die später Berichte über ihre Erlebnisse verfassten. Sie erzählen davon, wie die Besatzungen hektisch Holzbalken und Ersatzstangen für die Masten an Deck holten, um damit das scharfkantige Eis von den Schiffen fernzuhalten. Segeltuch wurde in Ballen über Bord gehängt, um den Aufprall der Eisschollen zu mildern, und selbst die Stangenwaffen der Männer kamen gegen das Eis zum Einsatz.

Wenn kleinere Eisschollen ein Schiff bedrängten, kletterten Männer trotz Wind und Seegang nach außenbords, so dass sie an Seilen dicht über dem eisigen Wasser hingen, und trieben Haken in das Eis. Sie nutzen so Eis gegen Eis als Schutzschild. An das Flaggschiff *Ayde* drängte jedoch ein großer Eisberg so kraftvoll heran, dass die Männer ihn mit Stangen, Rudern und Balken nicht mehr abhalten konnten. Der Mitreisende George Best berichtete, dass in dieser Lage der Befehlshaber der Expedition, Martin Frobisher, selbst von Bord der *Ayde* auf den Eisberg gesprungen sei und seine Männer angefeuert habe, Rücken an Rücken mit ihm das Flaggschiff von dem Eisberg wegzudrücken.

Alle Berichte zeigen, wie stolz ihre Verfasser auf die Leistung der Kapitäne, aber auch jedes einzelnen Seemanns in dieser Nacht waren, und dennoch war alle Mühe nicht genug. George Best schildert mitreißend, dass der Kampf mit Kraft allein nicht zu gewinnen gewesen sei. Die Lage habe sich erst gebessert, als die Männer zuerst auf der *Judith,* dann auf anderen Schiffen begannen, gegen den Sturm anzusingen. Psalmen und Kirchenlieder erklangen in der Sturmnacht und gewannen an Lautstärke, als die Besatzungen aller Schiffe einstimmten, soweit der Kampf es erlaubte. Für die Verfasser der Berichte stand übereinstimmend fest, dass sie so Gott selbst zur Rettung der Flotte bewogen hätten. Auch wenn moderne Leser diesen Glauben nicht teilen mögen, ist doch nachvollziehbar, wie die vertrauten Lieder ein Gefühl von Hoffnung und Zusammengehörigkeit unter den Männern in der Sturmnacht weckten.

Alle Lieder und aller Einsatz verhinderten jedoch nicht, dass eines der größeren Schiffe der Belastung nicht standhalten konnte. Der Rumpf der *Dennis* zerbrach unter dem Druck des Eises und der Kapitän gab Befehl, das sinkende Schiff aufzugeben. Einige seiner Männer sprangen daraufhin auf die Eisscholle, die ihnen den Untergang gebracht hatte, andere nutzen die ausgebrachten Boote und ruderten zwischen den Eisbergen zu einem der anderen Schiffe. Die *Dennis* blieb trotz aller Gefahren jedoch das einzige Schiff, das in dieser Nacht verloren ging. Als sich am nächsten Morgen der Sturm legte und die zerschlagene Flotte sich sammelte, um Bilanz zu ziehen, erwiesen sich die Verluste tatsächlich als sehr gering. Wie die Verfasser der Berichte übereinstimmend festhielten, konnten selbst von der gesunkenen *Dennis* nach und nach alle Besatzungsmitglieder gerettet werden – für sie ein Zeichen, dass Gott die Mission ihrer Flotte unterstützte. Jetzt konnten sie sich darauf konzentrieren, eine Einfahrt in die Bucht zu suchen. Dort warteten, so behauptete der Befehlshaber der Flotte Martin Frobisher, wilde Menschen auf sie, die keine Gnade kennen würden.

Doch was für ein Ziel verfolgte der erfahrene Freibeuter Martin Frobisher im Auftrag von Königin Elisabeth in der eisigen See? Warum hatten sich etwa 15 Prozent der damals seetüchtigen englischen Schiffe über 100 Tonnen zu einer Flotte zusammengeschlossen, die Kurs auf eine permanent gefrorene Insel nahm, auf der es nicht einmal Bäume oder Sträucher gab? Die Antwort auf diese Frage führt einige Jahre zurück und umfasst einige ebenso tragische wie typische Phänomene aus dem sogenannten Zeitalter der Entdeckungen. Hierzu gehören fatale Irrtümer, die Suche nach neuem Wissen über die Welt, gewaltsame Kontakte mit fremden Kulturen, Alchemie, Gier, Betrug, politische Intrigen und der drängende Wunsch, die spanische Vorherrschaft über die Ozeane herauszufordern und unsterblichen Ruhm zu erwerben.

Ausgangspunkt des englischen Versuchs 1578 die Baffin Insel zu kolonisieren, war der Traum von einem eigenen Seeweg nach China und Japan. Seit Marco Polo mit seinen Erzählungen die Sehnsucht nach den Reichtümern des Fernen Ostens geweckt hatte, war diese Region das Ziel europäischer Träume. Nachdem die Portugiesen einen Seeweg rund um Afrika entdeckt und die Spanier durch die Magellanstraße im Süden Amerikas einen Seeweg in den Pazifik gefunden hatten, schien dieser Traum zunehmend greifbar. Für einflussreiche Kreise in England stand angesichts der Spannungen mit Spanien fest, dass man einen eigenen Seeweg dorthin suchen sollte. Wenn diese Route nördlich von Asien gefunden werden könnte, wäre sie außerdem sicherer und viel kürzer. Bereits seit den 1550er Jahren waren daher Expedition nach Osten gesegelt, hatten Skandinavien umrundet und einen Seehandelsweg mit Russland erschlossen. Eine eigene Handelsgesellschaft, die *Muscovy Company*, war entstanden und suchte weiter nach einem Weg, Asien zu umrunden.

In dieser Situation kamen Martin Frobisher, als erfahrener Befehlshaber zur See, und mehrere einflussreiche Händler, Gelehrte und Adelige zusammen, um einen alternativen Seeweg vorzuschlagen: eine Nordwestpassage, die nicht Asien, sondern Amerika umrunden würde. Hinweise auf deren Existenz gab es bereits, da frühere Expeditionen von großen Buchten und Einfahrten in Passagen berichtet hatten. Der Adelige Humphrey Gilbert verfasste sogar eine ausführliche Denkschrift, in der er nachwies, warum es eine solche Passage geben müsse. Darin kombinierte er spekulatives Wissen der Antike mit aktuellen nautischen Beobachtungen, um so für eine Expedition zu werben, welche diese Passage finden würde. Aus dem Kreis der *Muscovy Company* fand er einen Unterstützer in dem Geschäftsmann und Händler Michael Lok.

Jener war eine Führungspersönlichkeit in der *Company* und in Fragen von Finanzierung und Verwaltung versiert. Für Lok war die Partnerschaft ein relativ günstiges zweites Standbein, um ein eventuelles Scheitern der Suche im Osten zu kompensieren. Er war es auch, der den erfahrenen Seefahrer Martin Frobisher ins Boot holte. Auch wenn Frobisher den Ruf hatte, ein rücksichtsloser Freibeuter zu sein, standen seine Fähigkeiten als Seemann außer Zweifel.

Dem Netzwerk fehlte jetzt nur noch ein prominenter Gelehrter, um Unterstützer und Geldgeber in höchsten Kreisen zu überzeugen und der Idee von einer Nordwestpassage Taten folgen zu lassen. Dieser Gelehrte war John Dee, einer der berühmtesten und mysteriösesten Männer seiner Zeit. Dee hatte an verschiedenen Universitäten Europas gelehrt und genoss allgemeine Anerkennung als Experte auf zahlreichen Gebieten, von Geschichte über Naturwissenschaft bis hin zu Magie, Alchemie und

Nächste Seite:
Abb. 2 Eine Weltkarte aus der Reiseberichtsammlung des einflussreichen englischen Kolonialpropagandisten Richard Hakluyt, den *Principal Navigations* von 1598. Auf dieser Karte deutet Hakluyt mehrfach an, dass eine Passage nördlich von Amerika für England einen leichten und schnellen Weg nach Asien bietet – entweder direkt über das Meer oder durch die Flüsse und Seen Nordamerikas. Der Pazifik ist dazu passend verkleinert abgebildet, um die Route kürzer erscheinen zu lassen. Noch immer sind die durch Frobishers Reisen bekannte – aber nicht existierende – Insel Frizeland und die Südspitze Grönlands als Insel zu sehen, wie von Frobisher fälschlich verzeichnet.

Goldminen im Permafrost – Die Baffin Insel 1576–1578

Astronomie. Wie andere Herrscher suchte auch Elisabeth I. den Rat der Sterne und Dee war ihr Mann für solche Konsultationen. Auch ranghohe Adelige hörten auf ihn. Er warb schon länger für den Aufbau einer Kriegsmarine und eine koloniale Expansion Englands im Nordatlantik, wofür er als erster den Begriff *British Empire* prägte. Da für die Realisierung seiner Visionen ein eigener Seeweg nach Asien ein immenser Antrieb wäre, tat er sich bereitwillig mit dem Adeligen Humphrey Gilbert, dem Händler und Organisator Lok und dem Freibeuter Frobisher zusammen.

Erstes Ergebnis ihrer Zusammenarbeit war, dass Frobisher 1576 die Erlaubnis der Königin erhielt, mit zwei kleinen Schiffen im hohen Nordatlantik nach einer Passage zu suchen und, wenn möglich, Kontakt mit dem Kaiser von China und anderen Herrschern Asiens aufzunehmen.

Auch wenn Frobisher auf seiner ersten Reise nur 33 Mann befehligte, so lag darin doch der Anfang eines der größten kolonialen Projekte des Jahrhunderts. Von England aus nahm Frobisher zunächst Kurs nach Westen, wo er nach einiger Zeit Land sichtete. Beim Abgleich mit den Seekarten, die John Dee für ihn bereitgestellt hatte, identifizierte er das Land als die Insel *Frizeland*: eine geheimnisvolle Atlantikinsel, fast so groß wie Island, die angeblich zwei venezianische Seefahrer im 15. Jahrhundert gesichtet hatten.

Seine Entdeckung ist ein gutes Beispiel dafür, wie mächtig Irrtümer und Legenden zu dieser Zeit waren. *Frizeland,* auf dem ganze Städte vermutet wurden, gab es nicht. Es handelte sich vielmehr um eine Erfindung, die ein italienischer Autor seinen eigenen Vorfahren zuschrieb und mittels gefälschter Karten berühmt gemacht hatte. Hieran zeigt sich, dass Seefahrer wie Frobisher gar nicht ins Unbekannte fuhren. Sie hatten klare Erwartungen, was sie finden würden, und mehr als einmal passten sie die Wirklichkeit, die sich ihnen darbot, an die Erwartung an. In Wirklichkeit hatte Frobisher die Südspitze Grönlands erreicht, vermerkte in seinen Unterlagen aber die Entdeckung Frizelands und damit einen weitaus beeindruckenderen Erfolg. Dieser Triumph war für John Dee von hoher Bedeutung, da er angeblich in alten Chroniken den Beweis gefunden hatte, dass einst König Arthus *Frizeland* für England kolonisiert habe. Somit bewies Frobisher John Dees Theorie und sein Erfolg ließ sich als Zeichen dafür präsentieren, dass für England eine Zeit des Ruhms wie unter König Arthus zurückkehren werde.

Die Realität hielt mit den triumphalen Hoffnungen aber nicht Schritt. Eines der beiden Schiffe musste umkehren, so dass Frobisher mit gerade einmal 18 Männern weiter nach Nordwesten segelte. Er sichtete eine fremde, auf seiner Karte nicht verzeichnete Küste, die er später *Meta Incognita* nannte. Das Land war graubraun, felsig und ohne erkennbare Pflanzen – aber es gab eine Einfahrt in eine Bucht, von der Frobisher überzeugt war, dass es die Passage nach Asien sei.

Vorsichtig segelten er und seine Männer hinein. Als sie am Ufer Menschen sahen, gingen sie vor Anker und nahmen Kontakt auf. Die Engländer trafen auf Inuit, also Angehörige einer Kultur, die über Fertigkeiten, Werkzeuge und Kleidung verfügten, die ein Leben unter extremen Umweltbedingungen ermöglichten, gegen welche die Engländer der damaligen Zeit kein Mittel kannten.

Durch Geschenke stellte Frobisher nach einer von Misstrauen geprägten ersten Begegnung einen friedlichen Kontakt her und behauptete später, er habe von den Bewohnern des Landes durch Zeichen erfahren, dass weiter im Westen ein großes Meer liege. Die Inuit, die ihm diese Auskunft gegeben hatten, sah er allerdings lediglich als primitive Wilde oder *Savages* an, die wie Tiere umherziehen und, in Felle gehüllt, ein karges Leben führen würden. Für den Wert ihrer technischen Errungenschaften, wie das leichte und doch stabile Kajak, spezielle Harpunen, mobile Fellhütten und perfekt angepasste Kleidung hatte er, wie auch seine späteren Reisen zeigen, kein Verständnis.

Auch wenn der Kontakt zunächst friedlich blieb, kam es bald zu einem schweren Zwischenfall. Ein indigener Mann forderte eine Gruppe von fünf Seeleuten, die mit einem Beiboot an die Küste gerudert waren, auf, ihn über eine Hügelkuppe zu begleiten. Frobisher, der seinen Leuten befohlen hatte, nie die Sichtlinie des Schiffes zu verlassen, vermutete einen Hinterhalt, doch die Männer ignorierten sein Winken und Rufen. Auch nach Stunden kehrten sie nicht zurück. Mit nur noch 13 Männern und damit in Sorge, ob sie das Schiff noch sicher manövrieren könnten, befahl Frobisher nach kurzer Wartezeit die Abreise. Vorher aber lockte er einen Inuit, der das Schiff in einem Kajak umkreiste, mit Geschenken näher heran. Als der Mann direkt neben dem Schiff war, lehnte Frobisher sich über die Bordwand, packte ihn und zog, angeblich ohne Hilfe, den Mann mitsamt dem Kajak aus dem Wasser. Auch wenn dieser Kraftakt unglaublich scheint, so ist sicher, dass die Engländer den Mann nach England verschleppten. Zwar versuchte der Entführte zunächst, sich das Leben zu nehmen, doch nach einer Weile schien er sich seinem Schicksal zu ergeben.

So kehrte Frobisher mit fünf Mann weniger, aber dafür mit einem Gefangenen zurück. Er hatte zwar eine mutmaßliche Einfahrt in die Passage erkundet, jedoch keine Ahnung, wie weit sie reichte und ob tatsächlich der Pazifik dahinter lag. Abgesehen davon hatte er nichts außer einigen Brocken Gestein an Bord.

Die Nachricht von der Passage wurde wohlwollend, aber nicht begeistert aufgenommen. Um für eine weitere Expedition zu werben, führten Michael Lok, Frobisher und ihre Partner daher den Gefangenen öffentlich vor. Vor einer staunenden Menschenmenge musste er in seinem Kajak im Hafen von Bristol und auf einigen Flüssen rudern und zeigen, wie er Tiere harpunierte.

Diese Zurschaustellung reichte jedoch nicht, um neue Investoren und vor allem die Königin zu überzeugen, ihre Autorität und ihr Geld in die Waagschale zu werfen. Es brauchte dafür die Arbeit eines Alchemisten. Die von Frobisher mitgebrachten Gesteinsproben wurden von verschiedener Seite untersucht. Metallurgen der Königin und auch ihres Ratgebers Francis Walsingham versuchten vergeblich, daraus Edelmetalle zu gewinnen. Wie alle Metallurgen ihrer Zeit bewegten sie sich dabei aus heutiger Sicht in einer Grauzone von Wissenschaft und Aberglaube. Dies traf auch auf einen italienischen Metallurgen und Alchemisten namens John Baptista Agnello zu, den Michael Lok persönlich beauftragte, einen der Steine zu prüfen. Agnello erzielte schließlich das gewünschte Ergebnis und behauptete, er könne große Mengen Gold aus dem Erz gewinnen. Insgesamt gäbe es in dem eisigen Boden von *Meta Incognita* seiner Einschätzung nach genug Gold, um England zu einer reichen Nation zu machen. Weitere Metallurgen, darunter ein Deutscher namens Jonas Schutz aus Annaburg im heutigen Sachsen-Anhalt, überprüften die Ergebnisse und überboten sich schließlich in ihren Prognosen. Agnello und Schutz versprachen beide, sie könnten Gold aus dem Stein holen, wenn sie nur genug Material, passende neue Schmelzöfen und natürlich ein angemessenes Gehalt bekämen.

Das Wort Gold hatte und hat noch immer eine besondere Anziehungskraft. Obwohl die Beweise mehr als nur dürftig und die Versprechungen geradezu verdächtig großartig waren, traten mehrere Investoren und schließlich auch Königin Elisabeth selbst auf den Plan. Für das Sammeln von Kapital war der erfahrene Organisator Michael Lok die Schlüsselfigur. Er konzipierte eine neue Gesellschaft von Investoren, die Anteile erwerben und dafür an den Gewinnen einer *Company of Cathay* beteiligt werden sollten. Auch wenn der Name mit der Bezeichnung *Cathay*, die Marco Polo für China verwendet hatte, auf das ursprüngliche Ziel einer Passage hindeutete, war inzwischen allen klar, dass es um Gold ging.

Königin Elisabeth selbst stieg in die Unternehmung ein. Sie stellte nicht nur ihr eigenes Kapital, sondern auch eines ihrer eigenen Schiffe – die *Ayde* – und Kanonen zur Verfügung. Allerdings verweigerte sie der von Lok entworfenen Organisationsstruktur für die *Company* ihre Unterschrift, vermutlich weil das Dokument ihm selbst erheblichen Einfluss gesichert hätte. Elisabeth gab stattdessen im März 1577 einem Komitee unter ihrem Ratgeber Walsingham die zentrale Leitung und machte Lok lediglich zum Geschäftsführer. Neben Lok erhielt auch der Metallurge Jonas Schutz eine feste Anstellung als offizieller Mineraloge und den Auftrag, Frobisher nach *Meta Incognita* zu begleiten.

Mithilfe der Königin, die selbst eine große Summe investierte, nahm eine zweite Expedition rasch Gestalt an. Auch Francis Walsingham und andere Mitglieder des engeren Hofstaates traten zusammen mit Kaufleuten, die zu den Kontakten Michael Loks gehörten, in die Gesellschaft ein. Hinzu kamen einige Earls und andere Adelige, darunter auch Frauen. Jegliche Entscheidungsbefugnis lag beim königlich bevollmächtigten Rat der Gesellschaft – Michael Lok blieb nur die Umsetzung seiner Vorgaben und allen anderen Investoren ein Anteil am Gewinn ohne Mitspracherecht.

Der Einfluss der Krone auf das Projekt zeigte sich, während die *Ayde* mit Kanonen aus dem königlichen Arsenal bewaffnet wurde. Frobisher erhielt den Befehl, zehn Strafgefangene mitzunehmen und einige auf Frizeland, also an der Südspitze Grönlands, und andere in *Meta Incognita* auszusetzen, wo sie das Land erkunden sollten. Als Befehlshaber der Expedition entschied Frobisher allerdings, diesen Befehl zu ignorieren. Statt der Sträflinge nahm er lieber Männer an Bord, welche die Reise freiwillig antraten und die bereit zur harten Arbeit im Eismeer waren. So stachen schließlich 140 Mann an Bord von drei Schiffen, der *Ayde*, der *Gabriel* und der *Michael*, mit Waffen und Vorräten für ein halbes Jahr in See.

Zwei Mitglieder der Expeditionen schrieben später Berichte über diese Reise, die im Druck erschienen und weit über die Grenzen Englands hinaus erhältlich waren: Dionyse Settle und George Best. Sogar ein Zeichner namens John White war an Bord, der Bilder von den Bewohnern des fremden Landes anfertigen sollte. Außerdem entstanden wie bei der ersten Reise inoffizielle Berichte, die Frobisher Michael Lok persönlich gab, damit dieser sie für die *Company of Cathay* archivierte.

Alle diese Quellen liefern ein übereinstimmendes Bild von den Ereignissen dieser Reise. Von Beginn an war das Wetter im Nordatlantik schlechter, als die Gelehrten erwarteten. Für Männer wie John Dee stand fest, dass aufgrund der langen Sonneneinstrahlung das Polarmeer im Sommer eisfrei und die Winde günstig sein mussten – auch wenn die Berichte von Seeleuten ein anderes Bild lieferten. Die Südspitze Grönlands, noch immer *Frizeland* genannt, konnte Frobisher diesmal aber nicht anlaufen, da starke Winde und schwere See ihn abdrängten.

Am 16. Juli erreichte die *Ayde* die Einfahrt zur Passage, auf der alle Hoffnungen der Company lagen. Sie war von Eis versperrt. Dies widersprach den Vorhersagen John Dees und wurde im Nachhinein damit erklärt, dass der Wind hier loses Treibeis zusammengedrückt habe. Permanenter Frost und ewiges Eis auch im Sommer waren mit dem akademischen Wissen der Zeit nicht vereinbar – und wer wollte einem John Dee widersprechen? Außerdem waren Lok und seine Partner für jede Erklärung dankbar, die nicht beinhaltete, dass man jederzeit mit Eisbergen auf ihren geplanten Routen rechnen musste.

Während das Eis die *Ayde* noch zurückhielt, konnten die beiden kleineren Begleitboote in die Passage vorstoßen und die karge, baum- und strauchlose Landschaft auspähen. Einer der Erkundungstrupps, unter Befehl von Frobisher selbst, stellte dabei erneuten Kontakt mit den Inuit her. Das Verhalten beider Seiten war von großem Misstrauen geprägt. Die beiden Gruppen beobachteten einander auf Abstand und durch Zeichen vereinbarten sie, dass sich lediglich zwei von jeder Seite ohne Waffen in der Mitte zwischen den Gruppen treffen sollten. Der Versuch, sich Informationen über die Passage, Gold oder die vermissten Männer der ersten Expedition zu erhalten, scheiterte jedoch an der Sprachbarriere.

Die Engländer brachen die Gespräche ab und beschlossen stattdessen, den Frieden zu brechen und einen oder zwei Inuit zu entführen und an Bord zu verhören. Als sie versuchten, sie zu packen, rissen die Inuit sich jedoch los, liefen zu ihren Leuten zurück und sie alle schossen Pfeile auf die Engländer ab. Frobisher wurde leicht verletzt, als er vom Ort des Gesprächs zu seinen Leuten zurücklief, um seine Waffe zu holen. Als die Engländer ihre Feuerwaffen einsetzen, flohen die Inuit. Einer der Seeleute, laut Settles Bericht ein erfahrener Ringer aus Cornwall, konnte jedoch einen von ihnen packen und so hart zu Boden schmettern, dass seinem Opfer noch wochenlang die Seite wehtat. Vermutlich hatte er ihm mehrere Rippen gebrochen. Es dauerte danach Tage, bis sie das Vertrauen des Entführten so weit gewannen, dass sie seinen Namen erfuhren, den Settle als Calichough notierte. Hatte die erste Expedition schon zu einem schlechten Verhältnis zu den Inuit geführt, so dürfte spätestens dieses Scharmützel und der Bruch einer Friedensvereinbarung als eine Art Kriegserklärung verstanden worden sein.

Angesichts der mageren Ergebnisse war es eine große Erleichterung, als sich nach mehreren Tagen Wartezeit eine Lücke im Eis öffnete und die *Ayde* in die Passage vorstoßen konnte. Frobisher und sein Gefolge erkundeten das Umland, zur Sicherheit in einer großen Gruppe, und nahmen es im Namen Elisabeths unter Dankgebeten in Besitz. Auf einer kleinen Insel aus nacktem Fels fanden sie schließlich genau das Gestein, nach dem die Metallurgen und Alchemisten verlangten.

Die Arbeit war unglaublich hart. Der Boden war Massivgestein, die Landschaft drumherum nur oberflächlich getauter Permafrost. Ein scharfer und kalter Wind peitschte zeitweise eisigen Regen und auch Schnee über die karge Insel. Mangels schwerer Geräte blieb den Männern nichts anderes, als der Insel mit Muskelkraft und simplen Metallwerkzeugen Tonne um Tonne Gestein abzuringen.

Am Rande der Insel errichtete Jonas Schutz kleine Schmelzöfen, um direkt vor Ort die Erzproben zu untersuchen. Doch trotz aller Mühe blieb er erfolglos. Dennoch trieb Frobisher die Männer weiter an und, wie Schutz später klagte, machte dem Metallurgen nachdrücklich klar, dass er und seine Männer Erfolge erwarteten. Kurz nach dieser Ermahnung erklärte Schutz das Erz für goldhaltig.

Zugleich erkundeten kleinere Gruppen weiter die Umgebung, immer in Sorge vor Angriffen der Inuit. Hierbei machte Frobisher einen besonderen Fund, den er sofort als Geschenk für die Königin sicher verstauen ließ: Das Horn eines See-Einhorns. Angeblich bestand dieses gewaltige Horn aus einem magischen Material, das Vergiftungen heilen könne, was sich dadurch beweisen lasse, dass Spinnen beim Kontakt damit sofort sterben würden – ein würdiges Geschenk für eine Königin, auch wenn es sich eigentlich nur um den Stoßzahn eines Narwals handelte.

Weitaus weniger gut verlief hingegen eine zweite große Landexpedition, die Captain Edward Fenton befehligte. Frobisher hatte ihn beauftragt, die fünf vermissten Männer zu finden und sich dafür, wenn nötig, Zugang zu Siedlungen der Indigenen zu verschaffen. Fenton nahm dafür den Gefangenen Calichough mit, dessen Rippen noch immer schmerzten. Zunächst stieß Fentons Trupp auf eine Begräbnisstätte der Inuit, die sie ohne Bedenken durchwühlten. In einem Bericht äußerte Fenton sein Erstaunen darüber, dass die Inuit überhaupt eine Begräbniskultur besitzen. Er und seine Männer waren bisher überzeugt, dass die Indigenen so sehr verwildert seien, dass sie ihre eigenen Toten roh fressen würden. Calichough erklärte ihnen durch Zeichen und Laute jedoch, dass die Toten nicht gestört werden dürften und dass er und seine Leute lediglich gejagte Tiere und Hunde essen würden. Für die Engländer bestätigte das Essen von Hunden aber nur die Vorurteile von der Wildheit und Primitivität der Inuit.

Schließlich erreichte Fenton mit seinen Männern eine Siedlung, doch die Bewohner flohen bei der Annäherung der Engländer – ein Verhalten, das angesichts ihrer bisherigen Erfahrungen und der Tatsache, dass die Engländer sich kampfbereit mit brennenden Lunten an ihren Feuerwaffen näherten, kaum verwunderlich war. Fenton ließ seine Männer jedoch den Fliehenden nachsetzen, um Gefangene zu machen. So kam es zur Schlacht von *Bloody Point*.

Auf einem Felsen am Meer eingekesselt, griffen die Inuit zu ihren Waffen. Sie schossen Pfeile auf die Verfolger ab und warfen Harpunen. Fentons Männer erwiderten den Beschuss mit Pfeilen, Armbrustbolzen und Feuerwaffen. Nach und nach verwundeten die Engländer mehrere Inuit und deren Widerstand ebbte ab. Nun suchte ein Teil der umzingelten Kämpfer lieber den Tod, als sich den Engländern zu ergeben und stürzte sich ins eisige Meer. In der daraus hervorgehenden Verwirrung liefen die Frauen und Kinder an einer anderen Stelle in Sicherheit. Nach kurzer Irritation rannten die Engländer ihnen jedoch hinterher und nahmen zwei der Frauen gefangen, die sie an Bord der *Ayde* verschleppten.

In den Berichten stellte niemand das brutale Vorgehen infrage. Im Gegenteil, der Freitod der Inuit galt Fenton als Ausdruck von deren Primitivität, da solch ein Verhalten beweise, dass die angeblichen Wilden gar nicht wüssten, was Gnade sei. Demnach sei es auch sicher, dass sie die vermissten Engländer getötet hätten.

Die beiden gefangenen Frauen sahen sich an Bord des Schiffes Dutzenden Männern gegenüber, die sie begutachteten. Bezeichnend ist, dass einige Seeleute zunächst sichergehen wollten, dass die deutlich ältere von beiden keine Klauen an den Füßen hatte und vielleicht ein Teufel oder Dämon sei. Obwohl sie sich als Mensch erwies, wollten die Männer sie jedoch nicht an Bord behalten. Ihr Äußeres sei zu abstoßend, um sie um sich zu haben, heißt es im Bericht. Die junge Frau hingegen nahmen sie mit, um zuhause ein Paar vorzeigen zu können. Daran, dass sie das Recht dazu hatten, die Inuit zu entführen, zweifelte niemand.

Die junge Frau, deren Name mit Arnaq verzeichnet wurde, trug auf ihrem Rücken ein verborgenes Kleinkind, namens Nutac. Dem verstörten Kind war im Gefecht von *Bloody Point* der Arm durchschossen worden, doch zum Erstaunen der Engländer verweigerte die Mutter jede Hilfe und wehrte sich dagegen, sie ihr Kind auch nur untersuchen zu lassen. Offensichtlich voller Misstrauen zog sie sich zurück und leckte die Wunde des Kindes sauber, was die Engländer als erneuten Beweis der Tierhaftigkeit der Inuit deuteten und nicht als Misstrauen aufgrund ihrer eigenen Aggression.

Diesen Gesamteindruck bestätigte auch Edward Fenton durch seine Beschreibung der Siedlung und der Lebensweise der Inuit. Hier gäbe es für die *Company* nichts zu holen. Ihre Hütten seien nicht mehr als Nester, sie würden keine Möbel kennen und sich in ihrer Lebensweise völlig nach den Tieren richten, die sie jagten und sich nicht, wie Gott es vom Menschen erwarte, die Erde untertan machen. Ohne jeden Beweis gaben mehrere Berichte außerdem an, dass die sogenannten Wilden vermutlich Kannibalen seien, und machten sie damit zur absoluten Antithese dessen, was in Europa als zivilisiert und richtig galt. Eine Christianisierung konnte in *Meta Incognita* daher kein lohnendes Ziel sein. Somit fand man einen zusätzlichen Grund dafür, dass es nur um Gold gehen sollte.

Nach der erneuten Entführung versuchten die Inuit, selbst einige Engländer in ihre Gewalt zu bringen. Ob sie dadurch Geiseln tauschen oder Rache nahmen wollten, ist leider unbekannt. So oder so legten sie einen Hinterhalt, der von ihrer Beobachtung ausging, dass die Engländer an die Küste kamen, um Menschen zu verschleppen. Als eines der kleineren Schiffe an der Küste segelte, spielte ein Inuit daher vor, er sei lahm und könne nicht mehr schnell laufen. Humpelnd schleppte er sich von einem Stein zum nächsten, bis er ermüdet Rast machte. Frobisher und seine Männer amüsierten sich sehr über die durchschaubare List, als sie weitere Inuit kampfbereit hinter einigen Felsen warten sahen. Sie feuerten daraufhin mit einem Bordgeschütz auf den Inuit, der sich als Köder anbot. Als das Geschoß den Felsboden donnernd aufriss, sei der Mann von seiner Lähmung wundersam geheilt über die Hügel davongerannt. Für die Autoren war dies alles ein großer

Abb. 3 Martin Frobishers Reisen weckten auch jenseits von England Aufmerksamkeit. Dieses Bild zeigt einen deutschen Einblattdruck von 1578, der die Entdeckung neuer Landschaften und Menschen verkündet. Der Zeichner fügt hier die unterschiedlichen Indigenen, die Frobisher auf seinen Reisen nach Europa brachte, auf einem Bild zusammen. Im Vordergrund links vermutlich Calichough, rechts Arnaq mit ihrem Säugling Nutac.

Spaß und verleitete sie zu witzig gemeinten Bemerkungen über die Wirkmacht englischer Medizin.

Während die Männer das Erz verluden und die Schiffe für die Abreise vorbereiteten, beobachteten einige genau, wie sich Calichough, Arnaq und der kleine Nutac verhielten. Unter den neugierigen Blicken der Engländer lernten diese drei entführten Menschen einander als Schicksalsgenossen kennen, die einer ungewissen Zukunft jenseits des Meeres entgegensegeln mussten.

Neben den drei Gefangenen brachte Frobisher am 17. September ca. 200 Tonnen Erz nach England. Während seine Männer das Erz in die Schmelzöfen der Metallurgen brachten, erstattete er persönlich der Königin Bericht. Bei dieser Gelegenheit überreichte er ihr das magische Horn des See-Einhorns, das Elisabeth in ihrer Schatzkammer mit den Kronjuwelen verwahren ließ. Frobisher galt nun als heldenhafter Entdecker, während Michael Lok zunehmend Sorgen plagten, was aus der *Company* werden würde. Das Erz gab noch immer kein Gold frei und Frobisher machte allerorts große Versprechungen. Außerdem erfüllte sich Loks Hoffnung nicht, mit den entführten Indigenen für die *Company* Werbung zu machen. Arnaq und ihr kleines Kind Nutac verstarben schon kurz nach der Ankunft an einer Infektion und auch Calichough starb einige Zeit später. Seine

Todesursache ist zwar nicht eindeutig bekannt, es könnte aber eine Spätfolge des brutalen Ringergriffs gewesen sein. Vor Calichoughs Tod nutzten Michael Lok und die *Company* ihn aber noch für öffentliche Inszenierungen. Unter Schmerzen musste er zeigen, wie er ein Kajak benutzte und Tiere harpunierte. Berichte über die zweite Reise mit Bildern von ihm, Arnaq und deren Kind erschienen als Einblattdrucke sogar in Frankreich und Deutschland. Die darin kursierende Erzählung, dass Calichough einen Schwan der Königin auf der Themse harpuniert und roh gegessen habe, dürfte allerdings eine Legende sein.

Die Geschichten über Frobishers Entdeckungen hatten solch eine Reichweite, dass sogar der Zar von Russland einen Brief an Königin Elisabeth schrieb. Darin forderte er die sofortige Rückführung der verschleppten Inuit an die angebliche Nordwestpassage. Da deren nördliches Ufer logischerweise eine Küste Asiens sei, wären die Entführten seine Untertanen. Da die drei aber inzwischen an Krankheiten verstorben waren, blieb sein Schreiben ohne Antwort.

Während Lok und Frobisher weiter die Werbetrommel rührten, arbeiteten die Metallurgen unter Hochdruck, aber vergeblich, an den Erzproben aus *Meta Incognita*. Die Erwartungen stiegen immer höher, ohne dass es dafür greifbare Gründe gab. Frobisher reagierte zunehmend gereizt. Er bedrohte Jonas Schutz und verlangte von ihm, endlich Gold zu liefern. Ein rivalisierender Metallurge trat auf den Plan – ebenfalls aus dem Heiligen Römischen Reich Deutscher Nation – und versprach, er könne liefern, was Schutz nicht vermochte. Aus Angst und in seiner Berufsehre herausgefordert, setzt Schutz alles auf eine Karte. Er sagte, dass er neuere, bessere Schmelzöfen und noch viel mehr Erz aus *Meta Incognita* bräuchte, um das Gold zu gewinnen.

Zur Finanzierung der Schmelzöfen und einer dritten Expedition schrieb Lok die Anteilsnehmer der *Company* an und forderte sie zu weiteren Investitionen auf. Das Geld kam jedoch nur zögerlich. Stattdessen zogen sich einige ranghohe Förderer aus der Unternehmung zurück und an ihre Stelle traten neue Investoren, die von den Gerüchten vom Gold im Eis angezogen wurden. Mit ihrer Hilfe kam genug Geld für eine letzte große Expedition zusammen. Sie musste unbedingt ein Erfolg werden, sonst würde die *Company* zusammenbrechen, alle Investitionen wären verloren und der Ruf der Beteiligten ruiniert. Die bis dahin größte königlich lizensierte Expedition der Engländer nach Amerika war somit keine heroische Anstrengung, sondern eher eine Verzweiflungstat.

Die dritte Reise Frobishers geriet bereits metaphorisch aus dem Ruder, bevor die Schiffe Segel setzten. Die Königin und ihr Geheimer Rat mischten sich in die Planung ein. Sie befahl, eine Kolonie von 100 Mann zu gründen, die über den Winter die Umgebung erkunden, den Erzabbau vorantreiben und endgültig klären sollten, ob eine Passage in den Pazifischen Ozean gefunden worden war. Dies bedeutete für die *Company* immense Kosten, mussten doch Vorräte, Bauteile für ein Haus, Brennstoff und vieles mehr für die 100 Mann beschafft und mitgenommen werden. Bemerkenswert ist dabei, dass Frobisher und Edward Fenton als der geplante Kommandant der kleinen Kolonie nicht protestierten, obwohl sie das Land selbst gesehen hatten und wussten, dass es eine karge, ganzjährig gefrorene Felslandschaft war. Dies wäre aber auch im Widerspruch zum offiziellen Wissensstand der Zeit gewesen. Für Gelehrte wie John Dee stand fest, dass Länder der Erde, die auf demselben Breitengrad liegen, auch ein gleiches Klima aufweisen. Das war eine seit der Antike gültige Grundannahme. Da die Baffin Insel auf derselben geographischen Breite liegt wie Mittelschweden, so musste man dort auch ebenso siedeln und leben können. Die tatsächliche Erfahrung vor Ort hatte in den Augen der einflussreichen Männer der Zeit nicht genug Bedeutung, um diese Grundannahme zu widerlegen. Es brauchte noch Jahrzehnte bis zur Erkenntnis, dass auch Meeresströmungen, Winde und Gebirge das Klima beeinflussen.

Die Flotte nahm daher neben Werkzeug und Vorräten auch alles an Bord, was ein Außenposten benötigen würde, um 18 Monate autark zu sein. Geplant war unter anderem, die Männer vier Tage pro Woche mit Pökelfleisch zu ernähren, hinzu kämen Getreidebreie und Kohl. Als Obst hätte es nur einige eingelegte Pfirsiche gegeben – Vitaminmangel war somit garantiert. Während die Laderäume sich füllten, trafen jedoch auch Schiffe ein, die gar nicht zur *Company* gehörten. Offensichtlich hatte Frobisher alte Weggefährten, die bereit waren direkt in ein Schiff zu investieren, aufgefordert, sich ihm anzuschließen. Für Frobisher bedeutete eine größere Flotte mehr Männer, mehr Ruhm und höhere Erfolgschancen. Der Geschäftsführer Lok tobte jedoch über diese Eigenmächtigkeit.

Frobisher trat auf dieser Reise nicht nur als Kapitän, sondern erstmals auch als Admiral auf. Er erließ Segelanweisungen und Regularien für seine Flotte, schlichtete Rangstreitigkeiten und hielt die heterogene Gemeinschaft auf Kurs. Dabei war er stets auf seinen eigenen Ruhm bedacht und befahl zunächst Kurs auf die Südspitze Grönlands, die noch immer als die Insel *Frizeland* galt. Er nahm sie offiziell für Elisabeth I. in Besitz und nannte sie *West-England*. So inszenierte er sich mit minimalem Aufwand als der Mann, der den ersten Schritt zur Realisierung der Pläne John Dees von einem Britischen Imperium getan habe. Da das neue *West-England* sich auf derselben geographischen Breite wie die Orkney Inseln befand, glaubte man, auch dort bald Siedlungen gründen zu können.

Von Grönland aus fuhr Frobisher westwärts und musste mitansehen, wie Stürme und Böen seine Flotte auseinandertrieben. Daher erreichte er nur mit einem Teil seiner Schiffe die Einfahrt in die Bucht, die er zwei Jahre zuvor als Nordwestpassage identifiziert hatte. Auch diesmal war die Einfahrt blockiert. Widerwillig bezog er Position zwischen den Eisbergen, um auf Wetterbesserung und die versprengten Schiffe zu warten. Dies war die Situation, in welche der am Beginn dieses Kapitels geschilderte, schwere Sturm sie traf.

Zwei Tage später, nachdem der Sturm sich gelegt und das Meer sich beruhigt hatte, konnten Frobishers Schiffe in die Passage einfahren. Dort musste dringend Rat gehalten werden, denn an Bord der gesunkenen *Dennys* waren nicht nur die Bauteile für das Haus transportiert worden, in dem die 100 Männer überwintern sollten, sondern auch die Biervorräte des Außenpostens. In den Berichten wird dabei der Verlust des Bieres als fatal bezeichnet – galt es doch als wichtige Nahrungsergänzung und sein Alkoholgehalt als unerlässlich, um Monate in Dunkelheit auszuharren.

Obwohl Edward Fenton als geplanter Befehlshaber der Kolonie im Rat mehrfach anbot, mit einer kleineren Mannschaft vor Ort zu bleiben, lehnte Frobisher dies ab. Damit rettete er vermutlich allen Männern das Leben. Während die Beratungen noch liefen, begannen bereits die Arbeiten auf der bereits gut bekannten kleinen Felseninsel. Nach und nach trafen weitere versprengte Schiffe ein und ihre Mannschaften machten sich ans Werk. Aus Sorge vor Angriffen die Umgebung misstrauisch im Blick behaltend, arbeiteten die Männer so schnell wie möglich, um weiteren Stürmen zu entgehen und nicht von neu herangetriebenem Eis eingeschlossen zu werden. Nach und nach füllten sie die Laderäume mit mehr als 1000 Tonnen Erz.

Nach vier Wochen harter Arbeit konnte die Flotte wieder Kurs auf England nehmen. Sie ließ allerdings etwas zurück. Edward Fenton hatte ein kleines Haus nach europäischem Vorbild errichten lassen. Hinein stellte man aus Bauholz gezimmerte Möbel und sogar einen Herd und Ofen mit englischen Speisen. Pflanzensamen wurden in vom Ufer herübergebrachter Erde ausgesät, um so den Menschen dieses Landes zu zeigen, wie Engländer leben und zugleich zu erproben, wie haltbar ein Haus in dieser Landschaft sei und ob Pflanzen aus England gedeihen würden. Noch heute sind die Grundmauern dieses improvisierten Hauses erhalten. Sie stehen neben den verlassenen Gräben, die Frobishers Männer in den Boden gehackt haben, unweit eines kleinen Walls aus Bruchsteinen, von dem aus sie misstrauisch die Umgebung im Auge behalten hatten. Dies ist alles, was in Amerika von Frobishers Reisen übrigblieb. Keiner der Beteiligten kehrte jemals an diesen Ort zurück. Allerdings blieben den Inuit die Erfahrungen des interkulturellen Kontaktes. Sie gaben über Generationen die Berichte darüber weiter und erzählten noch Besuchern im 19. Jahrhundert von den Entführungen, von Martin Frobisher und von dem seltsamen kleinen Haus auf der winzigen Insel.

Das Ende aller Ambitionen für ein polares Imperium Königin Elisabeths kam schleichend. Das Erz wurde in Dartmouth abgeladen, wo die neuen Schmelzöfen entstanden und die Metallurgen ihre Untersuchungen vornahmen. Doch egal, was sie auch versuchten, sie konnten kein Gold gewinnen. Zugleich blieben Rechnungen offen und Löhne unbezahlt. Frobisher, auf seine eigene impulsive Art, machte sich in dieser Lage zum Sprecher der Seeleute und stürmte einmal sogar Loks Haus und bedrohte ihn, sofort alle Männer auszuzahlen. Doch Lok musste einräumen, dass schlicht das Geld fehlte.

Nach und nach sprangen die Investoren ab und forderten ihr Geld zurück. Die meisten Forderungen richteten sich direkt an Lok, denn er haftete als Organisator für die eingegangenen Gelder. Ihm drohten nun Bankrott und Schuldhaft. Erleichterung versprach für Lok lediglich ein Angebot der Metallurgen, das Erz komplett aufzukaufen und selbst die Verantwortung für dessen Ausbeutung zu übernehmen. Dass Schutz und die anderen dies anboten, weil sie glaubten, damit Gewinn zu machen, ist unwahrscheinlich. Viel eher ging es ihnen darum, das Gesicht und ihren Ruf zu wahren.

Frobisher machte Lok jedoch einen Strich durch die Rechnung. Vollen Glaubens an das Gold erzählte er überall, die Metallurgen würden einen viel zu geringen Preis anbieten und sich bereichern wollen. So kam der Verkauf nicht zu Stande. Eine Weile später musste Lok dann tatsächlich ins Gefängnis, da er seine eigenen Außenstände nicht begleichen konnte. Eine Kommission zur Überprüfung der Finanzen wurde eingesetzt, konnte ihm aber keinerlei Fehlverhalten nachweisen. Das Geld aller Investoren, und damit auch der Königin, war verloren.

Nach und nach stellten die Metallurgen ihre Arbeit ein und das Gestein blieb in Dartmouth, wo sich niemand mehr für das einst so kostbare Material interessierte. Schließlich errichtete man eine noch heute erhaltene Kirchenmauer daraus. Für die Forschung blieben auf diese Weise Materialproben erhalten, die man genauer analysieren konnte. Das Ergebnis war, dass das Gestein aus *Meta Incognita* weniger Gold pro Tonne enthielt als der Schotter, mit dem in London die Straßen befestigt waren. Doch auch wenn die Jagd nach dem Gold ebenso vergeblich war wie die Schritte zur Gründung eines polaren Imperiums, hinterließen Frobishers Reisen dennoch ein wichtiges Erbe: eine Idee.

Die Berichte zur dritten Reise, speziell über den Kampf gegen den Sturm, sind in der Wissenschaft übereinstimmend als ein Meilenstein der Ideengeschichte des Britischen Empire bezeichnet worden. George Best, Dionyse Settle, Thomas Churchyard und viele mehr schufen in ihren Texten ein Idealbild von englischer Seemannschaft und damit Argumente und Vorstellungen für die Zukunft. Das Motiv hierfür war zunächst einmal profaner Natur. Alle Autoren waren an den

Fahrten Frobishers beteiligt und mussten darauf reagieren, dass das versprochene Gold nicht gefunden werden konnte. Über ihre persönliche Rolle hinaus mussten sie auch einen Weg finden, die gesamte Unternehmung nicht als sinnlosen Fehlschlag zu präsentieren. Dies war dringend notwendig, da sie ihr Heimatland wie alle, die in Seereisen investieren oder Texte darüber lasen, in einem Wettstreit mit den iberischen Mächten sahen. Da die Spanier und Portugiesen Gold gefunden hatten und Jahr um Jahr Silber und Gewürze nach Europa brachten, mussten die Autoren einen Weg finden, um zu zeigen, dass sie Englands Ruhm nicht beschädigt, sondern ganz im Gegenteil vergrößert hätten.

Sie lösten diese Aufgabe, in dem sie die Kämpfe gegen Stürme und Eisberge zum zentralen Argument machten. Sie erzählten ihrem Publikum, dass die von ihnen unter Frobisher überwundenen nautischen Gefahren viel größer gewesen seien, als alles was die spanischen »Schönwettersegler« je gesehen hätten. Englands Ruhm zur See sei damit größer als der der Spanier.

Der erfolgreiche Kampf gegen die Elemente war jedoch in ihren Texten nicht wie bis dahin üblich Verdienst einzelner Helden, auch wenn Frobisher besonders im Zentrum stand. Sie erfanden stattdessen eine Gemeinschaft einfacher englischer Seeleute, die heroische Taten gemeinsam vollbringen. Sie erfanden die Idee von einem Kollektiv aller Seeleute unter einer Fahne, die vereint erreichten, was niemand vorher erreichen konnte, und deren Seemannschaft den Ruhm ihrer Nation vermehrte.

Diese Idee behielt ihre Macht über Jahrhunderte hinweg und ist noch bis in die Gegenwart greifbar. Die Texte zu den Reisen Frobishers, die durch Wiederabdruck und Aufnahme in historische Sammelwerke schnell kanonisch wurden, boten über lange Zeit hinweg ein Arsenal von Beispielen und Argumenten, um englische Seefahrer zu glorifizieren und das Publikum davon zu überzeugen, dass es die Bestimmung der Engländer sei, die Gefahren des Meeres zu meistern. Die Idee, dass England mit der Eroberung und Erforschung des Meeres und selbst seiner entferntesten Küsten besonderen Ruhm unter den Nationen Europas erwerben würde, ein Ruhm, der mehr Wert sei als Gold und Silber, stand über 300 Jahre auch als Leitidee hinter zahlreichen weiteren Versuchen, doch noch die von Frobisher vergeblich gesuchte Nordwestpassage zu finden.

### Quellen und Literatur

Die Geschichte von Frobishers Expeditionen in das heutige Kanada ist durch sechs zeitgenössische Schriften gut dokumentiert. Leider ist bisher nur eine davon ins Deutsche übersetzt worden. Es handelt sich hierbei um die Logbücher erstens von Christopher Hall und zweitens des geplanten Befehlshabers der kleinen Kolonie Edward Fenton, drittens um einen publizierten Bericht über die zweite Reise von Dionyse Settle *A true reporte of the laste voyage into the West and northwest regions by Capteine Frobisher* von 1577, viertens um ein Gesamtwerk über alle drei Expeditionen mit umfangreicher Propaganda für koloniale Expansion von George Best unter dem Titel *The Three Voyages of Martin Frobisher in Search of a Passage to Cathay and India* von 1578, fünftens um den Reisebericht von Thomas Ellis *A True Report of the Third and Last Voyage Into meta incognita*, ebenfalls erschienen 1578, und sechstens um einen gegenüber Frobisher eher kritischen, unveröffentlichten Report von Michael Loks Mitarbeiter Edward Sellmann. Die drei bereits zeitgenössisch gedruckten Texte können leicht als Digitalisate eingesehen werden, beispielsweise bei http://www.archive.org. Alle Texte – gedruckt wie ungedruckt – finden sich in moderner englischer Ausgabe in den Quellensammlungen von James McDermott *The third voyage of Martin Frobisher to Baffin Island 1578* von 2001 sowie von Stefansson und McCaskill *The three voyages of Martin Frobisher* von 1938. Beide Quellensammlungen bieten Zusatzmaterial zur *Company of Cathay* und den Konflikten um die Finanzierung der Reisen und die Erzanalyse. Die deutsche Übersetzung von Dionyse Settles Bericht erschien schon 1580 unter dem Titel: *Beschreybung der Schiffart des hauptmans Maritini Frobisser*. Sie ist auch auf http://www.archive.org verfügbar.

Für einen Überblick über das Leben Martin Frobishers empfiehlt sich entweder die Biographie *Martin Frobisher. Elizabethan privateer* von James Mcdermott aus dem Jahr 2001 oder der biographische Artikel von Alan Cooke *Frobisher, Sir Martin* in dem online verfügbaren *Dictionary of Canadian Biography*. Bezüglich der Organisation der Reisen, der Geschichte der *Company*, der Schiffe, der Rolle der Inuit und zahlreicher weiterer Themen ist die beste Informationsquelle das zweibändige Sammelwerk von Thomas Henry Symons und Stephen Alsford *Meta incognita. A discourse of discovery; Martin Frobisher's Arctic expeditions* von 1999, das mehr als 20 Fachartikel enthält. Zur Geschichte der Inuit ist die Einschätzung von William Sturtevant und David Quinn sehr interessant, die sie 1987 in dem Artikel *This new Prey. Eskimos in Europa in 1567, 1576 and 1577* in einem Tagungsband von Christian Feest mit dem Titel *Indians and Europe* veröffentlichten. Für alle schließlich, die sich über die Bedeutung der Reiseberichte für die englische Geistes- und Literaturgeschichte informieren wollen, sind John Parkers Klassiker von 1965, *Books to build an empire. A bibliographical history of English overseas interests to 1620,* und die neueren Arbeiten von Mary Fuller wie *Remembering the early modern voyage. English narratives in the age of European expansion* von 2008 sehr gute Anknüpfungspunkte.

# 2. Ein neues Frankreich – Das St.-Lorenz Tal 1534–1544 und 1600–1617

Geht nicht zur Stadt *Hochelaga*. Wieder und wieder versuchte Donnacona, der Anführer einer Gemeinschaft von etwa 500 Irokesen oder *Iroquois* am Ufer des St.-Lorenz-Stromes, seinen französischen Besuchern diese Botschaft zu übermitteln. Seine eigenen Söhne, die gerade mit den Franzosen aus Frankreich zurückgekehrt waren, übersetzten seine Worte stets aufs Neue – aber es war vergeblich. Die etwas mehr als 100 Franzosen bereiteten sich weiter darauf vor, Donnaconas Dorf Stadacona, gelegen am Ort der heutigen Stadt Quebec, zu verlassen und den mächtigen Strom weiter hinauf ins Land seiner Feinde zu ziehen. Mit ihnen würden auch ihre kostbaren Handelswaren gehen und was wäre, falls die Fremden sich mit seinen Feinden verbünden würden? Donnacona versuchte alles, um seine Gäste umzustimmen, von denen er eiserne Messer, Beile und unermesslich wertvolle Schwerter erhalten hatte. Mit Geschenken und einer großen Verbrüderungszeremonie, die er durch die Übergabe einer seiner Nichten an die Franzosen besiegelte, verlieh Donnacona seinen Worten ein letztes Mal Nachdruck: Geht nicht zur Stadt *Hochelaga*. Doch schließlich musste er einsehen, dass all seine Mühe vergebens war. Wie schon bei ihrer ersten Begegnung vor einem Jahr war der Anführer der Franzosen nicht gewillt, auf ihn und seine Leute Rücksicht zu nehmen. Donnacona blieb somit nur noch ein Mittel: Er musste die Kraft der Geister anrufen, um die Franzosen aufzuhalten.

Der Befehlshaber der französischen Expedition, den Donnacona vergeblich zu überzeugen versuchte, war Jacques Cartier aus St. Malo. Er hatte gute Gründe, auf eine weitere Erkundung des St.-Lorenz-Tales zu bestehen. König Franz I. hatte ihm den Auftrag erteilt, einen Weg durch den nordamerikanischen Kontinent bis zum Pazifik zu finden, unterwegs nach Gold zu suchen und dabei Freundschaft mit möglichst vielen indigenen Gemeinschaften zu schließen. Die Erwartungen daheim waren hoch, nicht zuletzt, da Cartier sie selbst eifrig geschürt hatte, nachdem er vor einem Jahr von seiner ersten Reise in Begleitung zweier Söhne Donnaconas zurückgekehrt war.

Cartiers erste Reise war im Jahr 1534 von König Franz I. persönlich genehmigt und finanziell gefördert worden. Grund hierfür waren gute Beziehungen der Seefahrer und Kaufleute aus Cartiers Heimatstadt St. Malo zum dortigen Bischof, der auch Abt des berühmten Inselklosters Mont Saint Michel war. Jener Abt hatte dem König eine neue Allianz mit dem Haus Medici vermittelt und im Gegenzug eine Förderung von Entdeckungsreisen ausgehandelt.

St. Malo war zu diesem Zeitpunkt bereits intensiv mit Ländern jenseits des Atlantiks vernetzt. Schiffe fuhren von dort regelmäßig nach Brasilien und kehrten beladen mit kostbaren Hölzern und exotischen Tieren zurück. Auch Reisende aus Brasilien konnte man auf den Straßen St. Malos treffen, wie beispielsweise ein Taufregister belegt, in dem Jacques Cartiers Ehefrau als Taufpatin einer Brasilianerin verzeichnet ist.

Der Norden Amerikas war hingegen noch weitgehend unbekannt. Hier setzte Cartier mit seinen Plänen an. Er hoffte, dass er eine Durchfahrt durch den Kontinent und so eine kürzere Route nach China finden könnte. Am 20. April 1534 konnte er seine Pläne in die Tat umsetzen und in königlichem Auftrag nach Westen segeln. In weniger als einem Monat überquerte er den Atlantik und drang jenseits von Neufundland an die nordamerikanische Küste vor.

Einzig ein anonymer Bericht, der erst 20 Jahre später in Italien erschien, ist von dieser Reise überliefert. Darin wird beschrieben, wie Cartier mehrfach die Küste anlief und Kontakt mit unterschiedlichen indigenen Gruppen herstellte. Immer wieder stand dabei der Versuch im Zentrum, freundliche Beziehungen durch Gabentausch herzustellen und danach durch Zeichensprache zu erfahren, ob es in der Nähe eine Passage oder vielleicht Edelmetalle gäbe. Das Verhalten der Indigenen deutet darauf hin, dass sie vorher schon Europäer getroffen hatten. Vermutlich waren es Fischer oder Walfänger, die bei ihnen Gelegenheiten zum Tausch gesucht hatten.

Die Menschen an der Küste gaben Zeichen, winkten mit Pelzen und breiteten dann ihre Waren aus. Zuerst versteckten sich Frauen und Kinder, bis ein friedlicher Kontakt hergestellt war, später kamen dann alle und begrüßten die Fremden. Dabei rieben die Männer und Frauen die Arme der Franzosen von der Schulter abwärts. Während der Unterhaltung in Zeichensprache und des Tausches von Fellen, Fischen oder Wild gegen kleine Eisenwerkzeuge und Tand sangen und tanzten sie in zwei Gruppen, getrennt nach Geschlechtern. Wichtig ist hierbei, dass die Indigenen den Kontakt bewusst gesucht hatten und keineswegs schockiert oder überfordert von der Ankunft der Franzosen waren. Sie kannten vielmehr schon Verhaltensweisen und Rituale für den Umgang mit ihnen.

Grund hierfür könnte neben früheren Kontakten mit Fischern auch sein, dass einige der Gruppen, die Cartier traf, selbst mobil waren und mit 40–50 Kanus an der Küste entlangzogen, um zu fischen, zu jagen und Handel zu treiben. Dies deutet darauf hin, dass Cartier im heutigen Kanada auf eine komplexe politische Welt getroffen war, in der es Marktorte, Handelsbeziehungen und Allianzen gab.

Von den verschiedenen Begegnungen Cartiers auf seiner ersten Reise war besonders das Zusammentreffen mit der Gruppe von St.-Lorenz-Irokesen bedeutsam, deren Oberhaupt Donnacona war. Donnacona und seine Leute hielten sich gerade zum Fischen und Jagen an der Atlantikküste auf, lebten aber meist tiefer im Landesinneren in dem Dorf Stadacona in einer Region, die sie *Kan-Hata* nannten. Zu Cartiers Begeisterung gaben sie ihm zu verstehen, dass *Kan-Hata* an einem gewaltigen Fluss liegt, der weit in den Kontinent reiche und auf dem man monatelang nach Westen reisen könne. Für Cartier stand fest, dass dies die beste Chance war, einen Weg nach China zu finden. Außerdem lobte er mehrfach, dass die Menschen aufgrund ihrer freundlichen Art und guten Lebensweise für eine Christianisierung geeignet wären. Allerdings bedauerte er sie aufgrund ihrer Armut, hätte doch selbst Donnacona nur Felle zur Kleidung.

Da das Jahr bereits fortgeschritten und Cartiers Mannschaft zu klein war, um die Reise fortzusetzen, entschloss er sich zurückzukehren. Er ließ aber vorher noch auf der Halbinsel Gaspé ein großes hölzernes Kreuz errichten. Vor den Augen der neugierigen Irokesen beteten er und seine Männer für eine gute Rückreise. Für Donnacona aber war das zehn Meter hohe Zeichen eine Provokation. Er beschwerte sich gestenreich, wobei nicht klar ist, ob er das Kreuz als versuchte Besitznahme, als eine spirituelle Herausforderung oder auch nur als ein Signal kritisierte, das Feinde anziehen könnte. Cartier zögerte angesichts von Donnaconas Protest nicht lang und ließ ihn gefangen nehmen. Das Kreuz blieb.

Seine Freilassung nutzte Cartier dann für einen Hinterhalt. Sein Ziel dabei war, mindestens zwei jüngere, gesunde Irokesen zu entführen, damit sie Französisch lernen und ihm weiter Auskunft geben konnten. Cartiers Plan ging auf, als er bei der Freilassung Donnaconas zwei von dessen Söhnen gefangen nehmen konnte. Um sie von seinen guten Absichten zu überzeugen, kleidete er sie, angeblich zu deren großer Freude, nach europäischer Mode und schenkte ihnen Hemden, Mützen und Schmuck. Durch Zeichensprache gab er zu verstehen, dass er die beiden Männer, genannt Taignoagny und Dom Agaya im nächsten Jahr mit Geschenken und Tauschwaren zurückbringen werde. Notgedrungen fügte sich Donnacona und gab sein Einverständnis, in dem er Reiseproviant bringen ließ.

So kehrte Cartier mit aussichtsreichen Neuigkeiten und den zwei indigenen »Prinzen« Taignoagny und Dom Agaya zurück. Sie wurden in Frankreich gut behandelt und lernten rasch Französisch. Sie bestätigten, dass *Kan-Hata* an einem gewaltigen Fluss lag, der viele Meilen nach Westen befahrbar sei. Dort gäbe es auch eine große Stadt mit Namen *Hochelaga*. Cartier selbst zeichnete in seinen Berichten ein herrliches Bild von der Landesnatur und den Tieren der fremden

Küste. Er versprach, dass es dort fruchtbaren Boden und andere Ressourcen für den Aufbau einer Kolonie im Übermaß gäbe.

Die Berichte Cartiers und der »Prinzen« aus *Kan-Hata* verfehlten ihre Wirkung nicht. Er erhielt von Franz I. und Investoren aus St. Malo genug Geld, um drei Schiffe auszurüsten und circa 110 Männer für die Reise anzuwerben. Gemeinsam nahmen sie 1535 Kurs nach Westen und verließen sich darauf, dass Taignoagny und Dom Agaya ihnen den Weg nach *Kan-Hata* zeigen würden. Tatsächlich erkannten beide Landmarken an der Mündung des gewaltigen St.-Lorenz-Stroms und lotsten die Franzosen flussaufwärts. Vorbei an Buchten, Zuflüssen und indigenen Siedlungen, die an beiden Ufern des fruchtbaren Tales lagen, segelten sie bis zu einer Stelle, an der sich der Fluss stark verengte. Dieser Ort, »wo der Fluss sich verengt«, hieß bei den Irokesen *Quebec*. Hier lag das Dorf von Donnacona.

Die Irokesen begrüßten die Europäer zögerlich und nicht ohne Misstrauen, zumindest so lange, bis sie Taignoagny und Dom Agaya sahen. Die Rückkehr der beiden löste große Begeisterung aus, wie ein ausführlicher Bericht über die Reise beschreibt, der einige Jahre später in Frankreich gedruckt wurde. Zur Begrüßung sangen und tanzten insgesamt fast 500 Irokesen, getrennt nach Männern und Frauen. Donnacona umarmte und küsste Cartier unter lautem Jubel seiner Leute. Nach der Zeremonie erzählten die beiden Reisenden ihrem Vater Donnacona von ihrem Aufenthalt in Frankreich und kehrten zu ihren Familien zurück, während die Franzosen auf ihren Schiffen und in einem kleinen Camp am Ufer blieben.

In den folgenden Tagen erhielten sie täglich Besuch von Donnacona oder seinen Leuten. Cartier gab ihnen Messer, Beile und billigen Tand im Tausch gegen Pelze und Nahrungsmittel. Außerdem fragte er nach Führern, die ihm den Weg weiter ins Landesinnere nach *Hochelaga* zeigen könnte. Donnacona reagierte, wie eingangs geschildert, mit Ablehnung auf diesen Plan. Zunächst ließ er übersetzen, dass es dort nichts von Wert oder Interesse gäbe, konnte die Franzosen aber nicht umstimmen. Am nächsten Tag versuchte er es mit einer großen Verbrüderungszeremonie. Er ließ einen Kreis ins Ufer zeichnen, in dem er Cartier platzierte. Zahlreiche Geschenke wurden gebracht und Donnacona reichte Cartier die Hand eines zehnjährigen Mädchens, welche eine Tochter seiner Schwester war. Außerdem wurden den Franzosen zwei kleine Jungen übergeben, die bei ihnen aufwachsen und ihre Sprache lernen würden. Damit versuchte Donnacona vermutlich eine so enge Bindung zu den Franzosen zu schaffen, dass diese keinen Bedarf mehr hätten, andere indigene Gemeinschaften aufzusuchen. Außerdem forderte er sie erneut auf, nicht nach *Hochelaga* zu ziehen. Cartier lehnte dies ab, gewährte aber Donnacona die Bitte, ihm die Kanonen vorzuführen, von deren gewaltiger Macht seine Söhne erzählt hätten. Der Kapitän ließ eine Breitseite auf einen nahegelegenen

Wald abfeuern, wo die Geschosse die Bäume zerfetzten. Nach einem ersten Schock waren die Irokesen von der Macht ihrer neuen Verbündeten sehr beeindruckt und einmal mehr bat Donnacona sie, bei ihm und seinen Leuten zu bleiben.

Cartier jedoch erklärte, am Folgetag aufbrechen zu wollen. Dies war der Tag für Donnaconas letzten Versuch, den Kontakt mit den Fremden, die eiserne Werkzeuge verschenkten und Wälder vernichten konnten, für sich allein zu behalten. Am 19. September, als die Franzosen ihre Barke fertigmachten, meldete ihr Ausguck eine seltsame Erscheinung. Drei Männer, bekleidet in Hundefelle, schwarz bemalt und mit Hörnern am Kopf, trieben langsam in einem Boot auf die Franzosen zu. Der Reisebericht nannte ihre Kleidung ein Teufelskostüm. Die Irokesen am Ufer unterbrachen alle Tätigkeiten und schauten schweigend zu, wie die Männer näherkamen. Von Bord ihres Kanus richteten die drei eine Rede an ihre eigenen Leute und an die Franzosen. Als das Boot das Ufer erreichte, gingen sie, gefolgt von den anderen Irokesen, in den Wald und hielten dort eine laute Rede, unterbrochen von wilden Schreien.

Darauf herrschte Stille und zur Überraschung Cartiers kamen nun Taignoagny und Dom Agaya aus dem Wald gelaufen und riefen immer wieder »Jesus, Jesus«, und »Jesus, Maria, Jacques Cartier«. Sie erklärten völlig aufgelöst, dass die Irokesen eine heilige Vision erhalten hätten, in der gesagt wurde, dass die Franzosen nicht nach *Hochelaga* gehen sollten. Dort gäbe es nur Eis und Tod für sie. Wenig diplomatisch spottete Cartier über den Gott, der diese Vision gesandt habe, und hob die Allmacht des Christengottes hervor. Dann brach er zum Entsetzen Donnaconas und seiner Söhne nach Westen auf.

Bemerkenswert an dieser Episode ist, dass die Irokesen zentrale Personen des Christentums, wie Jesus und Maria nutzen wollten, um ihre Interessen durchzusetzen. Dies war zwar vergeblich, zeigt aber, dass sie fähig waren, mit der Ankunft der Fremden umzugehen und daraus Wissen zu gewinnen.

Für Cartier und etwa die Hälfte seiner Männer begann eine wochenlange Reise. Während der Rest ein Fort für den Winter aufbaute, erkundeten sie eine Landschaft, die der Reisebericht in immer üppigeren Worten als ressourcenreich und ideal für Land- und Viehwirtschaft beschrieb. Die indigenen Gemeinschaften am Fluss hatten offenbar von Cartier gehört, denn sie drängten auf eine Kontaktaufnahme, überreichten Geschenke gegen Eisenwerkzeuge und billigen Schmuck, und in einem Fall gaben sie ihm sogar ein weiteres zehnjähriges Mädchen, das ihn begleiten sollte. Jeder wollte mit den Franzosen handeln oder ein Bündnis eingehen – es war, wie Donnacona befürchtet hatte. Er war nicht länger der einzige indigene Anführer, der Eisenwaren und fremden Schmuck beschaffen konnte.

Am 2. Oktober erreichte Cartier endlich die Stadt *Hochelaga*. Ein gewaltiger hölzerner Wall schützte dort etwa 50 Langhäuser von jeweils 50 Schritt Länge. Kaum dass die Bewohner ihn und seine Leute gesichtet hatten, strömten bereits mehr als 1000 Menschen aus der Stadt und versammelten sich am Ufer. Männer und Frauen sangen und tanzten in zwei getrennten Kreisen, während Cartier und seine Leute ans Ufer kamen. Die begeisterte Menge drängte sich um sie und alle versuchten, sie an den Armen zu berühren. Beutelweise verteilte Cartier billige Ringe und kleine Messer, dann gab er zu verstehen, dass er an Bord schlafen und am nächsten Tag die Stadt besuchen werde.

Die ganze Nacht sangen und tanzten die Bewohner *Hochelagas* am Ufer. In den Strahlen der Morgensonne sah Cartier, dass das Land hier anders als bei Quebec landwirtschaftlich genutzt wurde. Felder umgaben die Stadt und zeigten, dass hier ein Leben wie in Frankreich möglich wäre. Vielleicht sogar ein besseres Leben, denn die Landschaft schien noch reicher und fruchtbarer als alle anderen der Welt.

Am nächsten Tag hielt Cartier feierlich Einzug in *Hochelaga*. Begleitet von Tanz und Gesang nahmen ranghohe Bewohner ihn vor dem Wall in Empfang und führten ihn auf den zentralen Platz. Dort traf er auf das alte Oberhaupt der Siedlung. Der Mann war gelähmt und bat Cartier, ihm zu helfen. Ohne jede medizinische Kenntnis blieb Cartier nur sein Glauben. Er las aus der Bibel, schlug das Kreuz und stimmte Psalmen an. Auch wenn dies keine Wirkung hatte, waren die Indigenen begeistert und immer mehr Kranke und Lahme wurden zu ihm geführt. Cartier wiederholte seine improvisierte Zeremonie und verteilte weitere Geschenke. Nach einer kurzen Besichtigung machte er sich dann auf den Rückweg, vermutlich ahnend, dass die Wirkmacht seiner Gebete begrenzt war. Er bestieg zuletzt noch einen nahen Berg, den er Mont Royal nannte. Unterwegs erfuhr er von den Irokesen, als sie seine Gold- und Silbergegenstände erblickten, dass es im Nordosten in einem Land namens Saguenay viele wertvolle Metalle gäbe. Hocherfreut setzte Cartier daraufhin seinen Weg zum Gipfel des Mont Royal fort. Von dort oben sah er, dass der Fluss zwar weit ins Landesinnere führte, aber durch Stromschnellen für europäische Schiffen oder Boote blockiert war. Seine indigenen Begleiter aus *Hochelaga* erklärten ihm, dass der Fluss noch drei Monate lang westwärts mit Kanus befahren werden könne. Diese Aussicht gab Cartier Hoffnung, eventuell noch den Pazifik zu erreichen.

Nach einer raschen Rückreise nach Quebec besuchte Cartier Donnacona, der ihn begeistert begrüßte. Die Rückkehr Cartiers und neue Geschenke schienen seine Sorgen vorerst zu zerstreuen. Cartier lerne nun auch die Lebensweise der Irokesen näher kennen. Der Autor des Reiseberichts schildert merklich irritiert, dass junge Frauen in eigenen Gemeinschaftshütten lebten und eine Vielzahl von

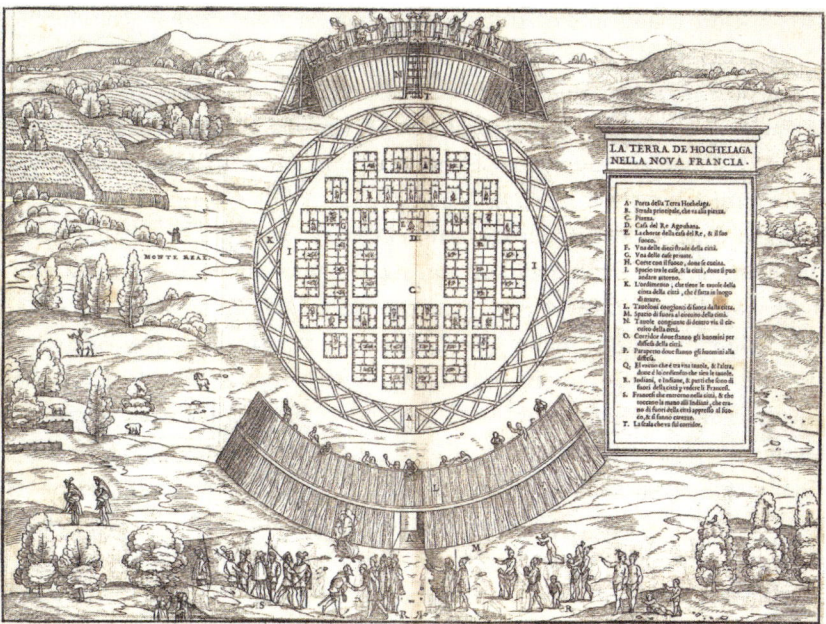

Abb. 4 Jacques Cartiers Ankunft in Hochelaga/Montreal. Seine Begegnung mit den Indigenen ist im unteren Teil der Abbildung als Seitenansicht dargestellt. Darüber befindet sich ein Plan der Stadt als Grundrisszeichnung. Es handelt sich um eine Buchillustration aus dem Werk *Navigationi et Viaggia* von Giovani Battista Ramusio, von 1555. Da von Cartier keine Zeichnungen überliefert sind, nahm der Künstler sich hier einige Freiheiten.

Liebhabern und Gefährten hatten, bevor sie sich für einen Mann entschieden. Dass die Männer eigene Gemeinschaften hatten, sogenannte Tabakzirkel, war für ihn hingegen weit weniger spektakulär.

Donnacona bestätigte bereitwillig die Hinweise auf das Land *Saguenay*, wo Menschen in Städten lebten und Edelmetalle besäßen. Bevor aber das Gespräch auf eine Expedition dorthin kam, versuchte er, seine Allianz mit den Franzosen einzufordern. Er berichtete Cartier von Angriffen feindlicher Nachbarn und darüber, dass es für ihn und seine Leute schwer sei, sich dagegen zu wehren. Doch Cartier ging nicht darauf ein.

Fehlende Bündnistreue könnte einer der Gründe dafür sein, dass kurze Zeit später die täglichen Lebensmittellieferungen abebbten. Donnaconas Leute gaben jetzt nicht mehr, sondern forderten. Sie verlangten sogar, was Cartier als Affront verstand, stetig höhere Preise. Er gab hierfür Taignoagny und Dom Agaya die Schuld, welche ihre Landsleute verdorben hätte. Wahrscheinlicher ist aber, dass die Indigenen inzwischen erkannten, dass die Franzosen nicht bereit waren, als

Verbündete zu handeln, und daher jetzt normale Tauschbeziehungen unterhielten, statt Geschenke zu überreichen.

Mit dem heraufziehenden Winter verschlechterte sich die Lage. Die Nichte Donnaconas lief den Franzosen weg und wurde erst nach Klagen Cartiers zurückgebracht. Außerdem forderten die Irokesen immer mehr für ihre Waren. Als der Anführer der Indigenen, die auf halben Weg nach *Hochelaga* lebten, zu Besuch kam, um seine Tochter zu sehen, warnte er Cartier vor Verrat durch Donnacona. Der Franzose ließ sich daraufhin von dem Irokesen manipulieren und stellte mehr Wachen auf, was als Geste des Misstrauens erschien.

Im Dezember brach dann eine Seuche bei den Irokesen aus. Allein von Donnaconas Leuten starben etwa fünfzig. Cartier und seinen Männern litten hingegen unter Vitaminmangel und Skorbut. Mehrere Franzosen starben und fast alle waren vor Schmerzen wie gelähmt. Ihr Retter war Dom Agaya, der ihnen eine Heilpflanze zeigte, durch deren Aufguss das Leiden rasch kuriert war. Es ist bezeichnend, dass Cartier dafür nicht Agaya dankte, sondern Gott, der den Irokesen als Instrument für die Rettung seiner Männer geschickt habe.

Die Saat des Misstrauens ging weiter auf, als Donnacona zu einer langen Jagdpartie aufbrach und mit großem Gefolge im Frühjahr zurückkehrte. Cartier vermutete einen baldigen Angriff und ließ Donnacona am 3. Mai 1536 bei einem Besuch seines Camps festnehmen. Unter großem Klagen der Irokesen erklärte er, dass er Donnacona jetzt mit nach Frankreich nehmen werde. In einem Jahr würde er ihn aber mit reichen Geschenken zurückbringen. Die Irokesen akzeptierten dies notgedrungen und Donnacona erhielt alle verbliebenen Tauschwaren. Er gab sie an seine Frauen und Kinder weiter, die ihn im Lager der Franzosen besuchen konnten. Angeblich beruhigte dies die Stimmung so weit, dass die Franzosen guter Dinge aufbrechen konnten.

Mitte Juni erreichten sie mit Donnacona und insgesamt neun indigenen Kindern ihre Heimat. Als indigener Fürst wurde Donnacona gut behandelt und hatte auch Zugang zum Hof des Königs, wo er befragt wurde und im Laufe der Zeit ausführlicher antworten konnte. Auffällig ist dabei, dass er jeden Wunsch der Europäer bestätigte. Er erzählte vom Goldreich *Saguenay*, von großen Städten und von wundersamen Menschenrassen aus alten europäischen Legenden, die es in Kanada angeblich wirklich gäbe. Auch wenn ein portugiesischer Gesandter nach Hause schrieb, Donnaconas Geschichten seien viel zu gut, um wahr zu sein, glaubte man ihnen in Frankreich. Dies galt umso mehr, als Donnacona sich taufen ließ und als Christ die Wahrheit seiner Worte beschwor. Hierzu gehörte übrigens auch die Geschichte von einem Königreich, in dem Menschen ohne Anus leben würden, die nie essen, nur trinken und über reiche Goldminen verfügen.

Trotz aller großartigen Geschichten folgte zunächst keine weitere Expedition. Kriege in Europa banden die Aufmerksamkeit und die Mittel der Krone. Cartier gab dennoch nicht auf und war vermutlich der Autor eines anonymen Planes für eine neue Reise, der 1538 bei Hofe einging. Darin wurde eine Expedition skizziert, die klar den Aufbau einer dauerhaften Siedlung zum Ziel hatte. Zahlreiche Handwerker sollten dort arbeiten und ausdrücklich auch für die Indigenen tätig sein. Die Menschen sollten von den Werkzeugen und Waren der Europäer überzeugt werden und so treue Verbündete und letztlich neue Untertanen der Krone werden. Auch Nutztiere sollten ins Land gebracht und den Menschen dort vorgeführt werden. Knapp 300 Mann, darunter Priester, sollten mit Vorräten für drei Jahre aufbrechen und jährlich versorgt werden, um nicht von den Indigenen abhängig zu sein. Dieses anonyme Papier war Ausdruck eines Ideals von einem friedlichen Zusammenleben nach einer Missionierung, die den Machtbereich der Krone ausweiten würde. Doch bevor eine neue Expedition aufbrechen konnte, musste sich die politische Lage in Europa entspannen.

Erst 1540 ernannte Franz I. Jacques Cartier zu seinem Generalkapitän für die neuen Länder, und es dauerte noch ein Jahr, bis konkrete Pläne für eine weitere Reise entstanden. Inzwischen waren sowohl Donnacona als auch acht der Kinder aus Amerika gestorben. Cartier erhielt vom König jedoch nicht den Oberbefehl, sondern nur die Verantwortung für die Schiffe und den Transport. Die Befehlsgewalt über die zu gründende Kolonie und die Gesamtleitung lag bei dem Adeligen Jean François de Roberval. Ihm verlieh der König Privilegien als Statthalter, das Recht, sich umfangreichen Landbesitz in Kanada zu nehmen, und die Erlaubnis, Strafgefangene beiderlei Geschlechts als Kolonisten dorthin zu bringen. Mit ihnen sollte er das Land kultivieren, Kirchen, Forts und Städte errichten und ein neues Frankreich jenseits des Meeres aufbauen. Besonders wichtig war es allerdings, Kontakt zu dem Königreich *Saguenay* herzustellen, von dem Donnacona so viel erzählt hatte. Speziell die Auswahl und Überstellung von Verurteilten erwies sich aber als kompliziert, zumal Roberval nicht jede Art von Verbrecherin oder Verbrecher mitnehmen wollte. Daher erhielt Cartier den Auftrag, mit fünf Schiffen und einer Streitmacht vorauszufahren.

So begann am 23. Mai 1541 Cartiers dritte Reise, über die leider nur fragmentarische Quellen berichten. Nach langer Überfahrt und einiger Zeit des Wartens auf Roberval vor Neufundland, erreichte Cartier ein letztes Mal Quebec. Die Irokesen nahmen die Nachricht vom Tod Donnaconas zunächst recht gut auf und knüpften an ihre Tauschbeziehungen mit den Franzosen an. Cartier erkundete diesmal die Umgebung Quebecs genauer, während er ein Fort errichten ließ und auf Roberval und dessen Siedler wartete.

Auf seinen Reisen machte er eine besondere Entdeckung. Seine Männer fanden glitzernde Edelsteine, die sie für Diamanten hielten, und Goldadern in den nahen Bergen. Über den Herbst und Winter legten sie einen Vorrat dieser Schätze an, während ihre Beziehung zu den Indigenen distanziert blieb. Spätere Berichte einiger seiner Männer deuten sogar auf Konfrontation und Gewalt hin, als die Nahrungsmittel gegen Ende des Winters knapp wurden. Von Roberval gab es über all die Monate keine Nachricht. Ohne Nachschub gab Cartier schließlich im Mai 1542 auf. Er ließ sein Fort niederbrennen und schiffte sich mit Fässern voller Gold und Diamanten ein.

Vor Neufundland kam es dann aber zu einer unerwarteten Begegnung. Cartier traf hier endlich auf die Schiffe Robervals, der mit knapp 200 Kolonisten nach Quebec wollte. Über das, was dann geschah, schweigen die Quellen weitgehend. Cartier berichtete Roberval von Nahrungsmangel, Krankheit und Konflikten und wollte die Schätze nach Frankreich bringen. Roberval befahl ihm aber, wieder Kurs nach Westen zu nehmen und den Auftrag des Königs auszuführen. Daraufhin stahl sich Cartier heimlich des Nachts davon. Er fuhr nach Frankreich, wo sein Gold und die Diamanten große Aufmerksamkeit erhielten, wie der königliche Kosmograph André Thevet berichtete. Schon bald stellte sich aber heraus, dass alle Schätze nur Quarz und Pyrit und somit völlig wertlos waren. »Falsch wie ein Diamant aus Kanada« wurde sogar zu einer Redewendung.

Das gesamte Projekt hing nun vom Erfolg Robervals und seiner Kolonisten ab, darunter sowohl Edelleute als auch Sträflinge beiderlei Geschlechts. Er ließ ein neues Fort und eine Siedlung errichten und merkte rasch, dass er von Lieferungen der Indigenen abhängig war, um den Winter zu überstehen. Zum Glück lieferten die Irokesen stetig Nahrung gegen Handelswaren. Dennoch kam es zu Hunger und Mangelerkrankungen, an denen fast 50 Menschen starben. Eis bedeckte den St. Lorenz in diesem Jahr bis in den April. In seiner kleinen Kolonie musste Roberval in der Not zu strenger Disziplin greifen. Er ließ Leute hängen, in Eisen legen und auch Frauen öffentlich auspeitschen, um die Gemeinschaft zusammenzuhalten.

So überstand seine Kolonie den Winter. Im Frühjahr, noch immer auf Versorgung wartend, begann er mit der Erkundung des Umlandes, um, wie befohlen, *Saguenay* zu finden. Nachdem aber ein Boot mit Proviant gesunken und mehrere Männer ertrunken waren, brach er sowohl die Erkundungsfahrt als auch das gesamte Projekt ab. Er kehrte nach Frankreich zurück und berichtete wie Cartier nach beiden vorherigen Expeditionen vom harten Winter. Dieses Bild und der Spruch »Falsch wie ein Diamant aus Kanada« hinterließen einen bleibenden Eindruck. Trotz aller Schilderungen des St.-Lorenz-Tales als ein idyllisches Paradies hatte für Jahrzehnte niemand mehr Interesse an der Region.

Dies änderte sich erst um 1580, als die Mode bei Hofe einem neuen Trend folgte. In Frankreich und später auch anderen Ländern waren bei Adeligen und solchen, die zur Oberschicht gehören wollten, Hüte aus Biberpelz gefragt. Richtig bearbeitet galt dieses samtweiche, wasserabweisende und elegant glänzende Material, am besten mit exotischen Federn geschmückt, als Ausweis von Geschmack und Vermögen. Jetzt kam das St.-Lorenz-Tal wieder ins Gedächtnis, als Ort, an dem indigene Handelsnetzwerke zusammenliefen. Hier ließ sich leicht ein ganzes Versorgungsnetz für den Pelzhandel errichten. Ein Neffe Jacques Cartiers mit Namen Jacques Noel rüstete daher mit einigen Kaufleuten ein Schiff aus, welches die begehrten Pelze zu den Hutmachern von Paris bringen sollte.

Es blieb nicht bei einem Schiff. Ab 1580 begeisterten sich immer mehr Investoren und Seefahrer angesichts hoher Nachfrage für regelmäßigen Handel und den Aufbau von Stützpunkten oder sogar Kolonien. Mehrere Vizekönige und Generalkapitäne wurden nacheinander ernannt, doch keiner von ihnen hatte dauerhaft Erfolg.

Grund hierfür war, dass der Pelzhandel zwar eine Profitquelle, aber auch Konkurrenz für jede koloniale Unternehmung war. Warum sollte man die Kosten für den Unterhalt eines Außenpostens oder einer ganzen Siedlung übernehmen, wenn mit einfachen Handelsreisen Laderäume voller Pelze nach Frankreich gebracht werden konnten?

Schon 1588 erkannte Cartiers Neffe dieses Dilemma. Sein Lösungsvorschlag war ein Privileg. Nur derjenige, der eine Kolonie gründet und unterhält, sollte mit Pelzen handeln. Alle anderen dürften nicht mal dorthin fahren und müssten bei Zuwiderhandlung damit rechnen, dass ihre Waren beschlagnahmt werden. Diese Idee war nicht untypisch für die Frühe Neuzeit, denn in dieser Epoche wurde die Erschließung neuer Handelswege oder Produktionsweisen oft mit einem Privileg verbunden, um den Investoren einen Ausgleich für die Kosten zu bieten. Die Alternative – freier Wettbewerb – widersprach außerdem der Idee, dass der Herrscher als höchste Autorität die Wirtschaft seines Landes lenkte und bestimmte Personen bevorzugen oder ausgrenzen konnte.

Dennoch gab es Widerstand, wann immer solch ein Privileg für den Handel mit Kanada gewährt wurde. Fernhändler, Seeleute, die Gilde der Hutmacher von Paris und Verkäufer von Luxusartikeln, sie alle fürchteten ein Anbietermonopol und intervenierten bei Hofe und vor Gericht. Jahrelang waren sie damit erfolgreich und konnten den König beispielsweise überzeugen, ein Jacques Noel bereits gewährtes Privileg nach wenigen Monaten aufzuheben.

Was bedeutete der Pelzhandel aber für die Indigenen in Nordamerika? Es war eine Form des wirtschaftlichen Austauschs, die ihnen neue Waren verschaffte, aber sie zugleich vor erhebliche logistische Herausforderungen stellte. Da Biberpelze weit aus dem Hinterland herangeschafft werden mussten, standen die indigenen Gemeinschaften vor der Aufgabe, neue Handelsrouten zu etablieren. Dadurch gelangten Waren aus Europa hunderte Kilometer ins Landesinnere, während die Bedeutung der Siedlungsplätze an der Küste stieg, was zu Migration unter den Indigenen führte und Konflikte auslöste. Handelsplätze wie Tadoussac am St.-Lorenz-Strom, wo selbst große Schiffe ankern konnten, wurden zu saisonalen Zentren. Die Irokesen, die Cartier noch getroffen hatte, wanderten unter dem Druck ab und *Montagnais, Etchemins* oder *Algonquin* traten an ihre Stelle. Die Europäer konnten und wollten diese Umwälzungen nicht kontrollieren. Alles, was sie interessierte, war, dass es Pelze gab, wenn sie mit ihren Waren an die Küste kamen. Ohne es zu wollen und ohne es zu wissen, gaben sie damit aber den Indigenen einen Anstoß, deren eigene Welt zu verändern.

Auch wenn es offiziell einen Vizekönig für Neufrankreich gab – wie die Region am St. Lorenz nun genannt wurde – blieben koloniale Projekte angesichts der Unsicherheit aller Monopole bis zum Jahr 1600 weitgehend aus. In diesem Jahr überlegte der aus Dieppe stammende Protestant Chauvin de Tonnetuit, ob es nicht doch einen lohnenswerten Vorteil brachte, wenigstens einen kleinen dauerhaften Außenposten zu errichten. So könnten seine Leute ganzjährig handeln und die Konkurrenz aushebeln. Wie andere vor ihm, erbat er sich erfolgreich ein Handelsprivileg, das räumlich eng begrenzt war und sofort von allen Seiten angegriffen wurde.

Dennoch ließ Chauvin im selben Jahr auf einer Handelsreise nach Tadoussac 16 Männer in einem Holzhaus zurück. Diese Bucht war zwar nicht dauerhaft besiedelt, aber *Etchemins, Montagnais* sowie *Algonquin* kamen jedes Jahr dorthin, um zu handeln, zu fischen oder miteinander Kriegszüge gegen die Irokesen zu planen. Wo heute ein rotes Grand Hotel eine kleine Siedlung an einer sandigen Bucht dominiert, in der sich Wale beobachten lassen, lag um 1600 ein Knotenpunkt für den Pelzhandel. Doch das Vorhaben endete in einem Desaster. Trotz langjähriger Erfahrung vor Ort und den Berichten über frühere Reisen waren die Männer auf den kanadischen Winter völlig unvorbereitet. Nach einem Jahr waren nur noch fünf der Männer am Leben, schwer von Kälte und Vitaminmangel gezeichnet.

Chauvin selbst überlebte seinen kleinen Außenposten nur um wenige Jahre. Erst nach seinem Tod 1603 knüpften andere an seine Ideen und Cartiers Vorbild an. Zunächst brachten sie weitere kanadische Indigene nach Frankreich, dann warben sie für ein erneutes, zeitlich begrenztes Handelsmonopol. Heinrich IV. gab ihnen nach und erlaubte zum Leidwesen der Hutmacher und Pelzhändler eine Erkundungsreise, die einen Standort für eine Siedlung finden sollte.

Im Zuge dieser Reise kam erstmals ein Mann nach Kanada, der sich für den Rest seines Lebens der Vision eines neuen und besseren Frankreichs in Übersee verschrieb. Es handelte sich um Samuel de Champlain, der noch heute als einer der Gründerväter Kanadas gilt. Bei seiner ersten von insgesamt 25 Atlantiküberquerungen fuhr der aus der Nähe von La Rochelle stammende Champlain 1603 noch ohne offiziellen Auftrag gewissermaßen privat mit. Vom 26. Mai bis zum 18. Juni hielt er sich am St. Lorenz auf, war Zeuge des Handels bei Tadoussac, erkundete die Region und sammelte Material für ein Buch, das ein Jahr später erschien. In seinem einflussreichen Werk *De Sauvages, Von den Wilden,* berichtete er von seiner Reise und verband dies mit intensiver Werbung für eine Kolonisierung Kanadas.

Auftakt von Champlains Bericht ist die Rückkehr zweier indigener Reisender nach Tadoussac. Sie erzählten dort dem Oberhaupt ihrer Gemeinschaft, genannt Anadabijou, von Frankreich und besonders von der Lebensweise der Menschen, den Häusern, dem Reichtum der Landwirtschaft und der Technologie. Anadabijou nahm dies laut Champlain zum Anlass, um bei einem großen Fest, einer *Tabagie,* vor seinen Leuten und anwesenden Verbündeten zu sprechen. Anadabijou teilte zunächst seinen Tabak mit seinen indigenen Alliierten sowie den Franzosen und erklärte dann, dass sein Volk sich mit den Franzosen verbünden wolle und er sie einlade, zu ihnen zu kommen. Alle Anwesenden riefen darauf, so zumindest berichtet Champlain: »*Ho, Ho, Ho*«, was »Ja, Ja, Ja« bedeute. Diese Szene nutzt Champlain zur Rechtfertigung all seiner kolonialen Pläne. Auch wenn es keine anderen Belege für diese Einladung gibt und sie somit erfunden sein könnte, ist durchaus stimmig, dass Anadabijou und die anderen Anführer angesichts zunehmender Spannungen mit einer großen Irokesenföderation südlich des St. Lorenz und der positiven Berichte der Rückkehrer tatsächlich eine dauerhafte Präsenz der Franzosen begrüßten.

Es folgten mehrtägige Feiern mit Gesang und Tanz, auf denen die *Etchemins, Montagnais* und *Algonquin* die Skalps von 100 Feinden präsentierten, bevor sie den Tauschhandel mit den Franzosen vollzogen. Champlain verzeichnete all dies detailgenau, räumte aber der Landesnatur weitaus mehr Platz ein. Er lobte die Fruchtbarkeit, den Fischreichtum, das Wild und die sichere Möglichkeit, mit europäischen Methoden reiche Ernten aus dem Boden zu holen. Außerdem betonte er, dass eine Missionierung der Indigenen zum Christentum sicher rasch Erfolg haben werde. Dafür und zur Sicherung des Pelzhandels sei es allerdings nötig, Position in den interindigenen Kriegen zu beziehen und eine dauerhafte Allianz gegen die Föderation der Irokesen einzugehen – eine frühe Empfehlung, die für viele Jahrzehnte die französische Politik in Nordamerika prägte.

Ohne Jacques Cartier zu erwähnen, griff er dessen zentrale Argumente auf, fügte aber eigene Beobachtungen hinzu. Die Idee, über den St. Lorenz den Kontinent zu durchqueren, um China zu erreichen, präsentiert auch er, allerdings

Abb. 5 Karte der Region Nouvelle France oder Neufrankreich von Samuel de Champlain. Abgebildet sind je zwei *Montaignais* und *Almouchicois*. Dabei handelte es sich um indigene Gemeinschaften, mit denen Champlain ein Bündnis anstrebte. Mit ihrer stark europäisierten Abbildung präsentierte er sie als gute Bündnispartner gegen die Föderation der Irokesen, welche vom Süden aus den Pelzhandel bedrohe.

ergänzt um eine sorgfältige Beschreibung indigener Kanus. Damit könne man eine halbe Tonne Waren mit nur zwei Mann transportieren und in leerem Zustand könne ein einziger Mann die aus Rinde gebauten, hauchzarten Boote um Stromschnellen herumtragen. Auch Schneeschuhe und anderen Technologien der Indigenen sammelte und präsentierte Champlain. Gold und Silber versprach er hingegen nicht. Auf einer Reise bis nach Quebec, das inzwischen verlassen war,

Ein neues Frankreich – Das St.-Lorenz Tal 1534–1544 und 1600–1617 | 53 fand er zahlreiche für eine Siedlung hervorragend geeignete Orte. Nichts aber überträfe die verkehrsgünstige Lage von Quebec selbst, »wo der Fluss sich verengt«. Von Quebec aus reiste Champlain noch weiter nach Mont Royal, das nur noch saisonal bewohnt war. Von indigenen Pelzhändlern, die weit ins Landesinnere reisten, erfuhr er hier, dass sich weit den Fluss hinauf ein grenzenloses Wasser erstreckt. Diesen Hinweis auf die großen Seen Nordamerikas, die tatsächlich westlich des heutigen Montreals über den St. Lorenz zu erreichen sind, beschrieb Champlain seinen Lesern natürlich als einen Weg in den Pazifik.

Champlains Buch weckte neue Aufmerksamkeit und rückte Kanada – oder Neufrankreich – ab 1604 in ein positives Licht. Ihm selbst ermöglichte das Buch Zugang zu einem Netzwerk von vermögenden Adeligen, Kaufleuten und ranghohen Höflingen. Besonders der einflussreiche und bei Hofe vernetzte Veteran der französischen Glaubenskriege Pierre Dugua Sieur de Monts war hier aktiv. Er hatte im Gegensatz zum einfachen Untertan Champlain den nötigen Status, um offiziell das Oberhaupt einer weiteren kolonialen Unternehmung zu sein. Der Kreis um ihn war schließlich stark genug, um ein neues Monopol von Heinrich IV. zu erwirken, das aber natürlich auch wieder kritisiert und angegriffen wurde.

Durch das Monopol zumindest vorerst geschützt, plante das Netzwerk weitere Projekte und brachte 1606 sogar Kolonisten nach Amerika. Ziel war zunächst aber nicht der St. Lorenz, sondern die Acadie, eine Landschaft direkt am Atlantik in der Grenzregion zwischen dem heutigen Kanada und dem US-Bundesstaat Maine. Hieran war Champlain allerdings nur in einer untergeordneten Rolle beteiligt. Da die dortigen Ereignisse aber nicht am St. Lorenz spielten, werden sie an anderer Stelle (in Kapitel 4) ausführlich behandelt.

Der St. Lorenz rückte erst wieder im Jahr 1607 in den Fokus, als Sieur de Monts in den intensiven Konflikten um die Vergabe oder Aufhebung eines Monopols zumindest für ein Jahr erfolgreich war. Niemand sonst durfte in diesem Jahr dort handeln. Dies war die Chance für Champlain, um seinen alten Plan von einem Außenposten bei Quebec in die Tat umzusetzen. Er erhielt den Titel eines *Lieutenant* des Sieur de Monts und den Auftrag, mit drei Schiffen nach Quebec vorzurücken und mit knapp 30 Mann einen befestigten Außenposten zu errichten. Von dort aus sollte der Pelzhandel aus dem Landesinneren frühzeitig abgefangen und die Erkundung der Passage durch den Kontinent nach China vorangetrieben werden.

Champlain schrieb ausführlich über diese Reise, die Gründung Quebecs und seine zahlreichen Fahrten über den Atlantik. Er war und ist der einzige Chronist der frühen Geschichte der Kolonie und damit Autor seiner eigenen Heldengeschichte. Noch heute werden vieler seiner Erzählungen unkritisch wiedergegeben und tragen zum Mythos vom heroischen Gründer Kanadas bei – meist ohne auf Champlains Vorgänger Cartier einzugehen.

Die Reise verlief zielstrebig, und auch die Errichtung des Forts im Jahr 1608 mit einem Lagerhaus, drei Gebäuden und einem Verteidigungswall gelang rasch. Doch der erste Winter war desaströs, und mehr als die Hälfte der gerade einmal 25 Franzosen starben. Davon unbeeindruckt machte Champlain sich daran, permanente Bündnisse mit den Indigenen zu schließen. Durch gemeinsame Kriegszüge gegen die Irokesen, bei denen Champlain angebliche Heldentaten wie die Tötung zweier feindlicher Anführer mit einem einzigen Schuss gelangen, erwarb er sich hohes Ansehen. Seine Verbündeten kamen fortan regelmäßig nach Quebec, um zu handeln und ihn auf Kriegszüge mitzunehmen, die er für die weitere Erkundung des Landes nutzte. Ab 1613 veröffentlichte Champlain seine Berichte und gab darin an, sein eigener Ruf und der Respekt vor der Kampfkraft der Franzosen seien in Kanada so groß, dass er die Indigenen überzeugen könnte, ihre Siedlungsplätze aufzugeben und rund um Quebec neue, dauerhafte Dörfer und Städte anzulegen. Hier zeigt sich bereits der Ansatz einer großen kolonialen Vision, die er einige Jahre später formulierte.

Während Champlain das Land erkundete oder in Frankreich Bericht erstattete, kam zwischen 1609 und 1618 jedes Jahr ein Versorgungsschiff zu der kleinen Kolonie, das die erhandelten Pelze nach Frankreich brachte. Dies sicherte zwar den Unterhalt für die meist nur etwa ein Dutzend Kolonisten, aber die Kosten für Vorräte und Besoldung der Männer schmälerten die Einnahmen erheblich. Als der König auf Druck seiner Ratgeber sowie von Handwerkern und Kaufleuten den Handel am St. Lorenz offiziell wieder freigab, stiegen daher nach und nach alle Partner des Sieur de Monts aus dem Geschäft aus. Er und Champlain brachten nun ihr eigenes Vermögen in die Unternehmung ein. Immer wieder fuhr Champlain nach Frankreich und warb für eine Unterstützung durch den König oder andere Investoren. Erfolg war ihm dabei jedoch nicht beschieden, und Quebec blieb vorerst ein winziger Außenposten.

Erst unter Ludwig XIII. wendete sich nach 1610 das Blatt. Die Berater des jungen Königs überzeugten ihn, ein neues Monopol zu gewähren, einen Prinzen aus der königlichen Familie zum neuen Vizekönig zu machen und dessen Privilegien gegen jeden Protest zu verteidigen. Dreimal musste Champlain nach Rouen reisen, um durchzusetzen, dass er nun der *Lieutenant* eines Prinzen war und volle Autorität am St. Lorenz besaß. Es entstand eine neue Handelsgesellschaft, und Champlain selbst gab weitere Berichte und zugleich Werbetexte heraus.

Dennoch blieb Quebec ein winziger Außenposten, der bis 1616 auf gerade einmal 50 Einwohner wuchs. Sie alle kümmerten sich um den Pelzhandel oder die Erkundung des Landes, aber nicht darum, sich eine eigene Lebensgrundlage zu schaffen. Dies galt auch für die Mönche und Priester, die Champlain 1615 ins Land holte – was ihm dennoch für Jahrhunderte großen Ruhm unter kanadischen Katholiken brachte.

Quebec blieb winzig, unprofitabel und von Frankreich abhängig. Für Champlain, der von dem gewaltigen Potential Neufrankreichs überzeugt war, musste dies ein frustrierender Zustand sein. Daher unternahm er im Jahr 1618 einen großen Versuch, das Ruder herumzureißen und seine Pläne und Visionen von einem neuen Frankreich jenseits des Meeres zu verwirklichen. Er reichte bei König Ludwig XIII. und bei der Hofrechenkammer Denkschriften ein, die nichts weniger enthielten als ein *Grand Design,* einen Masterplan zur Kolonisierung Amerikas.

Dem König führte Champlain zum einen vor, wie viel Arbeit bereits in die Erkundung des Landes geflossen sei und welche immensen Wissensbestände und Kontakte er und seine Partner besäßen. Dies sei eine exzellente Ausgangsbasis für eine große koloniale Unternehmung. Neben den Reichtümern des St.-Lorenz-Tales, von denen Champlain Holz, Pflanzen, Landwirtschaft, Pelze und Minen für Kupfer und Eisen hervorhebt, verspricht er außerdem, dass der Vorstoß zum Pazifik unmittelbar bevorstehe. Alle diese Vorteile würden den König aber auch unter Zugzwang setzen. Wenn er jetzt nicht handle, so würden die Engländer oder Niederländer die Gelegenheit nicht verstreichen lassen. Wenn der König sich jetzt aber mit seiner Autorität und seinem Vermögen einbringe, so ließen sich hunderttausende Menschen für das Christentum gewinnen, ein eigener Seeweg nach Asien sichern und allein durch die natürlichen Ressourcen schon genug Gewinn machen, um ein neues Frankreich jenseits des Meeres zu errichten.

Ausgangspunkt dieses Utopias soll eine neue Stadt mit Namen Ludovica sein. Champlain stellt sie sich etwa so groß wie St. Dennis vor, das zu dieser Zeit um die 3000 Einwohner hatte. Diese Stadt könne das wirtschaftliche und politische Zentrum des neuen Frankreichs werden, um das herum Städte der Indigenen, die Champlain wegen ihrer hölzernen Mauern mit Moskau verglich, ein Netz bilden könnten. Ludovica sollte durch zwei große Festungen mit fünf Bastionen gesichert werden, die auf beiden Seiten des St. Lorenz den Fluss und die Passage durch den Kontinent kontrollieren. Damit könnte der König von Frankreich unumschränkter Herr des Landes sein.

Eine weitere Festung, ohne benachbarte Ansiedlungen sollte bei Tadoussac entstehen, um die mit diesem wirtschaftlichen und spirituellen Zentrum der Indigenen verbundenen Städte und Gemeinschaften in das neue Frankreich einzubinden. Außerdem könne hier die Mündung eines großen Zuflusses überwacht und ein Tiefwasserhafen angelegt werden.

Um dieses Projekt beginnen zu können, forderte Champlain zunächst 15 Mönche, die das Christentum verbreiten und das Band zwischen Franzosen und Indigenen enger knüpfen sollten. Währenddessen sei es die Aufgabe von zunächst 300 jeweils aus mindestens vier Personen bestehenden Familien, eine Stadt zu errichten. Hinzu sollten junge Dienstboten und Mägde kommen, die vor Ort Hochzeit halten und Kinder zeugen könnten. Neben den Siedlern, die allesamt nützliche Berufe für eine neue Stadt oder die Kultivierung des Landes beherrschen, benötige das neue Frankreich außerdem 300 Soldaten. Diese Männer müssten kampferfahren sein, aber auch nicht zu stolz, um bei der Aufbauarbeit helfen und in Friedenszeiten einem Handwerk nachgehen zu können.

Mit den Menschen sollten Nutztiere aller Art ins Land kommen, um Felder zu bestellen und nach und nach wie in den spanischen Kolonien zur profitablen Rinder- und Pferdezucht überzugehen. Auf die erste Stadt würden dann drei weitere folgen, um die sich jeweils mehrere Siedlungen der Indigenen anordnen, die nach ihrer Christianisierung Teil des neuen Frankreichs sein würden. Champlain schließt mit dem Versprechen, dass nach gerade einmal 15 Jahren ein Reich entstehen würde, das so groß und mächtig sei, dass keine Macht der Welt die Franzosen mehr von dort vertreiben könne.

Diese Utopie, die Champlain für den König entwarf, untermauerte er für die Rechenkammer mit genauen Zahlen. Für die Behörde schlüsselte er auf, wie viel hunderttausend Livres sich jedes Jahr womit verdienen ließen. Insgesamt versprach er Einnahmen von über fünf Millionen pro Jahr, und das bereits ohne den Handel mit Asien, den darauf basierenden Zöllen und ohne eventuelle Goldminen. Seine Berechnung ging nur vom natürlichen Reichtum des Landes und der Arbeit der Siedler aus und führte zu einer für die Zeitgenossen defensiven, aus heutiger Sicht aber sehr optimistischen Schätzung. Die gewaltigen Einnahmen versprach Champlain außerdem bei vergleichsweise lächerlichen Investitionen. Champlain veranschlagte für drei Jahre jeweils einen Aufwand von 15.000 Livres. Danach würde die Kolonie sich finanziell selbst tragen.

Die Hofrechenkammer stimmte dem gewagten Vorschlag zu und empfahl dem König, Champlain die nötigen Mittel zu geben. Der König war ebenfalls angetan und gab schriftlich zu verstehen, dass er wünsche, dass dieser Plan umgesetzt werde. Doch Geld aus seiner eigenen Kasse freizugeben, dazu war er nicht bereit.

Champlain war dennoch zuversichtlich, durch die offizielle königlichen Unterstützung Investoren anziehen zu können. Doch neue Rechtsstreitigkeiten um das Handelsmonopol flammten auf. Das Monopol wurde aufgehoben und wieder bestätigt, mehrere Vizekönige nacheinander ein- und abgesetzt, und kaum, dass die Lage sich stabilisierte, war Champlains eigene Rolle umstritten. Sollte er diese gewaltige Kolonie befehligen oder nur weitere Expeditionen leiten? So verlief sich seine utopische Vision zwischen Rangstreitigkeiten und kurzfristigem Profitstreben im Sande. Neufrankreich – oder Nouvelle France – blieb noch ein weiteres Jahrzehnt ein unerfüllter Traum, bis Kardinal Richelieu sich 1627 der Sache annahm und ein neues Kapitel der Geschichte Kanadas aufschlug.

### Quellen und Literatur

Wenn man der Frage nachgeht, woher eigentlich das Wissen über die Reisen Cartiers und Champlains stammt, so stellt man rasch fest, dass beide die wichtigsten Historiker ihrer eigenen Abenteuer sind. Dass die Quellen daher zu einer positiven Schilderung ihrer Person und Leistungen tendieren, überrascht nicht wirklich.

Die Berichte Cartiers, die entweder direkt von ihm stammen oder auf seinen Notizen basieren, liegen zusammen mit den wenigen Fragmenten über Robervals Reise in einer englischen, modernen Quellensammlung von Ramsay Cook aus dem Jahr 1993 vor: *The voyages of Jacques Cartier*. Hierzu gehört auch das im Kapitel beschriebene koloniale Projekt von 1538.

Über die Reisen und kolonialen Projekte Samuel de Champlains informiert jener selbst zunächst in seinem frühen Werk *De Sauvages* von 1603, das als Digitalisat online bei der französischen Nationalbibliothek unter http://www.gallica.fr gelesen werden kann. Es ist aber auch, ebenso wie der Reisebericht von 1613, den Champlain als *Les voyages du Sieur de Champlain ou, Journal tres-fidele des obeservations fait és descouvertes de la Nouvelle France* betitelte, in einer zweisprachigen, französisch-englischen Edition verfügbar. Herausgeber der achtbändigen Sammlung *The works of Samuel de Champlain*, die von 1922 – 1936 erschien, war Henry Biggar. Eine andere Perspektive auf die Reisen Champlains bietet der Anwalt und prokoloniale Schriftsteller Marc Lescarbot in seiner *Histoire de Nouvelle France* von 1617. Während Champlain sich selbst zum Helden seiner Geschichten erhebt, schildert Lescarbot die Dinge eher neutral, stellenweise sogar kritisch, da er eine Kolonisierung anderer Orte gegenüber dem St.-Lorenz-Tal vorzog. Seine *Histoire* steht ebenfalls in einer zweisprachigen Ausgabe von Henry Biggar zur Verfügung, die 1922 erschien.

Zahlreiche weitere Quellen wie Rechnungen, Briefe, Beschwerden von Kaufleuten, Erzählungen von Reisenden und Unterlagen zur Organisation der Reisen und zur Geschichte der Kolonie Nouvelle France finden sich in den zwei folgenden Quellensammlungen: Conrad Heidenreichs und Catherine Richs *Samuel de Champlain before 1604. Des Sauvages and other documents related to the period* aus dem Jahr 2010 sowie Robert Le Blants und René Baudrys *Nouveaux Documents sur Champlain et son époque. Vol. 1 1560–1622* von 1967.

An Darstellungen zu den zentralen Personen und der Ereignisgeschichte besteht, da das Thema sowohl Franzosen als auch Kanadier interessierte, kein Mangel. Für einen Einstieg bieten sich die zahlreichen, online frei zugänglichen Artikel zu beiden Hauptpersonen und zahlreichen weiteren Akteuren im *Dictionary of Canadian Biography* an. Darunter sind auch Artikel über alle namentlich bekannten Indigenen. Die Verfasserinnen und Verfasser sind ausgewiesene Experten. Der Autor der Artikel über Champlain und Cartier – Marcel Trudel – war über viele Jahrzehnte der führende Forscher zur kanadischen Kolonialgeschichte. Er veröffentlichte auch die einschlägigen Bücher *Histoire de la Nouvelle-France. Les vaines tentatives 1524–1603* und *Histoire de la Nouvelle-France. Le comptoir 1604–1627*, die beide 1963 in Montreal erschienen, sowie die weitgehend inhaltsgleiche englische Übersicht *The beginnings of New France. 1524–1663* im Jahr 1973. Einen guten Eindruck von der Breite der Forschung vermittelt der illustrierte Sammelband von Fernand Braudel aus dem Jahr 1984: *Le monde de Jacques Cartier. L'aventure au XVIe siècle*. Hier finden sich Artikel über Kartographie, Weltbild, die Vorläufer, Partner und Gegner Cartiers sowie sein Leben, seine Projekte und die darauf aufbauende Erinnerungskultur. Ergänzend bietet Bernard Allaire in seinem 2012 erschienenen, reich illustrierten Buch *La Rumeur Dorée. Roberval et l'Amerique* einen Fokus auf Roberval statt Cartier an. Bezüglich Champlain ist hingegen auf die preisgekrönte Biographie von David H. Fischer hinzuweisen, die 2008 erschien: *Champlain's dream*. Allerdings lässt sich Fischer manchmal von der Begeisterung für seinen Helden mitreißen und stellt gewagte Spekulationen an. Eine ausgewogenere Übersicht findet sich in der Analyse von Éric Thierry, *La France de Henri IV en Amérique du Nord,* die ebenfalls 2008 erschien und Champlain in den breiteren Kontext der französischen Kolonialprojekte einordnet.

Für einen Überblick in deutscher Sprache bieten sich zwei Werke an: Hermann Wellenreuthers *Niedergang und Aufstieg. Geschichte Nordamerikas vom Beginn der Besiedlung bis zum Ausgang des 17. Jahrhunderts* von 2004, das akademischen Standards entspricht, sowie Udo Sauters für ein breites Publikum geschriebene Werk von 2012, *Als die Franzosen Amerika entdeckten*. Darin findet sich zwar nur wenig über Cartier, aber dafür ein Kapitel über Champlain.

## 3. Mit dem Silber des Meeres zu einem Weltreich – Neufundland 1578–1583

Wenn man fragt, welche Ressourcen die europäischen Seefahrer eigentlich dazu brachten, Ozeane zu überqueren, indigene Kulturen zu kontaktieren und zu überfallen, Kolonialreiche zu errichten und sich auf dem Meer und in fremden Ländern gegenseitig zu bekämpfen, so sind Gold, Silber, Pelze und Gewürze sicherlich die naheliegendsten Antworten.

Es gab aber noch einen anderen, oft vergessenen Grund für zehntausende Männer, Stürmen zu trotzen und an fernen Küsten ihr Lager aufzuschlagen. Es war die vielleicht wichtigste und meistgehandelte Ressource in der Atlantischen Welt des 16. Jahrhunderts: der Kabeljau.

Mehrere Historiker haben in ihren Werken bereits die Bedeutung dieses Fisches für die Geschichte des Atlantiks und der Menschen an seinen Küsten beschrieben. John Kurlansky, William T. Cell und anderen gelang es dabei, eine faszinierende Geschichte zu rekonstruieren. Sie umfasst Handelsnetze, die mehrere Kontinente verknüpften, ungeplante, aber allmählich verhängnisvolle Vertreibung indigener Gemeinschaften, die Möglichkeit für Fischer, ihr Leben fern der Heimat ohne Einfluss von Obrigkeiten selbst zu ordnen, und zuletzt die Folgen schonungsloser Ausbeutung natürlicher Ressourcen.

Die Anfänge dieser Geschichte liegen im Dunkeln. Kein Hafenbuch oder Protokoll belegt, wann genau die ersten Fischer aus Europa jenseits von Island vorstießen und auf die Neufundlandbank trafen. Sicher ist nur, dass es in der zweiten Hälfte des 15. Jahrhunderts geschah und dass Portugiesen, Engländer sowie Basken diese Fanggründe etwa zur selben Zeit entdeckten.

Bei der Neufundlandbank handelt es sich um ein Meeresgebiet im offenen Atlantik, das nicht tausende, sondern nur wenige hundert Meter tief ist. Dadurch kann die Sonne dort das Wasser erwärmen und ideale Lebensbedingungen für Mikroorganismen schaffen. Jene bilden hier gewaltige Schwärme und dienen Fischen als Nahrung, die bei der Neufundlandbank in einer bisher unbekannten Vielzahl zu finden waren. Noch die Berichte aus dem 16. Jahrhundert erzählen voller Staunen von einem silbrig glänzenden Gewimmel, das sich in jede Richtung bis zum Horizont zu erstrecken schien. Fisch war hier angeblich so zahlreich, dass es manchmal reichte, einfach nur Transportkörbe ins Wasser zu halten, um sie gefüllt wieder herausziehen zu können. Aus dem Erstaunen der Fischer wurde Begeisterung, als sie merkten, dass ausgerechnet Kabeljau in solchen unvorstellbaren Mengen verfügbar war.

Kabeljau war wertvoll. Von allen damals bekannten Fischsorten besaß er das beste Verhältnis von Gewicht zu Protein, und es existierten unterschiedliche Methoden, um ihn für mehrere Jahre haltbar zu machen. Hierfür genügte es bereits, ihn direkt nach dem Fang feucht in Salz einzulegen. Wenn man ihn aber an die Küste brachte und dort leicht gesalzen im Wind trocknete, konnte man ihn sogar noch nach einem Jahrzehnt durch Einlegen in Süßwasser wieder genießbar machen. Diese erstaunliche Eigenschaft machte konservierten Kabeljau zu einer begehrten Fastenspeise, aber auch zur idealen Nahrung für Söldnerarmeen in Mitteleuropa und sogar für Ruderer auf Galeeren im Mittelmeer.

Der Kabeljau zog daher Fischer aus vielen Ländern an, die nicht nur die Bank vor der Küste für den Fischzug selbst, sondern zunehmend auch Neufundland und vorgelagerte Inseln anliefen, um ihren Fang zu trocknen. Sie kamen aus Portugal, Spanien, Frankreich und schließlich auch aus England. Die Plätze zum Verarbeiten und Trocknen des Fangs teilten sie untereinander nach einem einfachen Verfahren auf. Der erste Kapitän, der mit seinem Schiff die Insel erreichte, war für diese Saison der Admiral und wählte seinen Trockenplatz als Erster. Die übrigen wählten in der Reihenfolge ihres Eintreffens. Kam es zu Konflikten, entschied der Admiral, der aufgrund seines Mutes, besonders früh im Jahr aufzubrechen, den Respekt der Fischergemeinschaft genoss.

Da die Fischer keine Quellen hinterließen, wissen wir fast nichts über ihre Kontakte zu den indigenen *Beothuc*, welche damals seit vielen Jahrhunderten die Küsten Neufundlands besiedelten. Überliefert ist allerdings, dass sie schon sehr bald von dort vertrieben wurden, als die Fischer die besten Fangplätze und insbesondere den Zugang zu Süßwasser für sich beanspruchten. Zwar warben die Europäer manchmal Indigene als Arbeitskräfte an, doch dafür setzten sie eher auf *Mi'Kmaq*, die sie auf ihren Schiffen vom Festland für die Saison übersetzten. Hier drohten keine Konflikte um das Land und es kamen lediglich Arbeitskräfte, keine Familien. Als die ersten genaueren Berichte über die Insel im 17. Jahrhundert erschienen, waren die *Beothuc* bereits weitgehend zurückgedrängt. Doch für die Europäer war dies alles von wenig Interesse, denn hier waren nicht Land und Leute, sondern Fisch wichtig. Er war die Quelle für einen keineswegs überwältigenden, aber sicheren Profit und außerdem eine strategische Ressource, die Flotten versorgen und belagerte Städte vor dem Aushungern retten konnte.

Es dauerte etwa 100 Jahre, bis 1583 eine im engeren Sinne koloniale Geschichte begann. In diesem Jahr nahm der zuvor mit John Dee und Martin Frobisher kooperierende englische Adelige Humphrey Gilbert im Auftrag Elisabeths I. die

Abb. 6 Das Auslösen des wertvollen Walspecks oder »Flensen«, in einer Buchillustration aus André Thevets *Cosmographie universelle* von 1575. Der Kosmograph wollte damit seinen Lesern einen Eindruck vom baskischen Walfang vermitteln, der längst auch die Gewässer vor Neufundland erreicht hatte. Dort stellten die Basken einen erheblichen Anteil sowohl der Walfänger als auch der Fischer.

Insel Neufundland mit all ihren Ressourcen für seine Königin in Besitz. Noch heute erinnert eine Plakette in der Stadt St. John's an dieses Ereignis und feiert, dass Humphrey Gilbert die Insel zu einer Kolonie und damit zum ersten Baustein für das Britische Empire gemacht habe. Auch die Gründung der Stadt wird ihm auf der Plakette und einem Denkmal zugeschrieben. Doch war es wirklich so, dass in diesem Jahr die Kolonialgeschichte Neufundlands begann? Und wie wirkte es sich aus, dass es um Kabeljau statt wie in den vorherigen Kapiteln um Gold oder Pelze ging? Die Antworten hierauf verrät ein genauerer Blick auf die berühmte Expedition Humphrey Gilberts und diejenigen, die ihm nachfolgten.

Als Gilbert am 5. August des Jahres 1583 von Bord seines Schiffes ging, war er keineswegs ein einsamer Entdecker an einer fremden Küste. Hunderte Menschen sahen zu, wie er in einem Boot ans Ufer übersetzte und dort in einem Prunkzelt Quartier bezog. Nachdem er die Schaulustigen eine Weile hatte warten lassen, kündigten Fanfaren und Trommeln an, dass er bald in einer größeren Zeremonie offiziell von der Insel Besitz ergreifen werde.

Es dauerte aber dann noch einige Stunden, bis das Schauspiel begann, für das Gilbert die Kapitäne aller Schiffe, die in der Bucht von St. Johns lagen, an Land befohlen hatte. Gilbert ließ erneut Fanfaren spielen und seine drei Schiffe in der Bucht Salut schießen. Den Salut erwiderten seine bewaffneten Soldaten, bevor sie mit ihm zum Klang der Musik auf eine Anhöhe zogen, von der aus er die Zelte und saisonalen Fischerhütten überblicken konnte. Oben angekommen, und damit für alle Anwesenden bestens zu sehen, ließ Gilbert einen Begleiter ein Stück Erde aus dem Boden stechen, in das man einen grünen Zweig steckte, bevor man es ihm schließlich überreichte. Er verkündete den Befehlshabern der Fischerboote, die aus England, Spanien, Frankreich und Portugal stammten, dass dies Land nun zu England gehöre und dass fortan englisches Recht gelten solle. Ihre Zelte und Fischerhütten, die sie in ein paar Wochen abbrechen würden, erklärte er – vermutlich zu ihrer Verwunderung – zu einer englischen Stadt mit Namen St. John's.

Mit großem Pomp befahl Gilbert, dass fortan nur noch die Kirche Englands offizielle Kirche der Insel sei, auch wenn jeder privat anderen Glaubens sein könne. Auch diese Ankündigung war angesichts der Tatsache, dass es keine Priester gab und die nächste Kirche tausende Kilometer entfernt war, eher ein symbolischer Akt. Gilbert befahl außerdem allen Anwesenden jetzt und in Zukunft, der Königin von England Respekt zu erweisen, und drohte sowohl für Spott als auch Verrat an ihrer Person schwere Strafen an. Zuletzt vergab er die Trockenplätze für den Kabeljau, die bisher jedes Jahr neu verteilt wurden, dauerhaft und kündigte an, bald zurückzukehren und die Insel ganzjährig zu besiedeln. Nach diesem Versprechen zog er sich in sein Zelt zurück.

Leider sind die Reaktionen der Anwesenden nicht überliefert, doch sie dürften, egal ob es sich bei ihnen um Engländer, Portugiesen, Spanier, Basken oder Franzosen handelte, eher nicht von Begeisterung geprägt gewesen sein. Sie alle kannten die Bucht von St. John's und die Gewässer vor der Küste gut, und viele fuhren bereits seit Jahren hierher, um in Zelten und Hütten die Fangsaison zu verbringen. Ihr Leben hatte ohne Einmischung einer europäischen Obrigkeit gut funktioniert und wurde nun ungefragt auf den Kopf gestellt. Es blieb allerdings die Hoffnung, dass auf die großen Ankündigungen und den symbolischen Akt keine Taten folgen würden, denn bisher hatten sich die hohen Damen und Herren schließlich noch nie für Neufundland interessiert.

So war es lange Zeit auch bei Humphrey Gilbert gewesen, der unter den Augen der Fischer zu seinem Prunkzelt zurückkehrte. Erst seit kurzem war er dazu übergangen, in den Ressourcen des Meeres einen möglichen Pfeiler für den Aufbau eines Kolonialreichs zu sehen, mit dem seine Königin letztlich das Spanische Imperium überstrahlen oder sogar vernichten würde.

Humphrey Gilbert war ein Adeliger aus dem Westen Englands mit guten Beziehungen zum Hof. Im Namen der Königin hatte er in den Jahren 1562 und 1563 in Frankreich an der Seite der Hugenotten gekämpft. Bei Belagerungen und der Verteidigung von Hafenstädten hatte er daher Gelegenheit, sich ausführlich über deren Erfahrungen in der Konfrontation mit den Spaniern zu See berichten zu lassen. Sie konnten ihm von Handelskontakte nach Brasilien ebenso wie von Angriffen auf Schatzschiffe und auf ganze Städte in der Karibik berichten. So lernte er, wie verwundbar das Imperium Philipps II. war und welche Beute dort wartete.

Doch zunächst führte Gilberts Dienst für die Königin ihn von Frankreich nach Irland. Dort war er an der Niederschlagung von Aufständen gegen die englische Herrschaft beteiligt. Mit brutalen Methoden, darunter Massenhinrichtungen und die Zurschaustellung abgeschlagener Köpfe, brach er den Widerstand der Iren. Er zögerte nicht einmal, Gewalt gegen Frauen und Kinder einzusetzen, um die Insel unter Kontrolle zu bringen. Wie seine englischen Standesgenossen entwickelte er dabei eine in Grundzügen koloniale Geisteshaltung gegenüber den Iren, die für ihn nur besiegte Wilde waren. Eroberern wie ihm galten die Iren aufgrund ihrer Lebensweise, ihrer Religion und ihres Ungehorsams als derart rechtlos, dass man sich ihr Land einfach nehmen konnte.

Zurück in England informierte sich Gilbert weiter über Seefahrt und Geographie und war fasziniert von der Idee, eine Passage nach Asien zu finden. Dies erschien ihm als der Königsweg zu einem eigenen englischen Kolonialreich. Schon 1566 legte er der Königin das in Kapitel 1 erwähnte Memorandum vor, in dem er für die Suche nach einer Nordwestpassage warb und empfahl, eine Siedlung nahe an ihrer Einfahrt zu errichten. Dies sei ausdrücklich keine Wunschvorstellung, sondern ein auf Tatsachen basierender Plan zum Wohle des Reiches.

Angesichts seiner Interessen ist es nicht verwunderlich, dass er sich, wie beschrieben, an der *Company* von Martin Frobisher und Michael Lok zumindest indirekt beteiligte und mit dem gelehrten Astronomen, Geograph und Alchimisten John Dee korrespondierte. Allerdings zweifelte er an den goldenen Versprechungen Frobishers.

Statt auf Gold setzte Gilbert lieber auf eine direkte Konfrontation mit Spanien. Im Jahr 1577 überreichte er eine weitere Denkschrift an Königin Elisabeth. Darin entwarf er einen kühnen Plan, der erstmals den Fokus auf Neufundland legte. Unter dem Titel *How hir mayestie may annoy the king of spain* empfahl Gilbert einen Angriff auf die Insel. Eine englische Streitmacht sollte überraschend dorthin vorstoßen und alle spanischen Schiffe in ihre Gewalt bringen. Dies wäre aber nur der erste Schlag. Mithilfe der erbeuteten Flotte sollten Truppen in die Karibik gebracht werden, um dort Städte und Inseln zu besetzen. Mit der Kontrolle über die Karibik würde dann schließlich auch die Kontrolle über die Seewege, den Handel und schließlich die spanischen Kolonien auf dem Festland folgen. Neufundland war für Gilberts Plan gewissermaßen der erste Schritt zur englischen Herrschaft über das Meer und sein Trockenfisch der dafür notwendige Proviant. Das alles sollte im Verborgenen vorbereitet und durch eine List getarnt werden. Die Königin müsse ihm lediglich die Erlaubnis für eine friedliche Entdeckungsreise erteilen und so spanische Spione verwirren. Im Falle von Misserfolg oder einer geänderten politischen Lage könnte die Königin so außerdem jede Beteiligung dementieren.

Seine Denkschrift wurde in höchsten Kreisen diskutiert und Gilberts Stunde, um diesen Plan zu verwirklichen, schlug, als Frobishers *Company of Cathay* zusammenbrach. Im Jahr 1578 gewährte Elisabeth ihm ein Patent, das ihm erlaubte für sechs Jahre nach Amerika zu reisen und dort heidnische und barbarische Länder in Besitz zu nehmen, die bisher keinem christlichen Herrscher untertan seien. Binnen dieser Frist musste er in den neuen Ländern dauerhafte Außenposten errichten oder erobern. Gelang ihm dies nicht, verlor das Patent seine Gültigkeit. Schaffte er es, dann sollte das neu entdeckte und eroberte Land auf ewig ihm und seinen Nachfahren gehören. Er durfte Lehen vergeben und auch Gesetze erlassen, sofern sie nicht englischem Recht widersprachen. Das bedeutete, er hatte die Chance, ein weitgehend eigenständiger Herrscher unter dem Dach der englischen Monarchie zu werden.

Doch trotz der verlockenden Möglichkeit, ein zweites England unter seiner Herrschaft zu errichten, passten Gilberts folgende Handlungen eher zu seinem antispanischen Geheimplan. Noch im Jahr 1578 stellte er eine schlagkräftige Flotte auf, die nicht danach aussah, als wolle sie unbekannte Küsten erkunden. Gilbert versammelte elf Schiffe mit 175 Kanonen und mehr als 500 kampferfahrenen Männern. Seine Flotte war für Kaperfahrten und Plünderungen bestens ausgerüstet, hätte aber ebensogut auch seinen Plan umsetzen können, Neufundland zum Sprungbrett einer großen Eroberung zu machen.

Doch die Expedition scheiterte. Sechs Monate lang kämpften die Schiffe vor der Küste Englands und Irlands gegen widrige Winde und Stürme, ohne den Atlantik überqueren zu können. Einige Schiffe desertierten in dieser Zeit, andere schafften es schwer beschädigt zurück nach England. Die Verluste waren hoch und die Uhr lief langsam, aber stetig ab. Wenn Gilbert nicht binnen sechs Jahren Erfolge vorzuweisen hatte, verlor er sein Patent.

In dieser Lage änderte er seine Pläne. Er sammelte zunächst sorgfältig das verfügbare Wissen über Nordamerika jenseits von Neufundland. Dort, wo keine Konfrontation mit Spanien zu erwarten war, ließen sich die Vorgaben seines Patents mit weniger Aufwand erfüllen. Er lud Experten wie den Gelehrten John Dee ebenso zu Gesprächen ein wie den erfahrenen Seemann und Händler Anthony Parkhurst, der selbst in Neufundland gewesen war. So kamen Kenner antiker geographischer Standardwerke und Praktiker auf seine Initiative hin zusammen, um eine neue koloniale Vision zu entwerfen. Dabei fasste das Umfeld Gilberts das Wissen antiker Geographen wie Strabo und Ptolemäus und die damals neuen Beobachtungen nicht als widersprüchlich auf. Es waren für sie vielmehr zwei Säulen, auf denen jeder Plan gleichermaßen ruhen musste.

Die Lösung, die Gilbert mit ihrer Hilfe fand, war, zunächst Neufundland in Besitz zu nehmen und so die Auflagen seines Patents zu erfüllen. Danach sollte etwas weiter südlich die Küste Nordamerikas in einer Landschaft namens *Norumbega,* vermutlich das heutige Maine oder Rhode Island, dauerhaft besiedelt werden. Neufundland und die Fischerei wären dabei Versorgungsquelle für Vorräte und zugleich die finanzielle Basis für eine Siedlungskolonie, von der aus Freibeuterfahrten nach Süden erfolgen könnten, um mit spanischen Schatzschiffen eine zweite Einkommensquelle zu erschließen.

Bevor aber eine neue Expedition ausgerüstet werden konnte, brauchte Gilbert Kapital und Siedler. Angesichts des erfolglosen Ausgangs von Martin Frobishers Goldjagd im Permafrost stand fest, dass die Aussicht auf Minen und Edelmetalle Geldgeber kaum mehr überzeugen würde. Ohne dies gab es aber wenig Gründe, in eine unbekannte Wildnis jenseits des Ozeans zu investieren oder gar dorthin auszuwandern. Gilbert brauchte daher entweder neue Anreize oder Personen, die das Land ohnehin verlassen wollten.

Letzteres traf um 1580 auf englische Katholiken zu. Sie wurden zwar nicht gewaltsam verfolgt, waren aber in ihrer Glaubensausübung eingeschränkt und Diskriminierung ausgesetzt. Auswanderung war daher eine Option, die sie intensiv diskutierten. Gilbert bot ihnen Land in Amerika zum Kauf an. Dieses Land, das er weder erschlossen oder in Besitz genommen, ja noch nicht einmal erkundet hatte, sollte den englischen Katholiken auf ewig gehören und ihnen erlauben, zwar als Untertanen der englischen Krone, aber ohne jede religiöse Einschränkung zu leben. Sein Vorschlag fand Zustimmung und ein Katholik, der bereits an seiner ersten Reise beteiligt gewesen war, organisierte den Verkauf von ca.

8,5 Millionen Acres. In Briefen diskutierten die neuen Landbesitzer bereits, wie sie Städte anlegen und Kirchen errichten wollten.

Dieser Verkauf von Land, das noch niemand gesehen hatte, brachte Gilbert zwar Geld, sicherte ihm aber persönlich angesichts der umfangreichen Freiheiten, die er den Katholiken zugesichert hatte, wenig Einfluss. Da aber seine persönliche Zukunft auf dem Spiel stand, gründete Gilbert zusätzlich eine *Company* in Southhampton. Er versprach darin einer Gruppe von Investoren ein Monopol auf den Handel mit seinen Kolonien und verkaufte weiteres Land an vermögende Gesellschafter. Er warb damit, dass in Amerika neben den Provinzen der Katholiken auch ein neuer Herrschaftsbereich entstehen würde, in dem er selbst und seine Partner unter dem Dach der Krone Englands vollumfängliche Privilegien und Vorrechte über ihre Siedler genießen würden. Er selbst wäre dort eine Art Vizekönig ohne Rechenschaftspflicht – und das auf Lebenszeit – sowie mit dem Recht, seinen Titel zu vererben. Alle Partner, die Siedlerfamilien in das Land brächten, erhielten ebenfalls neue Titel und würden einen neuen grundbesitzenden Adel in Amerika bilden. Während er mehr und mehr Land verkaufte, entwarfen er und seine Partner bereits Vorschriften für eine Miliz, einen Verwaltungsaufbau und machten sich über die Steuern Gedanken, die sie einziehen würden. Auch der mysteriöse Gelehrte John Dee kaufte große Mengen Land, ohne aber zu sagen, was er damit vorhatte.

Beide kolonialen Visionen zielten nicht auf Neufundland selbst, gingen aber davon aus, dass die Insel und die Fischgründe dort die logistische und finanzielle Basis für den Aufbau eines katholischen oder grundherrschaftlichen Utopias sein könnten. Um beide Vorhaben zu bewerben, unterstützte das Netzwerk um Gilbert die Drucklegung einer Sammlung von Reiseberichten und Beschreibungen Amerikas. Im Jahr 1582 trat so ein junger englischer Geistliche namens Richard Hakluyt erstmals vor das Publikum und propagierte in seinen *Divers Voyages* die Leistungen englischer Seefahrer und den Reichtum der Länder, die sie jenseits des Meeres gefunden hatten.

Der Landverkauf ging weiter und die Planung der Überfahrt nahm Gestalt an, als die englische Verwaltung Gilbert einen Strich durch die Rechnung machte. Sie verlangte, dass alle Katholiken eine hohe Strafgebühr vor der Ausreise zu entrichten hätten, weil jene später in Amerika nicht mehr die übliche Sondersteuer zahlen würden. Die Gebühr war so hoch, dass sie die Auswanderung erstickte.

Gilberts Geld reichte allerdings, um 1583 eine kleine Flotte von fünf Schiffen und kleineren Begleitbooten zusammenzustellen. Da die Frist ablief, die das königliche Patent ihm setzte, drängte er zum Aufbruch. Elisabeth I. war jedoch nicht geneigt, ihm die Abreise zu erlauben. Sie wünschte sich, er würde jemand anderen schicken, da sie glaubte, er habe einfach kein Glück auf See. Erst nach einem persönlichen Gespräch war sie bereit, ihn ziehen zu lassen, und schenkte ihm einen kleinen goldenen Anker als Glücksbringer.

Seine kleine Flotte schrumpfte schon kurz nach der Abreise, wie wir aus einem ausführlichen Bericht von Gilberts Partner Edward Hayes wissen, der ihn begleitete. Zwar erreichten sie diesmal anders als 1578 den offenen Atlantik, doch eines der Schiffe musste umkehren, da alle Vorräte an Bord verdorben waren. Mit vier Schiffen ging es weiter nach Neufundland. Als Gilbert sich der Insel näherte, fand er jedoch die Einfahrt in den Hafen blockiert. Knapp 40 Schiffe aus England, Frankreich, Spanien und Portugal versperrten ihm den Weg. Gilbert befahl daher, seine Schiffe klar zum Gefecht machen, setzte aber angesichts der Unterzahl seiner Leute auf Verhandlungen.

Grund für die Spannung war, dass eines seiner Schiffe im letzten Jahr in europäischen Gewässern portugiesische Fischer geentert hatte und man daher befürchtete, er käme in feindlicher Absicht. Doch durch Verweis auf das Patent der Königin konnte er friedlich in die Bucht einlaufen. Dort zeigte sich dann, vor den Augen der versammelten Fischer, dass Elisabeths Einschätzung von Gilberts seemännischem Pech berechtigt war. Eines von Gilberts Schiffen lief auf Grund und musste vermutlich unter dem Spott aller Zuschauer mühsam freigeschleppt werden.

Nachdem die Schiffe verankert waren, hatte es höchste Priorität für Gilbert, sein Patent in Taten umzusetzen, bevor die Frist dafür auslief. Aus diesem Grund ließ er, wie oben beschrieben, ein Prunkzelt aufstellen und zog mit Musik und wehenden Fahnen an Land.

Edward Hayes nutzte die Gelegenheit, um die Insel genauer in Augenschein zu nehmen, und beschrieb sie in seinem Reisebericht sehr positiv. Er hob besonders hervor, dass es einen kleinen englischen Garten gäbe, in dem Pflanzen aus der Heimat gut gedeihen würden. Dies war sowohl symbolisch als auch biologisch von Bedeutung und diente Hayes als Beweis, wie leicht ein neues England jenseits des Meeres entstehen werde. Auch die oben beschriebene Zeremonie, die Gilbert durchgeführt hatte, trug eine klare koloniale Botschaft. Das Ausstechen eines Bodenstücks mit einem grünen Zweig zeigte, dass er hier war, um das Land zu bestellen, wie Gott es von den Menschen verlangt hatte.

Auffällig an Hayes Beschreibung der Insel ist aber auch, was darin fehlt. Es gibt, anders als in allen vergleichbaren Texten, keine Informationen über indigene Bewohner der Insel. Dies legt nahe, dass die *Beothuk* 1583 aus der Umgebung von St. John's vertrieben worden waren und die *Mi'Kmaq* in ihrer Arbeitskleidung für Hayes in der anwesenden Gemeinschaft von Fischern untergingen.

Während Hayes Informationen sammelte, vergab Gilbert die Trockenplätze für den Kabeljau und ließ sich dafür mit Proviant bezahlen. Die Vorräte wollte er für die weitere Fahrt nach Südwesten nutzen, um sein eigentliches Ziel, *Norumbega* zu erreichen. Da mehrere seiner Männer jedoch auf der Überfahrt schwer erkrankt waren, erlaubte er einem seiner Begleitboote die Rückkehr. Auch die Kapitäne zweier anderer Schiffe setzten sich bei dieser Gelegenheit von ihm ab. Nach relativ kurzem Aufenthalt brach er daher mit drei Schiffen auf, zunächst um auf der *Isle de Sable* einige ausgewilderte Schweine zu fangen und Abwechslung auf den Speiseplan zu bringen. Doch das Meer, das die Fischer hunderte Male überquert hatten, erwies sich für Gilbert und seine Männer als ein unüberwindbares Hindernis.

Eines seiner verbliebenen Schiffe, die *Delight*, lief auf ein Riff und sank zusammen mit Vorräten und Passagieren, darunter einigen Bergbauexperten. Gilbert erhob sogleich schwere Vorwürfe gegen den *Master* des Schiffes, der aber jede Verantwortung von sich wies, da ihm Gilbert selbst den Kurs vorgegeben habe. Zurück in England wehrte der *Master* sich – was zu dieser Zeit sehr selten war – in einem eigenen Bericht über die Reise öffentlich gegen jeden Vorwurf und gab allein Gilbert die Schuld.

Gilbert konnte sich gegen diese Vorwürfe nicht wehren, denn er überlebte die Rückreise nach England nicht. Nachdem er und seine Begleiter schweren Herzens einsehen mussten, dass eine erfolgreiche Koloniegründung ohne die Ladung und Passagiere der *Delight* unmöglich geworden war, gingen sie auf Heimatkurs. Gilbert hoffte, dass die Besitznahme Neufundlands ausreichend war, um sein Patent zu verstetigen, und sprach mit Edward Hayes darüber, zur Insel zurückzukehren und dort wie schon in Irland Engländer anzusiedeln.

Für den Rückweg wählte Gilbert statt des Flaggschiffs die wendige, aber deutlich kleinere *Squirrel*. Ob er dies tat, um wie Hayes behauptete, durch eine beschwerliche Rückreise Buße für sein Versagen zu tun, oder um eventuell unangenehmen Gesprächen auszuweichen, ist leider ungewiss.

Das Deck der *Squirrel* war auch der Ort, an dem Gilbert zum letzten Mal von Edward Hayes lebend gesehen wurde. Hayes, der auf dem Flaggschiff segelte, beschrieb ausführlich Gilberts Ende. Die beiden Schiffe waren in einen schweren Sturm geraten, der die kleine *Squirrel* zum Spielball der Wellen machte. Für einen kurzen Augenblick habe sich der Wind dann aber beruhigt und gewissermaßen Atem geholt. Gilbert habe diesen Moment genutzt, um Hayes zu winken und zu rufen: »Wir sind Gott auf See genauso nah, wie an Land.« Dabei stand er aufrecht am Mast der *Squirrel* und hielt ein Buch an seinem Herzen. Bevor Hayes etwas erwidern konnte, schlugen Wind und Wellen wieder zu. Die *Squirrel* versank in einem Wellental und kehrte nie wieder daraus hervor.

Hayes lässt keinen Zweifel an der Dramatik dieses Moments, verrät seinen Lesern aber nicht, welches Buch Gilbert im Sturm bei sich getragen haben könnte. In der Forschung wird spekuliert, ob es die Bibel war – oder aber eine Ausgabe von Thomas Mores' Utopia, die Gilbert nachweislich mitgenommen hatte. Letzteres wäre natürlich eine besondere Ironie des Schicksals.

Zurück in England standen Edward Hayes und andere Partner Gilberts vor einem Scherbenhaufen. Das Patent war an Gilbert persönlich gebunden und mit seinem Tod hinfällig. Hohe Investitionen waren verloren und jeder suchte nach einer Erklärung für den enttäuschenden Ausgang. Hayes und auch andere beschlossen in dieser Lage, dem Vorbild des *Masters* der *Delight* zu folgen und Gilbert die Schuld an allem zu geben. Zögerliche Führung, falsche Entscheidungen und sogar Verrat der heiligen Mission der Christianisierung und Kolonisierung aus bloßer Gier – all diese Vorwürfe zirkulierten in London, geschrieben von Männern, die selbst die nächste Reise nach Nordamerika anführen wollten.

Die politischen Ereignisse veränderten jedoch bald die Rahmenbedingungen für alle weiteren Pläne. Im Jahr 1585 brach nach jahrelangen Freibeuter- und Piratenfahrten der offene Krieg zwischen England und dem unter Philipp II. vereinten Spanischen und Portugiesischen Imperium aus. Die Engländer eröffneten den Konflikt mit einer transatlantischen Offensive.

Elisabeth unterstützte einerseits offiziell die aufständischen niederländischen Provinzen gegen Spanien und schickte andererseits eine Flotte von mehr als 20 Kriegsschiffen in die Karibik. Oft vergessen wird aber die dritte Säule der englischen Kriegspolitik. Im Jahr 1585 nahm eine englische Flotte unter dem erfahrenen Freibeuter John Hawkins Kurs auf Neufundland. In Anlehnung an die Ideen Humphrey Gilberts war ihr Ziel die spanische und portugiesische Fischereiflotte. Ihr Erfolg war verheerend. Zahlreiche Schiffe wurden erbeutet und die Fischerei vor Neufundland war fortan unter der Kontrolle der Franzosen und Engländer. Allerdings gab es eine wichtige Ausnahme: Basken verfügten über die Möglichkeit, sich je nach Situation als Untertanen der Krone Spaniens oder Frankreichs zu präsentieren und somit Schaden abzuwenden. Damit war der Rahmen für die weitere Fischerei und mehr noch für die zukünftige Kolonisierung Neufundlands gesetzt.

An dieser Stelle lohnt es sich, etwas über das Ende der kolonialen Pläne von Humphrey Gilbert und den Angriff von 1585 hinauszublicken, um die Bedeutung der Kabeljaufischerei für die Geschichte des Atlantiks zu verstehen.

Auch ohne Kolonien professionalisierte sich der Fang und Handel mit Kabeljau immer weiter, bis ein den Atlantik überspannendes Handelsnetz entstand. Englische Kabeljaufischer nahmen zunächst Kurs auf die südliche

Atlantikküste Frankreichs oder nach dem Ende des Krieges auch auf Nordspanien, wo sie Salz einkauften. Mit dem Salz an Bord ging es nach Neufundland, wo sie Kabeljau fingen, salzten und an Land trockneten. Mit dieser leicht zu lagernden und jahrelang haltbaren Fracht fuhren sie dann jedoch nicht nach England, sondern zurück nach Frankreich oder Spanien. Hier nahmen Händler ihnen einen Teil der Ladung zu guten Preisen ab. Der Trockenfisch half, die zahlreichen Fastentage einzuhalten, und war eine begehrte Ressource für Galeerenbesatzungen und Söldnereinheiten. Die Engländer kauften vom Erlös mediterrane Produkte wie Olivenöl oder Wein. Diese Waren und den restlichen Fisch brachten sie dann nach England. Vom Gewinn sicherten sie das eigene Auskommen, den nächsten Salzkauf und einen ansehnlichen Profit für Schiffseigner und Investoren. In guten Jahren konnten Seeleute gleich mehrere Touren fahren und so Neufundland, Südeuropa und England miteinander verflechten. Den Trockenfisch verkauften Händler von den Häfen in Spanien und Frankreich weit ins Landesinnere und darüber hinaus. Neufundlandkabeljau wurde wegen seiner Haltbarkeit sogar auf den Balearen und den Kanarischen Inseln als Notfallreserve eingelagert.

Die immensen Gewinne brachten Franzosen im 17. Jahrhundert dazu, das Geschäftsmodell zu kopieren. Vorher hatten sie, da Salz leicht im eigenen Land zu beschaffen war, den Fang bevorzugt frisch in Salzlake eingelegt und in Fässern nach Hause geschafft. So ließen sich viel schneller größere Mengen Kabeljau verarbeiten. Doch weil der Gewinn nach Trocknung an der Küste deutlich höher war, konkurrierten die Franzosen nun mit den Engländern um die besten Trockenplätze. Seefahrer aus den Niederlanden verzichteten hingegen auf eigene Unternehmungen bei Neufundland und setzten – zumindest in Friedenszeiten – auf eine Arbeitsteilung mit den Engländern. Sie erhöhten die Frequenz der Fangfahrten durch Pendelschiffe, die einzelne Teilstrecken der Route übernahmen. Kabeljau wurde so eine scheinbar unerschöpfliche und nie versiegende Geldquelle, was einmal mehr bestätigt, warum man ihn wie zuvor den Hering auch als Silber des Meeres bezeichnete.

Angesichts solch hoher Bedeutung ist es nicht verwunderlich, dass im Laufe des 17. Jahrhunderts immer wieder Versuche unternommen wurden, Neufundland dauerhaft zu besiedeln. Doch die englische Krone ließ sich nur selten von diesbezüglichen Anträgen überzeugen und Investoren waren schwer zu finden. Fisch war eine Sache für einfache Leute und nichts, mit dem Angehörige des hohen Adels Ruhm gewinnen konnten. Dies war in Frankreich ähnlich. Es blieb daher bei winzigen, isolierten Ansiedlungen, die nur langsam wuchsen. Ein wichtiger Grund hierfür war, dass der Profit aus der Fischerei zwar die Mühen einer langen Überfahrt mehr als rechtfertigte, zugleich aber von den Kosten für die Versorgung einer ganzjährigen Kolonie stark reduziert wurde.

Erst als die kleinen Siedlungen zum Argument für Besitzansprüche auf ganze Landschaften gemacht wurden, rückte die Insel in den Fokus der Politik. In den zahlreichen Kriegen zwischen England und Frankreich zur Zeit des Sonnenkönigs Ludwigs XIV. kämpften beide Länder immer wieder auch um die Kontrolle über die Kabeljaufischerei. Im Jahr 1713 entschied England diese Konflikte im letzten Krieg gegen Ludwig XIV. für sich und den Franzosen blieben nur eine saisonale Duldung ohne Ansiedlung und einige kleinere vorgelagerte Inseln. Es handelte sich dabei um St. Pierre und Miquelon, die noch heute Teil Frankreichs sind.

Über mehrere Jahrhunderte hinweg prägten schier endlose Kabeljauschwärme die Geschichte der Insel, den Handel zwischen den Kontinenten und sogar Kriege der europäischen Mächte. Sie waren Nahrung für Ruderer auf Galeeren im Mittelmeer ebenso wie für Söldner im Dreißigjährigen Krieg und die Soldaten Ludwigs XIV. Doch die gewaltigen Bestände, welche die Fischer des 16. Jahrhunderts zu abenteuerlichen Geschichten inspiriert hatten, verschwanden langsam. Schon im 17. Jahrhundert mussten Schiffe größere Gebiete absuchen, um ihre Fangleistung beizubehalten. Die Bestände erwiesen sich jedoch als stark genug, um die Ausbeutung zu überstehen. Noch über das 18. und 19. Jahrhundert hinweg blieb die Fischerei profitabel und sicherte immer mehr Siedlern Arbeit. Als Neufundland 1850 Teil Kanadas wurde, war es eine wohlhabende Kolonie.

Doch dies änderte sich im 20. Jahrhundert, als die Fischerei durch Fabrikschiffe industrialisiert wurde. Nach dem Zweiten Weltkrieg stiegen die Fangzahlen 20 Jahre lang auf immer neue Rekordhöhen, um dann den Kipppunkt zu erreichen und endgültig einzubrechen. Der Kabeljau, der die Geschichte Nordamerikas und des Nordatlantiks geprägt und mehrere Jahrhunderte intensiver Befischung überstanden hatte, wurde in etwas mehr als zwei Jahrzehnten nahezu ausgerottet. Anfang der 1990er Jahre hatte die kanadische Regierung daher keine andere Wahl, als ein völliges Fangverbot zu verhängen. Sie legte mit einem einzigen Dekret eine gesamte Industrie still, von der die Provinz Neufundland wirtschaftlich abhängig war. Dies ist in der nordamerikanischen Geschichte vermutlich bis heute der größte und radikalste politische Eingriff in die Wirtschaft gewesen. Für Neufundland und seine Bewohner begann ein wirtschaftlicher Abstieg, der noch heute das Leben auf der Insel prägt. Die Fischbestände haben sich dank dieser harten Maßnahmen immerhin zögerlich erholt – aber es bleibt unwahrscheinlich, dass Menschen jemals wieder so große Schwärme im Ozean sichten werden, dass das Meer silbern zu glänzen scheint.

Die Geschichte Neufundlands ist somit ein besonderer Fall. Es war keine unbekannte, den Europäern fremde Küste, sondern eine Region, in der es jedes Jahr Kontakt zwischen den Kontinenten gab; eine Küste, die anzufahren und auszubeuten eine Selbstverständlichkeit war. Dennoch inspirierte sie im Vergleich nur wenig koloniale Träume und Visionen, nachdem der große Krieg Englands mit Spanien 1603 vorbei war. Es scheint, dass das Silber des Meeres in den Augen der Mächtigen Europas einfach nicht mit den Schätzen der Erde mithalten konnte – darüber hinaus lag es aber vermutlich auch daran, dass Neufundland ein Beispiel dafür ist, dass es gar keine Kolonien braucht, um ein profitables und zugleich für die indigene Bevölkerung fatales System kolonialer Ausbeutung zu erschaffen.

### Quellen und Literatur

Wie im Kapitel angedeutet, wurden die Reisen Humphrey Gilberts bereits zeitgenössisch durch eine eigene Werbeliteratur vorbereitet und begleitet. Diese Werke, die keineswegs neutrale Darstellungen der Ereignisse sind, bilden noch immer die Basis für alle Forschungen zu seinen Unternehmungen. Leider sind sie nicht ins Deutsche übersetzt worden.

Hierzu gehören Gilberts eigene zwei Schriften, der *Discourse of a discoverie for a new passage to Cataia* von 1576 und sein *Discourse how hir Majestie may annoay the King of Spayne* von 1577. Beide sind zusammen mit vielen anderen Originalquellen von David Quinn unter dem Titel *Voyages and colonising enterprises of Sir Humphrey Gilbert* bereits 1955 herausgegeben worden. Derselbe Herausgeber hat diese Arbeit 1979 fortgesetzt und mehrere Kapitel im dritten Band seiner gewaltigen Quellensammlung *New American world. A documentary history of North America to 1612* Gilbert und den Projekten der Männer, die ihm nachfolgten, gewidmet. Hier sind auch die Schriften von Edward Hayes *A Report of the Voyage and Success Thereof, Attempted in the Year of Our Lord 1583 by Sir Humphrey Gilbert*; von George Peckham *A true Report of the late discoveries and posessions, taken in the right of the crowne of Englande, of the new found Landes* und von Christopher Carleill *A breef and sommarie discourse vpon the entended voyage to the hethermoste partes of America* verfügbar. Diese um 1584 von vornherein zu Werbezwecken geschriebenen Berichte ergänzt der Herausgeber in seinen beiden Editionen um breites Zusatzmaterial zu Vorbereitung, Durchführung und Bedeutung der Projekte Gilberts.

Für das Verständnis und die Interpretation der Werbetexte sind die Forschungen von Mary Fuller maßgeblich, die 1995 das Buch *Voyages in print. English travel to America, 1576–1624* in Cambridge veröffentlichte und 2008 eine neue Untersuchung unter dem Titel *Remembering the early modern voyage. English narratives in the age of European expansion* nachlegte, in der ebenfalls die Quellen zu Gilbert eine wichtige Rolle spielen. Fullers Arbeiten ergänzen sich hervorragend mit dem Buch von Andrew Fitzmaurice, der dem Stellenwert dieser Quellen für die englische Geistesgeschichte nachging und dazu 2004 *Humanism and America. An intellectual history of English colonisation* veröffentlichte.

Wenn es eher um die Ereignisgeschichte und die Person Gilberts geht, sind noch immer die klassischen Werke von David Quinn maßgeblich, wie *England's sea-empire, 1550–1642* oder *Sir Humphrey Gilbert and Newfoundland. On the four hundredth anniversary of his annexation of the island to the realm of England,* beide aus dem Jahr 1983. Quinn verfasste auch den online frei zugänglichen Artikel über Gilbert im *Dictionary of Canadian Biography*. Dieser ältere Artikel sollte aber mit dem neuen von Rory Rapple im *Oxford Dictionary of National Biography* abgeglichen werden, um ein vollständiges Bild zu erhalten. Für eine Einordnung von Gilberts Reisen in die englische Marine- und Seefahrtsgeschichte empfiehlt sich das Standardwerk von David Loades aus dem Jahr 2000: *England's maritime empire. Seapower, commerce and policy, 1490–1690*. Eine kurze Zusammenfassung in deutscher Sprache findet sich in Hermann Wellenreuthers *Niedergang und Aufstieg. Geschichte Nordamerikas vom Beginn der Besiedlung bis zum Ausgang des 17. Jahrhunderts,* das 2004 in Münster erschien.

Um sich in breiterer Perspektive über die Geschichte Neufundlands zu informieren, lohnt sich die ältere Darstellung von William T. Cell *English Enterprise in Newfoundland, 1577–1660,* die er schon 1969 in Toronto publizierte. Ergänzend dazu passt die neuere Übersicht *Newfoundland and Labrador: a history* von Sean Cadigen aus dem Jahr 2009. Einen faszinierenden Einblick in die Geschichte des Kabeljaus, der zugleich die immense historische Bedeutung dieser Tierart erklärt, schrieb Mark Kurlansky. Sein Buch *Kabeljau, der Fisch, der die Welt veränderte* erschien in deutscher Fassung 1997.

# 4. Als Kanada einer Frau gehörte – Die Acadie 1606–1613

Trommelschläge hallten über das Ufer und kündigten den Beginn einer feierlichen Prozession an. Es war Montag, der 19. September 1611, in der winzigen, aus groben Holzstämmen gebauten französischen Kolonie Port Royal an der kanadischen Westküste. Die Trommel rief alle Anwesenden dazu auf, ihre Kopfbedeckung abzunehmen, das Haupt zu neigen und einem Verstorbenen die letzte Ehre zu erweisen. Eine kleine Menschenmenge hatte sich hierfür am grünen Ufer der Atlantikküste des heutigen Grenzgebietes von Kanada und den USA unter einer milden Herbstsonne versammelt. Vor den Augen indigener *Mi'Kmaq* und französischer Kolonisten trugen Männer aus beiden Gruppen gemeinsam einen einfachen Holzsarg. Darin lag der Leichnam des ersten indigenen Mannes, der im heutigen Kanada die Taufe empfangen hatte. Sein Name war ursprünglich Membertou, getauft Henry, und er war zu seinen Lebzeiten der *Sagamore* oder Anführer einer Gruppe von *Mi'Kmaq* an der von den Franzosen Acadie genannten Küste.

Seit sie einige Jahre zuvor ihre kleine Kolonie gegründet hatten, war Membertou stets der wichtigste Verbündete der Franzosen gewesen. Seine Taten hatte der Anwalt Marc Lescarbot sogar in epischen Versen gewürdigt, die er in Frankreich veröffentlichte. Über Jahre hinweg hatte Membertou den Sieur de Poutrincourt, das Oberhaupt der kleinen Kolonie, und dessen Sohn Charles seine Brüder genannt und ihnen mit seinen Gefolgsleuten beigestanden.

Die Stimmung bei seiner Beerdigung war aber nicht nur gedrückt, weil Port Royal seinen wichtigsten Freund verloren hatte. Die *Mi'Kmaq* waren in ihrer Haltung gespalten. Einige, darunter Membertous Sohn, befürworteten seine Beisetzung unter Christen und sahen dies als ehrenvollen Ausdruck ihrer Allianz. Andere jedoch wünschten sich, dass der Christ Henry als Membertou nach der Tradition der *Mi'Kmaq* neben seinen Ahnen bestattet werden würde. Auch der Sterbende selbst war sich offenbar unsicher, hatte er doch zunächst gebetet, nach alter Sitte bestattet zu werden, und erst ganz zuletzt seine Meinung geändert.

Der Verlust Membertous und die sichtbare Verstimmung einiger *Mi'Kmaq* waren jedoch keineswegs die größten Probleme, die vor den Kolonisten in Port Royal lagen. Viel schwerer wog, dass die nicht einmal 50 französischen Zeugen der Zeremonie sich in zwei Gruppen teilten, die mit unterschiedlichen Zielen in die Acadie gekommen waren und einander mit tiefem Misstrauen beobachteten.

Auf der einen Seite stand der junge Charles de Biencourt, Sohn des Sieur de Poutrincourt, des Inhabers der Kolonie. Er wollte mit seinem Vater eine dauerhafte Ansiedlung errichten, die sich durch Pelzhandel finanzierte und Landwirtschaft betrieb. Auf der anderen Seite standen Brüder des Jesuitenordens. Sie waren mit dem Auftrag gekommen, die Indigenen zu missionieren, und sahen dies als ihre heilige Aufgabe an. Da die Jesuiten den Vorschriften ihres Ordens streng unterworfen und ihren Oberen gegenüber zu unbedingtem Gehorsam verpflichtet waren, misstrauten Charles de Biencourt und seine Leute ihnen. Sie fürchteten, die Jesuiten könnten versuchen, die Kolonie zu übernehmen. Dieses Misstrauen hatte bereits zu schweren Verwerfungen geführt. Allen Beteiligten an der Trauerfeier war klar, dass dieser einträchtige Augenblick nur ein Atemholen war. Tatsächlich eskalierte der Konflikt einen Monat später in Frankreich, wo Charles' Vater, der Sieur de Poutrincourt, und die erste Hofdame der Königin ein Katz- und Mausspiel um die Kontrolle über die Acadie spielten – ein Spiel, das Antoinette de Ponts, die Marquise de Guercheville, für sich entscheiden würde.

Um diese Zusammenhänge zu beleuchten, ist jedoch ein Blick in die Geschichte der kleinen Kolonie nötig, die ein knappes Jahrzehnt zuvor in der waldreichen Acadie begann. Ihr Ausgangspunkt war eine Erkundungsmission im Jahr 1604, an der auch der in Kapitel 2 erwähnte, junge Samuel de Champlain beteiligt war. Nachdem sein Buch *De Sauvages* erschienen war, galt er als Experte für die Sammlung von Informationen über neue Landschaften.

Zu dieser Zeit lag das offizielle Patent, also der Auftrag und die Erlaubnis König Heinrichs IV., jenseits des Ozeans Länder zu erkunden und Kolonien zu errichten, bei Pierre Dugua Sieur de Monts. Jener hatte am 8. September 1603 vom König den Rang eines *Lieutenant-General* für die Länder südlich des St. Lorenz und sogar ein umfassendes Monopol auf den Pelzhandel an der gesamten Küste des heutigen Kanada erhalten. Wie üblich bekämpften verschiedene Interessengruppen dieses Handelsprivileg. Hutmacher, Pelzhändler, Schiffseigner – sie alle versuchten, politischen Druck auszuüben. Für die Befürworter der Gründung von Kolonien erschien dabei schon bald der Herzog von Sully, immerhin in leitender Funktion mit den Finanzen des Königsreichs betraut, als ihr zentraler Gegenspieler. Sully war zwar für Fernhandel und den Aufbau einer Marine, lehnte aber Kolonien als unwirtschaftlich und unnötig ab.

Trotz aller Proteste stand der König jedoch zu seinem Wort und förderte die Gründung einer Handelsgesellschaft in Rouen, durch die Sieur de Monts genug

Abb. 7 Eine Karte des St. Lorenz-Tals und der Acadie aus Marc Lescarbots *Histoire de Nouvelle France* von 1617. Auf der Karte sind Kebec/Quebec und die Bucht von Tadoussac am St. Lorenz zu erkennen. An der Atlantikküste hingegen liegt geschützt landeinwärts die Kolonie Port Royal für die Lescarbot so intensiv Werbung machte. Durch die Abbildung vieler indigener Dörfer betont Lescarbot, wie dicht das Land bevölkert ist und wie leicht sich Handelsbeziehungen knüpfen lassen.

Kapital für eine Handelsreise an den St. Lorenz und eine Erkundungsfahrt in die Acadie zusammenbringen konnte. In der Acadie sollte bei dieser Gelegenheit ein erster Außenposten entstehen, in dem Männer überwintern und den Aufbau einer Siedlungskolonie vorbereiten konnten.

Die erste Fahrt in die Acadie begann im März 1604. Neben Sieur de Monts persönlich fuhren auch Samuel de Champlain und ein befreundeter Adeliger mit, der spätere koloniale Anführer Sieur de Poutrincourt. Jener war von vornherein davon fasziniert, neues Land jenseits des Ozeans zu besiedeln. Bemerkenswert ist, dass sowohl ein protestantischer Prediger als auch ein katholischer Geistlicher die Gemeinschaft von knapp 100 Personen begleiteten. Es handelte sich also, anders als die rein altgläubigen Projekte am St. Lorenz, um eine gemeinsame Unternehmung französischer Hugenotten und Katholiken. Sieur de Monts selbst war auch Hugenotte, sein Freund Sieur de Poutrincourt hingegen, wie Samuel de Champlain, Katholik.

Die Männer erkundeten die Küste der Acadie und segelten entlang der heutigen Südprovinzen Kanadas und der Küste des US-Bundesstaates Maine. Auf ihrer Reise sichteten sie einen Platz, den der Sieur de Poutrincourt als ideal für seine eigene Siedlung einschätzte. Ein erheblicher Vorteil des Standortes war für ihn, neben einer vor Nordwinden geschützten Lage, die Nachbarschaft von Indigenen, mit denen freundliche erste Kontakte geknüpft werden konnten. Die *Mi'Kmaq* unter ihrem Anführer Membertou schienen sehr angetan von der Aussicht, mit den Franzosen zu handeln. Poutrincourt gab diesem Platz den Namen Port Royal und ließ sich von Sieur de Monts sein Anrecht darauf bestätigen, bevor er mit dem Schiff nach Frankreich zurückkehrte.

Sieur de Monts wandte sich mit Champlain und anderen hingegen einem Standort zu, der militärisch leichter zu verteidigen war und sich als Ausgangspunkt für weitere Erkundungen anbot. Sie errichteten ein Fort namens Saint-Croix auf einer kleinen Insel in einer Flussmündung, von der aus ein großer Teil der Umgebung kontrolliert werden konnte. Hier sollten knapp 80 Mann überwintern.

Für knapp die Hälfte von ihnen wurde das Fort zu ihrem Grab. Der Ort war denkbar schlecht gewählt. Die Siedlung hatte keinen natürlichen Schutz vor den eisig scharfen Nordwinden, die direkt zwischen den Palisaden und Spalten der Blockhäuser hindurchpfiffen. Auf der kleinen Insel gab es außerdem kein Holz, das verfeuert werden konnte, so dass den Männern im Laufe des Winters der Brennstoff ausging und sie Teile des Forts verheizen mussten. Schlimmer noch: Als der Fluss komplett gefror, hatten sie keinen Zugang zu Trinkwasser, sofern sie nicht mit dem wenigen Brennholz Schnee und Eis schmolzen. Auch Handel mit den Indigenen war nicht mehr möglich, da jene für den Transport auf ihre Kanus angewiesen waren und im Winter nur in der näheren Umgebung jagten. Bald machten Krankheiten und Vitaminmangel die Lage kritisch.

Erst lange nach dem Winter, im Frühsommer 1605, traf Verstärkung ein. Während die Kranken sich erholten, setzten Champlain und andere die Erkundung der Umgebung fort, zunächst mit dem Ziel, einen neuen Standort für ihr Fort und die zukünftige Kolonie zu finden. Doch die Zeit war knapp. Daher verlegte de Monts seine Kolonie an genau den Ort, den er im Jahr zuvor eigentlich seinem Freund und Partner Sieur de Poutrincourt versprochen hatte. Hier bei Port Royal waren sie vor den eisigen Nordwinden durch eine Bergkette geschützt und hatten indigene Verbündete in ihrer Nähe, deren Anführer oder *Sagamore* Membertou großes Interesse an der Kolonie zeigte. Regelmäßig besuchten seine Leute oder sogar er selbst mit seiner Familie die befestigte Ansiedlung, in der knapp 50 Personen überwinterten. Unter ihnen war ein weiteres Mal Samuel de Champlain. Sieur de Monts kehrte hingegen nach Frankreich zurück, um weiteren Nachschub zu organisieren.

Für Membertou und die von ihm geführte Gemeinschaft stellte die Ankunft der Franzosen offenbar eine willkommene Gelegenheit dar. Es ist sicher, dass sie bereits von anderen Indigenen von den Fremden, genauer von deren Handelswaren, Waffen und Kampffähigkeiten gehört hatten. Für sie war die Ankunft von de Monts Männern die Chance, eine Rolle als Zwischenhändler einzunehmen, die ihnen Einfluss auf andere indigene Gruppen verschaffte. Ein dauerhaftes Bündnis mit den Fremden würde sie außerdem vor Angriffen verfeindeter Gemeinschaften schützen. Daher ist es kein Wunder, dass der Handel von Eisenwerkzeugen und Schmuck gegen Lebensmittel und Felle rasch zunahm. Allerdings fehlte es Membertous *Mi'Kmaq* an einem etablierten Handelsnetz mit dem Hinterland, wie es am St. Lorenz existierte, so dass die Erträge hinter den Erwartungen des Sieur de Monts zurückblieben.

Am neuen Standort Port Royal verlief die zweite Überwinterung ungleich besser als die erste. Ein milder Winter, eine kleinere Besatzung und die Versorgung durch Membertous Leute trugen dazu bei, dass es wenig Todesfälle gab und im Frühjahr das Umland weiter erkundet werden konnte. Lescarbot hebt in seiner Geschichte von Neufrankreich besonders hervor, dass die Männer und Frauen Membertous nur für einen Teil ihrer Jagdbeute Gegenleistungen in Form von Waren erwarteten, den Rest aber als Geschenk oder Tribut übergaben. Offenbar war Membertou bewusst, dass er die Kolonie am Leben erhalten musste, wenn er eine dauerhafte Beziehung begründen wollte. Trotzdem erwarteten alle sehnsüchtig die Verstärkung aus Frankreich, die auch eine Möglichkeit zur Rückkehr in die Heimat darstellte.

Später als erwartet traf schließlich der Sieur de Poutrincourt ein, der nicht nur seinen Sohn Charles, sondern auch den Rechtsanwalt Marc Lescarbot mitbrachte, der als Schriftsteller und Dichter für die neue Kolonie intensiv Werbung machen sollte. Jener Lescarbot beschrieb dann auch erstmals einen bemerkenswerten Technologietransfer. Als ihr Schiff sich der Kolonie näherte, kamen ihnen nicht nur Franzosen, sondern auch *Mi'Kmaq* in einem eigenen Boot mit Segeln entgegen, wobei die Männer Membertous ihr Segel mit dem Bild eines großen Elchs verziert hatten. Dies bedeutet, dass die Indigenen eine für sie neue Technologie mit ihrem traditionellen Kanu kombiniert hatten und jetzt zu kräftesparenden Langstreckenfahrten in Küstennähe im Stande waren. Während Sieur de Monts nach Frankreich zurückkehrte, um weiteren Nachschub zu koordinieren und die anhaltenden Angriffe auf das Handelsmonopol abzuwehren, blieb Poutrincourt mit Marc Lescarbot vor Ort. Lescarbot nutzte die Zeit für die Vorbereitung einer Vielzahl von Publikationen über die Kolonie und sogar einer Gesamtgeschichte aller französischen Überseeunternehmungen. Aus seinen und Champlains Werken lässt sich weitgehend übereinstimmend die Geschichte von Port Royal rekonstruieren.

Unter Leitung Champlains und Poutrincourts ging die Erkundung der Umgebung weiter. Die Kontakte mit den Indigenen blieben dabei überwiegend positiv, auch wenn es manchmal zu Konfrontationen kam. Solche Konflikte traten allerdings weit von Port Royal entfernt auf. Vor Ort blieben die Beziehungen sehr gut. Einige Kolonisten, darunter auch der Sohn Poutrincourts, lernten die Sprache der *Mi'Kmaq,* was eine Umkehr der bisherigen französischen Strategie in Nordamerika darstellte, laut der eigentlich Indigene in Frankreich die europäische Sprache lernen sollten.

Während des nächsten, erneut milden Winters verbrachten die Franzosen laut Lescarbot und Champlain eine sehr angenehme Zeit in Port Royal. Es gab genügend Vorräte und an Wild und Fisch bestand zeitweise sogar Überfluss. Daher wurde erstmals Langeweile ein Problem. Hiergegen hatte Champlain eine Idee. Er gründete einen Orden – den *Ordre de Bon Temps* –, der satirisch überzeichnet den hohen Adelsorden Europas nachempfunden war. Der Orden hatte einen Hochmeister des Tages, der die anderen mit frischer Nahrung – gejagt, gefangen oder erhandelt – und auch Unterhaltung zu versorgen hatte. Das Amt wurde dann am Abend feierlich mit viel gespieltem Pomp an den Nächsten in der Reihe übergeben.

Regelmäßig kamen die indigenen Nachbarn zu Besuch. Lescarbot berichtet, dass die einfachen *Mi'Kmaq* von den Franzosen Brot bekamen, Membertou hingegen an der Tafel des Ordens einen Ehrenplatz erhielt. Sehr zum Gefallen des *Sagamore* behandelten ihn die Franzosen als einen der ihren. In Gesprächen wollte Lescarbot auch verstanden haben, dass der *Sagamore* mit dem Gedanken spielte, Christ zu werden. Dies wolle er allerdings nicht für seine Leute bestimmen, da er als Anführer eher durch Vorbild und Rat wirkte und nicht durch Befehle. Nur in Kriegszeiten war sein Wort Gesetz. Eine offizielle Konversion kam jedoch noch nicht zu Stande. Die Kontakte intensivierten sich dennoch, da immer wieder Franzosen mit den Indigenen auf Jagdausflüge gingen und einige Wochen unter ihnen lebten. Sicherlich erwarben die Kolonisten dadurch eine Menge heute nicht mehr überlieferten Wissens über die Sprache und Kultur der *Mi'Kmaq.*

Membertous Nähe zu den Franzosen war vermutlich ein erheblicher Vorteil bei seiner Interaktion mit anderen indigenen Gruppen. Im Frühjahr 1607 konnte er beispielsweise eine Streitmacht für einen Feldzug gegen feindliche Indigene zusammenstellen, die laut Lescarbot 400 Krieger umfasste. Auch wenn die Zahl vermutlich übertrieben ist, ist sie dennoch ein Hinweis auf die relative Macht Membertous in der Region und die Reichweite seiner Allianzen.

Doch genau zu diesem Zeitpunkt kamen schlechte Nachrichten aus Frankreich. Statt weiteren Siedlern traf die Botschaft ein, dass der König das Monopol für Sieur de Monts und seine Partner aufgehoben hatte. Der Pelzhandel war nun wieder frei und daher zogen sich Investoren aus dem Projekt zurück. Sieur de Monts selbst stand vor einem Berg von Schulden und konnte keine weiteren Versorgungsfahrten organisieren.

Poutrincourt ließ die Räumung von Port Royal vorbereiten, während Membertou seinen großen Feldzug durchführte. Nach der Rückkehr des *Sagamore* tat Poutrincourt dann etwas in der frühen Kolonialgeschichte bisher Unerhörtes. Er ließ alle Gebäude, die Palisaden und sogar die Möbel vor Ort und übergab sie Membertou. Er stellte ihm frei, Port Royal zu nutzen, solange er es bis zur Rückkehr der Franzosen im guten Zustand belasse. Dieser einmalige Vorgang zeigt, wie außergewöhnlich stark die Allianz zwischen Membertou und Poutrincourt für beide Seiten war.

Dass diese Allianz keine Anerkennung auf Augenhöhe bedeutete, zeigt ein episches Gedicht, das Lescarbot zurück in Frankreich veröffentlichte. Darin verherrlichte er die Taten des *Sagamore* auf seinem erfolgreichen Feldzug und machte ihn so zum ersten indigen-amerikanischen Helden der Französischen Literatur – nannte ihn aber stets einen *sauvage,* also einen Wilden. Eine gewisse Distanz, gespeist aus einem Gefühl zivilisatorischer und religiöser Überlegenheit, blieb immer bestehen.

Weitere Werbetexte in Poesie und Prosa folgten. Lescarbot schilderte die Acadie darin als eine Art irdisches Paradies, dessen Bewohner nur auf eine Gelegenheit warten, Christen und treue Untertanen der französischen Krone zu werden. Auffällig ist, dass Lescarbot die Sicherung der Nahrungsversorgung und die Unabhängigkeit von Versorgungsfahrten als primäres Ziel ansieht. Minen, Edelmetall und ein Seeweg nach Asien sind für ihn weniger wichtig als reiche Fischgründe, fruchtbarer Boden und gewaltige Herden von Wildtieren.

Für Lescarbot und ganz besonders für Sieur de Poutrincourt stand fest, dass die Geschichte von Port Royal noch nicht zu Ende sein durfte. Während der offizielle *Lieutenant-General* des Königs – Sieur de Monts – zusammen mit Samuel de Champlain im Jahr 1608 seine Aufmerksamkeit, wie in Kapitel 2 beschrieben, auf Quebec konzentrierte, wollten sie ihre Arbeit in der Acadie fortsetzen.

Es brauchte dafür zum einen der Bestätigung der Ansprüche Poutrincourts auf Port Royal, die von de Monts leicht zu erhalten war, und zum anderen einer neuen Idee, um Geldgeber zu gewinnen. Nachdem die Hoffnung auf eine Passage nach Asien, Goldminen und ein Pelzhandelsmonopol sich als trügerisch erwiesen hatten, kehrte Poutrincourt zur ursprünglichen Grundidee der europäischen Expansion zurück: Christianisierung. Er schrieb an den Papst und warb zugleich bei Hofe um Unterstützung dafür, den Indigenen das Christentum zu bringen, wobei seine guten Beziehungen zu Membertou dafür ein starkes Argument waren.

Die Reaktion war jedoch keineswegs überschwänglich, sondern eher abwartend. Der päpstliche Nuntius verlieh immerhin einem Priester namens Fleché umfangreiche Kompetenzen zur Missionierung in der Acadie, so dass Poutrincourt versuchen konnte, mit Erfolgen statt Versprechen zu überzeugen. Er setzte sein privates Vermögen ein, um eine kleine Expedition auszustatten, die im Jahr 1610 in die Acadie aufbrach. Knapp drei Jahre nach seiner Abreise kehrte er so nach Port Royal zurück, ohne zu wissen, was ihn dort erwarten und ob er die versprochenen Erfolge bei der Christianisierung würde erzielen können.

In der Acadie entwickelten sich die Dinge besser als erwartet. Das Fort und die Gebäude, sogar die Möbel waren noch an ihrem Platz und in sehr gutem Zustand, von den Dächern abgesehen. Membertou und seine *Mi'Kmaq* hatten die Kolonie nicht bezogen, aber gegen Plünderung und gegen Verfall geschützt. Poutrincourt und seine Leute konnte daher ohne große Mühe ihren alten Außenposten erneut beziehen. Nach kurzer Suche fanden sie auch Membertou, der trotz seines hohen Alters noch immer seine Leute auf der Jagd anführte.

Gerade einmal zwei Wochen nach einem herzlichen Wiedersehen ließ sich Membertou mit seiner engeren Familie taufen. Insgesamt 21 Personen empfingen das Sakrament, wobei keiner von ihnen genauer über das Christentum aufgeklärt oder instruiert werden konnte, weil die Sprachbarriere eine Vermittlung komplexer Zusammenhänge wie der Dreifaltigkeitslehre verhinderte.

Membertou erhielt den Namen des Königs, *Henry,* und seine Familienangehörigen die ihrem Verwandtschaftsverhältnis entsprechenden Namen der königlichen Familie. Weitere Indigene schlossen sich an. Auch wenn der *Sagamore* ihnen keine Befehle geben konnte, wirkte sein Vorbild und die Aussicht, zur Gemeinschaft der Fremden zu gehören, zweifellos anziehend. Als knapp 100 Menschen getauft worden waren, schlug Membertou vor, gemeinsam mit den Franzosen einen großen Krieg gegen alle zu beginnen, die nicht Christen werden wollen. Diese Idee, welche Poutrincourt sofort ablehnte, zeigt, dass die Taufe für den alten *Sagamore* eine andere Bedeutung hatte als für die Franzosen. Er sah darin in erster Linie die rituelle Verfestigung einer Allianz, die seine Leute und die Franzosen zu einer Gemeinschaft mit gemeinsamen Feinden machen würde. Seine Reaktion auf die Ablehnung der Kriegspläne ist aber nicht überliefert.

Poutrincourt ließ ein Taufregister anfertigen, das er seinem Sohn zusammen mit einer Ladung Pelze mitgab, um in Frankreich weitere Unterstützung für die

Kolonie zu suchen. Dort wartete bereits Marc Lescarbot, um die erfolgreiche Christianisierung in einer eigenen Schrift zu feiern, die auch die Namen der Täuflinge enthielt. Er führte durch die Namensgleichheit des Herrschers und seiner Familie den Lesern die indigene Gesellschaft gewissermaßen als Spiegel der französischen vor.

In Frankreich saß inzwischen nominell der junge Ludwig XIII. auf dem Thron, nachdem Heinrich IV. 1610 ermordet worden war. Für den minderjährigen König lenkte ein Regentschaftsrat, geführt von seiner Mutter Maria de Medici, das Land. Diese Verschiebung der Macht bei Hofe hatte nicht nur der Königinmutter selbst, sondern auch allen Personen in ihrem Umfeld mehr Einfluss gebracht als zuvor. Dies galt besonders für ihre erste Hofdame, Antoinette de Pons, Marquise de Guercheville. Sie war 1589 im Alter von 20 Jahren zunächst eine Ehrendame der damaligen Königin Louise geworden und erregte schnell die Aufmerksamkeit des späteren Königs Heinrichs IV. Gerüchteweise habe er versucht, sie zu seiner offiziellen Mätresse zu machen, doch Antoinette de Pons habe diese Rolle abgelehnt und sich so den Respekt des Königs verdient. Im Jahr 1594 heiratete sie den Gouverneur von Paris und erhielt 1600 die führende Funktion einer ersten Ehrendame im Hofstaat der Königin Maria de Medici. Als Maria für ihren Sohn die Regentschaft übernahm, rückte nun ihr ganzer bisher als Damenhof nachrangiger eigener Hofstaat auf einmal in das Zentrum der Macht – und damit auch Antoinette de Pons, die Marquise de Guercheville.

Sie und die mit ihr eng vernetzten Jesuiten sahen eine günstige Gelegenheit, als Poutrincourts Sohn bei Hofe vorstellig wurde und neue Förderer für Port Royal suchte. Der junge Charles war zunächst nur teilweise erfolgreich gewesen, da der König und seine Mutter die Ausführungen des jungen Seefahrers zwar wohlwollend zur Kenntnis nahmen und ihm den Titel eines Vizeadmirals für Neufrankreich verliehen, aber weder Geld oder Männer zur Verfügung stellen wollten. Sie interessierten sich viel eher für eine konkurrierende Unternehmung in Brasilien, die in Kapitel 10 näher beschrieben ist.

Diese Enttäuschung nutzte die Dame de Guercheville. Sie machte dem Sohn Poutrincourts ein Angebot. Sie würde das koloniale Projekt großzügig fördern und ihre Kontakte spielen lassen, wenn dafür Brüdern des Jesuitenordens die Missionsarbeit in der Acadie exklusiv überlassen bleibe. Ohne Möglichkeit, sich mit seinem Vater abzustimmen, und wohl wissend, wie dringend Geld und prominente Förderung nötig waren, gab der Sohn sein Einverständnis.

Von diesem Moment an traten die Brüder der Gesellschaft Jesu in die Geschichte der Acadie ein. Ihr noch nicht einmal 100 Jahre alter Orden war zu dieser Zeit relativ umstritten. Sie hatten zwar prominente Förderer, zugleich aber war ihre unbedingte Gehorsamspflicht gegenüber den Ordensoberen und dem Papst stets ein Grund für Misstrauen. Ihre Belesenheit und ihr Eifer im Kampf gegen die Reformation und bei der Missionierung in Übersee waren gleichermaßen Grund für Bewunderung und Ablehnung. Ihr Eintritt in ein bisher gemischtkonfessionelles Kolonialprojekt bot daher hohes Konfliktpotential. Verschärfend kam hinzu, dass die Jesuiten hohe Ansprüche an die Missionierung stellten, während, wie Charles wusste, in Port Royal bisher eher eine lasche Auslegung der katholischen Dogmen üblich gewesen war.

Eine Folge dieser Spannung ist, dass seitdem zwei unterschiedliche Versionen der Geschichte der Kolonie Port Royal überliefert sind. Die eine stammt von Lescarbot, der in enger Abstimmung mit Poutrincourt über alle Geschehnisse berichtete, die andere von den Jesuiten, die eigene Texte, darunter Briefe aber auch ganze Bücher verfassten.

Dass der Eintritt der Jesuiten in die Unternehmung konfliktreich war, zeigte sich bereits, als sich der junge Charles in Dieppe mit zwei Jesuiten in die Acadie einschiffen wollte. Hugenottische Geschäftspartner von Poutrincourt weigerten sich, die Mönche an Bord zu nehmen. Weder bestehende Verträge noch die Drohung mit einer Klage konnten sie davon abbringen. Als Grund verwiesen sie allerdings nicht auf eine konfessionelle Feindschaft gegenüber den Jesuiten, sondern vielmehr auf die Sorge, die Jesuiten würden das Projekt an Feinde verraten oder der Umsetzung wirtschaftlicher Ziele im Weg stehen.

Erst als die Hofdame de Guercheville die gesamte Ladung der Hugenotten aufkaufte und damit deren Profit sicherte, konnte die Reise angetreten werden. Um dies rechtlich abzusichern, schlossen die Jesuiten und der Sohn Poutrincourts einen Vertrag, der die Brüder zu offiziellen Partnern der Unternehmung machte. Beide Seiten warfen einander später vor, sich durch dieses Manöver übervorteilt zu haben.

Nach einer langen Überfahrt erreichten die beiden Jesuiten namens Pierre Biard und Ennemond Massé endlich Port Royal. Sie lobten in Briefen den Empfang und die Leistungen des älteren Sieur de Poutrincourt, kritisierten aber die bisherige Christianisierung. Die Taufe sei bloßes Blendwerk ohne tieferen Inhalt, wenn die Indigenen nicht ihre Lebensweise nach christlichen Werten ausrichteten. Ihre erste zentrale Forderung war, dass alle Getauften der Polygamie entsagen und nur noch eine einzige, christliche Ehe führen. Dies stieß jedoch bei den Indigenen auf deutlichen Widerspruch. Eine Auflösung zahlreicher Partnerschaften hätte deren gesamte soziale Ordnung und auch die Netzwerke mit anderen indigenen Gruppen völlig aus den Fugen gebracht. Lescarbot warf den Jesuiten diesbezüglich mehrfach vor, sie hätten hier Dogmatismus vor Verstand gesetzt und nicht einsehen wollen, dass Veränderung mehr Zeit bräuchte. Die Jesuiten warfen hingegen den Kolonisten vor, über den Missionserfolg gelogen zu haben, und machten sich daran, die indigene Sprache zu lernen, um die Neugetauften und andere Indigene zukünftig sorgfältig unterweisen zu können.

Die Lage war insofern zwar angespannt, aber stabil als Poutrincourt seinem Sohn Charles den Befehl über Port Royal übergab und mit einer Ladung Pelze und dem nicht mehr benötigten Missionar Fleché zurück nach Frankreich fuhr. Er musste dort unbedingt die weitere Kooperation mit der Dame de Guercheville verbindlich regeln und, wenn möglich, weitere Unterstützung finden.

Vor Ort schwelten die Spannungen weiter. Die Jesuiten weigerten sich, weitere *Mi'Kmaq* ohne sorgfältige Unterweisung zu taufen. Dies bedeutete, dass Poutrincourt keine weiteren Missionserfolge nach Frankreich melden konnte. Beide Seiten machten sich daraufhin neue Vorwürfe. Der Konflikt spitzte sich zu, als Bruder Biard zugunsten eines verhafteten Franzosen intervenierte, der mit einem Pelzhandelsschiff in die Acadie gekommen war und eine indigene Frau getötet hatte. Biard glaubte dem Mann, dass der Tod ein Unfall gewesen sei, und sprach sich für dessen Freilassung aus. Damit stellte er allerdings laut Lescarbot die Autorität von Poutrincourts Sohn Charles offen infrage. Dies nahm Lescarbot zum Anlass, seine tiefe Sorge auszudrücken, dass die Jesuiten die Herrschaft über Port Royal an sich reißen wollten. Eine Sorge, die offenbar auch Poutrincourt teilte, wie seine Briefe an Lescarbot erkennen lassen. Der Jesuit Biard hingegen vermutete – zurecht – eine tiefe Abneigung gegen seinen Orden und sah hinter den Handlungen von Poutrincourts Sohn die Absicht, eine jesuitische Missionierung zu behindern.

Als Membertou schwer erkrankte und nach Port Royal kam, um sich pflegen zu lassen, stritten beide Seiten erneut. Im Sterben liegend bat er darum, bei seinen Vorfahren bestattet zu werden. Charles war bereit, diesen Wunsch zu respektieren, die Jesuiten jedoch nicht. Sie erklärten, als Christ müsse Membertou eine christliche Beerdigung erhalten, und überzeugten auch den Sterbenden, dass er nur so Erlösung finden werde. Damit war bei der eingangs geschilderten Trauerfeier der Grundstein für eine Entfremdung von denjenigen *Mi'Kmaq* gelegt, die eine traditionelle Beisetzung bevorzugten.

In Frankreich verkaufte Poutrincourt zwar alle Pelze, konnte aber mit dem Erlös gerade einmal die Reisekosten decken. Er musste daher im November 1611 seine Verhandlungen mit der Dame de Guercheville mit der Nachricht eröffnen, dass er keinen Profit erzielt hatte und keine weitere Missionierung finanzieren konnte. De Guercheville war davon nicht begeistert und verlangte für weitere Investitionen, dass Poutrincourt mit ihr offiziell eine Partnerschaft eingehe. Insbesondere forderte sie mehr Einfluss auf den Handel, um ihr Kapital zu sichern. Hieran zeigt sich, dass die Hofdame mehr war als nur ein Strohmann der Jesuiten, wie die ältere Forschung vermutete. Sie hatte eigene kommerzielle Interessen, die eng mit den religiösen verflochten waren. Um ihren Status bei Hofe auszubauen, war für sie zwar Missionierung in ihrem Namen ein wichtiges Mittel, aber keineswegs wollte sie dabei draufzahlen.

Mit der nächsten Versorgungsmission fuhren daher gleich zwei Verantwortliche in die Acadie: ein Jesuit, der die Interessen der Dame de Guercheville vertrat, und ein Partner Poutrincourts. Beide machten sich bereits während der Überfahrt schwere Vorwürfe und setzten dies direkt nach ihrer Ankunft lautstark fort. Der Jesuit klagte, der Partner Poutrincourts würde betrügen, und sah sich selbst dem Vorwurf ausgesetzt, er sympathisiere mit dem Mörder Heinrichs IV.

Die Lage besserte sich durch diese Beschuldigungen nicht, auch wenn sie im Sande verliefen. Mehr und mehr standen die Bewohner der kleinen Kolonie einander feindselig gegenüber. Poutrincourts Sohn Charles sah sich von den Jesuiten in seiner Autorität herausgefordert und übte daher Druck aus, was Biard wiederum als Angriff auf die Freiheit des Ordens und die Interessen der Dame de Guercheville darstellte.

Schließlich beschlossen die Jesuiten, Port Royal zu verlassen und nach Frankreich zurückzukehren. Sie baten Charles um die Erlaubnis, sich einschiffen zu dürfen. Er verweigerte ihnen dies aber mit der Begründung, dass sonst die Kolonie und alle Neugetauften ohne spirituellen Beistand wären. Inoffiziell konnte er sicherlich nicht zulassen, dass die Missionsarbeit als gescheitert galt und die Jesuiten ihre Version der Ereignisse in Frankreich berichteten.

Biard und Massé schlichen sich daraufhin heimlich an Bord eines Schiffes. Als seine Leute dies entdeckten, befahl Poutrincourts das Schiff zu entern. Während man versuchte, die Tür zur Kabine der Jesuiten zu öffnen, setzten die beiden Brüder von dort aus ihr finales Druckmittel ein. Sie exkommunizierten die gesamte Kolonie. Keine Gottesdienste, kein Abendmahl und auch kein anderes Sakrament sollte mehr gespendet werden. Charles ließ daraufhin die Kabine aufbrechen und die Brüder von Bord schaffen. Zurück in Port Royal gaben die beiden jedoch nicht nach, so dass die Kolonie mehrere Monate exkommuniziert blieb. Erst dann fand man einen brüchigen Kompromiss.

Als das Versorgungsschiff nach Frankreich zurückkehrte, sprachen sich dort die Neuigkeiten rasch herum. Die Dame de Guercheville sah ihre Interessen verraten, und da auch diese Reise keine Profite zu bringen drohte, griff sie zu drastischen Maßnahmen. Sie ließ Schiff und Ladung konfiszieren und verweigerte Poutrincourt seinen Anteil an allen Erlösen mit der Begründung, dass sie allein die Investition getätigt habe. Zugleich bot sie – laut Lescarbot über einen jesuitischen Vermittler – Poutrincourt noch eine letzte Chance an. Beide sollten zu gleichen Teilen ein neue Versorgungs- und Handelsreise finanzieren. Poutrincourt willigte ein und verpflichtete sich persönlich gegenüber den Kaufleuten und Schiffsausrüstern. Doch als die Rechnungen fällig wurden, behauptete die Dame de Guercheville, von dieser Abmachung nie gehört zu haben, und zahlte ihren Anteil nicht. Poutrincourt stand allein da und geriet wegen seiner Außenstände in Schuldhaft. Inwiefern dies eine Intrige der Jesuiten war oder ein raffiniertes Manöver der Dame de Guercheville oder nur ein Missverständnis, ist aus den überlieferten Quellen nicht zu ermitteln. Sicher ist nur, dass Poutrincourt und Lescarbot überzeugt waren, dass die Jesuiten hinter allem steckten.

De Guercheville hatte inzwischen beschlossen, die Partnerschaft mit Poutrincourt hinter sich zu lassen. Sie wandte sich an den Sieur de Monts, den eigentlichen *Lieutenant-General* für Nordamerika, der seine Ambitionen derzeit auf den St. Lorenz und Quebec konzentrierte. Sie erwarb von ihm im August 1612 das Recht zur Kolonisierung der gesamten Acadie und damit praktisch von Kanada südlich der Mündung des St. Lorenz. Sie persönlich sollte fortan die Besitzerin allen Landes sein, das in ihrem Namen erkundet und erschlossen werden würde – eine einmalige Rolle für eine Frau in der Geschichte der europäischen Expansion. Ihre Ansprüche galten allerdings mit einer Ausnahme. De Monts bestand darauf, dass Port Royal und dessen unmittelbare Umgebung weiterhin seinem alten Partner Poutrincourt gehörten. Die Ansprüche der Dame de Guercheville erhielten offizielle Bestätigung, als Ludwig XIII. im November 1612 einen Vizekönig für Neufrankreich ernannte, der ihre Besitztitel bestätigte. Dies ist wenig erstaunlich, da der neue Vizekönig, wie de Guercheville selbst, aus dem engeren Umfeld des Hofes kam.

Ohne Rücksicht auf andere nehmen zu müssen, konnte sie jetzt ein Schiff ausrüsten und den Aufbau einer eigenen Kolonie in die Wege leiten. Im Mai 1613 erreichte ihr Schiff die Acadie, wo der Leiter der Expedition in ihrem Auftrag und ausdrücklich in ihrem Namen, das Land in Besitz nahm. Das Schiff machte danach kurz halt in Port Royal, wo man den staunenden Kolonisten die neue Lage erklärte. Mit den Jesuiten an Bord, die festzuhalten Charles nun kein Recht mehr hatte, segelte die Besatzung weiter in das heutige Maine und begann mit der Errichtung einer eigenen Kolonie.

Port Royal und Poutrincourts Sohn Charles waren in einer verzweifelten Lage: keine weitere Versorgung, der Vater im Gefängnis und keine Unterstützer und Geldgeber. Doch bevor die Männer entscheiden konnten, was nun zu tun sei, nahm die Geschichte der französischen Acadie ein gewaltsames Ende.

Die Jesuiten Biard und Massé hatten gerade begonnen, mit den Männern de Guerchevilles eine neue Kolonie zu errichten, die sie Saint-Saveur nannten, als am 2. Juli ein Segel am Horizont auftauchte. Es handelte sich um das englische Schiff *Treasurer* aus Virginia. Der Auftrag des Kapitäns war es, jeden gefangen zu nehmen, der sich ohne Erlaubnis der englischen *Virginia-Company* an der Küste Nordamerikas südlich des St. Lorenz aufhielt. Je nachdem, welcher Überlieferung man glauben will, bot er den Franzosen zunächst an, dass sie ihm ihre Papiere zeigen, und wurde dabei zu einem Angriff provoziert – so Lescarbot – oder er griff ohne Vorwarnung an, wie die Jesuiten berichteten. In jedem Fall ging Saint-Saveur ohne nennenswerte Gegenwehr unter. Der englische Kapitän verschleppte die Jesuiten und einige andere nach Virginia und ließ die übrigen Franzosen mit einem kleinen Boot ziehen, damit sie bei Neufundland ein Schiff für die Heimreise suchen konnten.

Über das, was in Virginia geschah, scheiden sich ein weiteres Mal die Geister. Lescarbot behauptete, er habe aus sicherer Quelle erfahren, dass der Jesuit Biard die Engländer gedrängt habe, auch die Kolonie Port Royal zu vernichten. Angeblich habe er ein flammendes Plädoyer gehalten, dass diese Kolonie eine Bedrohung für die englischen Interessen sei, und so den Präsidenten der Kolonie Virginia überzeugt. Der Kapitän jedoch, der den Auftrag ausführte, habe diese Tat nur schweren Herzens begangen. Bei einer ehrenvollen Aussprache habe er daher dem Sohn Poutrincourts alles erklärt und ihm vom Verrat der Jesuiten berichtet.

Biard schrieb hingegen, dass er auch unter Drohungen und Gewalt standhaft geblieben sei und nie ein Wort über Port Royal verloren habe. Er sei gegen seinen Willen im Oktober an Bord eines Schiffes gebracht worden, das Port Royal von selbst gefunden habe. Vergeblich habe er dann um eine Schonung der Franzosen gefleht. Allerdings sei er vom Ufer aus an Bord des Schiffes gesehen worden, was zu unberechtigten Vorwürfe geführt habe.

Ob mithilfe oder gegen den Widerstand Biards, Port Royal folgte dem Schicksal Saint-Saveurs. Die Engländer fanden die Kolonie nahezu verlassen vor, da Poutrincourts Männer in der Umgebung arbeiteten. Sie plünderten Vorräte, Waffen und Munition, bevor sie die Gebäude in Brand steckten.

Poutrincourts Sohn und seine Leute kehrten zu spät zurück, um die Zerstörung zu verhindern. Ob es, wie Lescarbot behauptet, eine Aussprache mit dem englischen Kapitän gab, ist ungewiss. Sicher ist nur, dass die Franzosen an der Küste zurückblieben. Ohne Waffen, Wechselkleidung, Vorräte und Gebäude waren sie völlig von den Indigenen abhängig. Jene standen aber zu ihrem Bündnis und versorgten die Franzosen angesichts des im November bevorstehenden Winters.

Als die Nachrichten vom Untergang beider Kolonien in Frankreich eintrafen, blieb das Echo verhalten. Die Dame de Guercheville setzte zwar alle Hebel in Bewegung, um von englischer Seite Schadensersatz zu erhalten, doch vom Hof erhielt sie wenig Unterstützung. Es gelang ihr lediglich, ein von den Engländern erbeutetes Schiff zurückzuerhalten und die Freilassung der Gefangenen zu erwirken. Damit war die Affäre für sie beendet. Sie unternahm keine weiteren Anstrengungen, ihre Rechte in die Tat umzusetzen, und investierte nicht wieder in koloniale Projekte.

Poutrincourt hingegen setzte alles daran, seinen Sohn und seinen Männern zu helfen. Er überzeugte einige Kaufleute, für seine Schulden zu bürgen und ihm eine weitere Pelzhandelsfahrt zu finanzieren, auf der er die Überlebenden des Angriffs evakuieren könnte. Erst Ende März 1614 sah er seinen Sohn wieder, der mit seinen Männern nur durch die Hilfe der Indigenen und die Anpassung an deren Lebensweise überlebt hatte. Poutrincourt bot jedem einen Weg in die Heimat an, aber sein Sohn und auch einige von dessen Gefolgsleuten hatten sich so sehr an das Leben in der Acadie gewöhnt, dass sie nicht mehr zurückwollten. Vater und Sohn nahmen daher Abschied. Poutrincourt starb ein Jahr später in Frankreich, sein Sohn Charles lebte hingegen noch zehn Jahre unter den Indigenen der Acadie, wo er den Handel mit französischen Pelzhändlern koordinierte und vielleicht – dazu existiert allerdings keine Überlieferung – eine Familie gründete.

Auch wenn die Geschichte der Acadie mit wechselseitigen schweren Vorwürfen, Intrigen am französischen Hof und letztlich einem englischen Angriff ihr Ende fand, so verschwand die Kolonie nicht spurlos. Man hatte eine Vielzahl von wichtigen Erfahrungen gemacht, im Überwintern und ebenso in der Art und Weise, wie Allianzen mit Indigenen geschlossen werden konnten. Weite Teile der kanadischen Atlantikküste waren nun kartiert. Damit war eine Basis für zukünftige koloniale Projekte geschaffen. Biard und die Jesuiten publizierten eifrig ihre Sicht der Dinge und ihre eigenen Erfahrungen, was die Arbeit zukünftiger Missionare am St. Lorenz und damit die französische Kolonialgeschichte im Quebec prägt. Biard zögert dabei keine Sekunde, das Land, seine Ressourcen und auch die Indigenen als bestens geeignet für eine Kolonisierung zu schildern.

Lescarbot hingegen publizierte immer schärfere Angriffe und Vorwürfe gegen die Jesuiten und zitierte dafür ausgiebig aus Briefen Poutrincourts. Nach dessen Tod machte Lescarbot es zu seiner eigenen Mission, für eine permanente Kolonisierung Nordamerikas zu werben. Er präsentiert dies als heiligen Auftrag Gottes für die französische Monarchie und alle ihre Untertanen. Die Christianisierung und Beherrschung der neuen Welt waren für ihn das ultimative Mittel zum Ruhme und zur Vormacht Frankreichs in der Welt. Er sah Frankreich in Nordamerika in einem doppelten Wettstreit mit England. Zum einen um die Eroberung reicher Länder und zum anderen darum, wer den Indigenen seine Konfession vermitteln würde. Als Meisterwerk seiner Bemühungen muss die dreibändige *Histoire de Nouvelle France* gelten. Dabei handelt es sich um eine Gesamtgeschichte aller bisherigen kolonialen Projekte Frankreichs, formuliert als Lektionen, die Stück für Stück dazu beitragen, dass eine erfolgreiche Kolonisierung möglich sei. Lescarbots Buch lässt keinen Zweifel daran, wo diese Kolonien entstehen sollten: In der Acadie. Mehr Lob als das Land erhält nur der Sieur de Poutrincourt, der durch niedere Intrigen der Jesuiten gescheitert sei. Auch wenn Lescarbot bei den kolonialen Plänen eher vage blieb, formulierte er, ähnlich wie Champlain, eine Skizze für die Zukunft.

Darin spielt seine Einschätzung eine zentrale Rolle, dass die Kirche dem Staat nachgeordnet sein solle. In seiner geplanten Kolonie stellt er sich drei Gruppen von Mitwirkenden vor. Die erste Gruppe bilden die Kleriker, die nur mit der Missionierung betraut sind und sich um die Kirchen kümmern. Die zweite Gruppe bilden die sogenannten *Principalen*. Zu diesem exklusiven Kreis sollen nur jene gehören, die sowohl eine große Summe Geld einbringen als auch jeweils zehn Soldaten, die zudem ein Handwerk beherrschen, in die Kolonie entsenden. Von diesen *Principalen* soll keiner vorrangig sein oder mehr Einfluss haben als die Anderen, auch wenn sie einen Sprecher wählen können. Die dritte Gruppe im kolonialen Projekt sollen dann Adelige, Krieger, Gelehrte, Händler und Arbeiter mit ihren Familien bilden – natürlich ständisch gegliedert. Zentral ist für Lescarbot, dass alle Mitglieder der dritten Gruppe den Klerikern die schnelle Missionierung der Indigenen ermöglichen sollen. Jedes individuelle Bedürfnis habe sich, ganz nach dem Vorbild eines Ordens, den gemeinsamen Zielen unterzuordnen.

Solch eine Gemeinschaft von Uneigennützigen habe viel höhere Chancen, erfolgreich ein neues Frankreich in der Acadie zu errichten, als jede andere Organisationsform. Einen Anreiz für die Mitglieder will Lescarbot dann aber doch gewähren. Wer immer in der ersten Reise sich oder sein Geld riskiert, soll mit einem Haus in der Hauptstadt, Gewinnanteilen, Landbesitz und Vieh belohnt werden. Leider lässt Lescarbot alle Schritte zwischen der formellen Gründung der Kolonie und der späteren Verteilung ihrer Erträge weitgehend aus.

Sein Werk bietet daher eher ein ständisch geordnetes missionarisches Utopia als einen konkreten Plan, wie ihn Samuel de Champlain zur selben Zeit der Krone vorlegte.

## Quellen und Literatur

Angesichts der spannungsreichen Geschichte der Kolonie ist es kaum verwunderlich, dass zwei sehr gegensätzliche Überlieferungen der Ereignisse erhalten sind. Zum einen sind dies die Werke Lescarbots, der darin auch Briefe und Druckschriften seines Partners Poutrincourt zitiert, und zum anderen die Überlieferung der beteiligten Jesuiten, speziell Biards. Lescarbot erwies sich als vielseitiger Propagandist für die Unternehmungen Poutrincourts. Er verfasste Verse, kleinere Werbeschriften und als Höhepunkt seiner Bemühungen die von 1609 bis 1617 in immer umfangreicheren Ausgaben erscheinende *Histoire de Nouvelle France*. Da keine deutsche Übersetzung vorliegt, empfiehlt sich die zweisprachige Ausgabe (französisch-englisch) der Version von 1617 von Henry Biggar, erschienen zwischen 1907 und 1922 in drei Bänden in Paris. Neben dieser Hauptschrift sind drei weitere Einzelquellen bemerkenswert: Erstens die Gedichte und Theaterstücke Lescarbots, herausgegeben von Bernard Emont im Jahr 2004 unter dem Titel *Les muses de la Nouvelle-France de Marc Lescarbot. Premier recueil de poèmes européens écrits en Amérique du Nord*. Zweitens die Schrift über den Sieg Membertous über dessen Feinde aus dem Jahr 1607 *La defaite des sauvages armouchiqouis par le sagamos Membertou & ses alliez sauvages en la Nouvelle France* sowie drittens Lescarbots Bericht über die erfolgreiche Taufe Membertous und seiner Familie mit dem Titel *La conversion des sauvages qui on teste baptizés en la nouvelle France* von 1610. Die letzteren beiden Texte sind online über die französische Nationalbibliothek unter http://www.gallica.fr verfügbar.

Die Sichtweise der Jesuiten auf die Ereignisse wird besonders durch die Hauptschrift von Pierre Biard deutlich, die 1616 in Paris erschien: *Relation de la Novvelle France de ses terres, naturel du Pais & ses Habitants, item, du voyage des Peres Iesuites ausdictes contrées*. Diese Originalquelle ist in einer modernen englischen Übersetzung in der mehrbändigen Quellensammlung von Reuben Gold Thwaites verfügbar, der in seinen *Travels and Explorations of the Jesuit Missionaries in New France* in Band 1–4 außerdem Briefe der Mönche, kleinere Druckschriften, Journaleinträge und vieles mehr zusammengestellt hat. Zusammen mit der Quellensammlung von Lucien Campeau, von der besonders die zwei Bände *La Premiere Mission d'Acadie (1602 – 1616)* von 1967 und *La première mission des Jésuites en Nouvelle-France (1611 – 1613)* von 1972 relevant sind, kann man sich ein vollständiges Bild verschaffen. Allerdings bleibt zu beachten, dass diese beiden Quellensammlungen Teil der jesuitischen Geschichtsschreibung und in Auswahl und Kommentar des Materials eindeutig parteilich sind.

Für die Zeit vor dem Eintreffen der Jesuiten kann als Ergänzung zu Lescarbots Werken auch der Bericht von Samuel de Champlain über seinen Aufenthalt in der Acadie dienen. Er geht darin auch ausführlich auf Landschaft, indigene Bevölkerung und die Erkundung des Landes ein. Sein Bericht erschien als *Les voyages du Sieur de Champlain ou, Journal tres-fidele des obesevations fait és descouvertes de la Nouvelle France* im Jahr 1613. Eine zweisprachige Ausgabe findet sich in: *The works of Samuel de Champlain*, herausgegeben von 1922 – 1936 von Henry Biggar. Eine moderne Sammlung zusätzlicher Quellen, beispielsweise zu der Logistik der Reisen, dem Kampf um ein Monopol, die Auswahl von Kolonisten und vielem mehr, veröffentlichten Robert Le Blant und René Baudry im Jahr 1967 als *Nouveaux Documents sur Champlain et son époque.*

Für eine Recherche zu den beteiligten Personen ist das online frei zugängliche *Dictionary of Canadian Biography* ein hervorragender Startpunkt. Hier finden sich kurze Fachartikel auf Englisch und Französisch. Zur Person Marc Lescarbots ist die hervorragende Biographie von Éric Thierry aus dem Jahr 2001 mit dem Titel *Marc Lescarbot (vers 1570 – 1641). Un homme de plume au service de la Nouvelle-France* die beste Informationsquelle. Zu dessen Partner Sieur de Poutrincourt gibt es keine vergleichbare wissenschaftliche Studie, dafür aber das für ein breites Publikum geschriebene Buch *Poutrincourt. Aventurier picard en Acadie* von Jean-Claude Collard aus dem Jahr 2006. Den indigenen Akteuren und ihrer Bedeutung widmete Neal Salisbury seine 1984 erschienene Studie *Manitou and providence. Indians, Europeans, and the making of New England, 1500 – 1643.*

Für eine Übersicht zur Geschichte der Acadie und die europäischen und indigenen Akteure, die dort aufeinandertrafen, sind noch immer das ältere Standartwerk von Marcel Trudel *Histoire de la Nouvelle-France. Le comptoir 1604 – 1627* von 1963 sowie sein englisches Handbuch *The beginnings of New France. 1524 – 1663* von 1973 zu empfehlen. Eine aktuellere und sehr detaillierte Analyse der kolonialen Projekte zwischen 1600 und 1610 veröffentlichte außerdem der Lescarbotbiograph Éric Thierry im Jahr 2008 unter dem Titel *Henry VI. et la mere. La France de Henri IV en Amérique du Nord. De la créa-*

*tion de l'Acadie à la fondation de Québec.* Für einen Überblick in deutscher Sprache eignet sich schließlich das entsprechende Kapitel in Hermann Wellenreuthers *Niedergang und Aufstieg. Geschichte Nordamerikas vom Beginn der Besiedlung bis zum Ausgang des 17. Jahrhunderts* von 2004.

# 5. Der verratene Gottesstaat – Virginia 1571

Vorsichtig tastete sich im Jahr 1571 ein spanisches Schiff unter nur wenigen Segeln an der sandigen Küste des heutigen US-Bundesstaates Virginia entlang. Der Kapitän hatte seine Männer angewiesen, die Küste der gewaltigen Meeresbucht, die auf seinen Karten *Bahia de Santa Maria* hieß, keinen Augenblick aus den Augen zu lassen. Irgendwo hier wartete eine Gruppe von Jesuiten auf Hilfe. Sie waren vor mehr als einem Jahr ohne Waffen, ohne Eskorte und mit nur wenigen Vorräten abgesetzt worden, um den *Algonquin* das Christentum zu predigen. Die Mission des Schiffes war es, die Brüder zu finden und ihnen entweder im Auftrag des Befehlshabers von Florida, Pedro Menéndez de Avilés, Vorräte zu bringen oder sie zu evakuieren.

Während das Schiff langsam an der Westküste der großen Meeresbucht nach Norden fuhr, zeigte sich lange Zeit keine Spur der Gesuchten. Dann, unvermittelt, meldete ein Ausguck, dass er die Mönche sehen könne. Tatsächlich standen am Ufer einige Männer in Ordensroben der Jesuiten und winkten eifrig. Über das Wasser halten Rufe wie: »Kommt ans Ufer, wir Brüder erwarten Euch.« Der Kapitän steuerte sein Schiff daraufhin so nahe an die Küste heran, wie es ihm gerade noch sicher schien, während die Brüder am Ufer umherliefen und aufgeregt weiter winkten. Ein Beiboot wurde zu Wasser gelassen und ein Stoßtrupp bereitete sich vor, an Land zu gehen.

In diesem Augenblick bemerkte jemand an Bord, dass etwas nicht stimmte. Die Mönche wiederholten immer nur wenige Sätze, und außerdem war an ihren Bewegungen etwas seltsam. Kaum das der Ausguck eine Warnung gerufen hatte, tauchten im Schilf des Ufers schon einige Kanus auf und ruderten auf das Schiff zu. Krieger der *Algonquin* schossen erst eine, dann weitere Salven von Pfeilen ab. Die Spanier erkannten nun, dass dort am Ufer keine Mönche winkten, sondern *Algonquin* in Verkleidung.

Auch wenn die Quellen zu diesem Ereignis lückenhaft sind, so hat der Kapitän sicher befohlen, den Beschuss zu erwidern. Er und seine Mannschaft zogen sich rasch zurück, was vermutlich der Tatsache geschuldet war, dass die *Algonquin* in dieser Region sich darauf verstanden, Brandpfeile einzusetzen. Allerdings konnten die Spanier zwei Angreifer gefangen nehmen, von denen sie einen – der andere entkam mit einem Sprung ins Meer – nach Havanna brachten. Dort erzählte er, dass keiner der an der *Bahia de Santa Maria* abgesetzten Mönche und

Laienprediger mehr am Leben war. Nur ein kleiner Junge namens Alonso lebte noch, der die Jesuiten als Messdiener begleitet hatte.

Die Beamten auf Kuba meldeten diese Auskunft an den Gouverneur der Insel und per Brief an den Stadthalter von Florida, der sofort eine Vergeltungsexpedition vorbereiten ließ. Dafür fehlte jedoch noch eine wichtige Information. Was war aus Don Luis geworden, dem Mann, der im Zentrum des ganzen Projektes gestanden hatte und von dessen Wissen und Unterstützung die kleine Kolonie abhing? Hatte er die Jesuiten verteidigt oder war er der Drahtzieher hinter dem gewaltsamen Ende ihres Traumes von einer Christianisierung der nordamerikanischen Ostküste?

Die gezielten Fragen nach diesem Mann kamen nicht von ungefähr. Don Luis war es, der die Jesuiten an ihren Siedlungsort geführt hatte und der als einziger das örtliche *Algonquin* sprach. Auf seiner Expertise hatte alle Hoffnung auf eine gute Aufnahme der Jesuiten in der Region geruht. Grund für diese hohen Erwartungen war, dass Don Luis selbst vom Ufer der *Bahia de Santa Maria* stammte. Er war ein amerikanischer Ureinwohner, der zum Jesuiten geworden war und auf beiden Seiten des Atlantiks für eine Christianisierung seiner Heimat geworben hatte.

Don Luis, dessen indigener Name nicht überliefert ist, hatte seine Kindheit und Jugend am Ufer der *Bahia de Santa Maria* verbracht, die er wie alle *Algonquin* unter dem Namen Chesapeake kannte. Dies bedeutete »Große Muschelbucht«. Dass dies Gewässer für die Spanier einen anderen Namen und eine ganz andere Bedeutung hatte, war ihm sicherlich nicht bewusst, bis im Jahr 1560 ein Schiff in der Bucht auftauchte. Ob der Junge entführt wurde oder freiwillig an Bord ging, ohne zu wissen, dass er sich ohne Rückkehrmöglichkeit von seiner Heimat verabschiedete, ist nicht bekannt. Sicher ist hingegen, dass er einen hohen Status besaß, denn seine Familie stellte zu dieser Zeit die Anführer einer indigenen Gemeinschaft innerhalb der Sprachgruppe der *Algonquin*, die sich *Chickahominy* nannte. Die Spanier erkannten diesen Status an und behandelten Don Luis dementsprechend wie einen Adeligen. Sie sorgten in Mexiko für gutes Quartier und auch für Diener.

Er erhielt zunächst den Kosenamen Papaquineo, bis er in Mexiko getauft wurde. Bei der Taufe erhielt er den Namen des Vizekönigs Don Luis de Velasco, was ein Hinweis darauf sein könnte, dass der Spanier formell als Taufpate auftrat, um eine soziale Beziehung zu den indigenen Anführern an der *Bahia de Santa Maria* herzustellen. Der Täufling lernte Spanisch und konnte sich als Experte für seine Herkunftsregion einen Namen machen. Dies war umso willkommener, als sowohl der Vizekönig von Mexiko als auch der neuernannte *Adelanto* oder

Befehlshaber für Florida und die Ostküste Nordamerikas, Pedro Menéndez de Avilés, großes Interesse an der Region hatten.

Während seines Aufenthalts in Mexiko konnte der junge Don Luis die Folgen einer spanischen Kolonisierung mit eigenen Augen sehen. Auch wenn nicht überliefert ist, wie er die Berichte über die Zerstörung des Aztekenreiches und die Errichtung des Spanischen Imperiums aufnahm, so schien es seinem Interesse daran, Spanier in seine Heimat zu führen, wenig Abbruch getan zu haben.

Don Luis erhielt im September 1561 die Möglichkeit, nach Spanien zu reisen, wo er als Adeliger seines Heimatlandes mit Respekt behandelt wurde und auf königliche Kosten in Madrid wohnte. Selbstverständlich war diese Reise nicht ohne Hintergedanken arrangiert worden. Es ging darum, Gelder und königliche Unterstützung für neue Kolonialprojekte zu gewinnen. Don Luis traf in einer Audienz auf Philipp II. – ob beide miteinander sprachen, ist jedoch unbekannt – und geriet im Laufe der Zeit immer tiefer in das Netzwerk des neuen *Adelanto* für Florida. Für einen Mann wie Pedro Menéndez de Avilés war Don Luis eine wertvolle Ressource. Er war eine Quelle von Informationen, ein Dolmetscher und aufgrund seiner Taufe jemand, dem man nach damaligem Verständnis vollständig vertrauen konnte. So machte Don Luis ganz im Sinne von de Avilés sowohl in Madrid als auch ab Mai 1562 zurück in Mexiko-Stadt und auf Kuba Werbung für die Christianisierung und Kolonisierung seiner Heimatregion.

Wie bei allen historischen Akteuren ist es unmöglich, seine wahren Motive zu kennen. War Don Luis' Einsatz ein Ausdruck tiefer Überzeugung, dass Christianisierung und spanische Vorherrschaft für die *Chickahominy* langfristig von Vorteil wären – oder plante er über all die Jahre einen Verrat, um in seine Heimat zurückkehren zu können? Aus dieser Ungewissheit heraus hat die historische Forschung unterschiedliche Interpretationen diskutiert, wobei in älteren Werken überwiegend an der Aufrichtigkeit des Don Luis gezweifelt wird, während neuere Forschungen eher davon ausgehen, dass er die Jesuiten zwar eigentlich unterstützen wollte, dann aber von den Umständen vor Ort gezwungen worden sei, sich gegen sie zu wenden.

Egal welche Motive hinter Don Luis' Engagement für eine Kolonisierung der Großen Muschelbucht Chesapeake unter dem Namen *Bahia de Santa Maria* standen, er fand auf spanischer Seite in Menéndez de Avilés einen begeisterten Unterstützer. In den Plänen des *Adelanto* von Florida nahm ein Vorantreiben der Grenze des spanischen Einflussbereichs dorthin eine wichtige Rolle ein. Zum einen ließe sich dadurch eine Reihe von natürlichen Häfen sichern, die, falls sie unkontrolliert blieben, feindlichen Seeräubern als Unterschlupf dienen könnten. Dabei plante de Avilés die Außenposten an dieser Bucht als die allernördlichsten

Ausläufer einer mehr als tausend Kilometer langen Kette von Forts, Blockhäusern und Siedlungen, die sich von der Südspitze Floridas nach Norden erstrecken sollten, um die Flanke des Spanischen Imperiums in Amerika zu sichern.

Neben diesen militärischen Zielen verfolgte de Avilés zum anderen auch kommerzielle Pläne. Seit den 1520ern kursierten Berichte, dass es nördlich von Florida eine große Bucht gäbe, in der man kostbare Perlen im Übermaß finden könne. Das Hinterland dieser Bucht – genannt *Chicora* – solle in seiner Landesnatur dem spanischen Andalusien entsprechen, nur dass es noch reicher an Früchten und gutem Boden für die Landwirtschaft sei. Mehr noch: Die große Bucht mit ihren zahlreichen Zuflüssen soll einen Weg durch den Kontinent vom Atlantik in den Pazifik verbergen. Auch wenn *Chicora* mehrfach gesucht und nie gefunden wurde, so war es eine wirkmächtige Idee, mit der de Avilés Geld und Männer mobilisieren wollte.

Doch der *Adelanto* von Florida und sein Vertrauter Don Luis waren nicht die Einzigen, die von einer Kolonisierung der Region träumten. Auch die Mitglieder religiöser Orden, zunächst der Dominikaner, später der Jesuiten hatten hohe Erwartungen bezüglich der *Bahia de Santa Maria*. Nachdem innerhalb des Spanischen Imperiums massive Kritik an der Behandlung der Indigenen in der Karibik und Mexiko laut geworden war, hatte der Herrscher neue Gesetze erlassen. Eroberung und Unterwerfung sollten der Christianisierung nachgeordnet werden und die Angehörigen religiöser Orden an einer gewaltlosen Expansion des Reiches und der Gewinnung der Herzen und Seelen der Ureinwohner Amerikas arbeiten. Die Dominikaner, von denen die Kritik an der brutalen Eroberung ausgegangen war, und später auch die Jesuiten hofften, diesem Ruf Folge leisten zu können. Sie planten, wie einst die großen und inzwischen heilig gesprochenen Missionare des Mittelalters in Europa, ganze heidnische Königreiche in Amerika auf die Seite des Christentums zu ziehen. Aus ersten kleineren Erfolgen würden sie dann, mit Gottes Hilfe, die Herzen zahlreicher Indigener gewinnen, so dass man Bischofssitze und Kirchen in den Dörfern errichten könnte. Schließlich wäre so möglich – und um nichts weniger ging es den Mönchen des 16. Jahrhunderts –, den Willen Gottes zu erfüllen und seinen Triumph über den Teufel zu sichern. Wer ein Wagnis einging wie die Mönche, die mit Don Luis in dessen Heimat aufbrachen, hatte somit Gott selbst auf seiner Seite.

Die ersten Mönche, die mit Don Luis 1566 nach Norden zogen, waren Dominikaner. Ihre Expedition zeigt, wie gering die Ressourcen waren, mit denen de Avilés seine großen Pläne zu verwirklichen versuchte. Der *Adelanto* konnte ihnen gerade einmal 30 Mann zur Seite stellen, die sie von einem befestigten Haus aus während der Missionsarbeit beschützen sollten.

Doch diese kleine Kolonie wurde nie gegründet. Zwar fuhren die Mönche mit ihrem Begleitschutz und Don Luis von Kuba aus nordwärts, doch angeblich war es für ihn bei schlechtem Wetter unmöglich, die Einfahrt in die *Bahia de Santa Maria* zu finden. Unverrichteter Dinge segelte die Expedition daraufhin nach Spanien. Dieses Ergebnis hat ebenfalls zu Spekulationen in der Forschung geführt: Hatte Don Luis die Reise durch falsche Angaben sabotiert, um zu verhindern, dass die kleine Gruppe Konquistadoren seine Heimat erreicht? Oder hatten die Dominikaner den Kapitän überredet, die Einfahrt zu verpassen, weil sie von der Mission gar nicht wirklich überzeugt waren? Gegen die erste Überlegung spricht, dass Don Luis rasch nach Amerika zurückkehrte und dort sogleich für eine neue Fahrt in seine Heimat warb. Die zweite geht hingegen auf Vorwürfe zurück, die Menéndez de Avilés auf der Suche nach einem Sündenbock erhob. Er berichtete, die Dominikaner hätten zurück in Spanien Zweifel an der Eignung des Landes und der Menschen für eine Christianisierung gesät. Fälschlicherweise hätten sie verbreitet, dass es dort nur Sand und Sümpfe gäbe, und ihre Mission verraten.

Eine weitaus neutralere Haltung nimmt hingegen der Navigator des Schiffes in seinem Bericht ein. Er bestätigte, dass starker Nebel sie gehindert habe, die Einfahrt zu finden, und dass Untiefen es unmöglich gemacht hätten, bei schlechter Sicht eng an der Küste zu bleiben, um die Einfahrt nicht zu verpassen. Unabhängig davon, was genau hinter den Ereignissen steckte, der Rückschlag bedrohte alle weiteren Unternehmungen, die Don Luis und Menéndez de Avilés planten. Geldgeber und speziell die Krone wurden immer zögerlicher in ihrer Unterstützung. Ein Erfolg war trotz geringer Ressourcen dringend nötig.

In dieser Situation trat der Orden der Jesuiten auf den Plan. Die Brüder der Gesellschaft Jesu waren erst seit 1566 in Florida aktiv und hatten dort mit großem Eifer unter widrigen Bedingungen zu missionieren versucht. Erfolge hatten sie dabei jedoch kaum zu verzeichnen. Hierfür hatten die Brüder drei zentrale Ursachen ausgemacht:

Zum einen bestand eine Sprachbarriere, die es erforderlich machte, zunächst langwierig die indigene Sprache zu lernen und dann auch noch komplexe Konzepte wie die Dreifaltigkeit mit passenden Worten zu umschreiben. Diese Hürde war so hoch, dass auch nach vielen Monaten nicht mehr erreicht werden konnte als die Vermittlung rudimentärer Moral- und Glaubensvorstellungen. Selbst dabei konnte es zu massiven Konflikten kommen. So provozierte ein Jesuit die Indigenen, bei denen er lebte, als er eine ihrer beiden Gottheiten, die durch Sonne und Mond verkörpert waren, mit Gott und die andere mit dem Teufel identifizierte. Für die Indigenen waren ihre Gottheiten jedoch nicht Inbegriffe von Gut und Böse, sondern beide ambivalent und gleichermaßen bedeutsam. Eine Predigt, in der eine Gottheit auf einmal als finster, verachtenswert und als Feind der Menschen dargestellt wurde, führte daher zu Tumulten und dem Abbruch der Missionsarbeit. Und selbst wenn es gelungen war, die Sprachbarriere zu überwinden und christliche Moralvorstellungen wie das Ideal einer lebenslangen monogamen Ehe zu vermitteln, blieb dies für die Indigenen ein erheblicher Widerspruch zu ihrer bisherigen Lebensweise, dessen Notwendigkeit die Mönche ihnen nicht wirklich erklären konnten.

Die zweite Ursache war die Anwesenheit spanischer Soldaten – oder besser Söldner – nahe der Missionsstandorte. Nicht nur waren die Söldner von ihrer eigenen kulturellen und zivilisatorischen Überlegenheit überzeugt, sie gingen außerdem davon aus, einen Anspruch auf Lebensmittellieferungen und Arbeitsleistungen der Indigenen zu haben. Wenn die Männer – was häufig vorkam – keine Versorgung erhielten, plünderten und erpressten sie ohne Zögern die indigenen Dörfer in der Umgebung. Die Folge waren Kampfhandlungen oder die Abwanderung der Indigenen, was gleichermaßen eine weitere Missionierung unmöglich machte.

Die dritte und letzte Ursache war, dass die Indigenen in Florida gerade einmal drei Monate in ihren Dörfern sesshaft waren. Die übrigen neun Monate verbrachten sie auf Wanderschaft, um die Ressourcen des Landes bestmöglich zu nutzen. Für eine vollständige Missionierung brauchte es aber ständigen Kontakt.

Insgesamt konnten die Jesuiten somit bis 1570 ihren eigenen hohen Ansprüchen kaum gerecht werden. Ebenso wie Pedro Menéndez de Avilés, der sich in Spanien 1567 dafür rechtfertigen musste, wie wenig Außenposten und Siedlungen er bisher errichtet hatte, standen auch sie mit ihren Plänen für Nordamerika vor dem Scheitern. Beide Seiten beschlossen daher, in diesem Jahr einen letzten Versuch zu unternehmen, um den Traum von einer friedlichen Missionierung Nordamerikas und damit einer Hegemonie Spaniens in die Tat umzusetzen.

Die Jesuiten bauten dabei ganz auf Don Luis und seine Expertise und verwandtschaftlichen Beziehungen. Er sollte ihnen Zugang zu den indigenen Eliten verschaffen, für sie dolmetschen und außerdem ihre Versorgung durch die Indigenen sicherstellen, denn die Mönche hatten nicht vor, sich selbst um die Nahrungsbeschaffung zu kümmern. Ein ranghoher Bruder namens Juan Baptista de Seguera übernahm persönlich die Leitung und stellte eine Mission von sechs Mönchen und Laienpredigern zusammen, die außerdem noch den kleinen Messdiener Alonso mitnahm, der als Einziger von allen überlebte.

Trotz Vorschlägen von Menéndez, wieder eine Eskorte mitzuschicken, bestand Juan Baptista de Seguera darauf, dass die Mönche ohne bewaffnete Begleiter unter den Indigenen leben müssten, um weitere Fehlschläge zu vermeiden. Damit und durch die Dolmetscherdienste des Don Luis wären zentrale Probleme der bisherigen Missionsarbeit ausgeräumt. Menéndez stimmte zu und ließ die kleine Gemeinschaft von einem Schiff an die *Bahia de Santa Maria* bringen.

Bereits die Überfahrt erwies sich als schwierig. Widrige Winde führten dazu, dass das Schiff erst nach mehr als einem Monat im September 1570 sein Ziel erreichte. In dieser Zeit hatten die Seeleute sich bereits über den Proviant der Mönche hergemacht, so dass sie die Männer und den kleinen Jungen nur mit wenigen Fässern Mehl und Keksen an der Küste des heutigen Virginia absetzten.

Vor Ort gab es zunächst ein freudiges Wiedersehen, das die Mönche hoffnungsfroh stimmte. Don Luis und das Oberhaupt eines Dorfes in der Nähe des Ankunftsortes erkannten einander als Geschwister wieder. Der örtliche Anführer oder *Werowance*, so sein Titel, war ein jüngerer Bruder von Don Luis und nach dessen Fürsprache bereit, die Mönche in der Nähe eine Kapelle und Hütten errichten zu lassen. Dies war jedoch die letzte gute Nachricht. Schon bald erfuhr Juan Baptista de Seguera, dass in der Region seit sechs Jahren Dürre herrschte. Der Boden war verdorrt, und die Indigenen hatten sich weit im Land zerstreut, um Nahrung zu beschaffen, und besaßen wenig, das sie den Mönchen geben konnten. Seguera beschrieb diese Lage in einem drängenden Brief, den er dem Kapitän des Schiffes mitgab. Sie brauchten unbedingt Versorgungsgüter – am besten so viel, dass sie den Indigenen etwas abgeben und sie so für die Missionierung gewinnen könnten.

Dieser Brief war das letzte Lebenszeichen der winzigen Kolonie bis zu dem Zeitpunkt, als die eingangs geschilderte Versorgungsexpedition auf die verkleideten Indigenen traf. Menéndez de Avilés und andere spanische Offizielle versuchten daher, aus dem gefangenen Indigenen herauszubekommen, was vor Ort geschehen war. Doch aufgrund der Sprachbarriere blieb es bei grundlegenden Informationen. Offenbar waren alle Mönche und Laienprediger von den Indigenen erschlagen worden – nur Don Luis und der kleine Messdiener Alonso waren noch am Leben.

Davon ausgehend, dass Don Luis hinter den Ereignissen steckte, nahm Menéndez de Avilés selbst mit einem Kriegsschiff und Soldaten, die er als Verstärkung für seine Floridakolonien aus Spanien holte, Kurs auf die *Bahia de Santa Maria*. Über die Ereignisse berichteten sowohl er selbst als auch ein Jesuit, der ihn begleitete. Kaum hatte er sein Ziel erreicht, ließ er Stoßtrupps anlanden, brachte einige Indigene in seine Gewalt und konnte durch Zufall sogar den kleinen Messdiener Alonso retten. Zurück an Bord, berichtete der Junge, was er erlebt hatte – eine Aussage, die erst zwei Jahre später offiziell zu Protokoll gegeben wurde, aber sofort erhebliche Auswirkungen hatte.

Alonso erzählte, wie die Mönche mit der Arbeit begonnen hatten. Sie hätten Sterbenden Trost gespendet und erste Taufen durchgeführt. In dieser Zeit hätte Don Luis auch noch bei ihnen gelebt und als Dolmetscher zwischen den Mönchen und den *Chickahominy* fungiert. Angesichts der knappen Nahrungsmittel sei er jedoch nach einer Weile aufgebrochen, um bei seiner Familie Versorgungslieferungen zu organisieren. Mehrere Wochen verstrichen, ohne dass es eine Nachricht gab. Darauf vertrauend, dass er für ihre Sache arbeitete, tauschten die Jesuiten in der Not einige ihrer eisernen Werkzeuge und andere Waren, die für die Indigenen von hohem Wert waren, bei anderen Gruppen von *Algonquin* gegen Nahrung ein. Nach langem Warten brachen schließlich drei von ihnen auf Befehl Pater Segueras im Februar 1571 auf, um nach dem Rechten zu sehen. Sie trafen Don Luis inmitten seiner Familie an. Er hatte in den letzten Wochen nach indigener Sitte mehrere Frauen genommen und beanspruchte aufgrund seiner Verwandtschaft zum Oberhaupt der Siedlung dort für sich eine Führungsrolle.

Auf die Aufforderung, zu einem mönchischen Lebenswandel zurückzukehren, reagierte Don Luis mit einem Gewaltausbruch. Er und einige andere Indigene erschlugen die Brüder und nahmen ihre Sachen an sich. Danach zogen sie zu der kleinen Kapelle und überfielen die verbliebenen Jesuiten um Juan Baptista de Segura. Keiner der Brüder und Laienprediger überlebte den Angriff. Alonso hingegen sei, so berichtete er seinen Rettern, vom Bruder des Don Luis aufgrund seiner Jugend verschont worden.

Die Indigenen hätten danach alle Kisten geplündert und speziell die Werkzeuge und Kleidungsstücke der Mönche an sich gebracht. Es waren genau diejenigen Gewänder, mit denen sie später versuchten, das Versorgungsschiff in einen Hinterhalt zu locken. Für Menéndez de Avilés war damit der Verdacht des Verrats bestätigt. Er ließ den Messdiener dolmetschen und schickte einen der Gefangenen mit einer Nachricht zurück zu seinem *Werowance*. Seine Botschaft: Wenn Don Luis nicht ausgeliefert wird, richte ich alle Gefangenen hin.

Nach einer Weile versammelten sich zwar Gruppen von *Chickahominy* am nahegelegenen Ufer, doch es gab keine Anzeichen, dass sie Don Luis ausliefern würden. Menéndez befahl daher, die Gefangenen taufen zu lassen, eine Aufgabe, die ein Jesuit an Bord übernahm, und ließ sie alle an der Rahnock aufhängen. Zwischen acht und zehn Körper, je nach Quelle, baumelten schließlich leblos im Wind. Bevor er die Segel setzen ließ, ordnete Menéndez noch eine letzte Vergeltung an. Er ließ die Schiffsgeschütze eine Breitseite auf die versammelten *Chickahominy* feuern, die gerade den Tod ihrer Landsleute und Verwandten mitangesehen hatten. Nach diesem letzten Gewaltakt verließ Menéndez de Avilés die Bucht, die von da an bis in die Gegenwart nur noch den Namen Chesapeake Bay trug, den die Engländer später aus der Sprache der *Algonquin* übernahmen.

Bemerkenswerterweise hatte diese Episode, obwohl sie nur kurz andauerte und nur wenige Personen involviert waren, dennoch erhebliche Auswirkungen auf die weitere europäische Expansion und die indigenen Gesellschaften vor Ort. Für Menéndez de Avilés und die spanische Obrigkeit war dieser Fehlschlag das Zünglein an der Waage, um alle Bestrebungen für eine Kolonisierung so weit im Norden einzustellen. Der Norden des heutigen Floridas markierte zukünftig die Grenze ihrer Einflusssphäre. Hinzu kam, dass die Idee, allein durch Christianisierung kolonialen Einfluss zu etablieren, ohne dass Soldaten die Unternehmung schützten, als Irrweg galt. Die Jesuiten sahen dies für Nordamerika ebenso, auch wenn sie in Südamerika durchaus noch entsprechende Projekte planten. Für sie war zentral, dass aus den Ereignissen an der *Bahia de Santa Maria* neue Märtyrer ihres Ordens hervorgegangen waren. Schon bald zirkulierten Geschichten vom demütigen und friedlichen Opfertod des Pater de Seguera und seiner Begleiter. Der Jesuit, der die Gefangenen an Bord von Menéndez' Schiff getauft hatte, berichtete beispielsweise, dass er erfahren habe, dass die ersten drei *Chickahominy,* die versucht hätten, den Besitz der Mönche zu rauben, von Gott direkt mit dem Tode bestraft worden wären. Aus der Niederlage machten die Jesuiten so Erzählungen, die ihren Glauben bestätigten.

Auch auf Seiten der Indigenen dürfte die Erinnerung an die Ereignisse von erheblicher Bedeutung gewesen sein. Zum einen lebte hier noch immer Don Luis und damit jemand, von dem die Indigenen aus erster Hand über Europa, das Spanische Imperium, das Christentum und die Ziele der Männer erfuhren, die immer wieder an ihre Küsten kamen. Zum anderen kamen praktische Erfahrungen mit dem Nutzen und hohen Tauschwert europäischer Waren hinzu. Eiserne Werkzeuge, die wie Messer und Äxte auch als Waffen tauglich waren, verliehen ihren Besitzern Prestige und konnten, als freiwillige Gabe überreicht, Überlegenheit und Vorherrschaft des Gebenden symbolisieren oder als geforderter Tribut eine starke Geste der Unterwerfung darstellen.

Dieser Wissensschatz – ob direkt, weil Don Luis noch am Leben war, oder indirekt, weil andere seine Erfahrungen weitergaben – stand in der Region auch noch zur Verfügung, als die ersten englischen Schiffe dreißig Jahre später in die Chesapeake Bay einliefen. Die indigene Gemeinschaft der Don Luis angehörte, die *Chickahominy,* waren inzwischen Teil der großen *Powhatan*-Föderation, in der mehrere zehntausend Menschen in zahlreichen Dörfern organisiert waren.

Vermutlich hatten die *Algonquin* der *Powhatan*-Föderation aufgrund der Erfahrungen von *Ajacan* klare Erwartungen, als die Engländer eintrafen. Sie wussten, dass diese Fremden erstens zwar mächtige Waffen hatten, aber dennoch im Kampf besiegt werden konnten, dass sie zweitens unfähig waren, sich selbst mit Nahrung zu versorgen, und schließlich drittens, dass sie eine Quelle für besonders wertvolle Handelswaren und neuartige Waffen waren. Alle drei Annahmen prägten zweifellos den Umgang der *Algonquin* mit den Engländern – umso erstaunlicher ist, dass viele amerikanische und englische Historiker die Geschichte von *Ajacan* nicht berücksichtigen, wenn es um die Anfänge der englischen Kolonien in Amerika geht. Sie folgen den Berichten der ersten englischen Kolonisten, die behauptet hatten, sie seien die ersten Christen in dieser Region gewesen.

Das bedeutet allerdings nicht, dass es keine spezialisierten Forschungen zum Untergang von Pater Seguera oder zur Person des Don Luis gibt, an denen sich interessante, grundsätzliche Debatten über die Geschichte erkennen lassen. Für mehr als 100 Jahre boten sich die Ereignisse von *Ajacan* für eine tragische Erzählung geradezu an. Die Tradition der Jesuiten, die Geschichte ihrer eigenen Märtyrer zu schreiben, und die Vorurteile über Indigene, die im 19. und 20. Jahrhundert weit verbreitet waren, fügten sich hier zu einem düsteren Gesamtbild. Die Aussagen des verschreckten Alfonso schienen dies dann zu bestätigen. Don Luis ist in dieser Erzählung entweder von Beginn an ein sinistrer Verräter, der seine Rückkehr und seinen Aufstieg zu einem indigenen Anführer geplant habe – oder so charakterschwach und moralisch verdorben, dass er der Versuchung nicht widerstehen könne, mehrere Frauen zu haben und die Regeln des Christentums abzustreifen. In allen Fällen trägt er persönlich Schuld an den Ereignissen und ist gewissermaßen der Schurke der Erzählung.

Die erste Änderung dieses Bildes ergab sich in den letzten Jahrzehnten durch die Betonung seiner eigenen, tragischen Hintergrundgeschichte. Noch heute wird speziell auf Webseiten zur Geschichte von *Ajacan* Don Luis' wahrscheinliche, aber ungesicherte Entführung und ein ebenso unbelegter Widerstand gegen seine Taufe beschrieben. Seine Wendung gegen die Kolonie erscheint dann als ein positiver Akt indigenen Widerstandes. Dies ist aber genauso bewiesen oder unbewiesen wie die Erzählung, er habe aus Heimtücke gemordet. Dabei ist es nicht unproblematisch, dass beide Erklärungen gleichermaßen davon ausgehen, dass eine einzelne Person für den katastrophalen Ausgang der Unternehmung verantwortlich ist.

Die Geschichtswissenschaft mag es in der Regel aber komplexer und hat schon lange den Weg eingeschlagen, die Bedeutung einzelner Akteure mit der Wirkung struktureller Zusammenhänge zusammenzudenken. Im Falle von *Ajacan* hat dies vor allem der amerikanische Historiker Seth Mallios getan. Er hat zahlreiche

Quellen über den Tauschhandel von Kolonisten und Indigenen an der Ostküste untersucht und darin Muster erforscht, um zu ermitteln, wie nach mehreren Monaten des Handels und der Koexistenz Konflikte ausbrechen konnten.

Für *Ajacan* kommt Mallios zu dem Schluss, dass Don Luis vermutlich keinen Plan hatte, die Jesuiten zu hintergehen oder als Feinde seiner Leute zu bekämpfen. Er glaubte vermutlich wirklich, dass in der Missionierung eine Chance lag, um seiner Familie und damit auch ihm selbst in der Region mehr Einfluss zu verschaffen. Warum hätte er sonst über Wochen bei den Jesuiten gelebt, für sie gedolmetscht und erst nach einem halben Jahr einen Angriff durchgeführt?

Mallios geht davon aus, dass Don Luis und die anderen *Chickahominy* durch das Verhalten der Jesuiten provoziert worden waren, Gewalt auszuüben – und das ohne jede Absicht der Brüder. Seguera und seine Leute planten, die Indigenen zu missionieren und ihnen damit die für sie kostbare Gabe des Christentums zu bringen. Im Gegenzug erwarteten sie die Lieferung von Nahrungsmitteln. Für die Indigenen besaß das Christentum aber keinen angemessenen Tauschwert. Nahrung gegen Worte und Gesten zu liefern, war für sie eine Form von Tribut und das Verhalten der Jesuiten damit eine Forderung nach Unterwerfung, die sie ignorierten. Daran konnte auch Don Luis nichts ändern, als er sich angesichts der desaströsen Versorgungslage entschied, bei seinem Bruder zu bleiben.

Auf mehrere Wochen, in denen die *Chickahominy* die Jesuiten ignorierten, folgte jedoch laut Mallios Feindseligkeit, als die Mönche kostbare Eisenwerkzeuge bei anderen indigenen Gemeinschaften, darunter auch Feinden der *Chickahominy*, gegen Nahrung tauschten. Aus Sicht von Don Luis' Bruder war dies ein Bündnis mit seinen Feinden, nachdem er selbst die Zahlung von Tribut verweigert hatte. Auch ohne jede Einflussnahme von Don Luis hätte demnach eine Beleidigung und Provokation vorgelegen, die für die Indigenen einen Angriff rechtfertigte. Als die Jesuiten dann auch noch ins Dorf kamen und forderten, dass Don Luis seine Frauen verstoßen sollte, und damit die Autorität seines Bruders und Familienoberhauptes herausforderten, war dies der letzte Schritt in einer Provokationsspirale. Die Jesuiten konnten dies nicht verstehen, und daher finden sich diese Informationen auch nur zwischen den Zeilen der Quellen. Mallios gelang es durch den Vergleich mit zahlreichen anderen Konflikten rund um Tauschhandel in Nordamerika, eine neue Perspektive zu eröffnen, die nicht länger nur die Schuld oder den heldenhaften Widerstand eines einzelnen Mannes in den Fokus nimmt, sondern grundlegende Probleme interkultureller Begegnungen berücksichtigt.

## Quellen und Literatur

Wie auch in anderen Fällen so ist zur Geschichte der *Ajacan* Kolonie festzuhalten, dass es keine deutschen Ausgaben oder Übersetzungen der Quellen gibt. Da die Originale ausnahmslos in Latein und Spanisch vorliegen, ist es hilfreich, dass es eine englische Quellenedition gibt. Die von Clifford Lewis und Albert Loomie bereits 1953 veröffentlichte Edition unter dem Titel *The Spanish Jesuit Mission in Virginia 1570–1572* bietet nicht nur nahezu alle bekannten Quellen zur Vorbereitung, zur Durchführung und zum Nachleben der Kolonie, sondern auch eine ausführliche Einleitung der Herausgeber zu ihrer Geschichte. In Ergänzung hierzu kann der 1979 erschienene zweite Band von David Quinns epochaler Quellensammlung *New American World* mit dem Titel *Major Spanish searches in eastern North America. Franco-Spanish clash in Florida. The beginnings of Spanish Florida* herangezogen werden. Allerdings stützt diese Sammlung sich stark auf den älteren Quellenband von 1953 und ebenso auf die Darstellung der Ereignisse von Woodbury Lowery, *The Spanish settlements within the present limits of the United States, Florida 1562–1574*, die sogar schon 1905 erschien. Eine neuere Übersicht zur Ereignisgeschichte veröffentlichte Charlotte M. Gradie als Artikel für das *Virginia Magazin of History and Biography* Band 96 im Jahr 1988 unter dem Titel *Spanish Jesuits in Virginia: The Mission that failed*.

Die Forschungsarbeiten zu dem Projekt lassen sich in drei Themenbereiche teilen, die alle im Kapitel angesprochen wurden. Hierbei handelt es sich zunächst um den Mythos von einem zweiten Andalusien, dem reichen Land Chikora, den Paul Hoffman in seinem 2004 erschienenen Buch *A new Andalucia and a way to the Orient. The American Southeast during the Sixteenth Century* ausführlich untersucht. Zweitens um Seth Mallios Arbeiten über die Geschichte der Kolonie und seine neuen Theorien, die er in einer unveröffentlichten Dissertation von 1998 und einem Artikel von 2005 – letzterer mit dem Titel *Exchange and Violence at Ajacan, Roanoke and Jamestown* – vorstellte. Der Artikel erschien in dem von Dennis Blanton herausgegebenen Sammelwerk *Indian and European Contact in Context. The Mid-Atlantic Region*. Die Rolle der Indigenen schließlich steht im Zentrum von Forschungsarbeiten, welche die Bedeutung der Kolonie von *Ajacan* für die weitere Geschichte indigener Kulturen in der Region beschreiben. Hierzu gehören auch Überlegungen zum Transfer von Wissen über die Europäer und ihre Waren unter verschiedenen indigenen Gruppen. Zu erwähnen sind dabei die Arbeiten von Helen Rountree, *Pocahontas's people. The Powhatan Indians of Virginia through four Centuries* von 1990, sowie Frederic Gleachs *Powhatan's world and Colonial Virginia. A Conflict of Cultures* von 1997. Zuletzt zeichnet sich

Daniel Richters Artikel *Tsenacommacah and the Atlantic World* aus, in dem zwei unterschiedliche Versionen von Don Luis Geschichte rekonstruiert und miteinander verglichen werden. Der Beitrag erschien 2007 in einem Sammelband von Peter Mancall mit dem Titel: *The Atlantic World and Virginia 1550 – 1624*.

# 6. Eine verschwundene englische Stadt – North Carolina 1584–1590

Mit donnernder Gewalt brandeten am 19. August 1590 Wellen gegen die Sandstrände der kleinen Insel Roanoke vor der Küste des heutigen North Carolina. Trotz des Seegangs kämpften sich zwei Ruderboote durch die Brandung, deren Besatzung sorgenvoll den Himmel im Auge behielt. Dunkle Wolken ballten sich über dem Meer zusammen, unter denen das Schiff, auf dem sie aus England gekommen waren, im steigenden Wellengang auf dem Meer tanzte.

Bevor sie Roanoke anlaufen konnten, mussten sie zuerst noch einen Engpass zwischen Untiefen passieren, in dem die Wellen sich kreuzten. Die Seeleute ließen äußerste Vorsicht walten, denn erst gestern war an dieser Stelle eines ihrer Boote gekentert. Sieben Mann hatten den ersten Versuch, die Insel zu erreichen, mit ihrem Leben bezahlt. Doch bei aller Vorsicht durften sie keine Zeit verlieren, denn die schwere See und der dunkle Himmel waren eindeutige Zeichen dafür, dass sie gerade nur eine Atempause zwischen zwei Stürmen erlebten.

Im ersten Boot saß ein Mann, der es trotz der katastrophalen Bedingungen kaum erwarten konnte, die Insel zu erreichen. Seit drei Jahren versuchte er vergeblich, an diesen Ort zurückzukehren, wo er seine Tochter und sein neugeborenes Enkelkind zurücklassen musste. John White war der offizielle Gouverneur der Kolonie *City of Ralegh* in Virginia. Auf ihm ruhte die Hoffnung seiner Familie und von mehr als 100 weiteren Männern und Frauen, die 1587 auf die Insel Roanoke gekommen waren. Er hatte ihnen versprochen, er würde nach sechs Monaten mit Lebensmitteln und Verstärkung zurückkehren, und hatte sie dann drei Jahre warten lassen. Drei Jahre ohne Nachricht.

Es war damals, 1587, ein einstimmiger Beschluss gewesen. Alle Bürger der *City of Ralegh* hatten ihn aufgefordert, zurück nach England zu fahren und Hilfe zu holen. Seine erwachsene Tochter und sein neugeborenes Enkelkind – das erste Kind englischer Eltern in Amerika – sollten hingegen in der Kolonie bleiben, eine unausgesprochene Garantie dafür, dass er zurückkehren würde.

Doch alle seine Bemühungen waren über Jahre hinweg vergeblich geblieben. Auch die beiden Boote, welche die widerwilligen Seeleute vorsichtig durch die schwere Brandung lenkten, hatten keine Versorgungsgüter an Bord. Sie boten lediglich Platz für eine Evakuierung.

Es war John White selbst, der die Idee verfochten hatte, nicht nur einen Freibeuterhafen oder einen Stützpunkt für die Goldsuche, sondern eine wirkliche

Stadt jenseits des Meeres zu gründen. Er hatte selbst erleben müssen was passierte, wenn Gier und kurzfristiges Profitdenken überhandnehmen, als er 1585 als Maler und Zeichner Mitglied einer kurzlebigen ersten Virginiakolonie unter der Flagge Elisabeths I. auf der Insel Roanoke gewesen war. Daher war es seine Idee, nach Abbruch des ersten Kolonialprojektes seine eigene Familie und die von Freunden und Partnern mitzunehmen, um unter seiner Führung im Jahr 1587 eine neue, dauerhafte Gemeinschaft jenseits des Meeres zu gründen. Sie hatten von großen Farmen, Landbesitz und einer eigenen Stadt geträumt, der er selbst als Gouverneur vorgestanden hätte. Doch all das hatte sich als unerfüllbar erwiesen.

Als die Boote endlich knirschend auf den Sand aufliefen, lag die Insel still vor ihnen. Gestern hatten sie, nachdem das gekenterte Boot geborgen war, kurz am anderen Ende der Insel angelegt, wo ein Feuer durch die dunklen Zweige schien. Die Seeleute hatten Fanfaren gespielt und nach den Siedlern gerufen, aber keine Antwort erhalten.

Genauso war es auch heute. So sehr die Männer auch Fanfaren erklingen ließen und »Saint George«, den Namen des Schutzheiligen Englands, riefen, es blieb still. White und die Seeleute drangen daraufhin in das Innere der Insel vor, während sich über ihnen die Wolken weiter auftürmten. Auf bekannten, aber überwucherten Wegen führte White die Männer zu den Hütten und der Palisade, die er vor drei Jahren hatte errichten lassen. Unterwegs kamen sie an einem Baumstamm vorbei, in den Buchstaben geritzt waren. Da die *Algonquin* nicht schreiben konnten, war dies eindeutig eine Botschaft der Siedler. Am Baum stand: CRO. White vermutete, dass dies der Anfang des Namens der Nachbarinsel war: Croatoan. Er hatte mit den Siedlern vereinbart, dass sie, falls sie das Fort aufgeben würden, eine Nachricht hinterlassen sollten, wohin sie gehen, und der Nachricht ein Kreuz hinzufügen, falls sie in Not waren und vor Gefahr fliehen mussten. Das Fehlen des zusätzlichen Notsignals war insofern ein gutes Zeichen.

Nach kurzer Zeit tauchten Palisaden und die Dächer von Hütten vor den Männern auf. Das Tor zur *City of Ralegh* stand offen und zwischen den Hütten, deren mit Ästen und Zweigen gedeckten Dächer zu Teil eingefallen waren, wuchsen wilde Melonen. Einige Hirsche liefen erschrocken davon und verrieten White und seinen Begleitern damit, dass die Kolonie verlassen war. Von Whites Tochter und seinem Enkelkind war nichts zu sehen.

Allerdings hatten die Siedler mittig zwischen den Hütten einen Pfosten errichtet, in dem das Wort CROATOAN geritzt war. Erneut fehlte das Notsignal in Form eines Kreuzes. Offenbar waren die Siedler zu ihren indigenen Verbündeten gezogen. John White kannte Croatoan und vor allem einen der indigenen

Anführer von dort namens Manteo genau. Er hatte Manteo bereits vor Jahren kennengelernt und von ihm zur Vorbereitung seines Kolonialprojektes in London ein wenig *Algonquin* gelernt. Manteo war zweimal für mehrere Monate in England gewesen und hatte sich beiderseits des Ozeans immer als ein Freund der Engländer bewiesen – selbst dann noch, als White einmal irrtümlich befohlen hatte, auf dessen Leute zu schießen.

In diesem Moment riefen einige Seeleute, dass sie etwas gefunden hatten. Abseits der kleinen Siedlung waren vor längerer Zeit fünf große, vergrabene Kisten ausgebuddelt und gewaltsam geöffnet worden. Ihr Inhalt war auf dem Boden verstreut und zum Teil schon von Gras überwachsen. White erkannte seine eigene Ausrüstung: Bücher und Karten, vollgesogen von Wasser, und verrostete Teile seiner Rüstung. Auch dies war eventuell ein gutes Zeichen. Wenn die Siedler Zeit genug gehabt hatten, seinen Besitz zu vergraben, dann waren sie auch nicht unmittelbar bedroht gewesen, als sie Roanoke verließen. Außerdem gab es keinerlei Zeichen für einen Kampf, weder Pfeile noch Einschusslöcher oder Knochen von Toten. In Anbetracht der Kämpfe, die er vor seine Abreise erlebt hatte, war White darüber vermutlich erleichtert.

Angesichts des sich weiter verschlechternden Wetters kehrte White mit den Seeleuten zum Schiff zurück. Ihm war klar, dass ihr nächstes Ziel das benachbarte Croatoan sein musste. Zunächst galt es jedoch, den hereinbrechenden Sturm zu überstehen. Unter starken Windböen und Regen nahm der Seegang weiter zu. Schließlich riss das Ankerkabel und der Kapitän konnte nur mit Mühe verhindern, dass das Schiff auf die Untiefen geschleudert wurde. Die Männer brachten einen Reserveanker aus, doch auch diesmal riss das Schiff sich los. Es blieb keine andere Wahl, als sich dem Wind zu ergeben und aufs offene Meer zu fahren.

Das Schiff trieb mehrere Tagesreisen weit nach Osten ab und musste daher, wenn sie nicht für Wochen gegen den Wind kreuzen wollten, nach England zurückkehren. Für White war diese Entwicklung fatal. Ihm war klar, dass angesichts der Neuigkeiten, die er zu melden hatte, niemand eine weitere Expedition zur Suche nach den Siedlern finanzieren würde. Außerdem band der andauernde Seekrieg mit Spanien weiter alle Ressourcen und lockte die Seeleute auf Kaperfahrt. Alles, was er jetzt noch für seine Tochter und sein Enkelkind tun konnte, so hielt er in einem Bericht über seine Reise fest, war zu beten.

John Whites Erzählung vom gescheiterten Rettungsversuch für die *City of Ralegh* bleibt für knapp zwei Jahrzehnte die letzte Nachricht über die verschwundene Kolonie von Roanoke. Erst als 1607 die *Virginia Company* viel weiter nördlich ein neues Fort namens Jamestown errichtete, nahm man die Suche wieder auf. Doch alles, was die Kolonisten fanden, waren widersprüchliche Gerüchte und Erzählungen der Indigenen der *Powhatan*-Föderation – aber keinen einzigen handfesten Beweis dafür, was aus John Whites Familie geworden war.

Das Schicksal dieser Kolonie blieb ein Rätsel und wurde jahrhundertelang zum Gegenstand für Spekulationen. Romane, Theaterstücke am Originalschauplatz, Fernseh- und Kinofilme und eine Vielzahl mehr oder weniger seriöser Geschichtsbücher boten und bieten unterschiedliche Erklärungen an. Von einem Massaker durch eine spanische Expedition über ein freiwillig gewähltes Leben inmitten indigener Gemeinschaften bis hin zur Entführung durch Aliens, einer Heimsuchung durch Wikingergeister, Angriffen durch kannibalistisch-keltische Kulte oder gar einem von Satan selbst ausgesetztem Zombievirus – es war und ist keine Erklärung zu absurd.

Doch die gescheiterte Kolonisierung North Carolinas umfasst weit mehr als nur die berühmte verlorene Kolonie von Roanoke. Es handelt sich um eine Reihe von Unternehmungen, die Walter Ralegh, ein Favorit Königin Elisabeths I., von 1584 bis 1590 plante, finanzierte und organisierte. Die Geschichte seines Virginia zeigt, wie Freibeuterei und Koloniegründungen zusammenwirkten, welche unterschiedlichen Haltungen gegenüber den indigenen Amerikanern in England verbreitet waren und wie die Sammlung von Wissen über das Land und die Menschen in England funktionierte. Sie war außerdem eng verbunden mit der großen Konfrontation zwischen England und Spanien im offenen Krieg auf den Weltmeeren von 1585 bis 1603. Zu dieser Geschichte gehören außer der Kolonie von John White noch eine weitere Kolonie, ein kleiner militärischer Außenposten, insgesamt sieben transatlantische Expeditionen und mehrere Anführer der *Algonquin*, die über Erfolg oder Niederlage der Engländer bestimmten.

Der Anfang von Walter Raleghs Virginia lag im Untergang einer anderen Unternehmung. Der in Kapitel 3 beschriebene Tod von Humphrey Gilbert auf See im Jahr 1583 hatte allen Plänen seines Netzwerks in England einen schweren Schlag versetzt. Parlamentarier, Mitglieder des königlichen Rates, Kaufleute, Gelehrte, Geistliche und Schiffsausrüster befürchteten das Ende der englischen Bestrebungen, den Spaniern nachzueifern und ein Kolonialreich zu errichten. Während andere zögerten, trat Walter Ralegh vor und übernahm die Initiative.

Ralegh war ein jüngerer Halbbruder des verstorbenen Humphrey Gilbert und verfügte selbst über umfangreiche Erfahrungen zur See. Im Rahmen der gescheiterten Expedition Gilberts 1578 hatte Ralegh ein Schiff befehligt und mithilfe des aus Portugal stammenden, zum Protestantismus konvertierten Navigator Simão Fernandes als Einziger von Gilberts Kapitänen den offenen Atlantik erreicht. Auch wenn er ohne Beute nach England zurückkehrte, errang er so immerhin einen Achtungserfolg. In den Jahren 1580 und 1581 diente er als Soldat in Irland

Abb. 8 Die Ankunft der Engländer bei Roanoke in einer Buchillustration von Theodor de Bry im ersten Band seiner berühmten *America*-Reihe. Neben dem kleinen indigenen Dorf auf Roanoke sind besonders die schmalen Einfahrten gut zu erkennen, welche die *Outer Banks* des heutigen Carolina vom offenen Meer trennen. Schiffswracks illustrieren die Gefährlichkeit der Passage, wo es während der englischen Kolonialprojekte zu mehreren Schiffbrüchen kam.

und war – wie auch sein Halbbruder zuvor – an der brutalen Niederschlagung von Aufständen beteiligt. Vermutlich prägten auch ihn die Erfahrungen, die er in Irland im Umgang mit Menschen machte, die er und andere englische Adelige für unzivilisierte Barbaren hielten.

Aus Irland brachte Ralegh gute Kontakte zu erfahrenen Befehlshabern und Veteranen mit, die er später in seinen kolonialen Vorhaben beschäftigte. Die eigentliche Karriere Raleghs begann aber mit seinem Eintritt in die höfische Gesellschaft Elisabeths im Jahr 1581. Es waren seine familiären Beziehungen, die ihm Zugang zu höchsten Kreisen verschafften, wo er dann die Aufmerksamkeit und das Interesse der Königin gewann. Schon bald kursierten vermutlich frei erfundene Geschichten über ihn und die Königin, etwa diejenige, dass er seinen Prunkmantel in eine Pfütze geworfen habe, damit Elisabeth trocken hindurchgehen konnte, oder dass er und die Königin sich unsichtbare Liebesgedichte mit den Fingern auf Glasfenster geschrieben hätten, die dann durch Anhauchen sichtbar geworden seien.

Spätestens 1583 war er bei Hof als Favorit der Königin bekannt, der durch gutes Aussehen, sein Talent als Dichter und seinen militärischen Hintergrund die Damen beeindruckte. Er erhielt von Elisabeth einträgliche Ämter und einen ehemaligen Bischofssitz als Wohnstätte in London. Dort beschäftigte Ralegh ab 1584 einen erfahrenen Mathematiker und Astronom, Thomas Harriot, der ihn selbst und andere, unter Mithilfe des gebürtigen Portugiesen Simão Fernandes, in neuen Navigationstechniken unterwies. Harriot war außerdem dafür vorgesehen, die aus der neuen Welt eintreffenden Informationen zu ordnen und selbst vor Ort Erkundungen vorzunehmen. An Harriots Seite stellte Walter Ralegh einen begabten Zeichner einfacher Herkunft ein, der Fundstücke aus der Fremde im Bild festhalten und später vor Ort auch die Landschaft und Bewohner malen sollte. Dieser Mann war John White, der spätere Gouverneur der *City of Ralegh*.

Walter Raleghs Position als Favorit Königin Elisabeths ermöglichte es ihm, sich am 25. März 1584 die Rechte seines verstorbenen Halbbruders Humphrey Gilbert übertragen zu lassen. Damit standen ihm alle Regionen Amerikas offen, die bisher nicht von Christen bewohnt oder einem christlichen König Untertan waren. Er dufte sie besiedeln, dafür Siedlerinnen und Siedler, Soldaten oder Beamte aus England mitnehmen und das neue Land als Vertreter der Königin beherrschen. Die Kolonien wären dann sein Eigentum, das er an seine Nachfahren vererben oder stückchenweise an Siedler und Investoren verkaufen könnte, wie es Humphrey Gilbert zuvor getan hatte. Er durfte Festungen und Städte errichten und den Siedlern Gesetze geben, solange jene nicht den Gesetzen Englands widersprachen. Abgesehen davon, dass ein Fünftel der Erträge aus allen Minen der Krone zukam, erhielt Ralegh von seiner Förderin Elisabeth nahezu unumschränkten Zugriff auf alle Einkünfte und Ressourcen, die aus seinen neuen Ländern gewonnen werden, und sogar ein Monopol auf den Handel.

All diese Zugeständnisse hatten allerdings denselben Haken wie für Humphrey Gilbert. Ralegh hatte nur sechs Jahre Zeit, um sein Patent zu nutzen und eine Kolonie südlich von Neufundland zu gründen. Die Uhr lief ab dem Augenblick, in dem die Königin ihr Siegel unter das Dokument setzte.

Wohl wissend, dass er einerseits rasch handeln musste, andererseits aber bessere Informationen über seine Zielregion, den Seeweg dahin und die Bewohner und Ressourcen brauchte, sandte Ralegh zunächst eine Erkundungsmission über den Atlantik. Die Kapitäne Amadas und Barlowe brachen am 27. April 1584 auf, um die Küste des heutigen North Carolinas zu untersuchen und den perfekten Standort für eine Kolonie ausfindig zu machen.

Was Ralegh zu diesem Zeitpunkt in Amerika genau plante, lässt sich aus den unterschiedlichen Briefen, Bordbüchern und Berichten seiner Leute nur zum

Teil rekonstruieren. Allerdings ist sicher, dass er noch nicht an eine zivile Kolonie dachte, in der Familien lebten und eine Art zweites England in Übersee errichteten. Bei Hofe und mit den erfolgreichen Freibeutern der Königin bestens vernetzt war Ralegh vielmehr bereits ein Jahr vor Kriegsbeginn klar, dass der Konflikt mit Spanien über kurz oder lang eskalieren würde. In diesem Fall wäre die Karibik das primäre Ziel für eine englische Offensive, denn sie war ein lukratives Einsatzgebiet für Kaperfahrer. Ein Hafen, der nahe an der Route der spanischen Schatzschiffe liegt, leicht zu verteidigen ist und in dem Frischwasser und Holz für Reparaturen bereitstehen, wäre dann nicht nur ideal für eigene Kaperzüge, sondern auch, um von denen anderer zu profitieren.

Eine weitere Option für Ralegh war die Suche nach einer Passage oder einem Landweg durch Nordamerika zum Pazifik wie beim Isthmus von Panama. Mit solch einem Zugang zu den Reichtümern Perus ließe sich der Profit für ihn und der Schaden für die Feinde seiner Königin vervielfachen. Außerdem bestand immer die Hoffnung, dass eine Streitmacht in Nordamerika ebenso Gold finden würde wie die Spanier in Mexiko oder Peru. Während die erste Erkundung der Küste begann, rief Ralegh bereits Veteranen der englischen Irlandfeldzüge zusammen und ließ eine Flotte ausrüsten, welche eine schlagkräftige, ausschließlich aus Männern bestehende Truppe über den Atlantik bringen sollte. Es fehlte nur noch ein geeigneter Zielort.

Raleghs Kapitäne Amadas und Barlowe standen daher unter hohem Erfolgsdruck. Wie üblich führte die Route beider Männer, die vom Navigator Fernandes geführt wurden, zunächst über die Kanaren in die Karibik, von wo sie mit frischem Wasser und Vorräten Kurs nach Norden nahmen. Anfang Juli kündigte dann, wie sie später in ihrem zu Werbezwecken verfassten Reisebericht erzählten, ein geradezu überirdischer Wohlgeruch von Früchten und Blumen nahes Land an.

Am 4. Juli konnten Amadas und Barlowe schließlich die Küste betreten, die nach ihrem Bericht angeblich überreich bewachsen sowie von zahllosen Tieren bevölkert war. Feierlich nahmen sie das noch namenlose Land im Namen Raleghs für Königin Elisabeth in Besitz. Beide Männer fanden in den kommenden Tagen bei der Erkundung der Umgebung heraus, dass es sich um eine schmale, langgezogene Insel handelte, die Teil einer ganzen Inselkette war. Wie eine natürliche Barriere trennte diese Inselkette, die *Outer Banks* von Carolina, eine gewaltige Bucht vom offenen Ozean ab. Nur wenige schmale Einfahrten ermöglichten es, in die Bucht einzudringen, die mit ihren Inseln und Flussmündungen eine ganz eigene, geschützte Küstenlandschaft bildete. Falls sich dort gute Häfen und fruchtbarer Boden verbergen würden, hätten Amadas und Barlowe einen perfekten Platz für die neue Kolonie gefunden. In ihrem Bericht ließen sie keinen Zweifel daran.

Bereits auf der vorgelagerten Kette schmaler, langer Inseln fanden sie angeblich Wasservögel und jagdbares Wild in großer Zahl, und die Landschaft, in der gewaltige Zedern wuchsen, beschrieben sie als nahezu völlig bedeckt mit Früchten und wildem Gemüse. Neben diesen Eindrücken hielten Amadas und Barlowe aber auch ihre Kontaktaufnahme mit der indigenen Bevölkerung fest. Sie begann zunächst zögerlich, in dem ein einzelner Mann freiwillig zu ihnen an Bord kam und sich mit einem Hemd, einem Hut und anderen Dingen beschenken ließ. Im Gegenzug angelte er in kürzester Zeit einen buchstäblichen Haufen Fische für die Engländer – ein weiterer Hinweis auf den Reichtum des Landes.

Offenbar berichtete der Gast daheim von seiner Begegnung, denn am nächsten Tag kam eine Delegation von knapp 50 Kriegern, geführt vom Bruder des örtlichen Herrschers oder *Weroance*. Jener Bruder stellte sich mittels Zeichensprache als Granganimeo vor und gab den Engländern zu verstehen, dass der eigentliche *Weroance* Wingina erkrankt sei. An seiner Stelle organisierte Granganimeo ein rituelles Treffen mit den Fremden, in dem er sich mit seinem Gefolge auf eine große Decke setzte und die englischen Anführer zu sich einlud. Nach einem Monolog, von dem weder Amadas noch Barlowe ein Wort verstanden, wollten sie Granganimeo und seinem Gefolge Geschenke überreichen. Der Bruder des *Weroance* beanspruchte aber alle diese Gaben zunächst für sich und bestand darauf, selbst zu entscheiden, wie er sie verteilte. So machte er seinen eigenen Status deutlich und nutzte die Ankunft der Fremden mit ihren wertvollen Tauschwaren und Gaben zu seinem Vorteil.

In den nächsten Tagen besuchten immer wieder kleinere Gruppen von *Algonquin* aus Winginas Dörfern das Schiff. Sie tauschten hauptsächlich Felle gegen Werkzeuge und brachten Fisch, Fleisch oder Obst als Geschenke mit. Auffällig ist, dass die *Algonquin* besonderes Interesse an Schwertern hatten und bereit waren, geradezu alles dafür herzugeben. Amadas und Barlowe kamen dem Wunsch jedoch nicht nach und übersahen dabei oder verschwiegen es in ihrem Bericht, dass dies ein Indiz dafür sein könnte, dass die *Algonquin* bereits Kontakt zu Europäern gehabt hatten und deren Werkzeuge und Waffen kannten.

Der Kontakt zu Winginas Leuten blieb aber nicht nur auf die Männer begrenzt. Auch die Frau Granganimeos kam mit einem eigenen Gefolge von knapp 50 Frauen ans Ufer und setzte mit ihren Töchtern für einen Besuch auf die Schiffe über. Amadas und Barlowe betonten, dass sie von ihnen mit größtem Respekt behandelt und reich beschenkt worden sei.

Nach diesem hervorragenden ersten Eindruck machten die Kapitäne sich daran, das vom Land umschlossene Meer der *Outer Banks* näher zu erkunden. Für Ralegh notierten sie, dass die Erde dort so fruchtbar sei, dass mühelos fünf Ernten im Jahr möglich wären. Außerdem berichteten sie, dass Granganimeos Frau sie auf der Insel Roanoke in ihrem eigenen Dorf begrüßt und bewirtet habe. Die Insel erscheint dabei als ein vor Ressourcen geradezu überquellendes Idyll.

Doch auch in dieser paradiesischen Umgebung gab es Gewalt und Krieg, wie die Engländer durch Zeichensprache erfuhren. Sie lernten, dass Wingina der *Werowance* über mehr als ein Dutzend Dörfer war und sich mit zahlreichen anderen *Werowances* in Bündnissen oder im Krieg befand. Diese Kriege wurden mit Bögen und Keulen aus Holz ausgetragen, die nach Einschätzung von Amadas und Barlowe zwar für die Indigenen gefährlich seien, die außer Tierfellen keine Kleidung kennen, nicht aber für gerüstete Engländer. Die Unfähigkeit der Indigenen, Metall für Pfeilspitzen oder Klingen zu nutzen, brachte die Kapitäne zu der Schlussfolgerung, dass von den *Algonquin* keinerlei Gefahr ausgehe. Im Gegenteil: Sie seien beim ersten Salutschuss einer Feuerwaffe in Panik geflohen.

Den Indigenen schienen die Vorteile der englischen Waffentechnik allerdings rasch bewusst geworden zu sein. Nicht nur wollten sie Schwerter tauschen, Granganimeo und seine Frau versuchten auch, die Engländer zu einem Feldzug gegen einen ihrer Feinde zu überreden, der vor einiger Zeit ein Massaker unter den Leuten Winginas angerichtet habe. Die beiden Kapitäne lehnten dies ab, um sich nicht von ihrem Auftrag ablenken zu lassen. Ihr Bericht lässt dabei aber erkennen, dass die Möglichkeit bestand, vorteilhafte Bündnisse mit den Indigenen einzugehen. Somit ergänzte ihr Bild von den Indigenen perfekt den idealen Eindruck, den sie von der Landschaft vermittelten. Amadas und Barlowe gaben keinerlei Hinweise auf Misstrauen, Diebstähle oder gar Spannungen zwischen den Engländern und den örtlichen *Algonquin*.

Als die Indigenen bemerkten, dass Amadas und Barlowe ihre Abreise vorbereiteten, baten zwei von ihnen, mitfahren zu dürfen. Einer von beiden, Manteo, stammte von der Insel Croatoan, und gehörte einer kleineren Gruppe von *Algonquin* an, die kurz vorher Opfer des besagten, brutalen Massakers verfeindeter Indigener geworden waren. Vielleicht hoffte Manteo durch seine Reise eine dauerhafte Allianz mit den Fremden eingehen und so die Stellung seiner Familie verbessern zu können. Der zweite *Algonquin* nannte sich Wanchese und gehörte einer anderen Gemeinschaft an als Manteo, über die weniger bekannt ist.

Nach einer weitgehend unproblematischen Überfahrt erhielt Walter Ralegh die erwünschten Informationen. Manteo und Wanchese ließ er als Ehrengäste behandeln und in seinem Haus in London einquartieren. Da Manteo mit einer

Algonquinanführerin verwandt war, wurde er besonders gut behandelt. Als er großes Interesse an England zeigte, erklärte ihm der Gelehrte Thomas Harriot Land, Leute, Lebensweise und die moderne Technik. Manteo hingegen brachte Harriot bei, *Algonquin* zu sprechen. Um selbst später andere darin unterweisen zu können, erfand Harriot ein neuartiges phonetisches Alphabet und sammelte eifrig Vokabeln und Redewendungen, die für eine Kolonie von Nutzen sein könnten. Der andere *Algonquin* – Wanchese – hielt sich hingegen eher bedeckt, vermied Gespräche und schien seine Heimat zu vermissen. Dies hinderte Ralegh aber nicht daran, beide Männer bei Hofe und in der Londoner Gesellschaft vorzuführen, wo er mit ihnen für sein Projekt warb. Auch Amadas' und Barlowes Bericht zirkulierte in Manuskriptform, um keinen Zweifel an der Machbarkeit und den Vorzügen einer Koloniegründung aufkommen zu lassen.

Um sein konkretes Vorhaben als Teil eines umfassenden Plans zu präsentieren, der den Ruhm, das Vermögen und die Macht der englischen Monarchie insgesamt vermehren werde, bediente sich Ralegh der Fähigkeiten des Geistlichen Richard Hakluyt. Jener war bereits im Umfeld Humphrey Gilberts als Propagandist für koloniale Expansion und generell als größter Sammler von Informationen über englische und auswärtige Seereisen bekannt geworden. Hakluyt verfasste für Elisabeth eine Abhandlung über die Vorzüge von Kolonialreichen, die er der Königin persönlich übergab. Ausführlich erklärte er darin, welche Reichtümer England zu erwarten habe, wie das Spanische Imperium geschwächt und schließlich überflügelt werden könnte und das ein Kolonialreich England Absatzmärkte und all seinen Bewohnern Arbeit und Wohlstand garantieren würde. Elisabeth nahm Hakluyts Abhandlung wohlwollend an, gewährte ihm eine Pfründe und zeigte öffentlich ihr Interesse an Raleghs Plänen und Karriere.

Sie schlug ihn zum Ritter, ernannte ihn zum Vizeadmiral für Cornwall und Devon und gab ihm die Kontrolle über die Zinnminen von Cornwall, was ihrem Favoriten ein stetiges und hohes Einkommen garantierte.

Dass sie ihre Gunst nicht nur Ralegh selbst, sondern seinen gesamten Projekten gewährte, verlieh Elisabeth dadurch Ausdruck, dass sie dem neuen Land den Namen Virginia gab. Damit schuf sie eine Mischform zwischen ihrer eigenen Rolle als jungfräuliche Königin oder *virgo* und dem Namen des Indigenen Herrschers Wingina. Viele Geldgeber, insbesondere Irlandveteranen, ließen sich von der prokolonialen Stimmung anstecken, die Ralegh nach den Rückschlägen Frobishers und Gilberts nun wieder verbreitete. Vonseiten der Königin blieb es außerdem nicht allein bei symbolischer Unterstützung. Sie gewährte Ralegh Artillerie und Schießpulver aus königlichen Beständen und lieh ihm ein kampfstarkes Schiff – die *Tiger* – obwohl ein Krieg mit Spanien unmittelbar bevorstand.

Dies könnte durchaus ein Indiz dafür sein, dass sie sich von der Kolonie einen Beitrag für den Kampf gegen das Spanische Imperium versprach, entweder als Hafen für Freibeuter oder als Tor in den Pazifik, falls sich eine Passage durch den Kontinent finden ließ. Allerdings verbot Elisabeth Ralegh, selbst nach Virginia zu fahren. Sie wollte ihn während der kommenden Krisen an ihrer Seite haben und fürchtete vielleicht auch, er könnte dasselbe Schicksal wie Humphrey Gilbert erleiden.

Am 19. Mai 1585 waren alle Vorbereitungen abgeschlossen. Knapp 300 Soldaten und Gentlemen stachen mit fast ebenso vielen Seeleuten auf einer Flotte von sieben Schiffen in See, um die erste englische Kolonie auf dem Boden der heutigen USA zu gründen. Die Auswahl der Mitreisenden zeigt deutlich den militärischen Charakter der Unternehmung und das Vorbild der Feldzüge in Irland. Es befanden sich keine Frauen und nur wenige Handwerker an Bord. Die neue Festung würde sich durch Handel mit den Indigenen oder Tribut versorgen müssen, denn für eine Selbstversorgung waren weder geübte Männer noch die nötige Ausrüstung an Bord.

Über die Ereignisse auf der Reise und in dem nun Virginia genannten Land liegen noch heute unterschiedliche Berichte und mehrere Briefe führender Persönlichkeiten vor. Bereits nach einer kurzen Durchsicht zeigt sich, dass die Verfasser dieser Quellen einander stark widersprechen und oft kein gutes Haar aneinander lassen. Interne Konflikte prägten die Geschichte dieser Kolonie von Beginn an. Für die Überfahrt und die ersten Wochen in Virginia betraf dies besonders Richard Grenville, den Befehlshaber der Flotte, und Ralph Lane, den Mann, der das neue Fort und die Kolonie befehligen sollte.

Grenville ließ zunächst Kurs auf die Karibik nehmen, um dort Frischwasser, Vorräte und Pflanzensetzlinge an Bord zu nehmen. Er vertraute dabei Simão Fernandes, der erneut die Navigation verantwortete. Bereits während der Überfahrt und des Aufenthalts in der Karibik kam es zum Streit zwischen Grenville und Lane. Lane beklagte sich in mehreren Briefen über den Stolz und die Ruhmsucht seines Oberbefehlshabers. Er gab an, dass er allein für einen öffentlich geäußerten Vorschlag schon von ihm bedroht worden sei. Mit einem so hochmütigen Mann wie Grenville sei daher keine Zusammenarbeit möglich.

Neben persönlicher Abneigung und Rangstreitigkeiten zwischen beiden Männern gab es aber auch tieferliegende, strukturelle Ursachen für diese Konflikte. Die Finanzierung des Unternehmens war nicht gesichert und es mussten unbedingt Profite gemacht werden. Für Grenville stand – ganz im Sinne Walter Raleghs – fest, dass dieser Profit aus den Laderäumen spanischer Schiffe stammen musste. Dies war der Grund, warum er sich, wie Lane mehrfach klagte, für die Überfahrt viel Zeit ließ und in der Karibik weniger Vorräte sammelte, sondern vielmehr den Horizont nach Beute absuchte. Er war dabei durchaus erfolgreich und plünderte unter anderem eine spanische Fregatte. Wenn die eigene Stärke es erlaubte, suchte Grenville außerdem Kontakt zu spanischen Städten und trat als friedlicher Kolonist auf, der mit den Oberen der Stadt speiste und über den Kauf von Vorräten verhandelte, während er zugleich Informationen für spätere Angriffe sammelte. All dies gefährdete die neue Kolonie, da sich deren Errichtung immer weiter verzögerte und die Spanier jetzt über sie informiert waren.

Alle Berichte stimmen darin überein, dass das Jahr weit fortgeschritten war, als die Flotte am 29. Juni die schmale, langgezogene Barriere der *Outer Banks* erreichte. Hinter den Inseln konnte der Ausguck auf den Masten bereits die vom Meer getrennte Inselwelt sehen, an deren Ufer Lanes Kolonie errichtet werden sollte. Vorsichtig näherte sich die Flotte einer der wenigen schmalen Passagen durch die äußere Inselkette. Doch Fernandes gelang es nicht, diese Hürde unbeschadet zu nehmen. Die *Tiger*, die nicht nur das Flaggschiff war, sondern auch die meisten Vorräten für Lanes Fort trug, lief auf Grund. Das Schiff selbst konnte zwar mit der nächsten Flut geborgen und wieder repariert werden, doch eindringendes Wasser hatte die Vorräte weitgehend ungenießbar gemacht.

In Briefen und Berichten erhob Lane schwere Vorwürfe gegen den Navigator und klagte über dessen Unfähigkeit und Unachtsamkeit, die seine Kolonie zum Scheitern verurteilt habe. Grenville hingegen sah in dem Unfall kein Problem. Er ging davon aus, dass die Kolonie durch die Indigenen versorgt werde, und war von Fernandes' Fertigkeiten überzeugt – ein Eindruck, der sich durch hervorragende Zusammenarbeit auf dem Rückweg nach England bestätigte.

Nachdem die *Tiger* mühsam freigeschleppt worden war, passierten alle Schiffe die Einfahrt und drangen in die *Outer Banks* vor. Ohne einen weiteren Zwischenfall erreichten sie die Insel Roanoke, wo Grenville Ausrüstung und Vorräte ausladen ließ und Lane den Bau des Forts organisierte. Lane verließ sich in dieser Lage auf die Sprachkenntnisse Thomas Harriots und die Unterstützung von Manteo und Wanchese, die er nach Amerika zurückgebracht hatte. Beide Männer machten sich sogleich zu ihren Familien auf und versprachen ihm, sie würden sich um die Versorgung der Kolonie kümmern.

Während Lane das Fort errichten ließ und diplomatische Beziehungen knüpfte, nutzte Grenville die Zeit, in der die Ruderboote nach und nach die Ausrüstung von den Schiffen an den Strand brachten, für eigene Expeditionen ins Umland. Für Lane bot dies Grund für weitere Beschwerden, sah er doch in der Suche nach Gold, Silber und einem Flussweg in den Pazifik seine eigene Chance auf Ruhm.

Er klagte mehrfach über den Hochmut und die grenzenlosen Ambitionen Grenvilles und ließ erkennen, dass er sich zurückgesetzt fühlte.

Auch über die gut 100 Mann, die mit ihm in Virginia bleiben sollten, äußerte Lane sich in Briefen äußerst negativ. Viele seien nur auf den eigenen Vorteil bedacht und würden sich kaum seinen Befehlen beugen. Sie hätten nur Interesse an Gold und nicht am Aufbau einer dauerhaften Kolonie. Vorerst aber konnte er die Disziplin aufrechterhalten, zumal das Land mit seinen überreichen Ressourcen und seinem Nahrungsangebot die Männer begeisterte.

Doch Lane hatte schon bald neue Sorgen. Zwar kehrte Manteo zum Fort zurück und sagte die Unterstützung seiner Verwandten zu, aber eine Nachricht von Wanchese blieb aus. Wie Lane bald merkte, war Wanchese in London keineswegs zu einem unbedingten Unterstützer der Engländer geworden. Wanchese rief zwar nicht zum Kampf gegen die Kolonie auf, aber er informierte seine Verwandten und deren Verbündete über den Wert ihrer Tauschwaren und trieb so die Preise weit über die Erwartungen der Engländer in die Höhe. Hierbei konnte er sowohl sein Wissen über die mitgenommenen Ausrüstungsgegenstände und Tauschwaren als auch über die bedrohliche Versorgungslage des Forts nutzen. Für Lane überschritt Wanchese damit bereits die Schwelle zum Verrat, hatte er doch gehofft, Vorräte billig gegen Tand und kleine Eisenklingen tauschen zu können, um das Fort bis zum Eintreffen von Verstärkung am Leben zu erhalten. Als sie erkannten, dass die Engländer nicht bereit waren, ihre Preise zu zahlen, verweigerten Wancheses Leute jedoch vorerst den Tausch. Sie setzten nach Lanes Einschätzung darauf, dass die Engländer, wenn sie Hunger fühlen, Beile, Messer und irgendwann sogar Waffen hergeben würden.

Wancheses Strategie, primär den Vorteil für seine eigenen Leute und sich selbst zu suchen, war jedoch nicht der einzige Faktor, der die Beziehungen der Kolonie zu den benachbarten *Algonquin* belastete. Richard Grenville schürte vor seiner Abreise noch einen offenen Konflikt. Er hatte tagelang umliegende Flussläufe erkundet und dabei auch Kontakte zu Indigenen hergestellt, um Pelze oder Vorräte gegen Tand zu tauschen. Als in einem Dorf aber jemand einen silbernen Becher statt des ihm angebotenen wertlosen Plunders an sich brachte und damit verschwand, sah Grenville das als Herausforderung seiner Autorität. Am 16. Juli befahl er, als Reaktion auf den Diebstahl und die Weigerung, den Becher und den Dieb auszuliefern, die *Algonquin* jenes Dorfes als Aufständische gegen die Krone zu behandeln. Er ließ die Frauen, Männer und Kinder mit Gewalt vertreiben, verbrannte ihre Häuser und all ihren Besitz und ließ außerdem ihre Felder verwüsten. Er zeigte damit aus einem für die *Algonquin* gar nicht nachvollziehbaren Grund eine bisher von ihnen ungekannte Brutalität. Zwar waren Kämpfe und auch brutale Hinrichtungen gefangener Krieger für die *Algonquin* nichts Ungewöhnliches, aber Kinder anzugreifen und die gesamten Lebensgrundlagen eines Dorfes zu zerstören, war ihnen fremd.

Für Grenville war das Vorgehen gerechtfertigt, immerhin war er nicht nur bestohlen worden, sondern man hatte seinen Befehl missachtet, den Dieb auszuliefern, und damit die Autorität der Königin herausgefordert. In Irland hatte er gelernt, wie damit umzugehen war. Dass die *Algonquin* gar nicht wissen konnten, dass sie in seinen Augen englische Untertanen waren oder dass der Becher wertvoller war als die anderen glänzenden Tauschwaren, war für ihn nicht von Bedeutung. Es ging ihm darum, seine Autorität durchzusetzen.

Der Sprachexperte Thomas Harriot, der die Gebräuche und Lebensweise der *Algonquin* in einem eigenen Report beschrieb, klagte das gewaltsame Vorgehen jedoch als falsch und ungerecht an. Vermutlich aus politischen Gründen nannte er dabei allerdings nicht explizit Grenvilles Namen, sondern sprach allgemein davon, dass Gier und falsches Machtbewusstsein einiger moralisch verdorbener Engländer offene Konflikte ausgelöst hätten. Für Harriot waren gute Beziehungen zu den Indigenen zentral, da er dafür warb, sie friedlich zu neuen Untertanen der Krone Englands zu machen und Virginia so zu erschließen. Darin unterschied er sich vom Befehlshaber Ralph Lane, der die Indigenen in seinen Briefen kaum thematisierte. Lane hielt es für besser, dass Land als frei und verfügbar zu präsentieren und es mit englischen Siedlern zu kultivieren. Hieran zeigt sich, wie verschieden die Vorstellungen der Beteiligten waren.

Es war sicherlich eine große Erleichterung für Ralph Lane, Thomas Harriot und auch den Zeichner John White, der die Lebensweise der *Algonquin* in Bildern festhielt, als Grenville Mitte August wieder in See stach. Zusammen mit Simão Fernandes suchte Grenville nach Beute und wurde schließlich fündig. Ihm gelang die Eroberung eines spanischen Schiffes mit kostbarer Fracht. Mit nur einem kurzen und entschlossenen Gefecht konnte er so die Kosten für die neue Kolonie vollständig gegenfinanzieren und ein Verlustgeschäft profitabel machen. Die triumphale Heimkehr Grenvilles und seine reiche Beute dürften letztlich aber auch der Grund dafür gewesen sein, dass niemand auf Lanes Klagen einging.

Mit neuem Rückenwind war es für Ralegh leicht, Investoren zu gewinnen, auch wenn diese weniger Interesse an seiner Kolonie, sondern mehr an weiteren Kaperzügen hatten. Doch bevor Schiffe ausgerüstet und auf die Reise geschickt werden konnten, änderte sich die politische Lage und machte die rasche Entsendung einer Verstärkung unmöglich.

König Philipp II. von Spanien ging 1585 ein Bündnis mit katholischen Adeligen in Frankreich ein, welche dort die Thronfolge des Protestanten Heinrich

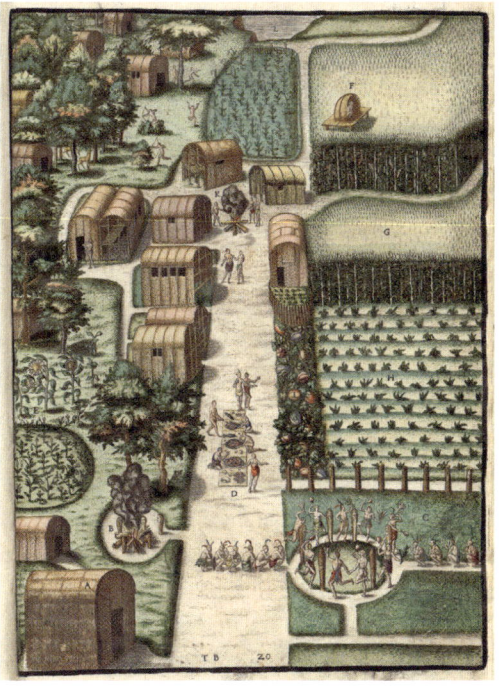

Abb. 9 Das Algonquindorf Secoton in einer Buchillustration von Theodor de Bry nach Vorlagen des Malers John White. Der Frankfurter Verleger de Bry erhielt die Vorlagen durch Vermittlung des englischen Kolonialpropagandisten Richard Hakluyt, der hoffte, dass de Bry die englischen Leistungen in Europa bekannt machen werde. De Bry nahm sich allerdings die Freiheit, die Landschaft europäischer aussehen zu lassen, und verschleierte mit solchen Dorfansichten die eigentlich seminomadische Lebensweise der *Algonquin*.

von Navarra mit allen Mitteln verhindern wollten. Ein neuer Krieg zwischen den Konfessionsparteien in Frankreich zeichnete sich ab, diesmal mit der für England selbst bedrohlichen Gefahr einer spanischen Intervention. Sollte Philipp II. sich dauerhaft Verbündete in Frankreich sichern und dort die protestantischen Partner der Engländer besiegen, wäre die Kanalküste nicht länger sicher. Elisabeths Berater rechneten außerdem mit einer offensiveren Politik der Spanier gegen die englischen Freibeuteraktivitäten und fanden ihre Sorge bestätigt, als Phillip englische Handelsschiffe in spanischen Häfen festsetzen ließ. Elisabeth konnte diese Herausforderung ihrer Rolle als Beschützerin ihrer Untertanen nicht auf sich beruhen lassen – ganz abgesehen von den finanziellen Verlusten.

Sie reagierte mit einem eigenen Bündnis und schloss im August 1585 eine Allianz mit den nördlichen Provinzen der Niederlande, welche gegen die Herrschaft der spanischen Habsburger revoltierten. Damit trat sie an die Seite der Niederländer in einen offenen Krieg gegen Philipp II. Sofort brachen Flotten auf, um die alten Pläne Humphrey Gilberts für einen Schlag gegen das Spanische Imperium zu verwirklichen. Die reichen Kolonien der Karibik und die Fischereiflotte bei Neufundland waren, wie im Kapitel 3 beschrieben, ihre Ziele. Speziell die Karibikexpedition, die der gefeierte Freibeuter und Weltumsegler Francis

Drake führte, zog zu dieser Zeit nahezu alle Aufmerksamkeit und Investitionen auf sich. Viele erfahrene Seeleute, Kapitäne – darunter auch Ralegh und seine Partner – beteiligten sich persönlich oder finanziell daran. So übernahm beispielsweise Martin Frobisher, der, wie im ersten Kapitel beschrieben, versucht hatte, die Baffin Insel zu kolonisieren, jetzt den Befehl über das Schiff *Primrose*. Die Schiffe, die Ralegh eigentlich vorgesehen hatte, um Verstärkung und Vorräte nach Roanoke zu bringen, wurden hingegen auf Befehl der Krone der Flotte zugeordnet, die nach Neufundland fuhr und dort der iberischen Fischerei den in Kapitel 3 beschriebenen, tödlichen Schlag versetzte.

Auch Drakes Mission war ein voller Erfolg. Er eroberte zahlreiche Schiffe, plünderte Städte in der Karibik und machte sich mit reicher Beute auf den Heimweg. Von Florida aus nahm er dafür aber nicht den direkten Weg, sondern setzte zunächst Kurs auf Roanoke. Er wusste von mehreren seiner Reisegefährten, dass Lane dort eine Kolonie errichtet hatte, in der er seine Süßwasservorräte auffüllen konnte. Außerdem hatten einige Partner Drakes auch in Raleghs Projekt investiert und waren gespannt, wie es Lane und seinen 107 Männern ging. Niemand wusste etwas, da die Kolonie seit über einem Jahr ohne Nachricht und Verstärkung war.

Als Drake und seine Männer vor den *Outer Banks* ankamen und einen Spähtrupp hinter die äußere Inselkette sandten, erfuhren sie rasch, dass die kleine Kolonie mit dem Rücken zur Wand stand. Zu rekonstruieren, warum die Kolonie sich in einer so schlechten Lage befand, ist keineswegs so einfach, wie es viele Überblicksdarstellungen behaupten. Grund hierfür ist, dass über die Zeit nach Grenvilles Abreise zwei Quellen vorliegen, deren Autoren beide jeweils ein ganz klares Interesse mit ihrem Text verfolgten und bereit waren, Tatsachen zu verdrehen oder gleich ganz auszulassen.

Die erste Quelle ist ein Bericht von Ralph Lane. Er schrieb diesen Text nach seiner Rückkehr nach England mit dem Ziel, die Schuld am katastrophalen Ergebnis des Projektes Anderen zuzuschieben. Über viele Seiten führt er aus, warum er beinah alle Ziele erreicht habe und dass er nur durch die Taten Anderer zum Scheitern verdammt worden sei. Neben undisziplinierten Untergebenen müssen dabei insbesondere die *Algonquin* als Sündenböcke herhalten. Letztere boten für Lane den Vorteil, dass sie ihm nicht widersprechen konnten. Auch die Landesnatur, die in seinen frühen Briefen noch reich und fruchtbar war, erscheint in seinem Bericht zunehmend als karg und feindlich, je länger die Kolonie besteht. Zwar sei theoretisch eine ertragreiche Landwirtschaft möglich, doch mangels Saatguts und fleißigen Männern habe er sie nicht aufbauen können. Generell gebe es dort aber nichts, was die Kosten einer Kolonie rechtfertige, sofern nicht noch Edelmetallvorkommen oder eine Passage in den Pazifik gefunden würden. All das hätte er natürlich geschafft, wenn die versprochene Verstärkung gekommen wäre.

Ganz anders erscheinen Land und Leute beim Sprachexperten Thomas Harriot, der einen eigenen Bericht über Virginia und seine Bewohner verfasste. Harriot beschrieb in einem Werbetext Virginia als ein irdisches Paradies, dessen überreiche Ressourcen eine neue Kolonie leicht ernähren und alle Investoren geradezu unendlich reich machen werden. Dabei verspricht er allerdings weder Gold noch Silber, sondern Rohstoffe für Schiffsbau und Handwerk, was reichen Handel mit England ermögliche. Die *Algonquin* sind bei Harriot friedliebend und geradezu begeistert davon, Freunde der Engländer und Untertanen Elisabeths zu sein. Am Scheitern der Kolonie seien sie völlig unschuldig. Harriot macht hierfür vielmehr gierige, faule und aggressive Kolonisten verantwortlich – ohne Namen zu nennen. Das Land und seine Leute sind hingegen über jede Kritik erhaben. Mehr noch, jede bloße Erwähnung von Leid, Hunger und Mangel in der Kolonie brandmarkt Harriot als Lüge und Fehlinformation, die aus Dummheit oder böser Absicht verbreitet werde.

Angesichts dieser gegensätzlichen Quellen, in denen gleichermaßen viele Pauschalurteile und wenig Ereignisse beschrieben werden, ist es kaum möglich, einen unumstrittenen Gang der Ereignisse zu rekonstruieren. Es wäre daher am besten, von gleichermaßen verzerrten Versionen der Geschichte zu sprechen.

Auffällig ist, dass sowohl Lane als auch Harriot kaum etwas über die Kolonie selbst und den Alltag darin sagen. Bei Lane finden sich lediglich Hinweise auf Probleme mit der Disziplin und bei Harriot die überzeichneten Vorwürfe, dass einige Kolonisten das Fort nie verließen und sich darüber beklagt hätten, dass es keine Federbetten oder Gasthäuser in Virginia gegeben habe. Selbst die Frage, wie gut oder schlecht die Versorgungslage war, beantworten beide widersprüchlich. Lane weist ausführlich auf die Notwendigkeit hin, von den Indigenen Nahrungsmittel geliefert zu bekommen, um die Kolonie zu ernähren. Bei ihm entsteht der Eindruck, dass Hunger ein reales Problem gewesen sei. Harriot hingegen beschreibt seitenweise, dass es Geflügel, Obst, Gemüse, Wild und Fisch im Übermaß gebe und das Land so fruchtbar sei, dass vier Ernten im Jahr möglich seien. Hunger und Mangel habe es nie gegeben.

Immerhin stimmen beide Berichte grundsätzlich darin überein, dass die Beziehungen zu den *Algonquin* im Laufe der Monate immer schlechter wurden. Allerdings unterscheiden sich die genannten Gründe fundamental. Ralph Lane schildert ausführlich, dass alle Spannungen auf indigene Aggression zurückgehen. Er habe zwar auf seinen Expeditionen ins Umland Geiseln genommen, aber dies habe nicht zu langfristigen Spannungen geführt. Vielmehr seien daraus dauerhafte Handelsbeziehungen und sogar ein Bündnis mit einem indigenen Herrscher oder *Weroance* hervorgegangen. Dadurch habe Lane es angeblich sogar beinah geschafft, den Flussweg in den Pazifik zu finden. Nur aufgrund der fehlenden Verstärkung habe er den letzten Vorstoß nicht unternehmen können.

Während seiner Expeditionen habe sich aber Wingina als Feind der Engländer und Drahtzieher in Stellung gebracht. Jener habe sich nach dem Tod seines englandfreundlichen Bruders Granganimeo für eine feindselige Politik entschieden und als Zeichen dafür seinen Namen in Pemisapan geändert – was in etwa *der Wachsame* oder *der Misstrauische* bedeute. Durch Falschinformationen habe jener Pemisapan dann andere *Algonquin* und die Engländer gegeneinander aufgehetzt, um die Kolonie zu vernichten. Damit konstruiert Lane Pemisapans Handeln als einzige Ursache für alle interkulturellen Konflikte, spricht sich selbst von jeder Schuld frei und deutet an, dass ohne Pemisapan Friede und Kooperation geherrscht hätten und es ein Leichtes gewesen wäre, alle Ziele zu erreichen.

Im März 1586 – so beide Berichte – zogen sich Pemisapan und seine Leute aus der Nähe der Kolonie zurück und stellten den Tauschhandel ein. Was Lane als aggressiven Boykott schilderte, war allerdings die ganz normale Lebensweise der Indigenen. Es war für sie, wie Thomas Harriot dank seiner Sprachkenntnis herausfand, ganz normal, vom Ende des Winters bis zum Frühsommer in den Wäldern von der Jagd zu leben, bis das Getreide reif war.

In dieser Situation nahm Lane den Lieblingssohn eines in der Nähe lebenden indigenen Anführers als Geisel. Mit seiner Geisel, die Skyco hieß, erpresste er Lebensmittellieferungen und konnte dennoch durch eine gute Behandlung des Gefangenen ein Bündnis begründen. Es war dann laut Lane auch eben jener Skyco, der die Machenschaften Pemisapans enthüllte. Lane erfuhr von seiner Geisel, dass ein Großangriff angeblich unmittelbar bevorstehe. Pemisapan habe sich mit dem verräterischen Wanchese verbündet und geplant, die Kolonie bei Nacht mit Brandpfeilen anzugreifen. Lane selbst wäre dabei, wie er sagt, ihr Hauptziel. Sie hätten geplant, ihm den Schädel einzuschlagen, wenn er orientierungslos aus seinem brennenden Haus herausgelaufen käme.

Bezeichnend ist, dass Lane sich völlig auf die Informationen verließ, die Skyco und dessen Vater ihm angeblich gaben. Das jene ihn vielleicht bewusst belügen könnten, um Skycos Freilassung zu bewirken und einen Krieg zwischen den Engländern, Wanchese und Pemisapan zu provozieren, kam ihm nicht in den Sinn. Es war für ihn vermutlich auch einfach zu vielversprechend, einen eindeutigen Schuldigen für alle Konflikte zu haben.

Lane schildert, dass er in dieser Situation zu einer List gegriffen habe. Unter dem Vorwand, eine neue Flotte käme mit Verstärkungen und neuen Tauschwaren, lud er Pemisapan und dessen Verbündete nach Roanoke ein. Es kann durchaus als Argument gegen die von der Geisel Skyco vorgebrachten Kriegspläne gesehen werden, dass Pemisapan die Einladung bereitwillig annahm. Im Mai 1585 lagerte er mit seinen Verbündeten in einem Dorf am Ufer nahe Roanoke. Als er, nur begleitet von acht verbündeten *Werowances,* zu einem Gespräch kam, schlug Lane zu. Mit dem Ausruf »Christ our Victory« gab er das Zeichen, Pemisapan und die anderen Anführer mit einem Überraschungsangriff zu töten. Pemisapan wurde von zwei Kugeln getroffen, entkam aber schwer verletzt ins Unterholz. Nur kurz konnte er seine Verfolger abschütteln, dann holte einer von Lanes Männern ihn ein und enthauptete ihn an Ort und Stelle. Lane brachte den Kopf nach Roanoke und ließ ihn über den Wällen der Kolonie auf eine Pike spießen. In seinem Bericht präsentiert er dies als großen Sieg.

Thomas Harriot zeichnete allerdings ein völlig anderes Bild der Konflikte zwischen Indigenen und Siedlern. Harriot betonte, dass es zwar *Algonquin* gegeben habe, die gegen die Engländer vorgehen und sich für einen Angriff verbünden wollten, doch Gott selbst habe dies verhindert. Wann immer die Engländer ein Dorf besucht hätten, dessen Bewohner nicht von ganzem Herzen auf ihrer Seite waren, habe Gott einige Tage später Seuchen und Krankheiten geschickt und alle schlechten und verräterischen Indigenen getötet. Bemerkenswert ist hieran nicht nur, dass Harriot die Verbreitung von europäischen Infektionskrankheiten in Amerika beschrieb und als göttliche Unterstützung interpretierte, sondern auch, dass Lane die Krankheiten gar nicht erwähnt. Dafür fehlen im Gegenzug bei Harriot alle Vorwürfe gegen Wingina. Ganz im Gegenteil habe Wingina großes Interesse an Gebeten und dem Christentum gezeigt. Die Tatsache, dass er nicht von einer für die Indigenen neuartigen Krankheit befallen wurde, war nach Harriots eigener Logik außerdem ein Beweis seiner guten Absichten. Wäre er böse, hätte Gott ihn bestraft. Konflikte zwischen Kolonie und *Algonquin* seien durch einzelne, undisziplinierte Kolonisten provoziert worden und eng begrenzt gewesen.

Somit haben wir völlig unterschiedlich Berichte über die Lage, als Drakes Schiffe vor der Küste auftauchten. Sicher ist nur, dass weder ein Tiefwasserhafen erschlossen noch Edelmetalle oder die Passage in den Pazifik gefunden worden waren und dass es kaum Vorräte gab. Drake bot daher an, der Kolonie Nahrung, einige Freiwillige, darunter erfahrene Bootsführer und Ruderer, sowie ein Schiff für Erkundungsfahrten und eine spätere Evakuierung zur Verfügung zu stellen.

Lane betont, dass er damit seine Ziele sicher hätte erreichen können, wenn nicht ein schwerer, dreitägiger Sturm alle Hoffnung zerschlagen hätte. Drakes

Flotte wurde zerstreut und nur ein Teil kehrte nach Roanoke zurück. Die Vorräte, die er an die Kolonie hatte abgeben wollen, waren fort und so machte Drake ein neues, letztes Angebot: die sofortige Evakuierung. Lane nahm an, betonte aber ausführlich, dass er dies nicht gewollt habe und nur durch höhere Gewalt, fehlende Vorräte, ausgebliebene Verstärkung, die feindlichen Indigenen und den Druck seiner Männer dazu gezwungen gewesen sei.

Als das Wetter sich erneut verschlechterte, geriet der Rückzug zu einer panischen Flucht. Lane und Harriot beschreiben übereinstimmend, dass die Seeleute Kisten an der Küste zurückließen oder sogar aus den Pendelbooten ins Meer warfen, um schneller aufbrechen zu können. Angeblich verlor Lane dadurch einen Großteil seiner Beute – darunter viele kostbare Perlen. Harriot und auch John White ließen hingegen Zeichnungen, Notizen und indigene Artefakte zurück, die sie in England präsentieren wollten. Somit ging ein Großteil des ohnehin schon geringen Ertrags im letzten Augenblick verloren. Unter den Evakuierten war auch der *Algonquin* Manteo, über den sowohl Lane als auch Harriot erstaunlich wenig in ihren Berichten vermerkt hatten. Offenbar hatte er die ganze Zeit über den Kontakt zwischen den *Algonquin* auf der Insel Croatoan und der Kolonie aufrechterhalten und war gewillt, dieses Bündnis weiter zu ehren.

Es gehört zu den bemerkenswerten Zufällen der Geschichte, dass in dem Augenblick, als die Küste hinter Ralph Lane, Manteo und Thomas Harriot außer Sicht geriet, andere Schiffe von Süden her Kurs auf Roanoke nahmen. Während Drakes langer Fahrt in die Karibik war die englische Angriffsflotte von ihrer Mission gegen die Fischerei nach Neufundland zurückgekehrt und Ralegh konnte die überfällige Versorgung für seine Kolonie organisieren. Er schickte jedoch mehr als nur Vorräte. Seine Stellung bei Hofe ermöglichte ihm, eine zweite Expedition von 600 Mann mit weiteren Siedlern unter Richard Grenville zu entsenden.

Ein Vorauskommando, das vor allem Proviant an Bord hatte, erreichte die Insel Roanoke nur zwei Tage nach der Evakuierung durch Drake. Die Schiffe blieben jedoch nicht lange vor Ort, als klar wurde, dass die Kolonie verlassen war. Sie kehrten nach England zurück. Richard Grenvilles zweite Expedition, über die ein spanischer Gefangener einen ausführlichen Bericht verfasste, folgte wiederum wenige Tage später. Er fand zu seiner Überraschung die Kolonie verlassen vor und keinen Hinweis auf den Verbleib der Vorräte. Grenville, der ohnehin größeres Interesse an Kaperfahrten als an der Koloniegründung hatte, setzte daher lediglich 15 Männer mit Vorräten für zwei Jahre ab, um den Standort weiterhin für England zu beanspruchen. Auf diese Weise sicherte er sich selbst zwar gegenüber Ralegh und den Investoren ab – denn Raleghs Patent blieb damit weiterhin erfüllt und gültig –, überließ die 15 Männer aber ihrem Schicksal. Niemand kritisierte seine Entscheidung, denn auf dem Rückweg plünderte er erneut erfolgreich spanische Schiffe.

Somit bestand nur noch die zweite, winzige Kolonie von gerade einmal 15 Personen in Virginia und stellte Ralegh vor die Frage, was er nun unternehmen sollte. Die Stimmung unter potentiellen Siedlern und Investoren war offensichtlich schlecht, wie aus dem Bericht von Thomas Harriot hervorgeht, der kurz nach seiner Rückkehr als Manuskript in einflussreichen Kreisen zirkulierte. Darin gibt Harriot klar zu, dass derzeit von den Rückkehrern viel Übles über Virginia zu hören sei. Von einem kargen Land voller Wilder, von Gefahren und keiner Aussicht auf Profit sei die Rede. Doch Harriot greift alle Kritiker als Lügner und verweichlichte Feiglinge an, die nicht gewagt hätten, das Land außerhalb des Forts zu erkunden. Ausführlich listet er all die örtlichen Ressourcen auf und wirbt für eine ebenso mühelose wie profitable Kolonisierung. Im Übermaß würden dort Seide, Flachs, Hanf, Sassafras, Zedern, Wein, Öle, Pelze, Eisen, Kupfer und vieles mehr warten. Der Boden brächte mit minimalem Arbeitseinsatz vier Ernten im Jahr, jede einzelne mit dem vierfachen Ertrag, den man in England erzielte. Die indigene Bevölkerung beschreibt er erst nach dem umfangreichen Ressourcenkatalog und verspricht, sie stelle keine Bedrohung dar. Die *Savages* würden die Engländer gleichermaßen fürchten und lieben, so wie eine gute Frau ihren Ehemann.

Der Werbetext Harriots zeigt, dass die Schwerpunkte des kolonialen Projekts sich zu verschieben begannen. Von Gold und Silber oder einer Passage in den Pazifik war nicht mehr die Rede. Ralegh ließ sich offenbar von Harriot und dem Expeditionsmaler John White überzeugen, Virginia in eine Siedlungskolonie umzuwandeln. Nicht mehr Gentlemen und Soldaten, sondern Familien mit Kindern sollten dorthin fahren. Das schloss natürlich nicht aus, einen Tiefwasserhafen anzulegen, den auch Freibeuter nutzen konnten. Um die neuen Ziele ebenso organisatorisch zu verankern, übertrug Ralegh einen Teil seiner Privilegien auf eine Gruppe von Siedlern, die den Rat einer *City of Ralegh* bildete. Gouverneur der neuen Stadt sollte der Maler John White werden, der um sich 111 Siedler, inklusive deren Frauen und Kinder, versammelte. Wie am Beginn dieses Kapitels beschrieben, waren auch seine Tochter und deren Ehemann bereit, sich in Virginia ein neues Leben aufzubauen. Ralegh selbst investierte in die neue Stadt und machte auf ungewöhnliche Weise Werbung für die Produkte Virginias. Nach Vorbild der *Algonquin* rauchte er öffentlich Tabak und wurde damit am englischen Hof zu einer Sensation und zu einem Trendsetter. Zwar waren die Pflanze und der für Europäer fremdartige Brauch des Rauchens bereits vorher bekannt, doch Walter Ralegh machte daraus eine Mode und verkaufte das Ganze mit Harriots Hilfe zugleich als medizinisches Wunder, das die Säfte des Körpers in Harmonie bringe.

Bezüglich des Standortes erschien es allen Beteiligten besser, einen neuen Platz zu suchen, den größere Schiffe direkt anlaufen konnten. Die neue Stadt sollte nicht in den *Outer Banks* von Carolina, sondern stattdessen an der großen Bucht errichtet werden, welche die *Algonquin* Chesapeake, große Muschelbucht, nannten. Auf dem Weg dorthin sollten in der Karibik frische Vorräte an Bord genommen und dann Grenvilles 15 Mann von Roanoke gerettet werden. Diese Aufgabe oblag Fernandes, der den Befehl über die Schiffe und Seeleute erhielt. Damit teilte Ralegh einmal mehr die Befehlsgewalt über Kolonie und Schiffe, obwohl das schon unter Grenville und Lane für Spannungen gesorgt hatte. Der *Algonquin* Manteo begleitete die Expedition, um in seine Heimat zurückzukehren.

Am 8. Mai 1587 nahm Fernandes von England aus Kurs auf die Karibik. Da von ihm selbst keine Quellen überliefert sind, haben wir nur John Whites Schilderungen der Überfahrt, in denen er kein gutes Licht auf den Navigator wirft. Angeblich habe Fernandes die Überfahrt verzögert, mehrere Gelegenheiten, Vorräte und Setzlinge an Bord zu nehmen, durch sein Zögern oder willkürliche Entscheidungen verhindert und die Suche nach Beute auf See über die Interessen der Kolonie gestellt.

Als die Schiffe endlich am 16. Juli die *Outer Banks* erreichten war das Jahr nach Whites Einschätzung bereits zu weit fortgeschritten, um eine Siedlung zu errichten und Felder anzulegen. Bei Roanoke angekommen, setzte White mit einigen Getreuen auf die Insel über, fand das Fort aber verlassen vor. Lediglich das überwachsene Skelett eines von Grenvilles 15 Männern war noch dort. Notgedrungen wollten sie wieder an Bord gehen und sich nach Norden bringen lassen, als Fernandes ihnen eröffnete, die Reise sei für ihn und seine Seeleute an dieser Stelle zu Ende. Er würde die Kolonisten entweder hier absetzen oder sie mit auf Kaperfahrt nehmen und später zurück nach England bringen. Er sagte, so White in seinem Bericht, dass er befürchte, die spanischen Schatzschiffe dieser Saison zu verpassen, wenn er vorher noch nach Norden fahren würde.

In der Forschung hat das Verhalten von Fernandes zu einigen Verschwörungstheorien Anlass gegeben. Wollten vielleicht Kräfte bei Hofe eine erfolgreiche Kolonie verhindern? Wollten sie Raleghs Stellung angreifen oder hatten sie eigene, andere Pläne für Virginia? War es Teil einer größeren Intrige des königlichen Beraters Walsingham gegen Ralegh, den jüngeren Favoriten der Königin?

Für keine dieser Theorien gibt es Beweise. Auffällig ist allerdings, dass Fernandes selbst ein Mitglied des Rates der *City of Ralegh* war und damit bei einem Scheitern der Unternehmung durchaus etwas zu verlieren hatte. Die Kolonie war ihm auch nicht gänzlich egal, denn er blieb noch mehrere Wochen, um Vorräte und Ausrüstung mit Pendelbooten auszuladen. John White nahm zunächst mit Manteos Hilfe Kontakt zu den *Algonquin* auf Croatoan auf. Dort war Manteos Mutter inzwischen alleinige Anführerin geworden und bereit, ein neues Bündnis mit der Kolonie einzugehen. Ihre Leute berichteten, dass die Männer Grenvilles von Anhängern Pemisapans getötet oder ins Landesinnere vertrieben worden waren. Diese Feindschaft war noch immer gefährlich, denn *Algonquin* töteten einen von Whites Siedlern, als jener sich allein auf Nahrungssuche befand. White vermerkte, dass der Engländer mit 16 Pfeilen gespickt worden sei, bevor die Angreifer seinen Schädel zertrümmerten.

Gemeinsam mit Manteo plante White angesichts der offensichtlichen Bedrohung einen Angriff auf die feindlichen *Algonquin*. Bei Nacht führte White einen Trupp Bewaffneter in Booten zu einer nahegelegenen Siedlung, wo er Pemisapans Gefolge vermutete, und griff im Morgengrauen an. Ohne Vorwarnung stürmten die Engländer das Dorf, in dem sich nur wenige Männer und Frauen aufhielten. Schüsse fielen bevor ein aufgeregter Manteo White informieren konnte, dass es sich nicht um Feinde, sondern um Manteos Leute handelte. Doch bevor die Engländer das Feuer einstellen konnten, hatten sie bereits mehrere Verbündete getötet. Die Männer und Frauen von Croatoan erzählten, dass die feindlichen *Algonquin* das Dorf schon am vorherigen Abend verlassen hatten. Daher waren sie zum Plündern gekommen und über Nacht geblieben. Trotz des ungeplanten Massakers gelang es Manteo, einen neuen Frieden mit seinen Leuten zu vermitteln und weitere Lebensmittellieferungen zu sichern. Zum Dank für seine Hilfe und Vermittlungsleistung erhielt Manteo am 13. August die Taufe und wurde von John White zum Lord von Roanoke ernannt.

Zurück in der kleinen befestigten Siedlung, die aus den Ruinen von Ralph Lanes Fort entstanden war, beratschlagte der Rat der Stadt, was getan werde könnte, um die Kolonie zu retten. Wie bereits beschrieben, überredeten sie White dazu, seine Tochter und seine kleine, erst am 18. August geborene Enkelin zurückzulassen und mit Fernandes nach England zurückzukehren. Man hoffte, dass seine Sorge für seine Familie und seine hohe Position ihm sowohl die Motivation als auch die Möglichkeit geben würden, rasch Nahrungsmittel nach Virginia zu bringen.

Die Kolonisten vereinbarten mit ihm die oben beschriebenen Notsignale und hofften auf seine baldige Rückkehr. White schiffte sich Ende August mit Fernandes ein und begleitete diesen widerwillig auf Kaperfahrt. Dieses Mal hatten sie jedoch kein Glück. Ohne geplünderte Spanier war aber auch die Kolonie als Gesamtprojekt ein Verlustgeschäft. Für White war dies kein guter Ausgangspunkt, um eine rasche Verstärkung zu organisieren. Noch mehr Werbung war nötig. Thomas Harriots Report über Virginia wurde nun gedruckt, um ein möglichst breites Publikum anzusprechen. Ralegh bot außerdem jeder Siedlerfamilie ein großes Stück Land und erhebliche Freiheiten. Zusätzlich gab der kolonialaffine Geistliche Richard Hakluyt englische Übersetzungen französischer Reiseberichte über Florida heraus, die er mit lobenden Vorworten für Raleghs Projekte und Virginia versah.

Doch John White gelang es nicht, diese Werbung für sich zu nutzen. Im Jahr 1588 drohte eine spanische Invasion und die Königin verbot Fahrten nach Amerika. Nur durch seinen persönlichen Einfluss konnte Ralegh für zwei kleinere Boote eine Ausnahmegenehmigung erwirken, so dass White mit 15 neuen Siedlern sowie Saatgut und Vorräten am 22. April 1588 aufbrechen konnte. In einem später von Richard Hakluyt veröffentlichten Bericht schilderte White allerdings, dass auch diesmal die Gier der Seeleute seine Pläne vereitelte. Die Besatzung beider Boote widmete sich zunächst in europäischen Gewässern der Jagd auf feindliche, aber auch verbündete Schiffe. Nach ersten Erfolgen gerieten sie jedoch an einen überlegenen Feind, der sie enterte. Auch John White und die Siedler mussten sich in dieser Lage ihrer Haut erwehren. Mit einer Hieb- und einer Stichwunde am Kopf erlebte White schließlich, wie seine Schiffe die Segel strichen und von den Angreifern völlig ausgeplündert wurden. In seinem Bericht bezeichnete er dies als Strafe Gottes für die vorher begangene Piraterie.

Das investierte Geld war weg und alle Aufmerksamkeit richtete sich auf den Krieg mit Spanien, während die Siedler in Virginia auf sich gestellt blieben. Erst im März 1590 konnte White mit Raleghs Hilfe die eingangs dieses Kapitels beschriebene, vergebliche Rettungsmission unternehmen. Damit endete die Geschichte der Virginiakolonien Walter Raleghs.

Angesichts ihres katastrophalen Ausgangs ist bemerkenswert, was für ein reiches Erbe die Roanoke Kolonien in der englischen Kolonialgeschichte hinterließen. Thomas Harriots Report blieb bis ins 17. Jahrhundert ein zentraler Werbetext für koloniale Projekte, und John Whites Zeichnungen prägten wiederum für beinah ein Jahrhundert die Vorstellungen der Europäer von amerikanischen Indigenen und deren Lebensweise. Die Werbung für Raleghs Projekte war ein entscheidender Impuls für den Geistlichen Richard Hakluyt, große Sammlungen von Quellen zur englischen Kolonialgeschichte herauszugeben, welche von 1589 an den Wissenshorizont über diese Zeit vorgaben.

Der Einfluss von White und Harriot reichte außerdem noch weit über England hinaus. Grund hierfür war, dass Richard Hakluyt die Texte und Bilder dem in Frankfurt ansässigen Drucker und Verleger Theodor de Bry zugänglich machte.

De Bry schuf mit diesen Quellen die ersten Bände seiner herausragenden *America*-Reihe. Die darin enthaltenen Reiseberichte und Kupferstiche über die sogenannte neue Welt prägten für Jahrhunderte die Vorstellungswelt der Europäer. Der erste Band seiner Reihe bestand aus dem Text Thomas Harriots und Bildern, die auf Vorlagen John Whites basierten. De Bry gab sein Werk in Englisch, Deutsch, Französisch und Latein heraus. Der Erfolg des 1590 auf der Buchmesse in Frankfurt präsentierten Werkes war durchschlagend und zahlreiche Neuauflagen folgten. Zu diesem Zeitpunkt wusste de Bry vermutlich noch nichts vom rätselhaften Ende der Kolonie. Unfreiwillig tragisch erscheint daher rückblickend, dass de Bry die englische Ausgabe Walter Ralegh widmete und schrieb, dass in so einem wunderbaren Land die Zukunft der Kolonie besser nicht sein könnte.

Doch was ist aus den Kolonisten geworden? Wenn man Wikingergeister, Aliens, dämonische Seuchen oder geheime Hexenzirkel außer Acht lässt, bleiben einige ernstzunehmende Hypothesen. Zum einen könnte eine spanische Streitmacht die Kolonie angegriffen und zerstört haben. Dies deutet auch das offene Ende des Theaterstücks *The lost colony* an, das seit den 1930er Jahren am Originalschauplatz aufgeführt wird. In diesem Stück stehen Manteo und Wanchese sich als prototypisch guter beziehungsweise schlechter Indigener gegenüber, während der Böse Fernandes letztlich die Spanier zur Kolonie führt. Solch ein Angriff hätte allerdings eine Spur in den spanischen Archiven hinterlassen müssen, denn die Überlieferung für diese Zeit und vergleichbare Expeditionen ist sehr gut. Es gibt außerdem keinerlei Tendenz, derartige Informationen vor der Obrigkeit in Madrid geheim zu halten. Weiterhin passen weder die gefundenen Hinweise auf die Insel Croatoan noch die Tatsache, dass die Siedler kein Kreuz als Notsignal hinterließen, zu dieser Theorie. Die zurückgelassene Ausrüstung spricht auch gegen die zweite Hypothese, eine Verlegung der Siedlung an die Chesapeake Bay, bei der ein tödlicher Unfall mit den Booten passierte.

Wahrscheinlicher ist hingegen, dass sich die Kolonisten angesichts von Hunger und ausbleibender Versorgung den indigenen Gemeinschaften in der Region anschlossen. Da die *Algonquin* aber jeweils nur eine kleine Zahl zusätzlicher Menschen versorgen konnten, hätten die Siedlerfamilien sich aufteilen müssen. Nur ein Teil wäre demnach nach Croatoan zu ihren engsten Verbündeten gegangen. Im Laufe der folgenden Jahre dürften dann einige von ihnen durch Konflikte oder Unfälle gestorben sein, während andere die indigene Lebensweise annahmen und auch Partnerschaften mit *Algonquin* eingingen.

Als 1607 unter König Jakob I. die neue Kolonie Jamestown gegründet wurde, sollten die neuen Siedler untersuchen, was mit John Whites Leuten geschehen war. Sie erfuhren angeblich von den *Algonquin* der großen *Powhatan*-Föderation, dass kurz vor ihrer Ankunft noch einige Siedler und deren Nachfahren in der Region gelebt hätten. Angeblich erzählte der Anführer oder der *Powhatan* namens Wahunsonacock ihnen freimütig, dass er kurz vor der Ankunft der neuen Kolonisten befohlen habe, die Überlebenden und ihre Kinder zu töten. Grund hierfür sei eine Prophezeiung gewesen, dass von Osten über das Meer eine neue Nation kommen werde, die wie eine Welle dreimal an den Strand schlage und beim dritten Mal so stark sein werde, dass sie die *Powhatan*-Föderation vernichte. Hochgradig problematisch an dieser Erzählung ist, dass sie nur über Umwege überliefert ist. Erst viele Jahre nach dem angeblichen Gespräch mit dem *Powhatan* Wahunsonacock gab der Kolonist John Smith die Information an den Kolonialpropagandisten Samuel Purchas weiter. Sie taucht erstmals schriftlich auf, als im Jahr 1622 die *Powhatan*-Föderation einen offenen Krieg gegen die englischen Kolonien begann. Es könnte sich daher sehr wohl um eine fiktionale Erzählung handeln, die eine Rechtfertigung für die einsetzende Vertreibung und Vernichtung der *Algonquin* bietet. Allerdings wäre auch denkbar, dass der indigene Anführer die Tat wirklich gestanden hat und die Information nur zurückgehalten wurde, solange er ein wichtiger Verbündeter der *Virginia Company* war.

Eine definitive Lösung für das Rätsel bieten die bisher bekannten Quellen des 17. Jahrhunderts nicht. Es bleibt also nach wie vor Stoff für Legenden und immer neue Bücher und Dokumentationen, die versprechen, endlich den Schleier dieses Geheimnisses zu lüften.

### Quellen und Literatur

Die Geschichte von Walter Raleghs Kolonien in Nordamerika ist bei weitem die am häufigsten erforschte und beschriebene von allen, die in diesem Buch präsentiert werden. Dies liegt sicherlich an dem Mythos und dem Rätsel der *Lost Colony*, die immer wieder Anlass für Spekulationen und angeblich sensationelle Enthüllungen waren. Hinzu kam aber auch, dass die Kolonie für englische wie auch US-amerikanische Historiker große Bedeutung hat. In England gilt sie gemeinhin (wenn auch fälschlicherweise) als erstes koloniales Projekt Englands und die Berichte darüber als Meilensteine der Erforschung und Darstellung Amerikas in Europa. In den USA führte die Kolonie hingegen zunächst ein Schattendasein im Vergleich zu der als großer Gründungsakt gefeierten Ankunft der Pilgerväter in Massachusetts. Seit dem Jahr 2008 mit der Vierhundertjahrfeier der letztlich erfolgreichen Kolonie Jamestown in Virginia hat auch Roanoke als Teil von deren Vorgeschichte neue Bedeutung erhalten.

Die intensive Erforschung geht aber zuletzt vermutlich darauf zurück, dass alle erhaltenen Quellen über die Geschichte von Roanoke leicht in modernen Editionen zugänglich sind. Hervorragend ist in dieser Hinsicht die 1979 erschienene Quellensammlung von David Quinn *New American World. A documentary history of North America to 1612*, deren dritter Band ein breites Panorama eröffnet. Hier findet sich eine Edition des Berichts von Amadas und Barlowe über ihre Spähmission, das Bordbuch des Schiffes *Tiger*, die Rechtfertigungsschrift von Ralph Lane über seine Zeit als Befehlshaber, die Berichte von Richard Grenville und auch die offiziellen Urkunden zu den Missionen und weitere Dokumente. Besonders umfangreich ist natürlich Thomas Harriots einflussreiche Druckschrift von 1588 *A briefe and true report of the new found land of Virginia*. Dieser Schlüsseltext zur frühen englischen Kolonialgeschichte kann vielerorts in der Originalversion online eingesehen werden. Während die englische Ausgabe und auch die Edition durch Quinn ohne Illustrationen blieben, erschien die zeitgenössische deutsche Ausgabe von Theodor de Bry mit umfangreichen Kupferstichen in Farbe oder Schwarz-Weiß 1590 unter dem Titel *Wunderbarliche doch Warhafftige Erklärung Von der Gelegenheit vnd Sitten der Wilden in Virginia: welche newlich von den Engelländern, ist erfunden worden*. De Bry, der mit dem englischen Geistlichen Richard Hakluyt kooperierte, begründete mit diesem Band seine bahnbrechende *America*-Reihe. Allerdings nahm de Bry einige Anpassungen vor, um Whites Originale, die er in London einsehen konnte, in Kupferstiche zu überführen. Er ließ die Indigenen in ihrer Körpersprache und ihrem Aussehen in enger Orientierung an klassischen Vorlagen deutlich europäischer erscheinen, als John White sie eigentlich gemalt hatte. Aus diesem Grund lohnt sich ein genauer Blick auf die Originale von White, die beispielsweise Paul Hulton 1964 unter dem Titel *The American Drawings of John White 1577–1590: with drawings of European and Oriental subjects* herausgegeben und kommentiert hat.

Um sich über die Geschichte der Kolonie und beteiligte Personen zu informieren, gibt es ein reichhaltiges Angebot an Artikeln in Nachschlagewerken, Handbüchern und Forschungsarbeiten unterschiedlichen Anspruchs. Für eine kurze Orientierung zu allen beteiligten Personen ist das *Oxford Dictionary of National Biography* eine gute Adresse. Hier wird der aktuelle Forschungsstand zusammengefasst und auf das überlieferte Quellenmaterial verwiesen. Alle Autorinnen und Autoren sind außerdem auf dem jeweiligen Fachgebiet durch einschlägige Publikationen ausgewiesen.

Ein Überblick über die Forschungen zur Roanokekolonie kann nicht auf die Darstellung von David Quinn von 1985 verzichten, die er *Set fair for Roanoke. Voyages and colonies* betitelte. Der bereits als Herausgeber von Quellen maßgebliche Quinn setzte so ein Vorbild für viele folgende Untersuchungen. Aus den eher ereignisgeschichtlichen Überblicken stechen die Arbeiten von Karen Ordahl Kupperman deutlich hervor, die spannend zu lesen sind und sich zugleich auf intensive Spezialforschung stützen: Sie veröffentlichte *Roanoke. The abandoned colony* in Neuauflage 2007 und *The Jamestown project* 2008, in dem sie Roanoke als zentrale Vorstufe der späteren Kolonisierung Virginas beschreibt. Dieselbe Verbindung stellt mit Fokus auf indigene Akteure auch Helen Rountree her. Neben eigenen Monographien ist besonders das von ihr herausgegebene Werk *Powhatan. Foreign relations 1500–1722* von 1993 zu nennen, da sie hier gemeinsam mit anderen Expertinnen und Experten zahlreiche Einblicke in die interkulturellen Begegnungen eröffnet. Auch Karen Kupperman selbst hat sich dem Thema der indigenen Geschichte gewidmet, als sie im Jahr 2000 einen großen Überblick über die nordamerikanische Geschichte des 16. und 17. Jahrhunderts mit dem Titel: *Indians and English. Facing off in early America* veröffentlichte. Die Reisen der Indigenen, speziell von Manteo und Wanchese, nach England stehen außerdem im Zentrum der Untersuchung *Transatlantic encounters. American Indians in Britain, 1500–1776*, die Alden Vaughan 2006 veröffentlichte. Die Einordnung in die Geschichte der Propaganda für ein englisches Kolonialreich und in die Geschichte des Empire ist besonders Peter Cooper Mancall in seinem Werk *Hakluyt's promise. An Elizabethan's obsession for an English America* von 2007 gelungen. Neue Fakten über die Seereisen, die mit den Kolonien verbunden waren, Ausrüstung, Versorgung, aber auch Personal und Finanzierung bot zuletzt John L. Humber im Jahr 1986 mit der Studie *Backrounds and Preparations for the Roanoke Voyages, 1584–1590*. Schließlich bleibt noch auf die neuen Perspektiven hinzuweisen, welche die archäologische Erforschung der Kolonie eröffnete. Hierzu verfasste Ivor Noel Hume im Jahr 1997 den Überblick *The Virginia Adventure: Roanoke to James Towne-An Archaeological and Historical Odyssey*.

Außerdem darf man nicht vergessen, dass historische Forschung nicht nur in Gestalt von klassischen Büchern eines Autors oder einer Autorin Gestalt annimmt. Oft sind es Bände zu Fachtagungen, die eine Vielzahl von Thesen und neuen Befunden zusammenführen. Zur Geschichte von Roanoke sind zwei der zahlreichen Sammelwerke besonders ergiebig: zum einen das von Peter C. Mancall 2007 herausgegebene Buch *The Atlantic world and Virginia, 1550–1624* und zum anderen Thomson Shields und Charles Ewens *Searching for the Roanoke Colonies: An Interdisciplinary Collection*, das bereits 2003 veröffentlicht wurde. Diese Bände behandeln Klima- und Umweltgeschichte, Geistesgeschichte, den Einfluss indigener Akteure und speziell die Verflechtung der Kolonie mit der Geschichte des Atlantiks.

Doch was ist mit Überblicken zur Walter Raleghs Kolonien in deutscher Sprache? Hier stehen nur eher kurze Kapitel in Handbüchern und Überblickswerken zur Verfügung wie Hermann Wellenreuthers mit Anmerkungen und Literaturverweisen versehene *Niedergang und Aufstieg. Geschichte Nordamerikas vom Beginn der Besiedlung bis zum Ausgang des 17. Jahrhunderts* von 2004, Urs Bitterlis eher erzählendes Werk *Die Entdeckung Amerikas. Von Kolumbus bis Alexander von Humboldt* in der Neuausgabe von 1992 oder René Alexander Marboes *Europas Aufbruch in die Welt. 1450–1700* von 2004.

# 7. Wenn Eroberer zu Söldnern werden – Florida 1562–1565

Seine Mission war gescheitert. Vollständig. Der französische Lieutenant Ottigny konnte keinen anderen Schluss ziehen, als er im Frühjahr 1565 seinen Stoßtrupp von einem halben hundert Mann musterte. Er und seine Männer waren einige Tage zuvor aus dem von indigenen Kriegern und Hunger bedrohten Fort La Caroline im heutigen Florida aufgebrochen, um Nahrungsmittel zu holen. Sie sollten dafür Utina, einen gefangenen indigenen Herrscher, zurück zu seinen Leuten eskortieren. Der Grund war simpel und überlebenswichtig zugleich: Utina hatte dem Kommandanten und Vorgesetzten Ottignys, René de Laudonnière, versprochen, er werde seine Freilassung mit Mais, Fleisch und Fisch vergelten.

Doch Ottignys Mission stand von Beginn an unter keinem guten Stern. Der Offizier und seine Männer waren durch Hunger geschwächt und krank. Mühsam hatten sie sich auf Booten den Flusslauf vom Fort Caroline aus nach Norden vorarbeiten müssen, um das Land Utinas zu erreichen. Hier war die Stimmung bedrohlich. Signalfeuer brannten und Kriegszeichen aus Fellen und Holz waren auf Hügeln und an den Waldpfaden aufgestellt.

Als Ottigny und seine Leute die zentrale Siedlung erreichten, war die Situation angespannt. Niemand war bereit, ohne Zusicherung Lebensmittel herzubringen. Aufgeregte Vorwürfe wurden laut, und soweit die Franzosen nach mehr als einem Jahr im Land die indigene Sprache verstanden, teilte man ihnen mit, dass sie jedes Vertrauen verspielt hatten. Nur wenn sie zuerst Utina freiließen, würde man sein Versprechen ehren und Lebensmittel heranschaffen. Ottigny wollte sich darauf zwar zunächst nicht einlassen, doch der Zustand seiner Männer trieb ihn zur Eile. Er handelte aus, dass einige von Utinas Gefolgsleuten als Geiseln an dessen Stelle traten und sicherte dann mit seinen Leuten ein Haus als Quartier. Ständig brannten die Lunten der Hakenbüchsen seiner Männer, während sie die Bewohner beobachteten, die langsam Lebensmittel zusammentrugen. Einer der führenden Männer des Dorfes sprach Ottigny schließlich an, ob die Franzosen nicht die Lunten ihrer Waffen löschen könnten. Man sei sich doch einig geworden und habe früher als Verbündete Krieg gegen gemeinsame Feinde geführt. Warum also jetzt so ein Misstrauen? Ottigny lehnte die Bitte jedoch ab und wartete ungeduldig.

Durch Späher, die das Umland im Auge behielten, erfuhr er schließlich, dass sich in der Nähe Krieger aus anderen Siedlungen unter Utinas Befehl sammelten. Für ihn stand damit fest, dass man ihn nur hinhielt, um einen Angriff vorzubereiten. Ottigny befahl seinen Männern daher, so viele Vorräte wie möglich in ihre Taschen zu stopfen und die Waffen bereit zu machen. In Marschformation verließen sie unter Trommelschlag das Dorf, um zu ihren Booten zurückzukehren. Der Hinterhalt, den Ottigny befürchtete, ließ nicht lange auf sich warten.

Eine Gruppe von Kriegern, deren Zahl er später mit knapp 300 angab, griff die Spitze seiner Gruppe an. Kurz darauf stürmte unter Geschrei eine zweite, angeblich ebenso große Gruppe auf seine Nachhut ein. Mit Pfeilsalven und Schüssen begann die Schlacht. Die nur mit einem Fell um die Hüften bekleideten Indigenen setzten unter ständigem lauten Rufen und Schreien auf ihre Beweglichkeit. Sie stürmten vor, schossen auf Schwachstellen in der schweren Kleidung der Franzosen und zogen sich sogleich wieder zurück. Wann immer ein Franzose seine schwere Hakenbüchse hochwuchtete und auf einen von ihnen anlegte, warf jener sich augenblicklich auf den Boden in Deckung. Hieran erkannte Ottigny, dass die Indigenen in früheren gemeinsamen Kriegszügen gelernt hatten, die Franzosen zu bekämpfen. Schilde und Rüstung hielten jedoch viele der Pfeile ab und wenn die Franzosen rasch genug anlegten, hatten ihre Schusswaffen verheerende Wirkung. Dennoch war klar, dass es nur eine Frage der Zeit war, bis die unter Marschtrommeln langsam vorrückenden Männer Ottignys aufgerieben werden würden. Der Pfeilbeschuss war einfach zu stark.

Die Intensität der Angriffe nahm erst ab, als Ottigny beobachtete, dass die indigenen Krieger immer dann, wenn die Franzosen ein Stück weiterzogen, ihre verschossenen Pfeile wieder aufsammelten. Er befahl daraufhin, jeden Pfeil zu zerbrechen, der im Boden einschlug oder in einer Rüstung steckte. Nun ebbte der Beschuss langsam ab. Dennoch erreichten die Franzosen, die um 9 Uhr die Siedlung Utinas verlassen hatten, ihre Boote erst in der Abenddämmerung. Dort zog Ottigny Bilanz. Er hatte zwei Männer verloren und musste mehr als 20 Verwundete versorgen. Schlimmer noch war, dass er keine Vorräte für das hungernde Fort mitbringen konnte. Seine Männer hatten fast alle ihre Säcke und Taschen im Laufe des Kampfes zurücklassen müssen.

Immerhin warteten im Fort ein sicheres Quartier, neue Munition und Pflege für die Verwundeten, auch wenn dort die meisten Männer krank waren. Der Weg versprach allerdings nicht einfach zu werden, da sich das Fort in einer Art indirektem Belagerungszustand durch die Krieger eines weiteren ehemaligen Verbündeten befand, des indigenen Anführers Satourioua. Alles in allem, so mussten Ottigny, und nach seiner Rückkehr auch dessen Vorgesetzter René de Laudonnière erkennen, stand die französische Kolonie Florida vor ihrem Untergang. Eine für die Franzosen bittere Bilanz angesichts dessen, was sie bisher geleistet hatten. Sie hatten das Land erkundet, Außenposten errichtet, Handel getrieben und Allianzen mit indigenen Herrschern geknüpft. Es war ihnen gelungen, Verzweiflung bis hin zum Kannibalismus, eine feindliche Übernahme des Projektes durch die englische Krone, Kriege gegen indigene Herrscher und mehrere Meutereien zu überstehen. Doch jetzt schien die Zeit gekommen, das Fort zu zerstören und das Land, das sie Florida nannten, aufzugeben.

Die wechselvolle Geschichte der französischen Kolonialprojekte in Florida hatte drei Jahre zuvor, 1562, mit einer Erkundungsmission im Auftrag des einflussreichen Admirals Gaspard de Coligny ihren vielversprechenden Anfang genommen. Coligny war aufgrund seiner hohen Herkunft und mehr noch wegen seiner Verdienste in den Kriegen Franz' I. bei Hofe einflussreich, gut im Land vernetzt und er bekleidete das Amt des *Admiral de France*. Seit einigen Jahren war Coligny aber auch Protestant und der wichtigste Führer der sogenannten Hugenotten, die in Frankreich eine bedrohte Minderheit darstellten.

Die Erkundungsreise stand unter dem Befehl des Hugenotten Jean Ribault, der als Navigationsexperte bereits in Frankreich und in England gearbeitet hatte. Er und seine Männer suchten nach geeigneten Orten für einen befestigten Außenposten, der als Basis für eine spätere Kolonie dienen konnte. Es handelte sich zunächst um eine reine Erkundungsfahrt, die vor allem jede Begegnung mit dem Spanischen Imperium vermeiden sollte. Immerhin herrschte seit drei Jahren Frieden zwischen beiden Monarchien. Dies war allerdings eine trügerische Ruhe, da Philipp II. nach wie vor offiziell ganz Amerika für sich beanspruchte. Zwar hatte der spanische König und Nachfolger Karls V. eigene Projekte in Florida um 1560 eingestellt und erklärt, dass er an dem Land kein Interesse mehr habe, doch deswegen würde er noch lange keine Ansiedlung einer anderen Macht dort dulden.

Daher wählte Ribault nach seinem Aufbruch am 18. Februar 1562 einen Kurs, der ihn fern von allen spanischen Besitzungen nach Florida führte. In einem Reisebericht, der später in England im Druck erschien, schildert er, was für einen wunderbaren Eindruck die Küste auf ihn machte, die er Ende April schließlich vor sich sah. Vor allem die großen Wälder des flachen Landes und die frühlingshaften Wohlgerüche, die von Blumen und Baumblüten zu den Schiffen herüberwehten, spielen in seiner Beschreibung eine zentrale Rolle. Neben seinem Wunsch, das neue Land gut darzustellen, dürften hinter diesen Worten auch die zehn Wochen engen Lebens auf einem Segelschiff gestanden haben.

Ribault und seine Männer – unter ihnen auch René de Laudonnière, der später das Fort Caroline befehligte – erkundeten die Küste und liefen schließlich mit ihrem Schiff in eine Flussmündung ein. Mit Booten fuhren sie ans südliche Ufer, wo Indigene ruhig und ohne Anzeichen von Furcht auf sie warteten. Ein Anführer – die Franzosen bezeichneten diese Männer, die den indigenen Titel

*Paracoussy* trugen, immer nur als Könige – befahl seinen Leuten, den Fremden gute Anlegestellen zu zeigen und lud zu Tausch und Gespräch. Besonders aufmerksam beobachteten die Indigenen, wie Ribault mit seinen Männern für ein Dankgebet am Ufer niederkniete. Einige der Anwesenden imitierten die Gesten der Franzosen und zeigten selbst zur Sonne, die am Himmel stand, und gaben zu verstehen, dass auch sie das Gestirn verehrten. Ribault präsentierte dies später als Zeichen, wie gut die Menschen in Florida für eine Christianisierung geeignet wären. Es folgte ein langes Gespräch, das eher ein Monolog des *Paracoussy* war, den kein Franzose verstehen konnte, und dann der Tausch von Nahrungsmitteln und Fellen gegen billigen Schmuck und Eisenwerkzeug. Dabei lobte Ribault die Freundlichkeit der Männer und Frauen und insbesondere ihre Bereitschaft, Fische zu teilen, die sie aus großen Reusen am Ufer holten.

Während dieser Zeit versammelten sich am nördlichen Ufer andere Indigene, die mit Winken die Franzosen aufforderten, auch zu ihnen zu kommen. Ribault kam dem Wunsch nach und traf einen anderen *Paracoussy*, der hoch erfreut über die Begegnung zu sein schien und ebenfalls Gaben tauschte, darunter auch Perlen.

Aus dem Verhalten der Indigenen lässt sich erkennen, dass es sich für sie nicht um Erstkontakte handelte. Beide Anführer wussten, was sie von Europäern zu erwarten hatten. Sie sahen in der Ankunft der Franzosen eine Möglichkeit, an besondere und außergewöhnliche Waren zu kommen und, wie sich schon bald zeigte, Verbündete für ihre eigenen Konflikte zu gewinnen. Dass die Franzosen in ein Land gekommen waren, das eine ganz eigene und komplexe politische Welt darstellte, merkten sie direkt am nächsten Tag, als sie zuerst am Norduferufer vorbeischauten und die empört winkenden und rufenden Indigenen im Süden offensichtlich enttäuschten. Beide Seiten waren miteinander verfeindet.

Da beide indigenen Gruppen um gute Beziehungen zu den Franzosen konkurrierten, überrascht es wenig, dass die Errichtung einer Säule mit den Wappen des französischen Königs am Südufer freudig begrüßt wurde. Laudonnière vermerkte in einem eigenen Bericht, dass der indigene Herrscher im Norden sogar verstimmt schien, dass Ribault die Säule im Süden aufrichten ließ.

Fragen nach dem Reich *Chibola* oder *Sevola* – einem legendären Königreich in einer idyllischen Landschaft mit großen Städten, in denen es Gold und Silber geben soll – beantworteten beide *Paracoussy* angeblich positiv. Sie nannten nicht nur Richtung und Entfernung, sondern boten auch an, die Fremden dorthin zu führen. Da es dieses Königreich nicht gibt, stellt sich hier die Frage, auf welcher Seite der Fehler lag. Verstanden die Indigenen die Frage falsch und stimmten einfach allem zu, was die Franzosen behaupteten, oder verstanden Ribault und seine Leute angesichts der Sprachbarriere nur, was sie verstehen wollten?

Mit ausführlichem Lob für die Fruchtbarkeit und den natürlichen Reichtum des Landes sowie die neue Freundschaft mit den Indigenen schildert Ribault, dass er und seine Männer ihre Reise fortsetzten, bis sie einen Fluss mit einem guten Ankerplatz gefunden hatten. In dieser Gegend waren die Indigenen zunächst vorsichtiger. Sie flohen, als die Franzosen kamen, und hielten später, als man vorsichtig Waren tauschte, Frauen und Kinder verborgen. Andere Gruppen waren hingegen offenherzig und sofort zum Tauschhandel bereit. Sie gaben bereitwillig Gold und Silber her, das sie von spanischen Schiffswracks geborgen hatten.

Ergänzend zu Ribault schildert Laudonnière in seinem eigenen Bericht noch, dass die Expedition zwei indigene Männer an Bord des Schiffes gebracht hatte. Jene glaubten, sie würden mit den Franzosen nur zu einem nahen Ufer übersetzen und seien schockiert gewesen, als sie erkannten, dass man sie mit nach Frankreich nehmen wollte. Ribault habe beide daher reich beschenken und ständig bewachen lassen, damit sie nicht fliehen. Laudonnière wiederum berichtet, er habe diese Gelegenheit genutzt, um sich Vokabeln und einige einfache Sätze in der Sprache der Indigenen beibringen zu lassen. Auch er erfährt dabei, dass es weiter im Landesinneren einen »großen Herrn Chiqola« gebe, der ein gewaltiges Reich voll Gold beherrsche. Er sieht hierin sofort eine Bestätigung der bereits in Kapitel 5 erwähnten *Chicora*-Legenden und berichtet, die Gefangenen hätten versprochen, ihn dorthin zu führen.

Bevor jedoch über das weitere Vorgehen entschieden werden konnte, flohen beide Männer bei Nacht mit einem kleinen Boot und ließen alle Geschenke zurück. Ribault gab danach auf, Gefangene machen zu wollen, und verfolgte stattdessen den Plan, selbst einige Männer in Florida zurückzulassen.

Während Laudonnière berichtet, wie Ribault mit einer Ansprache Freiwillige suchte, betont Ribault selbst, dass einige Männer mit dem Wunsch zu ihm gekommen wären, in dem paradiesischen Land zu bleiben. Schließlich richteten sich knapp 30 Mann vor Ort in einem kleinen Fort ein, in dessen Nähe eine zweite Wappensäule stand. Ribault versprach, in einem halben Jahr mit Verstärkung und Vorräten zurückzukehren, und schiffte sich mit Laudonnière und dem Großteil der Expedition im Juli 1562 wieder ein.

Für die kleine Truppe begann eine Zeit des Wartens. Während ihrer Anwesenheit sollten sie einerseits den Anspruch der französischen Könige auf das Land verteidigen, zugleich aber auch gute Beziehungen zu den Indigenen unterhalten und die Suche nach Gold und Silber fortsetzen. Zunächst gelangen ihnen dabei durchaus Erfolge. Sie stellten den Kontakt zu einem indigenen *Paracoussy* her, dessen Dorf in ihrer Nähe lag und der sie mit vier weiteren *Paracoussy* bekannt machte. Erste Spannungen kamen jedoch auf, als die Franzosen bei einer religiösen Zeremonie der Indigenen in Gelächter ausbrachen.

In den folgenden Monaten trafen zwar immer wieder Indigene beim Fort ein, die Nahrungsmittel gegen einfachen Tand tauschten, doch die knappen Vorräte der Männer schwanden von Woche zu Woche. Als die von Ribault genannte Frist von sechs Monaten verstrichen war, gab es noch immer keine Nachricht. In der Isolation des einsamen Postens stieg die Spannung. Als der Anführer einen beliebten Untergebenen wegen eines Vergehens auf einer Insel aussetzte und ihm dann Nahrungslieferungen verweigerte, brach eine Meuterei aus. Die Männer ermordeten ihren Anführer und wählten einen neuen, dem es gelang, die Gemeinschaft zusammenzuhalten und die Disziplin wiederherzustellen.

Doch im Frühjahr verließen die Indigenen ihre Dörfer, um für mehrere Monate in den Wäldern zu leben. Die Franzosen erfuhren erst jetzt, dass dies für die Bewohner Floridas Teil ihres Jahreszyklus war. Von Februar bis Mai waren die alten Vorräte aufgebraucht und die Küstenregion bot weder Ernte noch genügend Früchte. Die Indigenen lebten daher von der Jagd und den Ressourcen des Waldes, ganz ähnlich wie für North Carolina in Kapitel 6 beschrieben.

Für die kleine Kolonie bedeutete dies das Ende. Die Männer beschlossen daher, ein kleines Schiff zu bauen und ihr Glück auf See zu versuchen. Als das Schiff fertig war, luden sie Wurzeln, Gras und die letzten Vorräte ein, die ihnen verblieben waren. Ohne eine einzige Person, die des Segelns oder der Navigation wirklich kundig war, stachen sie in See und vertrauten auf Wind und Strömung. Nur ein Mann beschloss angesichts dieser Aussichten, lieber in Florida zu bleiben.

Er blieb jedoch nicht lange allein. Einige Wochen später griff ihn eine spanische Patrouille auf. Sie war ausgesandt worden, weil Spione aus Frankreich an die spanischen Behörden gemeldet hatten, dass eine Gruppe Hugenotten nach Florida aufgebrochen war und eventuell versuchen würde, ein Fort zu errichten. Um herauszufinden, ob Franzosen vor Ort waren, fragten die Spanier alle Indigenen, die sie trafen, ob Männer mit Bärten vorbeigekommen waren. Dies war offensichtlich das einfachste Kriterium, um Europäer und Amerikaner zu dieser Zeit zu unterscheiden. Ihre Methode hatte Erfolg und die Spanier konnten den jungen Franzosen gefangen nehmen und verhören. Sie fanden und zerstörten außerdem das kleine Fort und rissen eine der beiden Säulen mit den Wappen des französischen Königs nieder. Die Botschaft hinter diesen Taten war eindeutig. Der König von Spanien duldete keine Eindringlinge in »seinem« Amerika.

Inzwischen mussten die übrigen Männer aus dem Fort eine qualvolle Überfahrt erdulden. Ihre Seereise war vor allem von Flauten, Hunger und dem Mangel an Trinkwasser geprägt. Krank und dem Tode nahe bestimmten sie schließlich durch das Los, dass einer von ihnen gegessen werden sollte. Auf diese schreckliche Weise konnten sie sich am Leben halten, bis sie in der Biskaya von einem englischen Schiff gesichtet und an Bord genommen wurden.

Zur großen Überraschung der Männer war ein französischer Navigator an Bord, den sie gut kannten und der zum Gefolge von Jean Ribault gehört hatte. Es war einer der Männer, auf die sie gewartet hatten. Von ihm konnten sie erfahren, was Ribault passiert war und warum keine Unterstützung gekommen war.

Als Ribault mit Laudonnière und seinen Männern 1562 nach Frankreich zurückkehrte, war gerade der erste offene Krieg zwischen Hugenotten und Katholiken in Frankreich ausgebrochen. Nach einem Massaker an betenden Protestanten hatten sich Fraktionen Adeliger gebildet und Truppen angeworben, um sich und ihre Glaubensgenossen zu schützen. Inmitten eines Bürgerkrieges bestand jedoch keine Hoffnung, Unterstützung für Florida zu finden.

Ribault suchte einen Ausweg in seinen alten Kontakten nach England. Königin Elisabeth hatte im Jahr 1562 ohnehin einen Bündnisvertrag mit den französischen Hugenotten geschlossen und Truppen nach Nordfrankreich entsandt. In England gab es, wie Ribault wusste, sowohl Geld als auch Personen, die an kolonialen Projekten Interesse hatten. Wenn es ihm gelang, eine grenzübergreifende Partnerschaft zu gründen, könnte er seine Männer retten. Langfristig wäre vielleicht sogar eine gemischte, anglohugenottische Kolonie möglich, die auf gemeinsamen protestantischen Glauben und die Feindschaft zu Spanien gebaut wäre, dessen Schatzschiffe man zusammen plündern könnte.

Die Quellenlage für das, was Ribault in England erlebte, ist leider sehr dürftig. Sicher ist, dass er im Jahr 1563 einen Bericht über seine Reise nach Florida auf Englisch veröffentlichte, in dem er für ein weiteres Engagement warb. Doch bevor genug Investoren gefunden waren, endete der Krieg in Frankreich und Elisabeth musste feststellen, dass die Hugenotten ihre Zusagen – immerhin die Übergabe von Calais – nicht einhielten. Vielleicht war sie auch daher bereit, den bisher nur in europäischen Gewässern aktiven Freibeuter Thomas Stucley mit der Aufgabe zu betrauen, das Projekt Ribaults gewissermaßen zu übernehmen und eine Kolonie in Florida zu gründen. Ribault selbst wurde Stucleys Stellvertreter und erhielt ein Haus und eine Pension, durfte aber das Land nicht mehr verlassen. Dass er mit diesem Arrangement nicht zufrieden war, zeigt sich daran, dass er während Stucley eine Flotte aufstellte, vergeblich versuchte nach Frankreich zu fliehen. Er wurde inhaftiert und seine Navigatoren und Segelexperten zwang man, mit Stucley zu segeln.

Thomas Stucley ist eine historische Gestalt, die schon zu Lebzeiten durch ihr Auftreten von sich reden machte. In England machte er großspurig Werbung für seine Kolonie und trat in prächtiger Kleidung als Bringer ungeahnter Reichtümer auf. Alle fünf Schiffe seiner Flotte ließ er umtaufen, und zwar auf Varianten seines eigenen Namens: Die großartige Stucley, die glückliche Stucley und so weiter. Außerdem erschienen Flugblätter, die ihn noch vor seinem Aufbruch als einen zweiten Kolumbus feierten. Währenddessen schrieb er allerdings heimlich an Phillip II. von Spanien und bot ihm an, die neue Flotte zu versenken oder nach Spanien zu lenken, sofern er dafür reichlich entlohnt werde.

Grund hierfür waren hohen Schulden Stucleys, der, als seine Flotte fertig ausgerüstet war, gar nicht daran dachte, sich an die königlichen Befehle zu halten. Er widmete sich lieber der Seeräuberei und erkaufte sich die Loyalität seiner Männer durch reiche Beute. Seine Opfer kamen aus Portugal, Spanien und auch Frankreich, und wie zuvor bei Ralegh oder Drake wurden seine Tätigkeiten von der Obrigkeit stillschweigend geduldet, solange sie sich auf Feinde ihrer Majestät beschränkten. Es war auf einer dieser Kaperfahrten, als eines seiner Schiffe die Überlebenden von Ribaults kleinem Außenposten an Bord nahm.

Stucley setzte sein Treiben noch bis 1565 fort, wobei er Häfen in Devon als Basis nutzte und manchmal sogar London besuchte, wo er mit seinem Reichtum prahlte. Nachdem er aber immer unberechenbarer in der Wahl seiner Opfer wurde, ließ Elisabeth ihn offiziell als Piraten verfolgen und verhaften.

In Frankreich war das Floridaprojekt hingegen keineswegs vergessen. Nachdem der Konflikt zwischen den Hugenotten und Katholiken 1563 vorerst beigelegt war, setzte sich Admiral Gaspard de Coligny energisch dafür ein, eine neue, größere Kolonie in Florida zu gründen. Er und eine Gruppe von ausschließlich hugenottischen Unterstützern stellten eine Flotte zusammen, die 300 Männer transportieren sollte. Es handelte sich überwiegend um Veteranen, die teilweise schon auf der ersten Floridareise dabei gewesen waren. Nur wenige Handwerker und eine einzige Frau begleiteten die Mission. Das Kommando erhielt – da Ribault noch immer in England inhaftiert war – René de Laudonnière. Er sollte im Jahr 1564 mit seiner überwiegend militärischen Expedition einen geeigneten Standort für eine Siedlung erkunden, dort ein Fort errichten und die Erkundung des Landes voranbringen. Weitere Schiffe mit Siedlern sollten später folgen, idealerweise unter Befehl von Jean Ribault. Die einzige Frau war als Haushaltshilfe für Laudonnière vorgesehen und sollte sich offiziell um seine Kleidung und Wäsche kümmern. Dass schon bald Gerüchte aufkamen, sie sei außerdem seine Mätresse, ist wenig verwunderlich.

In der historischen Forschung ist viel darüber spekuliert worden, was eigentlich das Ziel dieser Unternehmung war. Für alle unterschiedlichen Theorien lassen sich Indizien in den Quellen finden, sei es eine hugenottische Siedlungskolonie, ein Freibeuterhafen, ein Stützpunkt zur Goldsuche, eine Landnahme als Unterpfand für weitere Verhandlungen mit Spanien, eine gezielte Provokation

Spaniens, um den Franzosen beider Konfessionen einen gemeinsamen Feind zu geben, oder auch der Versuch, einen Beweis der Treue der Hugenotten zur Krone und ihrer Fähigkeiten abzuliefern. Diese Vieldeutigkeit legt nahe, dass die Organisatoren und auch die Männer vor Ort ebenfalls ganz verschiedene Vorstellungen und Erwartungen an die Kolonie hatten. Solch eine Uneindeutigkeit machte es zwar leicht, Geld und Männer zusammenzubekommen, musste aber spätestens dann zu Konflikten führen, wenn Laudonnière vor Ort Prioritäten setzte, die andere nicht teilten.

Über die Reise nach Florida, die Gründung der Kolonie sowie schließlich auch ihr Ende schrieb Laudonnière später einen Bericht, der 1566 in Frankreich Admiral Coligny erreichte und 1586 in England im Druck erschien. In diesem Text nutzt Laudonnière bereits die Überfahrt, um am Beispiel der Kanarischen Inseln und später auch der Karibik auf die brutalen und für Indigene verhängnisvollen Methoden der spanischen Konquistadoren zu verweisen. Sich selbst und seine Männer stellt er im Gegenzug als bessere Kolonisatoren mit weitaus edleren Motiven dar – ganz dem Zeitgeist entsprechend.

Zurück in Florida ließ Laudonnière Kurs auf die Flussmündung nehmen, an der im Jahr 1562 der erste Kontakt mit einem *Paracoussy* geglückt war. Den Standort des kleinen Außenpostens mieden sie dabei, da dieser den Spaniern inzwischen bekannt war. Zu seiner großen Freude erkannte der Anführer mit Namen Satourioua ihn und seine Männer wieder. Mehrfach das Wort »*Amy*«, also Freund rufend, bereitete er Laudonnière einen herzlichen Empfang und führte ihn anschließend zur Wappensäule, welche die Franzosen in seinem Land errichtet hatten. Die Säule stand noch und wurde von Satourioua und seinen Leuten sogar gepflegt, geschmückt und in Rituale eingebunden. Dies bestätigte auch der Maler der Expedition Jacques Le Moyne in einem eigenen, illustrierten Bericht, der 1591 in Deutschland bei Theodor de Bry gedruckt wurde.

Erneute Gespräche, bei denen die wenigen Vokabeln zum Einsatz kamen, die Laudonnière und einige Überlebende des kleinen Außenpostens gelernt hatten, verrieten den Franzosen, dass Satourioua mehrere andere Herrscher als Vasallen unterstanden. Noch wichtiger als diese Information war für sie allerdings, dass Satouriouas Leute Silberschmuck trugen. Mittels Zeichen erklärten jene, dass das Edelmetall aus dem Land der *Thimogoa* stamme, das einige Tage weit im Landesinneren liege. Das Interesse der Franzosen an dem Edelmetall richtig einschätzend, verkündete Satourioua, dass er ohnehin einen Kriegszug gegen die *Thimogoa* plane. Laudonnière war begeistert und versprach sogleich, sich mit all seinen Männern dem Kampf anzuschließen. Bemerkenswert ist dabei, dass er dies in seinem Bericht als seine eigene Idee beschreibt und offenbar verkennt, dass Satourioua ihn durchaus mit dem Silberschmuck geködert haben könnte, um ihn zur Parteinahme in einem interindigenen Krieg zu manipulieren.

Vor dem Kriegszug stand für die Franzosen jedoch der Bau eines Forts an. Nach einiger Suche und Begegnungen mit mehreren *Paracoussy*, die Vasallen Satouriouas waren, wählten sie schließlich einen Standort aus, der angeblich Früchte, nutzbaren Boden, Fische und andere Ressourcen im Übermaß bot. Allerdings machte Laudonnière in seinem Bericht deutlich, dass seine Männer keine Landwirtschaft betreiben wollten. Im Gegensatz zu nachfolgenden Siedlern erwarteten er und seine Männer, von den Indigenen versorgt zu werden und sich auf die Suche nach Gold- und Silbervorkommen konzentrieren zu können.

Das Fort erhielt den Namen Caroline zu Ehren König Karls IX. Während der Bauarbeiten kam Satourioua mehrfach zur Baustelle und befal seinen Leuten schließlich, die Arbeiten zu unterstützen. Sie errichteten Hütten aus Holz und Palmblättern innerhalb des Festungswalls, der aus Holz und aufgeschütteter Erde entstand. Das Fort erhielt eine dreieckige Form mit Bastionen für Geschütze, mehreren Gebäuden für den Befehlshaber und zur Aufbewahrung von Waffen, Munition und Vorräten.

Sicher vor Ort etabliert, konnte Laudonnière sich der weiteren Erkundung des Umlandes widmen. Hierzu schickte er erstmals seinen Lieutenant Ottigny aus, der am Anfang des Kapitels bereits erwähnt wurde. Jener zog flussaufwärts und traf dort Späher von Satourioua, die ihm den Weg ins Land der *Thimogoa* zeigten. Als sie auf einige von diesen trafen, brannten die Männer Satouriouas auf einen Kampf. Entsprechend der getroffenen Absprache erwarteten sie dabei die Hilfe der Franzosen und waren überrascht, als Ottigny die *Thimogoa* nicht nur entkommen ließ, sondern für jene auch noch wertvolle Geschenke hinterlegte.

Grund hierfür war, dass Laudonnière inzwischen seine Haltung geändert hatte. Statt sich direkt in einen Konflikt hineinziehen zu lassen, befahl er Ottigny den Aufbau friedlicher Beziehungen zu den *Thimogoa*. Sein Plan war es, die bisher kriegerischen indigenen Gemeinschaften zum Frieden miteinander zu bringen – natürlich unter französischer Vorherrschaft.

Ottigny gelang es, die *Thimogoa* mit den Geschenken anzulocken und ein Gespräch in Zeichensprache zu führen. Er erfuhr dabei, dass es in ihrem Land gar keine Vorkommen von Gold oder Silber gab. Das Edelmetall hätten die *Thimogoa* selbst bei Kriegen gegen einen mehrere Tagesmärsche entfernt lebenden *Paracoussy* erbeutet, der nahe der Berge lebe. Man sei gerne bereit, den Franzosen den Weg zu zeigen. Hier zeigt sich ein vertrautes Muster. Durch Erwähnung des begehrten Edelmetalls lenkten die Indigenen die Aufmerksamkeit der Europäer von sich ab und auf ihre jeweiligen Feinde. Was die Franzosen hier erst zum

Abb. 10 Der indigene Anführer Satourioua zeigt René de Laudonnière die Wappensäule, die jener auf seiner ersten Reise zurückgelassen hatte. In Berichten hoben Laudonnière ebenso wie der Maler Jacques Le Moyne de Morgues hervor, dass die Indigenen die Säule gepflegt und sogar verehrt hätten. Sie beschrieben dies vermutlich besonders ausführlich, da sich dies als Geste einer freiwilligen Unterwerfung präsentieren ließ. Theodor de Bry fertigte diese Darstellung nach Zeichnungen von Le Moyne de Morgues als Illustration für dessen Reisebericht an.

zweiten Mal erlebten, war den Spaniern auf ihren Feldzügen oder *Entradas* weiter westlich jahrzehntelang passiert. Gut möglich, dass das Wissen über diese Strategie sich unter den Indigenen bis nach Florida verbreitet hatte.

Nachdem Ottigny zugestimmt hatte, dass einer seiner Männer für 15 Tage mit den *Thimogoa* in das Grenzland reisen und nach Gold Ausschau halten sollte, führten sie ihn zu ihrem eigenen *Paracoussy*. Dieser Mann erklärte, dass er und neun andere unter der Macht des großen Herrschers Utina standen. Für die Franzosen galten sie damit als dessen Vasallen. Der größte Feind Utinas sei Satourioua, der am Ufer des großen Flusses lebte. Diese diplomatische Lage ignorierend, versprach Ottigny den Männern Utinas einen gemeinsamen Feldzug gegen den Herrscher, der in den Bergen lebte und angeblich Gold und Silber besaß. Die Freude der Vasallen Utinas war groß und aus Sicht der Franzosen war dies ein guter Vorschlag. Verbündet mit sowohl Satourioua als auch Utina könnten sie den dritten Herrscher ebenfalls in ein Bündnis und zur Unterwerfung drängen oder mit geringen Verlusten bekämpfen. Dass sich dies lohnen würde, zeigte sich, als der ausgesandte Späher zurückkehrte und sechs Pfund Silber präsentierte, die er gegen Kinkerlitzchen hatte eintauschen können.

Der Umsetzung dieser Idee stand jedoch die Feindschaft der beiden indigenen Herrscher im Weg. Ottigny war dies durchaus bewusst, wie sich auf dem Rückweg zum Fort zeigte. Als er im Gebiet Satouriouas angekommen war, nahm er bei einem von dessen untergeordneten *Paracoussy* Quartier und wurde befragt, ob er die *Thimogoa* bekämpft habe. Ottigny log, seine Männer hätten mehrere von ihnen erschlagen und den Rest in die Flucht gejagt. Die Reaktion auf seine Lüge war überschwänglich. Die Franzosen erhielten ein Festmahl, das allerdings unterbrochen wurde, als ein alter Mann darum bat, die Waffen der Franzosen zu sehen. Ottigny ließ ihm ein Messer und ein Schwert reichen, die jener dann intensiv prüfte. Nachdem der alte Mann kein Blut an den Waffen fand, erhob er laut Klage und beschwerte sich darüber, vermutlich weil er Ottignys Erzählung keinen Glauben schenkte. Dem Lieutenant gelang es aber, zu erklären, dass er und seine Männer alle ihre Waffen und Kleidung gereinigt hätten.

So kam es dazu, dass die Franzosen zwei Bündnisse mit indigenen Herrschern eingingen, die miteinander verfeindet waren. Laudonnière sah darin, in völligem Glauben an die eigene Überlegenheit, kein Problem. Die Allianzen waren für ihn nur dann etwas wert, wenn andere zur Leistung verpflichtet waren, wie etwa Satourioua, von dessen Leuten er tägliche Lebensmittellieferungen erwartete.

Im Juli 1564 reisten dann die französischen Schiffe ab und ließen die Kolonisten zurück. Von diesem Moment an drängte Satourioua mit immer größerem Nachdruck darauf, dass Laudonnière endlich die Abmachung einhalten solle. Als Antwort forderte der französische Anführer nur noch mehr Vorräte.

Schließlich hatte Satourioua genug und zog mit insgesamt 500 Kriegern in das Land der *Thimogoa*. Sein Feldzug war ein Triumph. Satourioua und seine Männer kehrten mit vielen Skalps zurück, eine Form der Trophäe, welche Laudonnière und andere Franzosen nur mit Abscheu beschrieben, und führten auch Gefangene mit sich. Der *Paracoussy* beanspruchte 13 von ihnen für sich selbst und verteilte die übrigen an seine treuen Vasallen.

In dieser Situation zeigte Laudonnière die typische Arroganz eines Europäers seiner Zeit. Für ihn waren die Gefangenen eine gute Gelegenheit, seine eigene Stellung beim *Paracoussy* Utina zu verbessern. Daher forderte er von Satourioua zwei Gefangene – ohne Gegenleistung und ohne am Kampf beteiligt gewesen zu sein. Als jener die Forderung rundheraus ablehnte, denn jede Zustimmung hätte einen Autoritätsverlust gegenüber den ihm untergeordneten *Paracoussy* und Missachtung seiner Kampfgefährten bedeutet, war Laudonnière empört. Dass jemand, den er für einen Wilden hielt, eine Forderung des Stellvertreters ihrer Majestät ablehnte, konnte er nicht tolerieren. Er stellte sofort ein Kommando von 20 Bewaffneten zusammen und zog mit brennenden Lunten kampfbereit in Satouriouas Dorf ein.

Ohne ein Wort oder eine Geste des Grußes drängten seine Männer die Bewohner zurück und umstellten Satouriouas Haus. Schweigend nahm Laudonnière darin gegenüber dem *Paracoussy* Platz und starrte ihn eine halbe Stunde lang an, ohne auf seine Worte und Gesten einzugehen. Dann forderte er die sofortige Übergabe aller Gefangenen, inklusive all jener, die Satourioua als Kriegsherr schon an seine Verbündeten verteilt hatte.

Von Bewaffneten umstellt, gab der *Paracoussy* der Forderung nach. Von diesem Moment an, so Laudonnière, habe Satourioua sich zwar nach außen hin noch freundlich gegeben, aber heimlich seine böse und verräterische Natur gezeigt und gegen die Kolonie gearbeitet. Diese Deutung ist für sich genommen schon bemerkenswert, da sie viel über die europäische Geisteshaltung verrät. Laudonnière war offenbar völlig überzeugt, dass er im Recht war und der indigene Anführer sich Ungehorsam hatte zuschulden kommen lassen. Eine nachvollziehbare Entfremdung von den Franzosen galt ihm als böswilliger Verrat. Doch nicht nur diese Einschätzung Laudonnières ist bemerkenswert, sondern mehr noch, dass er dies gegenüber seiner Leserschaft für eine nachvollziehbare und überzeugende Argumentation hielt. Offenbar ging er davon aus, dass sowohl in England als auch in Frankreich jeder seine Haltung teilte.

Nachdem ihm die Gefangenen überstellt worden waren, schickte er sie mit Geschenken an Utina zurück und teilte sowohl Utina als auch Satourioua durch Boten mit, dass er sie gemeinsam als Partner einer Allianz haben wolle, um die Gold- und Silberminen zu erobern. Die Reaktion Utinas war sehr positiv. Er überredet sogleich die kleine französische Streitmacht von zehn Mann, welche die Gefangenen eskortiert hatte, gemeinsam mit seinen Leuten einen ersten Angriff gegen die Indigenen zu starten, welche die Minen kontrollierten. Die Franzosen, eventuell unter Befehl Lieutenant Ottignys, gingen darauf ein und kämpften für Utina inmitten einer Schlacht. Utina belohnte sie danach mit etwas Gold, Silber und bemalten Fellen. Was für Laudonnière die Bekräftigung eines Bündnisses mit ihm selbst als Hegemon war, könnte aber von Utina eher als eine Unterordnung verstanden worden sein. Immerhin hatte er die Beute bekommen und dann an die Franzosen verteilt, ganz so wie bei seinen untergebenen *Paracoussy*. Utina schlug noch öfter vor, dass Franzosen für ihn kämpfen und zur Belohnung Nahrungsmittel oder Edelmetall erhalten sollten. Für den *Paracoussy* waren die Franzosen, die sich selbst für Herren des Landes hielten, vermutlich nur Untergebene – zwei unterschiedliche Wahrnehmungen, die erhebliche Sprengkraft in sich trugen.

Doch Spannungen mit den Indigenen waren keineswegs das größte Problem, mit dem Laudonnière zu kämpfen hatte. Eine weitaus direktere Bedrohung kam aus dem Inneren seiner Kolonie. Wie erläutert, waren die Ziele der Unternehmung nicht eindeutig und die Mitwirkenden verfolgten unterschiedliche Interessen. Insbesondere zwei Aspekte provozierten Unruhe, die sich bis zur offenen Meuterei steigerte. Zum einen das zögerliche Vorgehen Laudonnières gegenüber den Indigenen und zum anderen seine Sorgfalt, das Fort auszubauen. Einige Kolonisten, darunter auch ein Mann namens La Roquette, der angeblich durch Zauberei genau herausgefunden hatte, wo in der Nähe Gold zu finden sei, drängten auf rasches Losschlagen. Sie wollten das Gold erbeuten und dann möglichst bald zurück nach Frankreich. Als Laudonnière ihrem Drängen nicht nachgab, versuchten sie, ihn zu vergiften, und planten, ein Fass Schießpulver unter seinem Bett zu zünden – zwei Anschläge, die er jedoch aufdecken konnte. Die Rädelsführer entzogen sich daraufhin einer Strafe, in dem sie zu Indigenen flohen.

Doch dies war erst der Anfang der internen Krisen. Da die Goldsuche an Land wenig erfolgreich war, bildete sich unter den Kolonisten eine Fraktion, welche Freibeuterei als Alternative bevorzugte. Etwas mehr als ein Dutzend Mann tat sich zusammen. Sie erklärten, sie würden mit dem kleinen Segelboot der Kolonie Vorräte an der Küste holen wollen. Einmal aufgebrochen nahmen sie aber Kurs auf die Karibik, wo sie kleinere spanische Küstensegler angriffen. Nach einigen Erfolgen gingen ihnen dann die Vorräte aus und sie gerieten auf Kuba in Gefangenschaft. Für die Spanier brachte dies nicht nur die Information, dass die Franzosen zurück in Florida waren, sondern auch die Bestätigung, dass es sich bei der Kolonie um ein Piratennest handelte.

Nach dem Diebstahl des Bootes war Fort Caroline in einer schwierigen Lage, da weder Erkundungsfahrten noch Proviantsuche möglich waren. Laudonnière ließ daher seine Leute zwei Brigantinen bauen, die sogar hochseetauglich waren. Während die Arbeiten an den Booten vorangingen, kamen jedoch erneut einige Männer auf den Gedanken, dass sie die Schiffe nutzen könnten, um schnell zu Reichtum zu kommen. Am Ende hatten sich fast 60 Mann verschworen. Sie versuchten zunächst, Laudonnière davon zu überzeugen, ihnen einen offiziellen Auftrag zu geben, mit den Brigantinen in der Karibik Lebensmittel zu holen, doch es war zu offensichtlich, dass dies nur ein Vorwand für Piraterie war.

Laudonnière lehnte ab. Er verwies darauf, dass er Befehl habe, die Spanier nicht zu provozieren. Außerdem habe der Ausbau des Forts Priorität. Die Reaktion der Männer war eindeutig. Sie bewaffneten sich und stürmten mit vorgehaltenen Pistolen Laudonnières Quartier. Nachdem sie die Ausrüstungskammer und das Waffenlager des Forts geplündert hatten, zwangen sie alle Männer, die in Seefahrt und

Navigation erfahren waren, sich auf einer der beiden Brigantinen einzuschiffen. Am 8. Dezember nahmen beide Boote Kurs auf die Karibik. Angeblich prahlte einer der Rädelsführer noch damit, er und seine Leute würden an Weihnachten eine spanische Siedlung überfallen und die Katholiken dort beim Gottesdienst niedermachen.

Spanische Quellen berichten jedoch über ein anderes Schicksal der Meuterer. Es gelang den Männern zunächst, die Karibik zu erreichen, wo sie Überfälle auf kleinere Schiffe verübten. Durch einen Zufall erwischten sie eine Karavelle, die den Gouverneur von Jamaica mit reicher Fracht an Bord hatte. Da die frischgebackenen Piraten jedoch nicht genug Proviant hatten, ließen sie sich vom Gouverneur überreden, ihn nach Jamaica zu bringen, wo er ihnen als Geisel dienen und zu Ausrüstung und Vorräten verhelfen wollte. Es überrascht nicht, dass der Gouverneur dabei Hintergedanken hegte. Es gelang ihm, seinen Soldaten ein Zeichen zu geben, dass sie das Schiff angreifen und ihn mit Gewalt befreien sollten. Die Franzosen gerieten in Gefangenschaft und Nachrichten verließen Jamaica in Richtung Sevilla und Madrid. Phillip II. und der Indienrat wurden alarmiert, dass eine akute Piratengefahr vom französischen Fort ausging.

Einigen der Meuterer und vor allem einigen derjenigen Männer, die sie zum Mitkommen gezwungen hatten, war es allerdings gelungen, während des Kampfes mit einer Brigantine zu entkommen. Ohne Vorräte und vom Misserfolg entmutigt, kehrten sie nach Florida zurück. Laudonnière begnadigte dort alle bis auf vier Rädelsführer, die sich einem Prozess stellen mussten. Nach ihrer Verurteilung durch einen Rat von Offizieren ließ Laudonnière sie hängen.

Inzwischen war es Januar geworden und für die Indigenen stand der übliche saisonale Umzug in die Wälder an. Vorher wollte Satourioua noch einen letzten Schlag gegen Utina führen und fragte ein weiteres Mal, ob Laudonnière ihn unterstützen würde. Erneut lehnte der französische Anführer den Vorschlag Satouriouas ab und – was diplomatisch katastrophal war – stimmte zeitgleich einer Aufforderung Utinas zu, ihm Männer für einen Kriegszug zu den Gold- und Silberminen zu schicken. Ohne sich darum zu kümmern, dass dies Satourioua provozieren musste, schickte Laudonnière Lieutenant Ottigny mit 30 Mann zu Utina. Auf dem folgenden Feldzug musste Ottignys Trupp sich in einer dreistündigen Feldschlacht gegen eine Übermacht behaupten, in der letztlich nur ihre gepanzerte Kleidung den Sieg brachte. Offenbar hatte die Schockwirkung der Feuerwaffen bereits nach dem erstmaligen Einsatz nachgelassen. Ottigny erhielt wieder einige Belohnungen von Utina, darunter auch Nahrungsmittel, die im Fort dringend benötigt wurden.

Als die Indigenen in die Wälder zogen, begann für die Kolonie eine Krisenzeit. Niemand hatte Vorkehrungen getroffen, um zu fischen oder zu jagen, und die

Vorräte schrumpften rasch. Drei Monate gab es kaum Kontakte mit den Indigenen, während der Hunger sich auf ein lebensbedrohliches Maß steigerte.

Aus den Wäldern zurückgekehrt, begannen die Indigenen – sowohl Männer Satouriouas als auch Utinas – im Juni wieder mit den Franzosen zu handeln. Allerdings forderten sie nach Ansicht Laudonnières Wucherpreise. Sie verlangten mehrere Eisenwerkzeuge und sogar Waffen für eine Handvoll Lebensmittel und verspotteten die Franzosen, wenn jene über Hunger klagten. In Laudonnières Bericht ist dieses Verhalten aber vermutlich überzeichnet, da er so eine schärfere Politik gegen die Indigenen begründen konnte.

Der Anlass hierfür war, dass Utina, sobald er sich daran gewöhnt hatte, dass die Franzosen für ihn als Söldner kämpften, nicht mehr um deren Unterstützung bat, sondern sie einforderte. Als er dann auch noch weniger Belohnung als früher dafür versprach, war das Maß voll. Laudonnière stimmte jetzt einem Plan zu, den Ottigny und andere Offiziere schon vor Wochen ausgearbeitet hatten. Sie nahmen Utina gefangen, um seine Leute zur Gefolgschaft zu zwingen.

Doch wieder einmal rächte sich die Unkenntnis der Franzosen bezüglich der indigenen politischen Ordnung und ihr Unwille, sich damit zu beschäftigen. Für sie war Utina ein *roi,* ein König genau wie die Könige Europas. Für die Indigenen war ihr Anführer aber nicht göttlich legitimiert und unersetzlich, sondern nur ein Amtsinhaber. Er ließ sich durch simple Neuwahl ersetzen. Die *Thimogoa* ernannten so einen neuen *Paracoussy* und die Geisel war weitgehend wertlos.

Allerdings verwies Utina auf den Einfluss seiner Familie und die vielen Freunde, die für seine Rückkehr durchaus etwas geben würden. Dafür müsse er aber zuerst lebend und gesund wieder unter ihnen sein. Mit dem Rücken zur Wand beschloss Laudonnière, das Angebot anzunehmen, und befahl Ottigny, mit knapp 50 Mann den *Paracoussy* nach Hause zu eskortieren. Dies war die am Beginn dieses Kapitels geschilderte Expedition.

Als Ottigny nach mehreren Tagen mit leeren Taschen zurückkehrte, hatte Laudonnière immerhin inzwischen einige Nahrungsmittel eintauschen können. Doch allen war klar, dass sie die Stellung ohne Verstärkung nicht halten konnten. Daher erging der Befehl, die Vorräte auf die kleinen Schiffe zu laden und das Fort abzureißen, damit nichts in Feindeshand falle.

Während diese Arbeiten begannen, gab ein Ausguck Alarm und meldete eine große Flotte mit Kurs auf die Flussmündung. Laudonnière ließ die Geschütze laden und Munition und Pulver an die Männer ausgeben. Wenn es Spanier waren, dürfte sich ein Kampf kaum vermeiden lassen. Da sich die Banner der Schiffe nicht klar ausmachen ließen, blieb die Situation angespannt, bis ein Ruderboot an die Küste kam. An Bord war ein Mann aus Dieppe, der schon 1562 mit Ribault und Laudonnière in Florida gewesen war. Er diente nun dem englischen Kapitän John Hawkins. Es war eine Flotte, die im Auftrag Königin Elisabeths eine Kaperfahrt in der Karibik unternommen hatte. Da zwischen ihren Ländern Frieden herrschte, entspannte sich die Lage und beide Seiten feuerten einen harmlosen Salut. Dann trafen Hawkins und Laudonnière sich zu Gesprächen.

Über den Besuch und die Lage der französischen Kolonie schrieb einer von Hawkins Männern, John Sparke, später einen ausführlichen Bericht. Die Ankunft der Flotte hatte eine immense Wirkung auf die Indigenen. Besonders die Nachricht, dass die Besatzung des Forts nun selbst genug zu essen hätte, ließ Laudonnière gezielt verbreiten. Boten liefen daraufhin zwischen den einzelnen Siedlungen hin und her und die *Paracoussy* reagierten auf die Verschiebung der Machtbalance mit Geschenken und Kooperationsangeboten. Sie alle wollten wieder zu guten Preisen handeln und schlugen neue Bündnisse gegen ihre jeweiligen Feinde vor. Diese Angebote stießen allerdings auf taube Ohren.

Laudonnière ging es nur noch um die Frage eines Abzugs ohne Gesichtsverlust. Hawkins bot ihm sichere Passage nach Frankreich an, aber das könnte seiner Ansicht nach durchaus ein Hinterhalt sein. Laudonnière lehnte daher ab, woraufhin sich Widerstand bei seinen Leuten regte, wie John Sparke deutlich bemerkte. Als Hawkins daraufhin eines der Schiffe aus seiner Flotte mit Vorräten zum Kauf anbot, damit die Franzosen selbst heimfahren konnten, blieb Laudonnière keine andere Wahl mehr. Seine Männer hatten genug von Florida.

Die Franzosen verkauften Hawkins fast ihre gesamte Artillerie sowie Pulver und Munition, womit dieser seine Vorräte aufstocken konnte. Außerdem stellte Laudonnière einen Schuldschein aus, als Hawkins großzügig weitere Vorräte, Schuhe und vieles mehr an Land bringen ließ. John Sparkes Beschreibung des Zustandes der Kolonie erklärt den Grund für diese Großzügigkeit. Er sah die Franzosen ausgemergelt und von Hunger und Krankheit geschwächt. Nur wenige trugen Schuhe und ihre Kleidung hing in Fetzen. Sparke war darüber ziemlich überrascht, angesichts des Reichtums der Natur. Speziell der fruchtbare Boden tat es ihm an und brachte ihn zu der Überlegung, wie leicht sich die Männer Laudonnières hätten versorgen können, wenn sie nicht auf Schätze und Ruhm fixiert gewesen wären.

Nachdem schließlich die Geschäfte abgeschlossen waren, brach Hawkins mit seiner Flotte auf, während Laudonnière letzte Reisevorbereitungen traf. Ab Mitte August blieb dann nichts mehr zu tun, als auf guten Wind zu warten. Doch noch bevor der Wind sich drehte, rief Ende August der Ausguck, der so viele Monate lang nichts zu berichten hatte, ein zweites Mal Alarm. Eine weitere Flotte näherte sich. Kleiner als die von Hawkins, aber mit mehreren schweren Kriegsschiffen.

Wieder konnten keine Hoheitszeichen ausgemacht werden, so dass Laudonnière erneut die Männer bewaffnen und die wenigen verbliebenen Geschütze laden ließ. Schließlich ließ die Flotte mehrere Boote mit einer großen Zahl bewaffneter Männer zu Wasser. Die Boote näherten sich dem Ufer und legten an, ohne Fahnen oder Standarten zu zeigen. Laudonnière schilderte, dass er kurz davor war, den Feuerbefehl zu geben, als einer seiner eigenen Männer rief: »Es ist Herr Ribault.«

Die Verstärkung war gekommen. Mehrere hundert erfahrene Kämpfer, Vorräte, Siedler mit Frauen und Kindern sowie Ausrüstung, um eine ganze Siedlung neben dem Fort zu errichten. Die Erleichterung war auf Seiten von Laudonnière immens, doch die kampfbereite Annäherung Ribaults verriet dessen hohe Anspannung. Den Grund dafür verkündete er wenig später. In Frankreich hatten Rückkehrer aus der Kolonie, die zeitweise in spanischer Gefangenschaft gewesen waren, Laudonnière in Verruf gebracht. Sie hatten erzählt, er habe den König verraten und sei ein abtrünniger Despot geworden. Daher brachte Ribault den Befehl mit sich, dass Laudonnière zurücktreten, das Kommando übergeben und sich in Frankreich für seine Taten rechtfertigen solle. In einer langen Aussprache drückte Ribault sein Bedauern darüber aus, machte sich aber an die Umsetzung seiner Befehle. Es galt die kleineren Schiffe nah ans Fort zu bringen und Vorräte, Siedler und Ausrüstung auszuladen. Außerdem musste Ribault genau über die Umgebung und die politische und militärische Situation informiert werden.

All diese Arbeiten dauerten erst wenige Tage an, als – vermutlich zur Verblüffung aller Beteiligten – der Ausguck ein drittes Mal eine Flotte vor der Küste meldete. Diesmal waren die Hoheitszeichen aber klar zu erkennen. Die Schiffe führten die Fahne des Königreichs Kastilien und das Banner des neuen spanischen Gouverneurs und *Adelanto* für Florida, Pedro Menéndez d'Aviles. Seine Schiffe näherten sich im sanften Abendwind langsam den französischen Schiffen, die weiter außen an der Flussmündung lagen. Erst in der Dunkelheit kamen sie nahe heran und Rufe hallten über das stille Wasser. Beide Seiten fragten, wer der andere sei und was er vorhabe. Die Franzosen gaben Auskunft, dass sie Hugenotten seien und auf Befehl ihres Königs und des Admirals Coligny unter Kommando von Jean Ribault dieses Land besiedeln würden. Von seinem Schiff rief Pedro Menéndez de Avilés zurück, er habe den Befehl, ganz Florida in Besitz zu nehmen und jeden Häretiker mit Feuer und Blut zu bekämpfen.

Bis zum Morgengrauen belauerten sich beide Seiten, wobei Menéndez versuchte, seine Schiffe langsam in Gefechtsposition zu bringen. Von den folgenden Ereignissen berichtet dann nicht mehr nur Laudonnière allein. Außer ihm verfassten auf französischer Seite auch der Maler der Expedition Le Moyne sowie ein Zimmermann, der mit Ribault eingetroffen war, ihre Berichte. Auf Seiten der

Spanier machten hingegen der Befehlshaber Menéndez de Avilés und ein offizieller Chronist der Expedition König Phillip II. Meldung.

Für Pedro Menéndez war dies eine wichtige Gelegenheit. Er brauchte dringend eine Erfolgsmeldung, um seine Karriere zu retten. Er war gerade einmal für drei Jahre zum Gouverneur ernannt und verfügte nur für diese Zeit über Schiffe und Männer, um alle Ketzer aus Florida zu vertreiben, drei Siedlungen zu errichten, mit Forts militärisch zu sichern und eine neue Provinzverwaltung zu etablieren.

Der erste Schritt zum Erfolg war für ihn der Kampf gegen Ribault und Laudonnière. Doch noch bevor der Tag anbrach, kappten die Franzosen die Ankerleinen ihrer Schiffe und zogen sich zurück. Die Spanier setzten sogleich zur Verfolgung an und es begann eine Verfolgungsjagd über das Meer. Menéndez de Avilés beendet dieses vergebliche Unterfangen jedoch nach einer Weile und ließ an einer geeigneten Stelle Männer, Material und auch Siedlerfamilien an Land bringen. Er besetze so am 28. August zunächst eine Verteidigungsstellung, die er St. Augustin nannte. Noch während er das Ausladen vorantrieb, verdüsterte sich der Himmel und der Wind frischte auf.

Im Fort Caroline fasste inzwischen Ribault, als er erfuhr das die Spanier einen Außenposten errichteten, den Entschluss, die Entscheidung auf See zu suchen. Wenn er die Spanier überraschen könnte, wäre ihm seiner Ansicht nach der Sieg sicher. Angeblich gegen den Rat Laudonnières, der in seinem Bericht stets bemüht ist, Ribault die Schuld für alles zu geben, befahl Ribault jedem kampffähigen Mann, sich einzuschiffen. Neben Laudonnière und seinen persönlichen Wachen blieben im Fort nur Kranke, Verwundete, Frauen und Kinder sowie Handwerker zurück, die ihre Arbeit fortsetzen sollten – etwa 250 Personen. Mehr als 500 brachen hingegen auf, um die Spanier zum Kampf zu stellen.

Noch bevor sie den Feind erreichten, verfinsterte sich der Himmel. Ein gewaltiger Hurrikan traf am 10. September die Küste und riss die französischen Schiffe mit sich. Die Spanier hingegen, die zum Ausladen in einer geschützten Bucht lagen, überstanden den Sturm. Noch während der Hurrikan tobte, meldeten sich Indigene bei Menéndez und berichteten ihm von einem Landweg zum Fort der Franzosen und davon, dass deren Schiffe ausgelaufen waren. Er lobte in seinem Bericht, wie sehr die Indigenen des Landes – offenbar Satourioua und mit ihm verbündete *Paracoussy* – ihm gegen die Franzosen geholfen hätten.

Während starker Regen niederging, befahl Menéndez seinen Männern, mit leichtem Marschgepäck aufzubrechen. Sie zogen unter Führung indigener Kämpfer zwei Tage im Eilmarsch durch hüfttiefes Wasser, Sumpf und dichte Uferwälder, bis sie im Morgengrauen des 20. September *Fort Caroline* vor sich sahen. Menéndez befahl einen Sturmangriff und setze alles auf eine Karte. Wenn die Verteidiger vorbereitet waren, würde er auf dem offenen Feld viele seiner Männer im Feuer der kleinen Kanonen an den Toren verlieren und sich ohne Deckung zurückziehen müssen. Doch seine Leute konnten ohne Widerstand über die freie Fläche vorrücken. Als sie eine Wache vor dem Wall niederstachen, öffneten andere Franzosen sogar das Tor, um nach der Ursache für die seltsamen Geräusche zu schauen. Menéndez Männer stürmten hindurch und erklommen zugleich die Wälle.

Laudonnière schlief zu diesem Zeitpunkt wie fast alle seine Männer. Er betont in seinem Bericht außerdem, dass er krank gewesen sei und das Kommando nicht habe ausüben können. Ein anderer Offizier hatte die Wachen eingeteilt und die meisten Männer schlafen geschickt.

Im Fort überraschten die Spanier unter anderem den Zimmermann Le Challeux, der gerade zur Arbeit ging. Er schrieb später, wie er von allen Seiten Angreifer in das Fort stürmen sah. Die eigenen Alarmschreie gingen in den Fanfaren der Spanier und deren Schlachtruf »Santiago« unter. Laudonnière und einige Männer liefen zwar noch auf den zentralen Platz, doch jede Verteidigung war aussichtslos. Im Kampfrausch fielen die Spanier über die nur in Unterhemden bekleideten Franzosen her und stachen angeblich auch die Kranken und Verwundeten in ihren Betten ab.

Der Zimmermann Challeux warf sich über den Wall und floh in die Wälder, wo er später auch Laudonnière und dessen Haushälterin traf, die er verächtlich als Mätresse bezeichnete. Für Challeux stand fest, dass die Unfähigkeit und fehlende Moral Laudonnières der Grund dafür waren, dass Gott die Spanier zur Vernichtung des Forts gesandt hatte.

Pedro Menéndez zog schließlich persönlich in Fort Caroline ein. Sofort befahl er seinen Männern, alle Frauen und Kinder unter 15 Jahren zu schonen. Die Berichte widersprechen sich, inwiefern sein Befehl noch rechtzeitig kam. Von französischer Seite wird betont, dass kaum jemand den Angriff überlebte, während Menéndez seinem Herrscher meldete, es seien nur männliche Ketzer getötet worden. Anschließend ergriff er formell Besitz von Fort Caroline und benannte es in San Matteo um. In der Chronik seiner Expedition ließ er vermerken, dass er für König Phillip II. damit binnen weniger Tage bereits zwei der drei gewünschten Ansiedlungen in Florida gesichert hatte.

Le Challeux und Laudonnière erreichten währenddessen mit anderen Überlebenden die Küste und gelangten an Bord eines kleinen französischen Schiffes. Befehlshaber des Schiffes war Ribaults Sohn, der aber nicht wusste, wo sein Vater und dessen Flotte geblieben waren. Nach einigen Tagen vergeblichen Wartens brachen sie angesichts der spanischen Kriegsschiffe schließlich nach Frankreich auf. Florida war verloren.

Abb. 11 Die Zerstörung von René de Laudonnières Fort Caroline auf einer Buchillustration Theodor de Brys für den Reisebericht des Malers Jacques Le Moyne des Morgues. Der Frankfurter Verleger und Kupferstecher hatte für seine Bildwelten teilweise Vorlagen des Expeditionsmitgliedes zur Verfügung, vereinfachte aber für das Publikum deutlich und passte die Motive an europäische Sehgewohnheiten an.

Doch was war aus Ribault und seiner Flotte geworden? Die Antwort auf diese Frage findet sich in spanischen Berichten. Eine Woche nach Eroberung von Fort Caroline erfuhr Pedro Menéndez von Indigenen, dass sie große Gruppen von Franzosen an der Küste gesehen hätten. Kampfbereit zog er daraufhin zum angegebenen Ort. Er und seine Truppe trafen dort auf knapp 150 Männer, die seit Tagen ohne Wasser und Nahrung schiffbrüchig an der Küste lagerten. Ihr Anführer versuchte, mit Menéndez zu verhandeln und von ihm Vorräte und freien Abzug zu erhalten. Doch der Gouverneur schrieb in seinem Bericht, dass er lediglich erwidert habe, dass es sein Auftrag sei, alle Häretiker ohne Kompromisse mit Feuer und Blut zu bekämpfen. Er könne ihnen nur die Wahl lassen, sich bedingungslos zu unterwerfen oder sich zum Kampf zu stellen.

Die Franzosen waren daraufhin uneins. Einige zogen sich in die Wälder zurück, doch die Mehrheit lieferte sich Menéndez aus. Er ließ daraufhin alle fesseln und bis auf einige Katholiken und spezialisierte Handwerker töten. Für einen Mann wie Menéndez war dies keine moralisch fragwürdige Handlung, da er sich auf einer königlichen Mission befand, die, wie seine bisherigen Erfolge belegen, offensichtlich von Gott unterstützt wurde. Für Gnade mit Andersgläubigen war in seinem Weltbild kein Platz.

Das zeigte sich kurz darauf erneut, als die Meldung eintraf, eine zweite Gruppe Schiffbrüchiger sei an der Küste. Diesmal traf Menéndez auf fast 200 Mann, die von Ribault und Ottigny angeführt wurden. Wieder versuchten die Franzosen zu verhandeln und boten unter anderem Lösegeld für eine sichere Heimkehr an. Menéndez verhielt sich wie zuvor, berichtete aber diesmal, dass er den Franzosen gesagt habe, ein hohes Lösegeld könnte zwar eine gute Hilfe für seine Mission sein, aber er könne ihnen nur anbieten, zu kämpfen oder sich seiner Gnade auszuliefern. Sein Lob für das Lösegeld galt einem der Franzosen, der später von diesem Gespräch berichtete, als Akt böswilliger Täuschung. Denn als die Franzosen sich ergeben hatten, ließ Menéndez auch sie fesseln und bis auf wenige Knaben und spezialisierte Handwerker ermorden. Ribault und Ottigny schonte er dabei zunächst, so dass sie während des Massakers um ihr Leben und das ihrer Männer flehten.

Einer der überlebenden Handwerker erzählte von diesen Ereignissen in Frankreich, so dass sie später auch Eingang in gedruckte Berichte über Französisch-Florida fanden. Menéndez selbst stellte sein Handeln als gerecht dar und gab an, dass besonders die Tötung Ribaults notwendig gewesen sei, da jener mit seinem großen Wissen über Florida eine ständige Gefahr gewesen wäre. Ribaults Leichnam ließ er in vier Teile zerschneiden und an den Ecken des ehemaligen Fort Caroline aufstellen. Zuletzt kümmerte Menéndez sich um die Franzosen, die sich nicht ergeben hatten, sondern in die Wälder geflohen waren. Er befahl seinen neuen indigenen Verbündeten – angeblich erfolgreich – die Franzosen zu jagen und zu töten.

In den folgenden Wochen gründete Menéndez ein weiteres Fort und zahlreiche kleinere Außenposten. Expeditionen durchzogen in seinem Auftrag das Land und lieferten ihm Material für seinen Plan von einem Groß-Florida. Er wollte vom Süden Floridas bis hoch an die Chesapeake Bay oder *Bahia de Santa Maria* eine Kette von Forts und Häfen errichten, mittels derer er Nordamerika auf ewig für die spanische Krone sichern könnte. Doch sehr schnell zerstörten Angriffe der Indigenen und die durchweg katastrophale Versorgungslage seine Träume. Auch die Hoffnung, Missionare statt Soldaten einsetzen zu können, zerschlug sich, wie in Kapitel 5 beschrieben. Menéndez musste sich immer weiter zurückziehen und gab schließlich auch das ehemals französische Fort auf. Vom spanischen Groß-Florida blieb nur die kleine Siedlung St. Augustin. Sie besteht bis heute und ist damit die älteste durchgehend bewohnte europäische Gründung nördlich von Mexiko.

In Frankreich verbreitete sich die Nachricht vom Untergang des Fort Caroline rasch und wurde später um Schilderungen vom Tod Ribaults ergänzt. Der Bericht des Handwerkers Le Challeux über den Fall des Forts erlebte in kurzer Zeit vier Auflagen, und weitere Druckschriften beklagten das Leid der Witwen und Waisen des Massakers und forderten Rache.

Für den französischen König war jedoch ein Gegenschlag kein Thema. Florida war viel zu unbedeutend und die Beziehungen zu Spanien zu komplex für kurzfristige Aktionen, zumal zu dieser Zeit gerade eine spanische Armee in die aufständischen Niederlande einmarschierte. Darüber hinaus zeichnete sich ein weiterer innerfranzösischer Krieg zwischen Hugenotten und Katholiken ab. Auch Admiral Coligny hatte somit andere Sorgen. Es war daher eine Gruppe hugenottischer Kauf- und Seeleute, die ohne Erlaubnis und Hilfe der Krone 1568 eine Vergeltungsexpedition ausrüstete. Sie zerstörten ein spanisches Fort und feierten diesen Sieg als gelungene Rache. Mehr folgte jedoch nicht.

Doch die Texte von Laudonnière, Le Moyne und Le Challeux über die Ereignisse in Florida blieben noch lange bedeutsam. Sie fügten sich in eine damals stetig wachsende antispanische Literatur ein, die in den protestantischen Ländern Europas und unter den Hugenotten Frankreichs kursierte. Massaker in den Niederlanden, die Vernichtung indigener Kulturen in der Karibik und die Ereignisse von Florida passten dabei perfekt zusammen. So nahm beispielsweise der calvinistische Frankfurter Verleger und Kupferstecher Theodor de Bry den Bericht des Expeditionsmalers Jacques Le Moyne in seine berühmte *America*-Reihe auf. Darin konstruierte er – wie viele andere Autoren – das Feindbild des Spaniers an sich als grausamen, amoralischen und fanatischen Feind aller Protestanten und als Mörder von Unschuldigen, – ein Stereotyp, das in England auf breite Resonanz stieß, insbesondere während des offenen Seekrieges beider Länder zwischen 1585 und 1603.

## Quellen und Forschungsarbeiten

Um die Geschichte von Französisch-Florida zu rekonstruieren, steht sowohl eine französische als auch spanische Überlieferung zur Verfügung. Das erste Projekt beschrieb der Verantwortliche Jean Ribault selbst bereits im Jahr 1563, als er sich in England aufhielt. Da er dort um Unterstützung warb, beschrieb er das Land, die

Begegnung mit Indigenen und seine eigenen Taten auf Englisch als *The Whole and true Discouereye of Terra Florida*. Diese Schrift ist im Original vielerorts online verfügbar und auch in David Quinns monumentaler Quellensammlung von 1979 *New American World. A documentary history of North America to 1612* in modernisiertem Englisch abgedruckt. Im zweiten Band dieses Werkes befinden sich auch zahlreiche, ursprünglich französische oder spanische Quellen in englischer Übersetzung. Zweifellos die wichtigste davon ist der ausführliche Bericht von René de Laudonniére über die Entdeckungen, die Kolonisierung und Kämpfe in Florida. Das Original erschien 1586 als *L'histoire notable de la Floride située es Indes occidentales*. Einen weiteren Bericht verfasste der Maler der Expedition Jacques Le Moyne de Morgues. Seine Erzählung erschien 1591 auf Deutsch und Latein bei Theodor de Bry und Erben in einer prächtig illustrierten Ausgabe mit dem Titel: *Von dreyen Schiffahrten/ so die Frantzosen in Floridam gethan Mit Beschreibung vnd lebendiger Contrafactur, dieser Provintz, Gestalt, Sitten vnd Gebräuch der Wilden: Auch mit schönen vnd kunstreichen Kupfferstücken, vnd deren angehenckten Erklärung*. Auch wenn wieder einmal die Vorlagen des Künstlers dem europäischen Geschmack und den Erwartungen angepasst wurden, war dies doch ein Meilenstein für das Wissen über Florida und seine Bewohner in Europa. Die letzte Quelle von französischer Seite ist der Bericht des Zimmermanns Le Challeux, der 1566 als *Discourse de l'Histoire de la Floride contenant la Cruauté des espagnols contre les subjets du Roy* in Dieppe erschien. Der strenggläubige Zimmermann entwarf darin ein Bild vom Untergang der Kolonie als göttliche Strafe für Fehlverhalten der Kolonisten und auch dafür, dass die französischen Calvinisten oder Hugenotten ihr Heimatland verlassen hatten, anstatt daheim für ihren Glauben einzustehen. David Quinns *New American World* bietet auch hiervon im zweiten Band eine englische Übersetzung. Dort findet sich zudem die erstmals von dem englischen Kolonialbefürworter Richard Hakluyt 1589 herausgegebene Schilderung, die John Sparks verfasste, ein Gefolgsmann von John Hawkins. Hierbei ist sicherlich spannend, dass er eine Außenperspektive einnimmt, wohingegen Laudonniére in seinem ausführlichen Bericht hauptsächlich darum bemüht war, seine eigenen Leistungen und seine völlige Unschuld an allen Krisen und dem Untergang der Kolonie nachzuweisen. Auch für die Quellen der spanischen Seite, seien es die offizielle Chronik der militärischen Expedition, offizielle Berichte von Menéndez d'Aviles oder die Anfänge der neuen Kolonie St. Augustin ist der zweite Band der Sammlung von David Quinn die beste Anlaufstelle, wo knapp 200 großformatige Seiten dem Thema gewidmet sind.

Die Forschungsliteratur zu dieser Kolonie ist besonders umfangreich, da ihre Geschichte sowohl von US-amerikanischer als auch französischer Seite untersucht worden ist. Von den vielen Darstellungen sei hier nur eine kleine Auswahl empfohlen: das Überblickswerk von John McGrath aus dem Jahr 2000, *The French in early Florida. In the eye of the hurricane*, das quellennah und durchaus mitreißend erzählt. Eine klassische Einordnung in die nordamerikanische Kolonialgeschichte veröffentlichte Francis Parkmann in seinem 1983 erschienenen Werk *France and England in North America*. Über die Begegnungen zwischen Indigenen und Franzosen sowie deren Darstellung in den Quellen arbeitete Peter Cook, der mehrere Artikel dazu veröffentlichte – unter anderem *Kings, Captains and Kin. French Views of Native American Political Cultures in the sixteenth and early seventeenth centuries* in dem 2007 von Peter C. Mancall herausgegebenen Tagungsband *The Atlantic world and Virginia, 1550–1624*. Eine Reihe von einschlägigen Beiträgen zur Bedeutung der Quellen sowie den indigenen und französischen Akteuren und zum Kontext der Kolonie bietet auch das Sammelwerk *Florida un rêve francais (1562–1565)*, das Mickael Augeron 2012 herausgab. Eine mehr abstrakte Analyse zu der kolonialen Erfahrung der Franzosen und den Berichten, die sie verfassten, stellt *France and the American tropics to 1700. Tropics of discontent?* von Philip P. Boucher dar, das 2008 erschien und auf mehrere Vorläuferstudien des Autors aufbaut. Er führt damit in einem zeitlich weiteren Rahmen die Untersuchung von Frank Lestringant zum Wissen und zu Berichten über Amerika in Frankreich fort. Auch wenn Lestringant sich primär auf Französisch-Brasilien konzentrierte, wie in den Anmerkungen zu Kapitel 11 beschrieben, so geht er in seinem dort genannten Werk *Le huguenot et le sauvage* auch auf die Floridaberichte ausführlich ein.

Ähnlich wie im Falle von *France Antarctique* (Kapitel 11) so haben auch die über Florida verfassten Berichte die Aufmerksamkeit der Forschung in Deutschland gefunden. Mehrere Autorinnen untersuchten das in den Texten erschaffene Bild einer neuen Welt, ihrer Bewohner und die kolonialen Identitäten sowie antikoloniale Kritik. Dies geschah mehrfach in direktem Vergleich mit den Texten über *France Antarctique*, so bei Frauke Gewecke in ihrem Standardwerk *Wie die neue Welt in die alte kam* von 1986, bei Monika Wehrheim-Peuker in ihrem 1998 erschienenen Buch *Die gescheiterte Eroberung. Eine diskursanalytische Betrachtung früher französischer Amerikatexte* und bei Kirsten Mahlke in *Offenbarung im Westen. Frühe Berichte aus der Neuen Welt*, veröffentlich 2005. Um in deutscher Sprache einen Überblick über die Ereignisse und eine Einordnung in die Geschichte der Entdeckungen und Kolonisation zu erhalten, lohnt es sich, das Handbuch von René Alexander Marboe *Europas Aufbruch in die Welt 1450–1700* aus dem Jahr 2004 mit dem von Urs Bitterli *Die Entdeckung Amerikas. Von Kolumbus bis Alexander von Humboldt* zu kombinieren, das 1999 in einer Neuausgabe erschien.

# 8. Ein Konzern gründet eine Kolonie – Die Welser in Venezuela 1528–1556

Die Hölle auf Erden. Diese drastischen Worte dürften am Ehesten beschreiben, was der aus Ulm stammende Nikolaus Federmann mit seiner kleinen Streitmacht vor sich sah, als er auf einer Hochebene in den östlichen Ausläufern der Anden im heutigen Kolumbiens vorrückte. Misstrauisch, durch zahlreiche Angriffe der Indigenen vorgewarnt und zermürbt von monatelangen Märschen ohne Proviant und Nachschub, hatten seine Männern einen Anstieg über fast 4000 Meter hohe Pässe gewagt. Versklavte Träger, nackt in Eisenketten, waren zu Dutzenden erfroren, und auch Federmanns Männer waren von Kälte, Krankheit und Nahrungsmangel schwer gezeichnet.

Doch irgendwo dort oben hofften sie, das Ziel all ihrer Mühen zu finden: Gold. Angeblich mehr Gold als irgendwo sonst auf der Welt. Doch zuerst mussten sie noch eine schmale Hochebene durchqueren, begrenzt von steilen Schluchten, die Dutzende, manchmal hunderte Meter in die Tiefe gingen. Die Ebene schien leer und ungefährlich, als sich nur hohes trockenes Gras vor ihnen ausbreitete. Doch nach einer Weile gaben Federmanns Reiter Alarm. Die Falle, welche die Bewohner des Landes ihnen gestellt hatten, schnappte zu.

Flammen loderten auf und Rauch nahm der kleinen Streitmacht die Sicht. Der Qualm biss in den Augen und Lungen der Männer. Die Indigenen hatten das trockene Gras angezündet, und um die Konquistadoren herum verwandelte sich das Land in ein Feuermeer. Pferde und Menschen gerieten in Panik. Hier war kein Feind zu bekämpfen, egal wohin sie sich wandten. Nach kurzer Zeit, angefacht vom eisigen Wind, blockierten Feuer und dichter Rauch alle Fluchtwege. Die ersten Männer und Tiere verloren den Weg und stürzten über den Rand der Hochebene. Sowohl Eroberer als auch ihre versklavten Opfer fielen in die Tiefe und blieben sterbend zurück.

Federmann versuchte verzweifelt, seine Männer zusammenzuhalten, als ein Mann aus seinem Gefolge ihm zuschrie, dass sie Gegenfeuer legen sollten: kleine Schneisen, die sich ausschlagen oder austreten ließen, aber dem großen Feuer die Nahrung entziehen und seine Ausbreitung aufhalten würden. Federmann gab sofort den Befehl, dem Mann beizuspringen. Tatsächlich gelang es, über Schreie, Lärm und Rauch hinweg, die Männer zur Arbeit anzutreiben. Feuer loderten auf, wurden rasch wieder ausgeschlagen und nahmen dem Flammenmeer die Nahrung. Nach einer Weile verwehte der Rauch und Federmann konnte seine angeschlagene Truppe ein weiteres Mal sammeln und die Verluste zählen.

Doch er hielt sich damit nur so lange auf, wie unbedingt nötig. Es war kalt hier oben und es gab weder Wasser noch Nahrung. Wie alle seine Männer war auch Federmann schwer erschöpft von den Monaten, die sie sich durch den Dschungel Venezuelas und die Hänge der Anden gekämpft hatten, um das goldene Königreich zu finden.

Die Vision von Reichtum, Gold und einem Königreich mit großen Städten und Palästen, das sie im Namen König Karls von Spanien erobern würden, erwies sich einige Tage später tatsächlich als Wirklichkeit. Federmanns Schar erreichte eine warme, grüne Hochebene. Sie sahen Dörfer und ganze Städte vor sich ausgebreitet: Felder, Straßen sowie große Gebäude wie Paläste und Tempel. Doch auf den Augenblick größter Erleichterung und Triumphs folgte ein böses Erwachen.

Die Fahnen anderer Konquistadoren wehten bereits in den Städten dieses unbekannten Reiches. Wälle waren eingerissen, Tempel geplündert sowie Frauen und Männer zu Sklaven gemacht worden. Federmann und seine Eroberer kamen zu spät. Ihren Traum vom Gold, der ein Albtraum für die indigene Bevölkerung gewesen war, hatte ein anderer für sich verwirklicht. Doch Federmann hatte angesichts der Verzweiflung und Frustration seiner Männer keine Wahl. Er musste vorrücken und sich dem unbekannten anderen Eroberer und dessen Streitmacht stellen. So oder so, er konnte nicht ohne Beute zurück.

Die hier geschilderte Episode ereignete sich im Jahr 1539, und ihre Darstellung basiert auf einer spanischen Chronik, die der Historiker Jörg Denzer 2003 für seine Doktorarbeit ausgewertet hat. Anders als die anderen Kapitel dieses Buches gilt für die Geschichte der Welser, dass die Darstellung sich weniger auf eigene Arbeit mit den Originalquellen, sondern stärker auf die hervorragende Arbeit anderer Historiker stützt, speziell Jörg Denzers und Götz Simmers, die beide umfangreiche Bücher und Artikel zum Thema veröffentlicht haben. Grund hierfür ist, dass viele Quellen nur in spanischer Sprache und in spanischen Archiven oder Bibliotheken zugänglich sind. Die erhebliche Leistung Denzers, Simmers und anderer Historikerinnen und Historiker, dieses Material zu erschließen, zu sortieren und auszuwerten, soll an dieser Stelle ausdrücklich hervorgehoben werden.

Alle Darstellungen zur Geschichte der Welserkolonie berichten übereinstimmend, dass sich Nikolaus Federmann bei seinem gefährlichen Weg über die Berge im Jahr 1539 bereits zum zweiten Mal auf einem Erkundungs- und Eroberungszug, einer sogenannten *Entrada* befand. Er war tief ins Innere des heutigen Venezuela und bis nach Kolumbien vorgestoßen. Offiziell war er allerdings lediglich Stellvertreter des Gouverneurs Jörg Hohermuth aus Speyer, der zu dieser Zeit mit den gebeutelten Resten einer eigenen Streitmacht von einer *Entrada* aus dem Süden zurückkehrte. Hohermuth und Federmann trieb auf ihren Zügen dieselbe Hoffnung an: der Traum von einem indigenen Königreich wie dem der Mexica oder Inka, dessen Schätze nur auf sie und ihre Männer warteten. Doch nicht nur das Leben dieser beiden Männer und ihrer Gefolgsleute, sondern die gesamte Geschichte der einzigen Kolonie in Amerika, die von einem deutschen Konzern geplant und verwaltet wurde, war von der Suche nach Gold geprägt.

Sowohl hinter Federmann und Hohermuth als auch hinter anderen Konquistadoren aus Deutschland mit ihrem vielfältigen Gefolge aus Spaniern, Deutschen, Niederländern, Böhmen und Portugiesen standen die Finanziers Kaiser Karls V. selbst: die Familie Welser, die als europaweit tätiger Konzern zeitweise in Form der Welser-Vöhlin-Gesellschaft mit Anteilseignern und Gesellschaftern von Spanien bis Böhmen organisiert war. Doch wie kam es dazu, dass ein Konzern mit Zentrum in Augsburg eine Provinz in Amerika erhielt?

Antworten hierzu bietet neben Denzers und Simmers Arbeiten auch der Historiker Mark Häberlein in seinen Werken zur Geschichte der großen Deutschen Handelshäuser. Die Familie Welser, von 1517–1553 geführt von Bartholomäus Welser dem Älteren, stand im Zentrum eines über Europa hinaus reichenden Netzwerks von Beteiligungen, Kooperationen und Patronagebeziehungen. Sie dominierten die Welser-Vöhlin-Gesellschaft, die aus dem Zusammenschluss mit einem anderen Handelshaus hervorgegangen war und hatten von ihrer Machtbasis in Oberdeutschland aus zunächst Einfluss auf den Alpen-Adria-Handel genommen. Nach 1500 waren sie über Mittelsmänner in den portugiesischen Asienhandel eingestiegen, gründeten ein Handelshaus in Lissabon und investierten direkt in Asienreisen. Kurze darauf folgten Investitionen in den Handel mit Madeira und den Kanarischen Inseln und die Einrichtung eines Handelshauses in Sevilla, dem Monopolhafen für alle Kolonien Kastiliens.

Amerika rückte für sie in den Fokus, nachdem König Karl von Kastilien 1517 zum fünften Kaiser dieses Namens im Heiligen Römischen Reich gewählt wurde. Da die Welser zusammen mit den Fuggern die wichtigsten Kreditgeber des jungen Kaisers waren, konnten sie auf dessen Wohlwollen für ihre wirtschaftliche Expansion bauen. Amerika wurde als Geschäftsfeld umso wichtiger, als 1522 Hernando Cortes eben diesem Karl V. vor einem staunenden Hofstaat den königlichen Anteil an der Eroberung des Aztekenreichs überbrachte: Gold und Silber in bisher unerhörter Menge, fremdartige Kunstgegenstände und dazu ein ganzes Königreich mit hunderttausenden Untertanen. Der Auftritt von Cortez prägte für die nächsten Jahrzehnte die Hoffnungen tausender Europäer. Wenn es solch ein goldenes Reich in Amerika gab, warum nicht ein zweites?

Der Wille und das Kapital, in die Erkundung und Eroberung Amerikas zu investieren, waren da – nur die Gesetzeslage stand dem noch entgegen. Zunächst waren Investitionen in Kolonien oder Expeditionen in Amerika allein für Untertanen der Krone Kastiliens reserviert, doch Karl V. hob diese Gesetze 1524 auf. Die Welser nutzten diese Chance und gründeten 1526 das erste nichtkastilische Handelshaus in der Karibik, genauer in Santo Domingo. Sie organisierten auf eigenen Schiffen Nachschub für die Kolonien und Konquistadorenzüge in unbekannte Regionen. Auf dem Rückweg brachten die Schiffe Gold, Zucker, Perlen, Farbhölzer und andere kostbare Waren zurück nach Europa. Ihr Ziel war immer Sevilla, denn nur nachdem die Waren dort verzollt worden waren, durfte man sie zum Handelsplatz Antwerpen bringen, wo Händler aus ganz Europa auf sie warteten.

Im Jahr 1528 entwickelte sich aus der Handelsunternehmung ein Kolonialprojekt. Hierbei kamen unterschiedliche Interessen zusammen. Für Karl V. war zentral, die weitere Eroberung und Erkundung Amerikas ohne Kosten für die Krone durchzuführen. Außerdem brauchte er dringend Geld, um einen Aufstand in der neuen Provinz Santa Marta im Norden des heutigen Kolumbiens niederzuschlagen. Verträge mit Privatpersonen, ein sogenannter *Asiento* waren hierfür ein erprobtes Mittel. Darin gewährte der König jemandem gegen eine Reihe von Zusicherungen die Kontrolle über eine Region in Amerika, die jener auf eigene Kosten und eigenes Risiko erobern musste. Der Inhaber des *Asiento* musste von den erzielten Profiten eine königliche Verwaltung und Siedlungen errichten und erhielt selbst die höchsten Ämter. Solch einen Vertrag hatte beispielsweise auch Pedro Menéndez de Avilés, der in Kapitel 5 und 7 erwähnte *Adelanto*, für Florida geschlossen. Auch wenn bisher noch nie ein Konzern solch einen Vertrag erhalten hatte, waren die Welser aufgrund ihres Vermögens und ihrer Stellung im Amerikahandel die besten Kandidaten, um Söldner nach Santa Marta zu schicken und eine neue Provinz östlich davon im heutigen Venezuela zu errichten.

Die Welser waren zunächst zögerlich. Einerseits hatten sie Probleme, die sich mit einer eigenen Provinz lösen lassen würden: Ihre Schiffe aus Amerika kehrten immer nur mit wenig Luxuswaren und viel leerem Stauraum zurück, es mangelte an exklusiven Absatzmärkten und es fehlte Kontrolle über die Bereitstellung von Handelswaren in den Kolonien. Doch andererseits war eine Kolonie kostspielig.

Daher entstand am 27. März 1528 nicht nur ein einzelner *Asiento*, sondern ein ganzes Vertragswerk, das mehrere Rechte, Privilegien und Pflichten fixierte. Die Welser erhielten die Kontrolle über Venezuela, von dem damals nur wenig mehr als der Küstenverlauf bekannt war. Sie mussten dort – wie andere Vertragspartner der Krone auch – Bedingungen erfüllen, um ihren Vertrag nicht zu verlieren: Sie mussten in kurzer Zeit zwei Siedlungen mit je 300 Siedlern gründen und eine Verwaltung aufbauen, ähnlich wie auch Pedro Menéndez de Avilés in Florida. Dem König kam ein Anteil an allen Erträgen zu. Im Gegenzug durften die Welser den Gouverneur und Befehlshaber der Truppen auswählen, erhielten exklusive Handelsrechte mit der Provinz, alleinige Bergbaurechte und sogar das Recht zu einigen direkten Handelsfahrten zwischen der Karibik und Antwerpen. Aus Venezuela war dafür mit begehrten Farbhölzern, medizinisch nutzbaren Pflanzen, Edelmetall, Perlen und weiteren Waren zu rechnen. Mehr noch, als gewissermaßen garantierte Einnahmequelle durften die Welser 4000 Menschen aus Afrika verschleppen und in den spanischen Kolonien verkaufen, wobei Plantagenbesitzer in der Karibik die größte Käufergruppe sein würden. Eine aus heutiger Sicht verbrecherische Vereinbarung, die für die Welser eine positive Gesamtbilanz garantierte.

Neben diesen geplanten Wirtschaftszweigen kam die Hoffnung hinzu, durch ein eventuelles zweites Goldreich wie das der Mexica weitere Gewinne zu machen. Dies galt als durchaus wahrscheinlich, ebenso wie die Entdeckung eines Land- oder Flussweges durch Südamerika in den Pazifik. Wenn auch nur eines von beidem gelingen würde, wären die Welser reicher und mächtiger geworden als jedes andere Handelshaus Europas.

In der Forschung ist unter anderem von Jörg Denzer, Götz Simmer und Mark Häberlein ausgiebig diskutiert worden, was die Welser sich wirklich erhofften und planten. Ging es dem Konzernchef auch um Eroberungszüge – *Entradas* genannt – und die Jagd nach Gold oder war dies eine Initiative der Männer vor Ort, welche die bodenständigeren Pläne der Zentrale unterliefen, Bergwerke zu gründen und Perlen zu gewinnen? Mangels eindeutiger Überlieferung lassen sich die im Vorfeld geschmiedeten Pläne nicht eindeutig ermitteln, aber es lässt sich detailliert zeigen, dass die Entwicklung der Kolonie immer stärker durch den Drang nach Gold geprägt war.

Hierfür gab es zwei Gründe, die Denzer und Simmer sorgfältig herausgearbeitet haben. Zum einen waren alle Kolonisten, ob Gouverneur oder Handlanger, bei den Welsern verschuldet. Als exklusive Versorger brachten nur sie Waffen, Kleidung, Munition, Pferde, Vieh oder auch Wein und Nahrungsmittel ins Land. Die dafür aufgenommenen Schulden zwangen die Siedler, Risiken einzugehen und nicht auf den langsamen und mühsamen Aufbau einer Landwirtschaft oder die Einrichtung von Minen zu warten. Um die Abhängigkeit noch zu erhöhen, ging ein stellvertretender Gouverneur so weit, die Siedler am Verlassen der

Städte zu hindern und jeden Handel mit Indigenen für sich selbst zu monopolisieren. So blieb den Kolonisten keine andere Wahl, als zu überhöhten Preisen bei den Welsern zu kaufen. Als dann auch noch Versuche unterbunden wurden, eine eigene Landwirtschaft zur Selbstversorgung aufzubauen, schien jede andere Tätigkeit als die Jagd auf Gold aussichtslos.

Zum anderen darf auch der positive Anreiz nicht unterschätzt werden, den die Hoffnung auf Gold und Ruhm hatte. Der in der Forschung umstrittene Wille des Konzernchefs zählte vor Ort in der Praxis ohnehin wenig, weil Briefe mehr als ein halbes Jahr unterwegs waren und alle Informationen nach Europa von den Amtsträgern in der Provinz selbst kamen und manipuliert werden konnten. Egal ob die Konzernleitung sie plante oder nur duldete, weil es ihnen Vertreter vor Ort als notwendige Alternative oder große Chance präsentierten: Zwischen 1529 und 1546 brachen sieben große *Entradas* aus Venezuela auf, die gewaltige Strecken durch schwerstes Gelände zurücklegten, um das erträumte goldene Königreich zu finden.

Der erste Statthalter der Welser, der im Namen des Königs die neue Provinz einrichten sollte, war der bereits im Amerikahandel erfahrene Ambrosius Dalfinger. Dieser hatte es sehr eilig, sein Amt anzutreten, denn in Sevilla und Madrid machte 1529 ein junger Mann von sich Reden, der Gelder sammelte, um ebenfalls ein zweites Goldreich in Südamerika zu finden: Francisco Pizarro. Da es durchaus möglich war, dass dieses Goldreich namens Peru südlich von Venezuela lag, sah Dalfinger sich in Zugzwang. Grund für diese Vermutung ist, dass damals völlig unbekannt war, wie weit Venezuela tatsächlich vom heutigen Peru, dem Reich der Inka, entfernt lag. Er brach daher eilig mit einer kleinen Flotte und etwa 300 Mann nach Venezuela auf.

Dort traf Dalfinger auf einen Spanier namens Ampíes, der sich mit knapp 50 Gefolgsleuten in einer Siedlung der dortigen *Kaquetíos* genannten Indigenen niedergelassen hatte. Ampíes und seine Männer kannten die Sprache der *Kaquetíos* und hatten ein freundschaftliches Verhältnis zu ihnen aufgebaut. Sie handelten mit Gold und Heilpflanzen und wurden dabei von dem *Kaziken* oder Herrscher Manaura unterstützt, der über mehrere Siedlungen herrschte und zum Christentum konvertiert war. Mehr als einmal hatte Ampíes für ihn Indigene, die als Sklaven in die Karibik verschleppt worden waren, zurückgekauft und wieder freigelassen.

Solche Taten hatten ihm großes Ansehen unter den Leuten Manauras verschafft. Die Überfälle auf die Indigenen konnte er aber nicht unterbinden. Nach dem Massensterben der *Taino,* die auf den Karibischen Inseln gelebt hatten, herrschte hohe Nachfrage nach Arbeitskräften. Als Alternative zu Sklaven aus

Afrika verschleppten daher einige Sklavenjäger gegen den ausdrücklichen Willen Kaiser Karls V. Indigene aus dem heutigen Venezuela.

Der neue Gouverneur Dalfinger war jedoch durchaus bereit, selbst an diesem illegalen Handel zu verdienen. Dies war einer der Gründe, warum er Ampíes aus dem Land ausweisen ließ. Wichtig war für Dalfinger aber auch, dass es keinen Rivalen um die Führungsrolle gab. Ampíes Gefolge nahm er ebenso wie Indigene, welche Spanisch sprachen, in seine Dienste. Unter diesen Männern waren zwei, die schon bald als Organisatoren und Unteranführer wesentlichen Einfluss auf die Geschichte der *Entradas* nahmen: Esteban Martin und Pedro de Limpias.

Nahe an der größten Siedlung der *Kaquetíos* gründete Dalfinger die Stadt Coro beziehungsweise erhob das alte Lager von Ampíes formell zu einer Siedlung mit lokaler Verwaltung und theoretisch allen für eine koloniale Stadt notwendigen Gebäuden wie Kirche, Handelshaus, Vorratslager und Rathaus. In Wirklichkeit entstanden allerdings nur Strohhütten und erst nach mehreren Jahren eine baufällige Kirche aus Holz. Damit war aber immerhin formal eine Siedlung gegründet und eine wichtige Auflage der Welser aus ihrem *Asiento* erfüllt.

Doch das Land erwies sich als karg, so dass Landwirtschaft und Viehzucht harte Arbeit erforderten. Hinzu kam, dass jeder Einzelne schon für die Kosten der Überfahrt bei den Welsern verschuldet war. Von dem langwierigen Aufbau einer Kolonie, für den die Männer weitere Schulden machen müssten, versprachen sie sich wenig – von der Jagd nach Gold umso mehr.

Kein Wunder also, dass Dalfinger schon im August 1520 zu einer ersten *Entrada* aufbrach. Mit 130 Kämpfern und 40 Reitern drang er westwärts vor und erreichte die Ausläufer der Anden. Hier fand er bisher den Europäern unbekannte indigene Gemeinschaften, die fruchtbare Täler bewohnten – aber kein Gold. Frustriert wandte Dalfinger sich nordwärts und erkundete die große Lagune von Venezuela, an der er die Siedlung Maracaibo gründete. Nachdem er den Vorgang der rechtlichen und formellen Stadtgründung beendet hatte, ließ er 60 Mann zurück. Mit der zweiten Gründung waren formell seine vertraglichen Pflichten und die der Welser mit Karl V. erfüllt.

Von Maracaibo aus ging es wieder nach Südwesten, wo Dalfinger ein großes Tal erreichte, das bereits nah an der Grenze zur Provinz Santa Marta lag. Hier gab es nicht nur Gold, sondern auch eine große Zahl Indigener, die sich *Pacabueyes* nannten und in Siedlungen mit hunderten Häusern lebten. Mit seiner kleinen Schar sah sich Dalfinger außerstande mehr als nur eine erste Erkundung vorzunehmen. Um dennoch Profit vorweisen zu können, ging Dalfinger auf dem Rückweg dazu über, Indigene gefangen zu nehmen, die er als Sklaven in die Karibik verkaufen wollte. Er beschränkte sich dabei auf Männer und Frauen, die fern von Coro lebten, um seine dortigen Bündnispartner nicht zu verstören.

Zurück in Coro organisierte Dalfinger den Verkauf der Sklaven, musste dann aber seine Eroberungspläne für eine Weile aussetzen. Eine Krankheit, die er sich auf seiner *Entrada* zugezogen hatte, hatte langfristige Folgen. Zum Glück für ihn traf im März 1530 Nikolaus Federmann im Auftrag der Welser in Venezuela ein. Er brachte eine Verstärkung von 150 Mann, die hochwillkommen war, und dazu auch einige Bergbauexperten mit ihren Familien aus dem Erzgebirge und dem westböhmischen Joachimsthal.

Dalfinger ernannte Federmann zu seinem Stellvertreter und brach in die Karibik auf, wo er sich vom Aufenthalt in einer richtigen Stadt, guter Ernährung und einem milderen Klima Genesung versprach. Für Federmann war dies eine einmalige Chance. Er rief die Männer zusammen und bereitete eine eigene *Entrada* vor, auch wenn er dazu keinen ausdrücklichen Befehl hatte. Über seine Erlebnisse verfasste er einen umfangreichen Bericht, den er den Welsern vorlegen wollte, um seine Verdienste ins rechte Licht zu rücken. Dabei wusste er genau, dass nur Erfolg solch eine Überschreitung seiner Befugnisse rechtfertigen konnte. In seinem Bericht gibt er als Grund für seinen Aufbruch an, dass Müßiggang und Warterei in Coro die Disziplin verdarben und er habe handeln müssen, solange er noch gesunde und gerüstete Männer hatte, die bereit waren, ihm zu folgen.

Am 12. September brach er, wie aus seinem später in Deutschland veröffentlichten Bericht hervorgeht, mit 110 Mann und 20 Reitern nach Süden auf. Neben einem Goldreich hoffte er in Unkenntnis der Ausdehnung Südamerikas auch darauf, einen Landweg zum Pazifik zu finden, der reichen Handel in die Provinz bringen könnte. Er stieß dabei viel weiter vor als Dalfinger im letzten Jahr. In den Ausläufern der Anden erreicht er schließlich ein großes Tal mit insgesamt 23 Dörfern, deren Bevölkerung angeblich mehr als 100.000 Menschen umfasste. Derartige Zahlen sind allerdings eher als grobe Schätzungen zu verstehen. Dennoch erwies sich das Tal von *Barquisimeto* als guter Ausgangspunkt für weitere Erkundungen und als wichtiger Ort, um Vorräte aufzufrischen und neue Träger zu bekommen.

Durch Federmanns Schilderung seiner *Entrada* auf der er insgesamt mehr als 1300 Kilometer durch Dschungel, Flüsse und Bergpässe zurücklegte, überlieferte er einen herausragenden Einblick in den sowohl für die indigenen Kulturen als auch die Konquistadoren brutalen Alltag einer *Entrada*, wie ihn Jörg Denzer in seiner Studie pointiert zusammenfasst. Federmanns Bericht zeigt, wie normal Grausamkeiten und Massaker waren, obwohl er wie alle Konquistadoren ausdrücklich den Befehl hatte, sich zu mäßigen, Indigene nicht anzugreifen, außer wenn er dazu gezwungen sei, und sie nur zu versklaven, wenn sie einer Christianisierung Widerstand leisteten. Diesen Befehlen entsprechend schildert Federmann, dass ›Freundschaft‹ mit den Indigenen das Ziel aller seiner Begegnungen gewesen sei. So sicherte er sich argumentativ gegen Vorwürfe übertriebener Grausamkeit ab. Den Begriff Freundschaft füllten Federmann und sein Gefolge allerdings mit einem ganz speziellen Sinn, wie Jörg Denzer rekonstruiert hat.

Freundschaft bedeutete keineswegs Respekt, Rücksichtnahme, eine Partnerschaft auf Augenhöhe oder auch nur Schonung der Menschen und ihrer Ressourcen. Freundschaft meinte Unterwerfung ohne übermäßige Gewaltanwendung. Freunde waren nach Auffassung der Konquistadoren alle Indigenen, die ihnen Essen brachten, Gold schenkten, ihnen Frauen zuführten und sich selbst als Träger anboten. Insbesondere indigene Frauen waren für sie Objekte, deren Geiselnahme ›Freundschaft‹ erzwingen konnte oder die man als Sklavinnen mitnahm. Dabei achteten Anführer wie Federmann durchaus darauf, dass ihre Männer nicht bei jeder Begegnung mit Indigenen willkürlich plünderten und vergewaltigten. Besser war es, die ganze Gemeinschaft unter dem Namen der ›Freundschaft‹ zu unterwerfen, so dass die *Kaziken* Frauen, Essen und Gold übergaben. Federmann bevorzugte es, diese ›Freundschaft‹ durch Überfälle im Morgengrauen und Geiselnahme zu gewinnen. Ihm war sehr bewusst, dass dies nur aus einer Position der Stärke heraus möglich war. Keine seiner ›Freundschaften‹ würde Bestand haben, wenn die Indigenen sich einmal in einer überlegenen Position sehen würden.

Neben Gold und Frauen waren insbesondere Männer als Träger für die *Entradas* unerlässlich. Die wenigen Pferde waren für den Kampf vorgesehen und so mussten jedwede Ausrüstung, Vorräte und manchmal auch das Trinkwasser geschleppt werden. Am Anfang der *Entrada* und im Tal von *Barquisimeto* nutzte Federmann hierfür noch freiwillige Helfer, die auch eigene Waffen trugen. Er sicherte sich ihre Unterstützung durch Angriffe auf deren Feinde. Doch nachdem die Indigenen aus *Barquisimeto* an der Grenze ihre Lasten einfach abluden und nach Hause gingen, wechselte Federmann seine Taktik. Er ließ die Träger mit eisernen Halskrausen und Ketten fesseln. Dann zwang er sie, bis zum Tode Lasten über Berge und durch Flüsse zu schleppen. Widerstand, auch passiver, wurde mit brutalen Exekutionen vor den verbleibenden Trägern bestraft. Federmann beschrieb dies in seinem Bericht so, dass er Indigene vor den Augen anderer lebendig »zerhacken« ließ. Vor Erschöpfung zusammengebrochene Indigene wurden hingegen auf der Stelle enthauptet und die leeren Halseisen dann den Überlebenden aufgeladen, da es angeblich zu lange gedauert hätte, die Ketten mit Schlüsseln zu öffnen.

Entlang der östlichen Ausläufer der Anden zog Federmann weiter, immer auf der Suche nach Berichten über Gold oder das Südmeer. Auch wenn ihm der Anstieg auf das Hochplateau nicht gelang, überquerte er mehrere Vorgebirge und Flussläufe. Immer wieder kam es dabei zu Kämpfen mit den Indigenen. Sie nutzten ihre Fähigkeiten als Jäger und Bogenschützen und überfielen die Konquistadoren aus dem Hinterhalt mit Giftpfeilen. Federmanns Männer erlitten schwere Verwundungen, die den Zug aufhielten und den Marsch in dem schweren Gelände zwischen Steilhängen und Sümpfen weiter verzögerten.

Wenn es zu Gesprächen mit den Indigenen kam, musste Federmann, wie er anschaulich beschreibt, eine ganze Kette von Dolmetschern bemühen. Manchmal genügten zwei Männer, um von der Ausgangssprache ins Spanische zu übersetzen, manchmal waren fünf nötig. Angesichts einer Übersetzung durch fünf Personen und der Tatsache, dass Federmann nach Dingen fragte, die seine Gesprächspartner in ihrer Sprache gar nicht kannten, etwa einen Ozean, wundert es nicht, dass er überall nur das zu hören bekam, was er hören wollte.

Schließlich kam der Tag, an dem er nicht mehr weiterziehen konnte. Sein kleines Heer war dezimiert und von Krankheiten gezeichnet. Schmerzende Schwellungen am ganzen Körper, Wunden, die nicht mehr verheilten, Schüttelkrämpfe, Fieber und Hunger trieben die Männer zur Verzweiflung. Ihre Kleidung war zerschlissen, die Munition aufgebraucht und die Blankwaffen stumpf geworden.

Als die Umkehr unabwendbar schien, erklomm Federmann einen einzelnen hohen Berg, um ein letztes Mal das Umland zu betrachten. Er sah von dort aus flaches Land bis zum Horizont, schimmernd mit niedrigem Wasser bedeckt. War es ein Sumpf, eine Lagune oder eine Flusslandschaft? Er wusste nur, dieses große Wasser, von dem die Indigenen berichtet hatten, war kein Ozean. In der Forschung vermutet man, dass er stattdessen die Savannenlandschaft nördlich des Brasilianischen Regenwaldes sah, getränkt von der letzten Regenzeit.

Es folgte der Rückweg, ein verzweifeltes Unterfangen angesichts der inzwischen oftmals feindseligen Indigenen und der Krankheiten. Aus dem Gefühl der Unterlegenheit wuchs eine Angst vor den Indigenen, die Federmann zu Massakern trieb. Dennoch oder vielleicht erschreckenderweise deswegen schätzten seine Männer ihn als Anführer und planten bereits die nächste *Entrada*.

Erst nach über einem Jahr kehrte Federmann an der Spitze eines zerlumpten Haufens mit ein paar Säcken Gold nach Coro zurück. Hier erwartete ihn Gouverneur Dalfinger, der ihn für seine eigenmächtige *Entrada* für vier Jahre verbannte. Federmann machte sich sofort auf den Weg nach Europa, genauer nach Augsburg. Er wusste, dass die Welser dort über seine weitere Karriere entschieden, und wollte ihnen seine Version der Ereignisse zu Ohren bringen.

Währenddessen brach Dalfinger zu seiner zweiten *Entrada* auf, nachdem er von dem Erlös für die von ihm gefangenen Indigenen in der Karibik Waffen und Pferde gekauft hatte. Hierüber verfasste der bereits lange im Land lebende Esteban Martin als einer seiner Offiziere einen Bericht, den Denzer und Simmer als zentrale Quelle über die Expedition ausgewertet haben. Dalfinger wollte demnach zum Tal der *Pacabueyes*, die er auf seiner ersten Reise getroffen hatte, und von dort den Gerüchten von einem Goldreich in den Bergen nachgehen. Es ist bemerkenswert, dass die meisten Überlebenden von Federmanns *Entrada* sich erneut auf den Weg machten. Nur wenige blieben in Coro und Maracaibo zurück und bevölkerten die kleinen Strohdörfer, die auf den im Boden abgesteckten Grundrissen großer Kolonialstädte standen. Offenbar wog die Hoffnung auf Gold angesichts der Aussichtslosigkeit in der Kolonie schwerer als der Hunger, die Gewalt und die Krankheiten einer *Entrada*.

Im Juni 1531 zog Dalfinger mit weniger als 200 Mann los, um die *Pacabueyes* zu ›Freunden‹ zu machen. Nach einem wie immer beschwerlichen und zehrenden Marsch erreichte Dalfingers *Entrada* ihr Ziel. Auf Widerstand stieß er kaum noch, denn eine Streitmacht aus der Nachbarprovinz Santa Marta hatte das Tal bereits geplündert und mehrere hundert Frauen verschleppt. Die Folgen der Kämpfe und Krankheiten hatten die Indigenen geschwächt und machten es Dalfinger leicht, mit Gewaltdrohungen ihre ›Freundschaft‹ zu gewinnen. Wie Federmann wartete auch er die Regenzeit ab und blieb bis ins nächste Jahr.

In dieser Zeit erpresste er größere Mengen Gold und Smaragde, die angeblich aus einem fremden Land im Südwesten stammten. Dafür ließ er mehrfach Frauen und Kinder von indigenen Anführern als Geiseln nehmen und hungern, bis man ihm die gewünschten ›Geschenke‹ brachte. Hierzu gehörte auch, ihm Träger zu stellen, die er in Eisen schlagen ließ. All diese Dinge verschleierte Esteban Martin in seinem Bericht jedoch und betonte stattdessen, dass die Indigenen mit Milde behandelt worden wären. Briefe und Berichte anderer Expeditionsteilnehmer, die Historiker ausgewertet haben, zeichnen aber ein anderes Bild.

Wohl wissend, dass die Lage in Coro und der Provinz in seiner Abwesenheit angespannt war und er Verstärkungen brauchte, beschloss Dalfinger seine bisherige Beute zu teilen. Er ließ eine Schatzkarawane zusammenstellen, welche insgesamt etwa 160 Kilogramm Gold und Edelsteine transportierte. Seine Männer protestierten dagegen. Sie verlangten, dass die Beute wie üblich sofort geteilt werde, doch Dalfinger konnte sich durchsetzen. Eine Karawane von 25 Mann versuchte daher, einen direkten Rückweg zu finden, doch sie erreichte nie ihr Ziel.

Nach kurzer Zeit hatten die Männer den Weg verloren und kämpften sich ohne Vorräte und Munition durch Dschungel und Sümpfe, wie Götz Simmer detailiert recherchiert hat. Verzweifelt gingen mehrere von ihnen dazu über, gefangene Indigene zu essen. Schließlich schleppte eine Handvoll Überlebender das Gold südlich der großen Lagune durch die Sümpfe, bis sie vor Erschöpfung zusammenbrachen. Sie vergruben den Schatz, nur um dann in kleinen Gruppen von Indigenen getötet zu werden. Lediglich ein Mann blieb am Leben. Er lebte für fast ein Jahr bei den Indigenen, bis er von anderen Söldnern gefunden wurde. Der vergrabene Schatz wurde niemals gefunden.

Dalfinger wartete lange vergeblich auf Nachricht von seiner Schatzkarawane. Schließlich schickte er Esteban Martin aus, um Nachforschungen anzustellen. Martin brauchte 34 Tage bis zur nächsten Siedlung, nur um zu erfahren, dass dort niemand etwas von der Karawane wusste. Die Nachricht vom Goldfund trieb aber eine weitere Gruppe zum Entschluss, mit ihm zur *Entrada* aufzubrechen.

Dalfinger zog währenddessen bereits am Rand der Anden entlang. Überall hörte er, dass es auf der Hochebene ein großes Reich gäbe, dessen Bewohner mit Salz handeln und größte Kunstfertigkeit als Goldschmiede besäßen. Doch selbst als er seine Männer in zerschlissener Sommerkleidung mit durchgelaufenen Schuhen über Bergpässe trieb, konnte er keinen Zugang finden. Seine indigenen Träger starben unter diesen Bedingungen binnen weniger Tage.

Im Juni holte Esteban Martin Dalfinger ein und berichtete vom Verlust des Schatzes. Dalfinger wollte umkehren, doch Martin und andere drohten mit einer Meuterei, wenn man nicht weiterziehen würde. Dalfinger gab nach und schließlich fanden die Männer doch noch einen vielversprechenden Weg zur Hochebene. Dann nahm aber der Widerstand der Indigenen bisher ungeahnte Ausmaße an. Daher blieb Dalfinger keine andere Wahl, als die *Entrada* abzubrechen. Nach mehr als anderthalb Jahren Marsch nach Süden wandten er und seine Männer sich wieder gen Norden. Sie zogen fast ein Jahr, unterbrochen von schweren Kämpfen, durch unwegsames Gelände. Dalfinger selbst starb durch Giftpfeile der Indigenen, so berichtete der einzige Augenzeuge Esteban Martin. Manche ältere Darstellung enthält Vermutungen, dass Martin selbst Dalfinger getötet habe, um eine Anklage wegen Meuterei zu umgehen – eine These, der speziell Götz Simmer widerspricht. In jedem Fall übernahm Martin das Kommando und ließ die restliche Beute unter den Männern verteilen.

Anfang November 1533 kehrte Martin nach Coro zurück, das er in einem katastrophalen Zustand vorfand. Die wenigen dort verbliebenen Männer hatten angesichts ausbleibender Lieferungen der Welser keinen anderen Ausweg gesehen, als die in der Nähe lebenden, verbündeten *Kaquetíos* des Kaziken Manaura anzugreifen und einige von ihnen, überwiegend Frauen, als Sklaven zu verschleppen. Diese Provokation hatte zu Gegenangriffen und einem Abzug der

Verbündeten aus der Region geführt. Nahrungsmittel fehlten nun noch mehr als vorher, Dutzende Männer waren tot und das Umland nicht länger sicher. Nur durch Rückgabe der geraubten Frauen ließ sich die Lage 1534 vorläufig beruhigen. Doch Mangel an Nahrung, Kleidung und Waffen sowie das Fehlen jeder Perspektive prägte das Leben in Venezuela. Gab es hier überhaupt etwas, dass all diese Mühe wert war? Viele der Männer, die auf der letzten *Entrada* gewesen waren, glaubten noch immer fest daran.

Sie wussten jedoch nicht, wie nahe sie ihrem Ziel eigentlich schon gewesen waren. Auf der Hochebene der östlichen Anden zwischen Venezuela und Kolumbien lag tatsächlich das Siedlungsgebiet einer zweiten großen indigenen Kultur Südamerikas neben den Inka. Es handelte sich um die *Muisca*. Sie lebten in einer losen Föderation mit knapp einer Million Männern und Frauen in zahlreichen lokalen Fürstentümern, die durch eine gemeinsame Sprache, kulturelle Institutionen, Festungen und Kriegereliten verbunden waren. Durch Salzhandel reich und sowohl mit den Inka als auch den indigenen Kulturen des Tieflandes vernetzt, waren die *Muisca* in Besitz großer Mengen Smaragde und beherrschten die Goldbearbeitung meisterhaft.

Eine der größten Städte der Föderation war *Bagatá*, das heutige Bogota. Der Krönungsritus des dortigen Herrschers dürfte den Kern für die Legende vom goldenen König El Dorado geboten haben. Wie archäologische Funde bestätigen, vollführte jeder neue Herrscher hier ein Ritual als Zeichen seiner Transformation vom Thronfolger zum Herrscher. Am ganzen Körper mit Goldstaub bedeckt, fuhr er auf einer Barke auf einen Kratersee hinaus und versenkte dort Goldschmuck als Opfergabe an die Götter. Danach stieg er ins Wasser, wusch den Goldstaub ab und kehrte gereinigt und als Herrscher neugeboren zu seinen Leuten zurück. Derartige Details drangen allerdings nicht zu Dalfinger, Martin und ihren Männern. Sie hatten lediglich immer wieder von Gold, Smaragden, großen Städten und reichen Feldern gehört, die so nah und doch unerreichbar waren. Die Legende vom Goldopfer im See tauchte erstmals einige Jahre später viel weiter östlich auf und führte dazu, dass sich nicht nur einer, sondern gleich drei Konquistadoren einen Wettlauf um das Gold der *Muisca* lieferten. Einer dieser drei war der verbannte Konquistador Nikolaus Federmann.

Federmanns Strategie, sich direkt an die Konzernzentrale zu wenden, war erfolgreich gewesen. Mit seinem Bericht konnte er die Welser überzeugen, ihn weiter zu beschäftigen. Er erhielt 1534 einen Vertrag über sieben Jahre und begab sich nach Spanien, um Verstärkung zu organisieren. Dass die Welser auf jemanden setzten, der offensichtlich kein Interesse an dem Aufbau einer Kolonie hatte, sondern an die nächste *Entrada* dachte, ist in der Forschung als Ausdruck einer geänderten Konzernpolitik gedeutet worden. Planten sie mit den *Asientos* noch ein breites wirtschaftliches Fundament, weckten inzwischen die Nachrichten aus Peru, wo Pizarro 1532 ein zweites, noch größeres Goldreich als das der Mexica erobert hatte, neue Begehrlichkeit. Unter den staunenden Menschen am Hofe Karls V., vor denen Gold, Silber, Edelsteine und fremdartige Kunstwerke ausgebreitet wurden, war mehr als einer bereit, sein Leben für einen solchen Triumph zu riskieren. Einer von ihnen war ein 29-jähriger Mann aus einer alten reichsritterlichen Familie, Philipp von Hutten. Als Federmann seine neue Expedition ausrüstete, die größte, welche die Welser bisher entsandten, erhielt Hutten aufgrund seiner ritterlichen Herkunft und Ausbildung den Befehl über die Reiterei.

Mehr als 600 Mann versammelten sich in Sevilla, um die Reise anzutreten. Im Juli 1534 erhielt Federmann sein Patent als neuer Gouverneur und schwor die Männer darauf ein, das Land mit dem Schwert zu erobern und die Bewohner zu Untertanen und Christen zu machen. Doch alte Vorwürfe und Beschwerden aus der Provinz verhinderten die königliche Bestätigung für Federmanns neues Amt. So kam es, dass Georg Hohermuth aus Speyer – ein Kaufmann – als Gouverneur nach Venezuela fuhr und Federmann ihn lediglich als Stellvertreter begleitete. Dies sollte aber nur gelten, bis er durch positive Aussagen rehabilitiert wäre.

Nach wie so oft langer und mühsamer Überfahrt erreichte die Streitmacht ihr Ziel. Die Siedlung Coro mit ihren Strohhütten und der hölzernen Kirche war noch immer so elend und verarmt wie zuvor. Ausgemergelte Siedler in zerschlissener Kleidung prägten das Bild eines Ortes, der geradezu nach Armut stank, wie Zeitgenossen bemerkten. Ob aus persönlicher Neigung oder aufgrund massiven Drucks seitens der angereisten Soldaten, Georg Hohermuth beschloss, nicht untätig zu bleiben. Er wollte eine eigene *Entrada* durchführen, bevor Federmann ihm die Befehlsgewalt abnahm. Sicherlich stand er dabei auch unter Druck der Männer, die kein Interesse hatten, in der armseligen Siedlung monatelang auszuharren.

Im Jahr 1535 brach Hohermuth mit über 400 Mann nach Südwesten auf. Sein Ziel war, einen Aufstieg auf das östliche Hochplateau der Anden und zum Goldreich zu finden. Federmann erhielt hingegen den Auftrag mit gut 200 Mann direkt nach Westen zu gehen und das Grenzgebiet zu Santa Marta mit einer neuen Siedlung im Tal der *Pacabueyes* zu sichern. Erst danach durfte Federmann sich südwärts wenden, um Hohermuths Zug zu verstärken. Inwiefern Hohermuth und Federmann dabei als Partner ihr Vorgehen abgestimmt hatten oder ob Hohermuth in Wahrheit hinter den Kulissen gegen den Veteranen intrigierte, ist in der Forschung umstritten. Götz Simmer betont, beide Männer hätten gemeinsam gehandelt und sich unterstützt, während Jörg Denzer darlegt, dass Hohermuth dafür gesorgt habe, dass Amtsträger der Welser in Santo Domingo und in Coro die Urkunden Federmanns zurückhielten, wenn sie aus Spanien eintrafen, da er den Befehl nicht wieder abgeben wollte.

Hohermuth nahm Philipp von Hutten und dessen Reiter ebenso mit sich wie den vor Ort erfahrenen und sprachkundigen Esteban Martin. Die über 400 Männer, die ihm folgten, waren jedoch fast alle neu in Venezuela. Die vor Ort erfahrenen Veteranen schlossen sich lieber Federmann an, den sie als Befehlshaber schätzten. Hieran zeigt sich, dass die einfachen Soldaten nicht bloße Befehlsempfänger waren. In einer Gewalt- und Beutegemeinschaft wie einer *Entrada,* waren persönliche Gefolgschaft und Charisma entscheidende Faktoren. Federmann hatte zwar nur halb so viel Männer, aber sie waren im Dschungelkampf erfahren, kannten den zehrenden Marsch durch die Sümpfe und hatten die gefährlichen Tropenkrankheiten bereits durchgestanden, an denen Hohermuths Leute schon bald zu Dutzenden starben.

Hohermuths *Entrada* dauerte drei Jahre. Wie alle seine Vorgänger durchlitten er und seine Männer Nahrungsmangel, schwere Krankheiten und unmenschliche Härte auf tausenden Kilometern Marsch durch schwerstes Gelände. Für die indigenen Kulturen, auf die sie trafen, waren diese Begegnungen brutal und verlustreich. Hohermuths Leute versklavten Männer und Frauen, nahmen Geiseln, erschlugen jeden, der Widerstand leistete, und forderten völlige Unterwerfung, während sie in ihren offiziellen Berichten stets betonten, so rücksichtsvoll wie möglich vorzugehen. Als eine Karawane von Leid und Gewalt zog Hohermuths *Entrada* südwärts, ohne den Aufstieg zum Goldreich zu finden. Einmal töteten sie so viele Indigene, dass sie danach angeblich drei Tage weit reisen mussten, um dem Gestank der verwesenden Leichen zu entkommen. Die Reise fand schließlich ein Ende, als Esteban Martin von Indigenen erschlagen wurde. Ohne den sprachkundigen und erfahrenen Organisator brach die Disziplin zusammen und Hohermuth musste den Rückzug befehlen. Ohne Gold, ohne Vorräte, ohne Kleidung und fast ohne Ausrüstung kehrte die Truppe im August 1537 um. Im Mai 1538 erreichten sie Coro, mit weniger als 90 Mann und zwei Dutzend Reitern.

Unterwegs hatten sie von Indigenen Gerüchte gehört, dass eine zweite Streitmacht von Christen in der Nähe sei. Es handelte sich dabei, wie sie zu Recht vermuteten, um Federmanns *Entrada*. Federmann hatte zunächst versucht, seine Befehle zu befolgen und zum Tal der *Pacabueyes* vorzurücken. Doch eine starke Streitmacht aus Santa Marta hatte ihn am Vormarsch gehindert und das Gebiet für sich beansprucht. Während dieser Streit vor Gericht in Spanien geklärt werden würde, zog Federmann nach Coro zurück. Dort erlebte er, wie seine Autorität langsam zerfiel. Seine Ernennungsurkunde kam und kam nicht. Nach knapp zwei Jahren ergriff Federmann die Initiative. Im Juli 1537 brach er zu einer eigenen *Entrada* auf. Die zuvor widerspenstigen Männer schlossen sich ihm jetzt begeistert an. Eine Chance auf Ruhm und Reichtum oder auch nur einen Ausweg aus der verarmten Siedlung Coro wollte sich niemand entgehen lassen.

Doch obwohl Hohermuth auf dem Rückweg, als er von Federmann hörte, nach ihm suchen ließ, konnten seine Boten ihn nicht finden. Inwiefern dies Federmanns Absicht war, da er vermeiden wollte, sich seinem Vorgesetzten unterstellen zu müssen, oder ob es ein Versehen war, die *Entradas* nicht zu vereinen, ist in der Forschung umstritten.

Danach zog Federmann, wie alle vor ihm, am Ostkamm der Anden nach Süden, immer auf der Suche nach einem Aufstieg. Noch mehr als Hohermuth, Martin und Hutten trieb er seine Männer zu höchsten Risiken und wagte mit Tross und Pferden einen steilen Anstieg, der ihn auf ein vorgelagertes Plateau führte. Hier lag die Graslandschaft, welche die Indigenen in eine tödliche Feuerfalle verwandelten, wie am Beginn dieses Kapitels beschrieben.

Wie erwähnt, kam Federmann letztlich zu spät. Eine *Entrada* aus Santa Marta unter Führung des Konquistadoren Jiménez de Quesada hatte bereits das Reich der *Muisca* angegriffen und geplündert. Diese Expedition und speziell die Beute und deren Aufteilung beschrieb insbesondere Götz Simmer ausführlich. Doch Quesadas Eroberung war noch nicht abgeschlossen, da viele indigene Gemeinschaften der *Muisca*-Föderation weiterhin Widerstand leisteten. Die Spanier aus Santa Marta hatten viele Männer verloren und waren mit etwa 150 kranken und verletzten Überlebenden außerstande, eine dauerhafte Herrschaft zu errichten.

Federmann, der über 90 Pferde und knapp 200 Mann Gefolge verfügte, beschloss, sich diese Situation zunutze zu machen. Jiménez de Quesada war sofort zu Verhandlungen bereit, denn er erhielt zeitgleich Meldung, dass noch eine dritte *Entrada* von Süden aus in das Reich der *Muisca* einfiel. Es handelte sich um einen deutlich kleineren Heerzug, der aus dem nördlichen Peru gekommen war. Ihr Anführer hatte Legenden von einem mit Gold bedeckten Herrscher gehört und war ausgezogen, dessen Land zu unterwerfen.

So kam es zu einem Gipfeltreffen der Eroberer, bei dem Federmann und die zwei spanischen Anführer eine Vereinbarung treffen mussten, um Krieg untereinander zu vermeiden. Federmann bewies dabei großes Verhandlungsgeschick. Er überzeugte Jiménez de Quesada, gemeinsam den dritten Anführer aus Peru nahezu völlig aus der Vereinbarung auszuschließen. Da jener nur ein kleines Gefolge hatte, musste er eine nachgeordnete Rolle akzeptieren.

Federmann und de Quesada vereinbarten am 29. April 1539 vertraglich, den Ruhm und die Beute der Eroberung unter sich zu teilen. Federmann erhielt für sich, seine Männer und die Welser mehr als 600 Kilogramm Gold und über 200 große Smaragde sowie weitere Schätze. Quesadas Leute erhielten etwa 800 Kilogramm Gold und mehr als 1500 kleine Smaragde. Federmann selbst bekam ein erbliches Lehen im Land, das in der Nähe großer Smaragdminen lag, die noch erobert werden mussten. Dort plante er vermutlich seine nächste *Entrada*. Sein Gefolge und die Männer aus Santa Marta besetzten zu gleichen Teilen die neugegründete Hauptstadt Santafé de Bogotá und bezogen gemeinsam Verteidigungspositionen. Seine Waffen und speziell Pferde verkaufte Federmann zum Teil mit sehr hohem Profit an de Quesada.

Das Land der *Muisca*-Föderation erklärten sie gemeinsam unter dem Namen Neu-Granada zu einer Provinz des kastilischen Kolonialreiches – ein Akt, der natürlich in Spanien bestätigt werden musste. Dort sollte auch geklärt werden, ob die neue Provinz geographisch zu Santa Marta oder Venezuela gehörte. Beide Seiten kamen überein, diese Entscheidung vor Gericht zu suchen und zu akzeptieren. Auch der Konquistador aus Peru schloss sich notgedrungen dieser Regelung an. Die drei Eroberer brachen nun nach Europa auf, wo Federmann darauf hoffen musste, dass der Erfolg sein eigenmächtiges Vorgehen rechtfertigte. Er war ja nur Stellvertreter des Gouverneurs und nicht ermächtigt, für die Welser einen Vertrag abzuschließen. Insbesondere der Verkauf von Ausrüstung könnte sogar als Verrat interpretiert werden.

In Coro hatte Hohermuth in der Zwischenzeit die Reste seines Heeres neu organisiert. Er plante bereits eine weitere *Entrada*, auf der er zunächst Federmann suchen und zur Rechenschaft ziehen wollte, als ein Bote mit Nachrichten aus Neu-Granada eintraf. Offensichtlich enttäuscht, die Eroberung versäumt zu haben und mit den Vereinbarungen Federmanns unzufrieden – sie boten für ihn selbst und sein Gefolge keinerlei Vorteile –, plante Hohermuth einen Vormarsch zu den *Muisca*. Er wollte mit einer großen Armee die neue Provinz für sich und die Welser sichern und vor Ort Fakten schaffen, während in Spanien der Prozess andauerte.

Im Jahr 1540 sicherte er sich hierfür Gelder und Unterstützung von Welserbeauftragten aus der Karibik. Untersuchungsbeamte der Krone, die herausfinden sollten, warum die Provinz so arm war und keine Verwaltung und Städte entstanden waren, behinderte er in ihrer Arbeit. Schließlich konnte er noch einmal über 450 Fußsoldaten und 300 Reiter mobilisieren, eine für die lokalen Verhältnisse gewaltige Streitmacht. Inwiefern es für die Männer abschreckend gewirkt hat, dass sie zur Not gegen andere Christen um die Beute kämpfen mussten oder ob es sie sogar reizte, ist unbekannt. So oder so, Georg Hohermuth starb, bevor die *Entrada* beginnen konnte. Die kleine Armee stand fortan unter dem Befehl des Ritters Philipp von Hutten, der in seinen Briefen vermerkte, dass der älteste Sohn des Herrn Welser, Bartholomäus der Jüngere, im März 1541 in Coro eintraf. Mit ihm kam das Urteil aus Kastilien. Neu-Granada gehörte rechtmäßig zu Santa Marta. Als Ziel für eine *Entrada* blieb von da an nur die Suche nach einem weiteren Goldreich im Süden.

Die Entscheidung gegen die Welser ist von Historikern wie Jörg Denzer als Ausdruck eines fundamentalen Politikwechsels in Kastilien gewertet worden. Mit der Gründung von Neu-Granada war nach Mexiko und Peru der dritte und letzte Baustein für ein zusammenhängendes Kolonialreich in Übersee erobert. Jetzt ging es der Krone nicht mehr um Expansion, sondern um Herrschaftssicherung und den Aufbau einer Verwaltung. Die beutehungrigen Konquistadoren waren nun ein Hindernis. Zu diesem Ziel passten die schweren Anklagen, die der Bischof Bartholomé de Las Casas bei Hofe vorbrachte. Er beklagte das Massensterben der Indigenen durch Grausamkeit und Massaker sowie Zwangsarbeit und Krankheiten, die er auf brutale Ausbeutung zurückführte. Der Appell des Bischofs und die Interessen der Krone passten hervorragend zusammen. Neue Gesetze wurden erlassen, die den Einfluss der Konquistadoren begrenzten und den Schutz der Indigenen befahlen. Dazu etablierte man neue, allein der Krone verpflichtete Institutionen. Ein mächtiger internationaler Konzern mit gewaltigen Kapitalreserven, politischen Kontakten und einer eigenen Armee passte fortan nicht mehr in das kastilische Kolonialsystem.

Federmann wurde vor diesem Hintergrund zu einer Schachfigur der großen Politik. Als er nach Europa zurückkehrte, sah er sich schweren Anfeindungen der Welser ausgesetzt, die ihn wegen Unterschlagung in Haft nehmen und seinen Besitz konfiszieren ließen. In den Niederlanden eingesperrt, wo er den Konzernchef Bartholomäus den Älteren getroffen hatte, versuchte Federmann mit allen Mitteln, seinen Freispruch zu erwirken. Mit schweren Vorwürfen gegen die Welser, sie hätten Gelder unterschlagen und schwerste Grausamkeiten zu verantworten, erregte Federmann die Aufmerksamkeit der höchsten Behörde Kastiliens für die Verwaltung der Kolonien, des Rates der Indien in Sevilla. Gegen eine hohe Kaution ließen sie Federmann 1541 als Kronzeugen kommen, um den Welsern die Provinz Venezuela offiziell abzuerkennen. Noch bevor das Urteil erging, widerrief Federmann jedoch alle Vorwürfe, vermutlich weil die Welser ihm anboten, seinen Besitz freizugeben. Er starb dann im Jahr 1542 an einem schweren Fieber.

Angesichts des laufenden Prozesses überrascht es nicht, dass die 1540er Jahre von einem weiteren Rückzug der Welser aus Venezuela geprägt waren. Es gab keine Lieferungen, keine Investitionen und keine Versuche, eine lokale Wirtschaft aufzubauen. Der einzige Aktivposten des Konzerns war die Armee, die

Hohermuth aufgestellt hatte und die jetzt der Ritter Philipp von Hutten befehligte.

Dieser Armee, die im Sommer 1541 durch Desertionen um mehr als die Hälfte zusammengeschrumpft war, schloss sich auch der älteste Sohn des Hauses Welser an. Bartholomäus der Jüngere besaß kein offizielles Amt und war in seiner Familie eher schlecht angesehen. Jörg Denzer vermutet daher, dass seine Zeit in Venezuela als Strafe oder Bewährungsprobe gedacht war, während Götz Simmer als Grund für seine Entsendung vermutet, dass bei einer reichen Eroberung jemand vor Ort sein sollte, auf den die Welser sich verlassen konnten. Hutten als Befehlshaber des Feldzugs nahm den jungen Welser mit sich und gemeinsam führten sie von 1541 – 1546 die letzte große *Entrada* der Welser. Sie zogen weiter nach Süden als jeder vor ihnen. Wie sehr allen Beteiligten bewusst war, dass dies die letzte Chance auf Ruhm, Ehre oder einen Ausweg aus den Schulden war, zeigt sich daran, dass in Coro gerade einmal zwei Dutzend Siedler zurückblieben.

Hutten führte nach einigen Desertionen schließlich etwa 100 – 120 Mann auf eine *Entrada,* die fünf Jahre dauerte und über 1500 Kilometer Wegstrecke absolvierte. Im Zuflussgebiet des Orinoco und Amazonas, zwischen Savannen, Sümpfen und Dschungel mussten sie oft für Monate warten, um die Regenzeit auszusitzen. Wieder einmal brachen Hunger und Krankheiten aus, während Klima und Natur die Kleidung, Waffen und Ausrüstung der Eroberer verzehrten. Im Januar 1545 gaben Hutten und Welser auf. Der indigene Widerstand hatte immer mehr zugenommen, während ihre eigenen Kräfte stetig abnahmen. Seit vier Jahren war es dasselbe Spiel: Wann immer sie jemanden, egal ob in Gesprächen oder unter Folter, befragten, hieß es, das Gold sei weiter im Süden zu finden oder westlich hinter den Bergen. Nach all der Zeit waren sie ihrem Ziel nicht nähergekommen.

Was geschah in all dieser Zeit in Coro? Ein langsames Sterben der Provinz hatte begonnen. Sklavenjäger, die in den Nachbarprovinzen ihrem Geschäft aufgrund der neuen Gesetze Karls V. nicht mehr nachgehen konnten, zogen in das desorganisierte Venezuela. Übergriffe gegen die Indigenen waren an der Tagesordnung. Abhilfe gegen diesen Zustand erhoffte sich die spanische Obrigkeit von einer offiziellen Untersuchung der Zustände. Hierfür traf ein Notar namens Juan de Carvajal in Coro ein. Er war allerdings nur der Vertreter des Mannes, den der ursprünglich Beauftragte wiederum als seinen Ersatzmann hatte schicken wollen, bis er Zeit hatte, sich um diese Aufgabe zu kümmern.

Einmal angekommen, zeigte de Carvajal kein Interesse daran, die Ordnung wiederherzustellen und die Sklavenjäger gegen sich aufzubringen. Er wollte das Chaos vielmehr zu seinem eigenen Vorteil nutzen. Mit gefälschten Papieren erklärte er sich zum neuen Gouverneur und behauptete, die Welser und ihre Amtsträger seien abgelöst. Er befahl, alle Siedlungen aufzugeben und mit Sklaven und Nutztieren weiter südlich in ein fruchtbares Tal zu ziehen. Dort, in El Tocuyo, regierte er ab November 1542 und plante, das dortige Grasland zur Rinderzucht zu nutzen. Nach ein paar Jahren wollte er dann – so berichtete ein italienischer Kaufmann, der sich mit ihm unterhalten hatte – eine große Herde nach Neu-Granada treiben und durch den Verkauf der Tiere eine eigene *Entrada* finanzieren. Auch hierbei ist allerdings keineswegs davon auszugehen, dass er diese Pläne allein schmiedete. Wie viele vor ihm so stand auch Carvajal unter erheblichem Druck vonseiten der Veteranen und der lokalen Cliquen.

Da seine Pläne auf einem Betrug beruhten, stand Carvajal mit dem Rücken zur Wand, als Späher ihm berichteten, dass Hutten und Welser nach all den Jahren mit einer Streitmacht in die Nähe von El Tocuyo kamen. Er konnte nicht tatenlos zusehen, wie die beiden ihn absetzten und anklagten. Es kam daher zu einem Treffen der drei Männer und ihrer engsten Gefolgsleute. Carvajal erklärte Hutten und Welser, sie seien abgesetzt, und forderte sie auf, seine Autorität anzuerkennen und sich zu ergeben. Doch der Ritter und der Sohn des Konzernchefs nahmen das nicht einfach hin. Zwar erkannten sie Carvajal vorerst als Gouverneur an, bestanden aber darauf, sich nach Coro zu begeben und die Sachlage prüfen zu lassen. Schließlich eskalierte der Konflikt, Waffen wurden gezogen und Hutten packte Carvajal und nannte ihn einen Betrüger und Verräter. Ein italienischer Kaufmann, der Augenzeuge des Geschehens war, berichtete später sogar, es sei zum offenen Kampf zwischen den Männern gekommen. Im letzten Augenblick gingen beide Seiten dann aber ohne Verletzte auseinander.

Für Philipp von Hutten und Bartholomäus Welser war die Lage schwierig. Sie hatten weniger Männer als Carvajal und kaum noch Munition. Als er ihnen daher freies Geleit zur Küste anbot, wenn sie ihren Leuten freistellen würden, bei ihm zu bleiben und die Seite zu wechseln, nahmen sie an. Beide zogen mit einem kleinen Gefolge nordwärts, während Carvajal ihre Leute in El Tocuyo unterbrachte. Dort gelang es ihm und einigen erfahrenen Offizieren, die Männer auf sich einzuschwören, wie Götz Simmer detailliert beschreibt. Sie versprachen ihnen allen Besitz Huttens und Welsers als Beute, speziell deren Sklaven, und erzählten außerdem, wie sehr der Ritter und der reiche Kaufmannssohn über die einfachen Soldaten gespottet hätten. Dann nahmen sie an der Spitze einer Streitmacht die Verfolgung auf.

Am 17. Mai 1546 überfiel Carvajal ohne Vorwarnung das Lager Huttens und Welsers. Deren wenige Männer ergaben sich und wurden wie die beiden Anführer gefesselt. In hitzigen Gesprächen von mehreren seiner Gefolgsleute bedrängt und wissend, dass er als Meuterer keinen anderen Ausweg mehr hatte, befahl

Carvajal schließlich die Ermordung Huttens und Welsers. Über deren Ablauf berichtete später unter anderem Magdalena, eine Sklavin Huttens vor Gericht. Er ließ beide ohne einen Prozess, ohne Beichte oder letzte Ölung von einem Sklaven mit einer Machete enthaupten. Angeblich war die Waffe so stumpf, dass der Sklave mehrfach zuschlagen musste, bis die wehrlosen Männer tot waren.

Für Carvajal währte der Triumph nicht lange. Bereits im Juni traf ein Untersuchungsrichter mit eigener Eskorte ein, den einige geflohene Gefolgsleute Huttens unterstützten. Mehrere einflussreiche Söldnerführer schlugen sich auf dessen Seite und waren nur allzu bereit, Carvajal als Sündenbock ans Messer zu liefern. Mit seiner öffentlichen Enthauptung und Vierteilung kehrte dann Ordnung in die Provinz zurück.

Die Welser hatten hieran keinen Anteil mehr. Schon die Entsendung des Untersuchungsrichters war ohne ihr Zutun erfolgt. Ebenfalls ohne Rücksprache mit den Welsern übergab der Richter den Befehl an einen Gouverneur aus der Provinz selbst, der eine dauerhafte Verwaltung errichtete. Er vergab erblichen Landbesitz und sorgte so für den Aufbau einer Siedlungskolonie. Die rechtliche Grundlage dafür, die Welser auszubooten, hatte der Rat der Indien schon im Jahr 1546 mit seinem Prozess geschaffen, in dem Federmann als Kronzeuge fungiert hatte. Die Welser hatten wegen grober Verfehlungen alle Ansprüche auf Venezuela verwirkt. Sie sollten Strafen und einen hohen Schadensersatz an die Krone zahlen. Die Welser legten dagegen, unter Verweis auf den Widerruf Federmanns, Berufung ein. Sie listeten stattdessen ihre Investitionen auf und betonten, dass sie ihre Pflicht erfüllt hatten. Dies diente aber nur noch der Abwehr von Strafzahlungen und nicht mehr dem Ziel einer Bestätigung ihres Anspruchs auf Venezuela.

Es war daher ein rein formaler Akt, als im Jahr 1555 das finale Urteil über die Statthalterschaft der Welser gefällt wurde. Die Welser wurden von den Vorwürfen der Unterschlagung und Grausamkeit freigesprochen und mussten weder Strafe noch Schadensersatz bezahlen. Der König bestätigte das Urteil 1556, fügte aber dem Dokument hinzu, dass die Welser auf ewig alle Rechte an der Provinz verloren hatten. Hiergegen erfolgte kein Widerspruch mehr. Der Konzern hatte das Projekt Venezuela abgeschrieben.

Was blieb nun aber von dieser Episode kolonialer Geschichte? Zunächst einmal eine bemerkenswerte Spur in der Erinnerungskultur, die Jörg Denzer ausführlich aufgearbeitet hat. Für spanische Autoren wie den Bischof Las Casas waren die Welser als Nicht-Spanier willkommene Feindbilder und Sündenböcke in ihrer eigenen Geschichte der Eroberung Amerikas. So machte Las Casas die Welser verantwortlich für die Ermordung von Millionen Indigenen und warf ihnen vor, dabei Grausamkeiten erfunden zu haben, auf die kein Spanier gekommen sei.

Diese Sichtweise, die ihre Spur auch in der Erinnerungskultur in Venezuela hinterlassen hat, verkennt jedoch, dass die Gouverneure der Welser nicht anders vorgingen als die Konquistadoren von 1520–1540 in anderen Randgebieten des Spanischen Imperiums. Sehr viel stärker als in den in diesem Buch dargestellten englischen und französischen Projekten waren für sie die indigenen Kulturen lediglich Objekte der Eroberung. Damit waren die spanischen Konqistadoren für die Welser und ihre Gouverneure anders als für die englischen und französischen Akteure kein grausames Schreckensbild, von dem man sich als milderer und besserer Kolonist abgrenzen wollte, sondern ganz offen ein Vorbild.

An dieser Einordnung lässt sich kritisieren, dass sie als eine Beschönigung der kolonialen Projekte aus England und Frankreich und als eine Verharmlosung ihrer Folgen missverstanden werden kann. Deswegen ist festzuhalten, dass alle kolonialen Projekte von Ungleichheit und Vorherrschaft der Europäer ausgingen und letztlich zum Untergang indigener Kulturen führten, egal ob die Organisatoren eine friedliche Missionierung planten, die aus Indigenen gleichberechtigte Untertanen machen sollte, oder gewaltsame Unterwerfung beabsichtigten. Unterschiedliche Ziele zu benennen, soll keine bessere oder schlechtere Kolonialpolitik kennzeichnen, sondern helfen, die Vorstellungen und Pläne zu verstehen, die vor dem Untergang der indigenen Kulturen zu unterschiedlichen Interaktionen führten.

Ein weiterer wichtiger Unterschied ist, dass es lange Zeit kaum eine Erinnerung an die Kolonie der Welser in deren Ursprungsland gab. Die Ereignisse in Venezuela waren nie Teil der Geschichte einer imperialen Idee in Deutschland, wie die kolonialen Projekte in Virginia für England oder die in der Acadie für Frankreich. Es gab auch keine populären Helden dieser Eroberungszüge. Von allen Anführern stach am ehesten noch Nikolaus Federmann heraus, dessen Reisebericht für die Welser 1557 als Buch unter dem Titel *Indianische Historia* im Druck erschien. Doch auch dieses Werk hatte nur eine Auflage. Geradezu bizarr ist aus heutiger Sicht, dass der Verleger dem Werk den Titelzusatz gab: »*gantz lustig zu lesen.*«

Eine besondere Rolle spielten die *Entradas* der Welsergouverneure allerdings für die weitere Erkundung Südamerikas und die dortigen Begegnungen zwischen Europäern und indigenen Kulturen. Nach der Eroberung der *Muisca*-Föderation lebte die Legende vom goldbestäubten indigenen Herrscher El Dorado und seinem Goldreich in Südamerika weiter. Das goldene El Dorado vermuteten Generationen von Suchenden tief im Inneren Südamerikas. Sie erzählten sich, es sei reicher als Mexiko oder Peru es jemals gewesen waren. So entstand eine Legende, die auch 50 Jahre später noch stark genug war, um eine gewaltige englische Flotte unter Befehl Walter Raleghs zum Aufbruch zu motivieren.

Abb. 12 Die Legende von El Dorado – ein indigener Herrscher wird bei einer feierlichen Zeremonie eingeölt und dann mit Goldstaub bedeckt, der durch Schilfrohre an seinen Körper geblasen wird. Eine Buchillustration von Theodor de Bry für seine Ausgabe von Walther Raleghs Reisebericht (siehe Kapitel 9). Der Kupferstecher orientierte sich hier, wie immer in seinen Darstellungen indigener Menschen, an Vorbildern aus der europäischen Kunst und antiken Körperidealen.

## Quellen und Literatur

Die Erforschung der Geschichte der Welserkolonie ist ein Spezialgebiet, dem sich vergleichsweise wenige Expertinnen und Experten gewidmet haben. Für lange Zeit prägten daher ältere Arbeiten aus dem späten 19. Jahrhundert das Bild. Darin finden sich typischerweise starke Bewertungen des individuellen Charakters der historischen Akteure und ihrer Persönlichkeiten, die keiner Überprüfung standhalten. Außerdem war die ältere Forschung stark davon geprägt, dass die Autoren glaubten, nationale Kategorien aus dem 19. Jahrhundert wie »spanisch«, »venezolanisch« und »deutsch« würden die Handlungen historischer Akteure erklären, die Jahrhunderte früher lebten. Manche neueren Arbeiten, die eher populärwissenschaftlich sind, folgen noch diesen älteren Tendenzen, ohne sie zu hinterfragen, so dass man bei diesem Thema besonders misstrauisch sein sollte.

Doch seit den 1990er Jahren hat sich das Bild gewandelt und einige herausragend recherchierte Arbeiten sind entstanden, die auch die Grundlage für dieses Kapitel bilden. Vor allem sind hier zwei Dissertationen hervorzuheben: Götz Simmers *Gold und Sklaven. Die Provinz Venezuela während der Welser-Verwaltung* aus dem Jahr 2000 und Jörg Denzers *Die Konquista der Augsburger Welser-Gesellschaft in Südamerika. Historische Rekonstruktion, Historiografie und lokale Erinnerungskultur in Kolumbien und Venezuela* von 2005. Im Vergleich beider Arbeiten fällt auf, dass Simmer detaillierter auf unterschiedliche Quellenüberlieferungen eingeht und die Geschichte der Kolonie auf knapp 700 Seiten rekonstruiert. Jörg Denzer verfolgt hingegen ein anderes Forschungsinteresse. Er verfasst zwar ebenfalls eine gut geschriebene, kompakte Geschichte der Ereignisse, analysiert aber auch die Geschichte der Erforschung der Kolonie in Deutschland und Venezuela und geht der Frage nach, wie in beiden Gesellschaften noch heute an die Ereignisse erinnert wird. Denzer hat außerdem vielfach Auszüge der Geschichte der Kolonie für ein breites Publikum aufbereitet und hervorragende Artikel dazu in verschiedenen Wissenschaftsjournalen veröffentlicht.

Eine kürzere, illustrierte Zusammenfassung der Geschichte findet sich außerdem in dem Buch von Dietmar Felden, *Über die Kordilleren bis Bogotá. Die Reisen der Welser in Venezuela,* erschienen 1997. Dieses Werk umfasst nur etwa 120 Seiten und konzentriert sich primär auf die *Entradas*. Weniger eng auf die Geschichte der Kolonie fokussiert, aber dafür hervorragende Einblicke in die Konzernpolitik der Welser, ihre Handelsnetzwerke und die Macht des Hauses eröffnend, ist Mark Häberleins Buch *Aufbruch ins globale Zeitalter. Die Handelswelt der Fugger und Welser* von 2016. Mark Häberlein ist auch einer der Herausgeber des wissenschaftlichen Sammelbandes: *Die Welser. Neue Forschungen zur Geschichte und Kultur des oberdeutschen Handelshauses* von 2002, in dem sich Aufsätze von Jörg Denzer und Monika Schmolz-Häberlein zur Geschichte der Welserkolonie und ihrer Erforschung finden.

Um sich mit Originalquellen zu beschäftigen, bietet die oben genannte Dissertation von Simmer einen guten Einstieg, da sie im Anhang einige zentrale Quellen in deutscher Übersetzung enthält. Für einen Einstieg in Originalmaterialien kann man auch leicht ein Digitalisat des Berichts von Nikolaus Federmann: *Indianische Historia* finden, beispielsweise unter https://archive.org. Über das Leben und Wirken Phillips von Hutten informieren hingegen zwei Quellenbände, die Eberhard Schmitt herausgegeben hat: zum einen *Das Gold der Neuen Welt. Die*

*Papiere des Welser-Konquistadors und Generalkapitäns von Venezuela Philipp van Hutten 1534–1541* und zum anderen *Tod am Tocuyo. Die Suche nach den Hintergründen der Ermordung Philipps von Hutten 1541–1550*, beide von 1999. Sie enthalten Briefe des Ritters und zahlreiche Quellen anderer Verfasser über seine Zeit in Venezuela sowie kleinere zeitgenössische Publikationen über die Kolonie.

# 9. Eine unmögliche Mission – Walter Ralegh in Guyana 1595 und 1617

Die letzte Bühne für Walter Ralegh stand im großen Hof des Palastes von Westminster, dem politischen Herzen Londons. Am 29. Oktober 1618 wartete dort, hoch auf einem hölzernen Podest, ein Henkersblock auf den berühmten Freibeuter, ehemaligen Favoriten der Königin und eingekerkerten Verräter.

Die Hinrichtung begann um 8 Uhr morgens mit dem Marsch des Gefangenen vom *Guardhouse* zur Richtstätte. Ralegh ließ seine Eskorte jedoch etwas warten und gönnte sich nach einem ausgiebigen Frühstück erstmal eine letzte Pfeife. Ein Trupp Pikeniere und die beiden Sheriffs von London persönlich brachten ihn danach zum *Old Palace Yard* im Schatten des Parlaments. Die Soldaten mussten dabei alle Kraft einsetzen, um sich einen Weg durch die zahlreichen Schaulustigen zu bahnen. Obwohl die Hinrichtung extra früh angesetzt wurde, um Ralegh möglichst wenig Publikum zu bieten, hatten sich bereits Tausende eingefunden. Wohlhabende Zuschauer standen auf Balkonen und schauten aus Fenstern herunter, wobei sie für ihre Plätze einiges hatten bezahlen müssen. Das einfache Volk drängte sich an der Straße und auf dem Platz selbst, um einen guten Blick zu erhaschen, während adelige Weggefährten und Rivalen Raleghs hoch zu Ross eintrafen und über die Volksmenge hinweg das Schauspiel betrachteten.

Ralegh, das konnte jeder sehen, war entschlossen, seine letzte Bühne für einen großen Auftritt zu nutzen. In schwarze und dunkelgraue Kleidung aus allerfeinsten Stoffen gehüllt, betrat er das Podest, grüßte den Henker und alle Anwesenden und gebot der Menge, still zu sein. Wie von einem früher einmal angesehenen Hofpoeten und erfolgreichen Autor nicht anders zu erwarten war, hielt Ralegh eine ausführliche Abschiedsrede.

Zuerst begrüßte er einige adelige Freunde mit Handschlag und bat sie zu ihm auf das Podest. Dann dankte er vor allen Anwesenden Gott für sein Schicksal, genauer dafür, dass er nicht während seiner mehr als zehnjährigen Haft im *Tower of London* allein und im Dunkeln gestorben sei, sondern heute im hellen Licht vor so guten Menschen aufrecht dem Tod entgegentreten könne.

Was die Vorwürfe gegen ihn betreffe, er habe Befehle missachtet, Eigensinn über die Treue zur Krone gestellt, einen Krieg provozieren wollen und diejenigen betrogen, die ihm vertraut hatten – all das stritt er ebenso ausführlich wie entschieden ab. Frei von Schuld sei er aber dennoch nicht. Am Ende, nach einer knappen halben Stunde Monolog, bat er die Zuschauer, mit ihm für seine Seele zu beten. Er habe sich als Soldat, Seemann und Höfling stets in Welten bewegt, die voller Gewalt, Versuchung und Sünde gewesen seien und in der niemand ohne Schuld habe bleiben können.

Diese Worte dürften viele Zuhörer an den Grund für die Hinrichtung des ehemaligen Favoriten der Königin erinnert haben: den katastrophalen Ausgang von Raleghs letzter großer Expedition nach Guyana. Im Jahr zuvor war er mit einer gewaltigen Flotte aufgebrochen, um seinen sowohl in geheimen Zirkeln als auch öffentlich immer wieder propagierten Traum von einer Eroberung des Reiches El Dorado und dessen goldener Hauptstadt Manoa zu verwirklichen. Dies war seine letzte Chance gewesen, um nach einem tiefen Sturz vom Favoriten Elisabeths zum verurteilten Verräter unter ihrem Nachfolger Jakob I. seinen Namen wieder reinzuwaschen und seine Freiheit und verlorenen Ruhm zurückzugewinnen.

All seine Hoffnungen ruhten auf Guyana, worunter er das weite Delta des Orinoco und seiner Nebenflüsse verstand. Die weitgehend im heutigen Venezuela gelegene Landschaft war ein dicht von Urwäldern bewachsenes Labyrinth aus tausenden Kilometern Flüssen und Nebenflüssen, manche davon gewaltige Ströme, andere so schmal, dass Raleghs Männer mit Schwertern ihren Weg freischneiden mussten. Am Ufer der großen Flüsse und manchmal auch hinter der Biegung schmaler Nebenarme verborgen, lagen zahllose kleine Dörfer, aber auch große Siedlungen mit hunderten Einwohnern, die über das Netzwerk der Flüsse und schmale Urwaldpfade miteinander verbunden waren. Weiter im Landesinneren hatte Ralegh selbst gesehen, wie sich das Tal des viertgrößten Flusses der Erde weitete. Der Urwald wurde dort lichter und schließlich ragten hohe Tafelberge aus einer grünen Savannenlandschaft hervor. Ralegh hatte in Südamerika eine ganze durch Flussläufe verflochtene Welt voller Rivalitäten, Kriege oder Bündnisse der örtlichen Herrscher oder *Kaziken* erforscht und dabei erfahren, dass all dies durch das gewaltsame Eindringen der Spanier erschüttert worden war. Sie waren durch ihre Sklavenjagden und die brutale Suche nach Gold zum gemeinsamen Feind aller indigener Gemeinschaften am Orinoco geworden, was Ralegh wiederum in den Augen der dortigen *Kaziken* zum idealen Verbündeten machte. Glänzende Steine, Spuren von Edelmetall und vor allem die Erzählungen seiner neuen Verbündeten, alles wies für Ralegh darauf hin, dass tief im Dschungel ein goldenes Königreich, noch reicher als Mexiko oder Peru und sicherlich reicher als Neu-Granada, nur darauf wartete, gefunden zu werden.

Die gemeinsame Feindschaft der Engländer und der Indigenen gegenüber den Spaniern war für ihn dabei der Schlüssel. Die Spanier waren Raleghs Feinde auf See gewesen, seit er in den 1570ern unter seinem Halbbruder Humphrey Gilbert auf Kaperfahrt gewesen war. Die spanischen Schiffe waren das Ziel der Kaperzüge im Umfeld seiner Roanokekolonien, und seit dem Frieden zwischen England und Spanien im Jahr 1603 war der spanische Gesandte Graf Gondomar in London sein Feind. Jener Graf hatte auch 1617 Raleghs letzte Expedition und damit seine letzte Chance sabotiert, sein Leben und Ansehen zu retten. Gondomar war, das wussten vor allem die bei Raleghs Hinrichtung anwesenden Adeligen, auch eine treibende Kraft hinter Raleghs endgültiger Verurteilung und Hinrichtung in Westminster.

Doch obwohl Ralegh sich vor den Zuschauern im Hof des Palastes als unschuldig im Sinne der Anklage inszenierte, zweifelte er nie die Rechtmäßigkeit seines Verfahrens an und trat in der Rolle des geläuterten Sünders vor sein letztes Publikum. Er wusste, dass ihm jetzt nur noch ein guter Tod blieb, um seinen Nachruhm zu sichern. Er bat die anwesenden Adeligen, ihm den Abschied zu gewähren und die Bühne zu räumen. Dann wandte er sich dem Henker zu. Zu dessen Überraschung forderte Ralegh ihn auf, erst einmal die unter seinem weiten Mantel verborgene Axt vorzuzeigen. Nachdem der Henker ihm zögerlich die Axt gereicht hatte, strich Ralegh prüfend mit dem Daumen über die Schneide und sagte: »*Eine wahrlich scharfe Medizin, aber dafür heilt sie einen von jeder Krankheit.*« Nach diesem letzten Scherz legte er seinen Kopf auf den Richtblock. Als der Henker zögerte, rief Ralegh laut: »*Nun schlag, Mann, schlag.*« Zwei Hiebe waren nötig, um den Kopf des einstigen Seehelden vom Rumpf zu trennen und damit die Geschichte des Mannes zu beenden, der gehofft hatte, erst in Virginia und später in Guyana Englands erstes Kolonialreich zu errichten. Raleghs letzter Auftritt verfehlte die gewünschte Wirkung nicht, denn schon kurz darauf machte die Geschichtsschreibung ihn zu einem tragischen Helden und gab ihm so bis in die Gegenwart eine Rolle, die er für sich selbst nicht hätte besser schreiben können.

Für die Geschichte untergegangener kolonialer Utopien ist natürlich besonders interessant, wie es dazu kam, dass Ralegh seinen Blick von Virginia nach Guyana wandte, und warum er gerade dort ein letztes Mal alles auf eine Karte setzte. Diese Geschichte ist aber nicht zu verstehen, ohne einen Blick auf Raleghs Karriere nach dem mysteriösen Verschwinden der Kolonie von John White in Virginia zu werfen.

Als Philipp II. 1587 mit Nachdruck eine Invasion in England vorbereitete, hatte sich Raleghs Aufmerksamkeit mehr auf die Abwehr spanischer Angriffe und die Organisation von Gegenoffensiven konzentriert. Seine Expertise als Seefahrer und seine Nähe zur Königin machten es dabei für viele selbstverständlich, dass er dabei neben dem legendären Weltumsegler und Seehelden Francis Drake entscheidenden Einfluss einnehmen würde.

Doch bereits Ende der 1580er Jahre hatte Raleghs seine besondere Stellung als Günstling Elisabeths verloren. Ein neuer, jüngerer Favorit nahm bei Hofe einen zentralen Platz ein, auch wenn Ralegh seine Ämter und den Zugang zur Königin behielt. Um 1590 ließ Ralegh sich dann auf eine illegale Beziehung mit einer Hofdame Elisabeths ein. Es handelte sich um Elisabeth Throckmorton, genannt Bess. Vielleicht aufgrund von Raleghs Nähe zur Königin, aber sicherlich, weil jede Beziehung einer Hofdame das Einverständnis der Monarchin erforderte und Elisabeth so etwas nur selten erlaubte, hielten Ralegh und Bess ihre Affäre geheim. Als Bess schwanger wurde, blieb dem Paar keine andere Wahl, als im Verborgenen zu heiraten. Die Geheimhaltung war beiden wichtig, da Bess so nicht vom Hofe ausgeschlossen wurde und Ralegh die Gunst der Königin brauchte, um Rückhalt und Investitionen für eine neue große Kaperfahrt zu bekommen. Doch im Jahr 1592 kam ihre heimliche Ehe ans Tageslicht.

Es ist unklar, ob Elisabeth eifersüchtig auf die Eheleute war. Zweifellos aber stellte deren Geheimniskrämerei eine direkte Provokation ihrer Autorität dar, die sie nicht ignorieren konnte. Sie ließ Ralegh und Bess am 7. August in den Tower von London bringen, wo sie ein kleines Appartement bezogen, das sie nicht mehr verlassen durften.

Glücklicherweise retteten Raleghs maritime Fähigkeiten ihn schon bald. Eine Kaperfahrt, die er mitorganisiert hatte, kehrte von den Azoren zurück und brachte in ihren Laderäumen die vielleicht größte Beute des Jahrhunderts nach England: die Fracht des Schatzschiffes *Madre de Dios*. Im Hafen von Dartmouth löste das Eintreffen der Schätze jedoch eine Krise aus. Seeleute revoltierten aufgrund ausstehenden Lohnes und forderten Anteile an der Beute, während zugleich mehrere Investoren über- und gegeneinander klagten. Der Vizeadmiral von Cornwall war mit der Situation überfordert. Mit Erlaubnis der Königin durfte Ralegh den Tower daher verlassen, um die Situation in Dartmouth zu bereinigen. Bis Weihnachten erfolgten dann seine und Bess' offizielle Freilassung. Vom Hof und allen auf die Krone bezogenen Ämtern blieben sie jedoch verbannt.

Ralegh blieb trotz dieses Rückschlags nicht untätig. Er hatte noch immer seine regionalen Ämter in den Provinzen inne und ließ sich, durch seine dortigen Netzwerke gestützt, zweimal ins Parlament wählen. Doch trotz aller Erfolge war ihm klar, dass es eines größeren Coups bedurfte, um die Gunst der Königin zu gewinnen und auf die große Bühne der Politik zurückzukehren.

Diesen Coup hoffte er in Guyana zu landen, wo er nichts Geringeres als das legendäre dritte Goldreich Amerikas finden wollte: El Dorado. Inspiriert von den Erzählungen des gefangenen Konquistadoren Sarmiento de Gamboa (siehe Kapitel 12) und von Berichten der Welserkonquistadoren (siehe Kapitel 8) sowie spanischer Seefahrer und Historiker war Ralegh überzeugt, dass der gewaltige Fluss Orinoco der Weg zu einer goldenen Stadt namens Manoa war.

Klarheit sollte eine erste Spähmission schaffen, die ähnlich wie in Virginia geeignete Naturhäfen auskundschaften und Kontakt zur indigenen Bevölkerung herstellen sollte. 1594 brach zu diesem Zweck Captain John Whiddon auf, erkundete die Küsten Südamerikas und legte schließlich auf der Insel Trinidad an, die erst zwei Jahre zuvor eine spanische Kolonie geworden war. Angesichts der Eroberung ihrer Insel gab es unter den dortigen Indigenen zahlreiche Gemeinschaften, die ein Bündnis mit den angeblichen Feinden der Spanier anstrebten. Doch während Whiddon vier zukünftige Dolmetscher aus ihrer Mitte auswählte, gelang es dem Gouverneur der Insel, de Berréo, einige der Engländer gefangen zu nehmen. Darunter war auch Whiddon selbst. Angeblich, so Ralegh, plauderte de Berréo bei dessen Verhör aus, dass auch er an die Existenz eines Goldreiches im Landesinneren glaube und alles dafür tun würde, es für den König von Spanien zu erobern. De Berréo befahl die Hinrichtung der Gefangenen, ließ aber John Whiddon frei, laut Ralegh, damit jener seinem Auftraggeber berichte, dass nur die Spanier Anspruch auf El Dorado haben.

Aus diesen Informationen konstruierte Ralegh in Berichten für potentielle Investoren ein Wettrennen um den größten Schatz der Welt, dessen Ausgang den Krieg zwischen England und Spanien entscheiden könnte. Doch trotz aller Dramatik blieb das Echo verhalten. Ralegh musste ein gewagtes Spiel eingehen und sich hoch verschulden, um die Gunst der Königin wiederzugewinnen.

Am 6. Februar 1595 brach er mit sechs Schiffen und 400 Mann nach Guyana auf. Über die Ereignisse liegt heute allerdings nur ein einziger Bericht vor, den Ralegh sorgfältig als literarisches Kunstwerk und Werbeschrift verfasste. Aufschlussreich ist hierzu insbesondere die wissenschaftliche Edition von James Lorimer, der den originalen Entwurf von Ralegh mit der später publizierten Druckfassung vergleicht und zahlreiche Änderungen nachweist.

Das erste Ziel Raleghs in Amerika war die Insel Trinidad, wo er Rache an de Berréo nehmen und sich frische Vorräte und weitere Informationen für seine Mission besorgen wollte. Unter Mithilfe indigener Dolmetscher, die bei ihren Leuten für eine Allianz mit den Engländern warben, gelang es Ralegh, das Vertrauen der Indigenen zu gewinnen. Mit einem raschen Angriff von Land aus eroberte er zunächst einen bei der heutigen Hauptstadt Trinidads gelegenen befestigten Außenposten und danach im Handstreich die damalige Hauptstadt der Insel namens San José de Oruna. Gouverneur de Berréo war nun sein Gefangener.

Stets darauf bedacht, alle Spanier als grausame Tyrannen darzustellen, beschrieb Ralegh in seinem Reisebericht, dass er sofort mehrere Indigene freigelassen habe, welche der Gouverneur in Ketten gefangen gehalten und gefoltert habe. Unter anderem habe de Berréo ihnen geschmolzenen Speck auf die Haut gießen lassen. Aktionen wie die Befreiung gefangener und versklavter Indigener dürften, auch wenn er ihnen in seinem Bericht viel zusätzliche Dramatik verlieh, ein Grund für das hohe Ansehen sein, das er bei den Indigenen besaß. Auch andere Seefahrer berichteten noch Jahre später, dass die Indigenen Ralegh kannten und ihn lobten.

Während Ralegh seine Vorräte auffüllte und die Erforschung des Landesinneren vorbereitete, verhörte er de Berréo. So erfuhr er nach eigenen Angaben von einer langen Reihe erfolgloser spanischer Expeditionen auf der Suche nach El Dorado, deren Geschichte er in seinen eigenen Bericht aufnahm. Sorgfältig schuf er dabei für seine Leser den Eindruck, dass die Spanier mit größter Rücksichtslosigkeit und Brutalität vorgegangen seien. So hätten sie sich, laut Ralegh, die Feindschaft aller indigenen Anführer und deren Untertanen zugezogen. Die *Kaziken* und ihre Krieger hätten die spanischen *Entradas* deswegen ins Leere laufen lassen, vom Nachschub abgeschnitten und bekämpft. Nur ein einziger Spanier habe als Gefangener die goldene Stadt Manoa gesehen und ihre Pracht bewundern dürfen, die jede andere Stadt der Welt überträfe. Doch weil seine Augen bei An- und Abreise verbunden waren, konnte er Berréo den Weg dorthin nicht beschreiben. Damit war, laut Ralegh, die Existenz Manoas bewiesen und zugleich das Scheitern der Spanier am Widerstand der *Kaziken* eine große Chance für England.

Dies führt er in dem Bericht über seine erste Reise zum amerikanischen Festland näher aus. Anschaulich beschreibt er das Land als ein wahres Paradies auf Erden, reicher, schöner, fruchtbarer und lieblicher als jede andere Landschaft der Welt. Virginia war offenbar für ihn kein Thema mehr. Die *Kaziken* hießen ihn angeblich als einen Feind der Spanier willkommen, und durch geschickte Diplomatie sei es ihm gelungen, Informationen über das gewaltige Hinterland des Orinoco zu sammeln und Verbündete zu gewinnen. Angeblich habe er die *Kaziken* besonders beeindruckt, als er ihnen erzählte, dass er im Auftrag einer großen jungfräulichen *Kazikin* über das Meer gekommen sei, die allen

Feinden Spaniens beistehe und allen Geknechteten die Freiheit bringe. Diese *Kazikin* Elisabeth habe mehr *Kaziken* unter sich, als es Bäume im Wald gebe, und ihre Macht kenne kaum Grenzen. Es ist keineswegs subtil, wie der vom Hof verbannte Ralegh auf diese Weise Komplimente an die Königin in seine Erzählung einarbeitet. Die indigenen Anführer waren angeblich von seinen Schilderungen begeistert, küssten Bilder Elisabeths und nannten sie *Ezrabeta Cassipuna Aquerewana*: Elizabeth, große Fürstin und allergrößte Anführerin. Damit wollte Ralegh den immensen Erfolg belegen, den er als Herold seiner Königin in Amerika gehabt habe.

Die *Kaziken* berichteten Ralegh im Gegenzug über den weiteren Verlauf des Flusses und die zahlreichen Städte und Völker, die sich im Inneren des Kontinents verbargen. Bereitwillig bestätigten sie dabei alle seine Hoffnungen auf ein goldenes Königreich Guyana mit der Hauptstadt Manoa. Dessen Gründervater soll ein dritter Bruder der beiden rivalisierenden Inkaherrscher Atahualpa und Húascar gewesen sein, der wegen deren Bruderkrieg aus Peru in den Dschungel geflohen sei. Alle *Kaziken* bestätigten, wenn Ralegh sie danach fragte, dass es im Reich der *Inga* gewaltige Mengen Gold gebe, so viel, dass sich die Menschen mit Platten davon am ganzen Körper behängten und bei feierlichen Anlässen sogar Gruppen von *Kaziken* mit Gold bestäubt würden. Die Städte Guyanas seien groß und prachtvoll und Heimat hunderttausender Untertanen. Manoa aber sei das strahlende Juwel dieses Königreiches, prunkvoller als jede andere Stadt der Welt.

Allerdings führten die *Inga* und ihre Untertanen Krieg mit den Indigenen, die Ralegh getroffen hatte. Ihre aggressive Politik habe viel Leid gebracht, wenn auch deutlich weniger als diejenige der Spanier. Daher seien die *Kaziken* nur allzu bereit, sich mit Ralegh für einen Kriegszug gegen die *Inga* zu verbünden. Einer seiner Gesprächspartner, Topiawari, der auch gleich seinen einzigen Sohn als Geisel an Ralegh übergab und nach England schickte, drängte auf einen baldigen gemeinsamen Feldzug. Seine Begeisterung für ein Bündnis überzeugte Ralegh so sehr, dass er zwei seiner eigenen Leute bei ihm ließ, damit sie die Umgebung weiter erkunden und die dortige Sprache lernen.

An dieser Stelle lässt sich ein vertrautes Muster erkennen. Aus dem Wunsch heraus, die Fremden nicht zu enttäuschen und für sich einzunehmen, bestätigten die Indigenen einfach alles, wonach Ralegh sie fragte. Ihr Ziel, ähnlich wie in Florida, war eine Allianz, die ihnen sowohl Schutz vor den Spaniern als auch einen Vorteil in ihrer Rivalität mit benachbarten Siedlungsgruppen bieten würde. Es ist sehr wahrscheinlich, dass die *Kaziken* gerne bereit waren, ihre jeweiligen Feinde als die *Inga* zu präsentieren, wenn das die Engländer auf ihre Seite brachte.

Ralegh aber sah sich außerstande, mit seinen wenigen Männern eine so gewaltige Eroberung vorzunehmen, und außerdem, wie er ausführlich erläutert, sei es für den eigenen Erfolg essentiell, anders vorzugehen als die Spanier. Nicht kurzfristiges Plündern, sondern dauerhafte Allianzen und vielleicht sogar eine friedliche Unterwerfung Guyanas mit all seinen Schätzen sei sein Ziel. Ralegh beschreibt, dass auch die *Kaziken* sehr beeindruckt von der Höflichkeit und Zurückhaltung gewesen seien, die er und seine Männer an den Tag legten. Speziell dass die Engländer sich keusch und ritterlich gegenüber Frauen gezeigt hätten, während die Spanier sie rauben und vergewaltigen würden, habe die *Kaziken* beeindruckt. Als Ralegh dann erklärt habe, dass es Befehl seiner großen *Kazikin* sei, dass ihre Krieger die Frauen verschonen, seien alle von der Macht Elisabeths über ihre Gefolgsleute beeindruckt gewesen.

Die Idee einer weiblichen Anführerin sei für die Menschen entlang des Orinoco und seiner Nebenflüsse, so Ralegh, ohnehin vertraut, da sie in direkter Nachbarschaft zu einem Volk von Amazonen leben würden. An dieser Stelle seines Berichtes überschreitet Ralegh offensichtlich die Schwelle zur Fiktion, denn neben den Amazonen, von denen schon spanische Konquistadoren berichtet hatten, erzählt er seinem Publikum in England auch vom Volk der Acephalen, also Menschen ohne Kopf. In beiden Fällen gibt Ralegh zwar an, sie nicht persönlich gesehen zu haben, doch unterschiedliche *Kaziken* und Dolmetscher hätten ihm übereinstimmend von den Amazonen und den kopflosen Kriegern erzählt, so dass die Geschichten gar nicht erfunden sein könnten. Ralegh erklärt in seinem Bericht außerdem, dass schon so viel für unmöglich Gehaltenes in Amerika gefunden worden sei, dass es voreilig wäre, die Existenz von Amazonen und Acephalen einfach auszuschließen. Beide seien ja auch in Werken aus der Antike und prominenten mittelalterlichen Reise- und Rittererzählungen erwähnt worden. Allerdings bot Ralegh seinen Lesern auch genauere Informationen. So beschreibt er die Anatomie der Acephalen und speziell deren übermenschliche Körperkraft und Kampfstärke. Hierfür nennt er Topiawari und dessen Sohn als Quelle, deren Verwandte schon einen Acephalen gefangen genommen hätten. Bezüglich der Amazonen erklärt er, dass jene zwar eine reine Frauengemeinschaft wären, aber im Monat April für vier Wochen doch die Gesellschaft von Männern suchen würden. Jede daraus hervorgehende Tochter würden sie aufziehen, die Söhne aber zu den Männern zurückbringen. Dass die Amazonen eine ihrer Brüste amputierten, sei laut Ralegh, aber eine falsche Behauptung, da indigene Augenzeugen sie nicht bestätigten.

Am Ende bricht Ralegh die Erkundung des Flusses ab, nachdem er beinahe 400 Meilen weit ins Landesinnere vorgedrungen war. Bis auf vier Tagesreisen

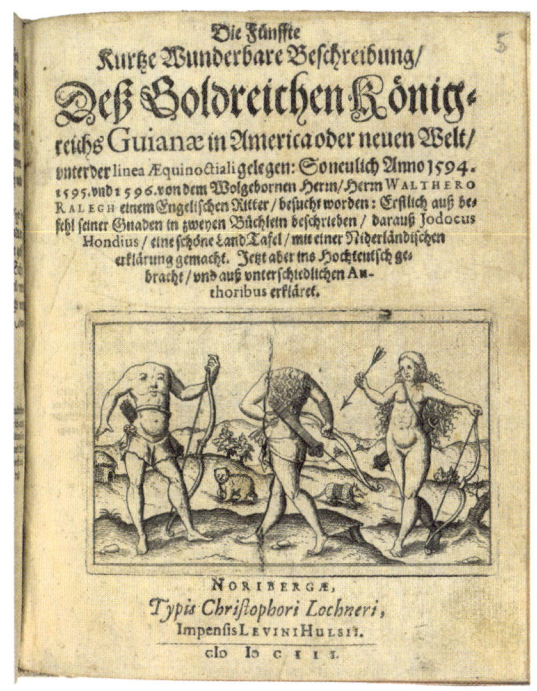

Abb. 13 Deckblatt für die deutsche Ausgabe von Walter Raleghs Reisebericht über die Entdeckung Guyanas erstellt von dem Frankfurter Verleger Levinus Hulsius. Auffällig ist, dass der Herausgeber die kopflosen Menschen (Acephalen) und eine Amazone in den Vordergrund rückt, um das deutsche Publikum anzusprechen. Die englische Originalausgabe hatte ein bildloses Deckblatt.

habe er sich den Grenzen der *Inga* von Guyana schon genähert. Unterwegs habe er Dolmetscher rekrutiert und Bündnisse mit den benachbarten *Kaziken* und anderen Indigenen geschmiedet, die zwischen dem Meer und Guyana lebten. Auf dem Rückweg nahm Ralegh Kurs auf die Karibik, wo er vergeblich versuchte, spanische Schiffe aufzubringen. Mit mehreren indigenen Reisenden, zahlreichen Gesteinsproben und dem Plan, bei einer weiteren Expedition Guyana zu einer Kolonie Englands zu machen, kehrte Ralegh schließlich nach England zurück.

Der Empfang war kühl. Kein Gold, keine Beute und lediglich Geschichten – dies erschien als ein bescheidener Lohn für die erheblichen Mühen und Kosten. Elisabeth zeigte sich unbeeindruckt, und ihre führenden Berater teilten ihre Einschätzung. In London machte sogar das böswillige Gerücht die Runde, Ralegh habe gar nicht den Atlantik überquert, sondern sich lediglich in Cornwall versteckt und sich dort Geschichten ausgedacht.

In dieser Lage blieb Ralegh nur eine propagandistische Offensive, um seinen eigenen Ruf und den seines Projektes zu retten. Er schrieb einen Bericht mit dem Titel *The discovery of the large, rich, and beautiful Empire of Guyana, with a relation of the great and golden city of Manoa (which the Spaniards call El Do-*

*rado)*. Im Titel die Entdeckung El Dorados zu verkünden, war durchaus dreist, da er im Buch ja beschrieb, dass er das Goldreich eben nur beinahe entdeckt habe. Bei der Überbeitung des Manuskripts half ihm vermutlich sein eigener Amerikaexperte Thomas Harriot, der Indigene in englischer Sprache unterwies. Die Erzählung wurde zu einem Bestseller. Mehrere Auflagen entstanden in kurzer Folge, und Theodor de Bry in Frankfurt gab aufwändig illustrierte Ausgaben in Latein und Deutsch in Druck. Später folgten günstigere, einfacher illustrierte Ausgaben in großer Auflage und eine Übersetzung ins Niederländische. Somit dürfte Raleghs Guyanabericht um 1600 in Europa der am meisten verbreitete neue Text über Amerika gewesen sein.

Sorgfältig präsentierte Ralegh darin die vielen immateriellen Beweise für seine Entdeckung und die Existenz Guyanas. Die Texte spanischer und französischer Entdecker, die umfangreichen Aussagen des Gouverneurs de Berréo, seine eigenen Erkundungen und die langen Gespräche mit zahlreichen *Kaziken*, deren Söhne und Gefolgsleute mit ihm nach England gekommen waren – all dies führte er gegen Zweifler und Kritiker ins Feld.

In seinem Bericht machte Ralegh aus der nicht erfolgten Eroberung schließlich eine Heldentat der Tugend. Er inszeniert sich als edlen Ritter und Beschützer der Jungfräulichkeit indigener Frauen, aber auch des Landes selbst, das er mit auffallend sexualisierten Metaphern beschreibt. Literaturhistorische Forschungen haben sein Werk als herausragendes Beispiel für prokoloniale Literatur, Selbstdarstellung und die mentale Kolonisierung der außereuropäischen Welt beschrieben. Es wundert angesichts seiner Lage wenig, dass er seine unbedingte Treue zur Königin und seine Tugend besonders hervorhob, ebenso wie in der allgemeinen politischen Situation nahelag, die Spanier zum Feindbild zu machen. Tatsächlich sind die Spanier in seinem Text ohne Ausnahme triebgesteuerte, grausame Verbrecher, die über die Indigenen herfallen, ihre Frauen rauben und die Männer foltern. Vor dieser negativen Vergleichsfolie erfindet Ralegh die Vision einer moralisch höherwertigen kolonialen Expansion Englands, welche die Indigenen mit Milde behandeln und zu einer besseren Lebensweise führen will – was keineswegs bedeutet, sie auf Augenhöhe zu akzeptieren. Der Triumph seiner Reise liege daher nicht im Gold, sondern in den Bündnissen und gewonnenen Informationen sowohl über das Goldreich von Guyana als auch über die fruchtbare und wunderschöne Landschaft am Orinoco.

Auffällig ist, dass Ralegh in seinem Text trotz dieser Worte gewissermaßen zweigleisig fährt. An die Königin richtet sich die Botschaft von Tugend, Verzicht und friedlicher Akzeptanz ihrer großartigen Herrschaft, wenn man bereit wäre, die Indigenen mit 3000 bis 4000 Mann vor den Spaniern zu schützen. An die englischen Adeligen und potentiellen Investoren oder Soldaten richtet sich hingegen eine andere Botschaft: Das Land sei mit englischen Waffen leicht zu erobern, falls dessen Herrscher sich, was wahrscheinlich wäre, nicht einfach unterwerfen. Im Anschluss könne man es dann aufgrund seiner Topographie ebenso leicht gegen jede spanische Offensive verteidigen. Auf die Offiziere warte dort gewaltiger Ruhm, und selbst ein einfacher Soldat bekäme Platten von Gold.

Die antispanische Zielrichtung des Berichts trug sicherlich zu dessen Erfolg im protestantischen Deutschland und speziell in den Niederlanden bei, die sich im Unabhängigkeitskrieg gegen Spanien befanden. Darüber hinaus dürfte die Ähnlichkeit von Raleghs Bericht mit erfolgreichen Ritter- und Abenteuergeschichten einen Beitrag zu seiner Popularität geleistet haben, zumal manche Ausgaben auch Bilder von Amazonen oder kopflosen Kriegern boten.

Doch egal, wie sehr Ralegh das Reich Guyana anpries, die Königin und die einflussreichsten Männer der Monarchie blieben unbeeindruckt. Nur einige Kaufleute waren bereit zu investieren und ermöglichten eine Anschlussexpedition im folgenden Jahr. Diesmal übernahm Raleghs Stellvertreter und Vertrauter Lawrence Keymis den Befehl. Er stellte den Kontakt zu den Verbündeten an der Küste Südamerikas wieder her, setzte einige Dolmetscher ab, nahm neue an Bord und erkundete dann den Lauf des Flusses Essequibo, der als alternativer Zugang zum Reich Guyana infrage kam. Im Kontext dieser Reise ist dokumentiert, dass einzelne Indigene aus eigenem Antrieb heraus eine erhebliche Reisetätigkeit entfalteten. Ein Mann, den Ralegh John Provost nannte, war 1595 nach England gekommen und kehrte 1596 mit Keymis nach Hause zurück. Auf dessen Rückreise kam er dann erneut nach England und fuhr später mit einer anderen Erkundungsmission wieder zurück. Noch mehr als ein Jahrzehnt später berichteten Engländer, dass *John the Indian* sie an der Küste begrüßt habe. Auch andere Reisende erwähnen in ihren Berichten immer wieder Indigene, die mit John Whiddon, Walter Ralegh oder Lawrence Keymis den Atlantik überquerten und zumindest in Grundzügen Englisch sprachen und die Engländer vor Ort unterstützten. Ralegh war es offenbar tatsächlich gelungen, wenn auch in begrenztem Maße, einen Austausch von Informationen und dauerhafte Kontakte zwischen den indigenen Kulturen und England herzustellen.

Dies deutet darauf hin, dass seine Erzählung von der Angst und Abneigung der Indigenen gegenüber den Spaniern auf einem wahren Kern beruhte und die Engländer als Partner und Verbündete willkommen waren. Unwahrscheinlich ist dies nicht. Auch wenn die Versklavung von Indigenen offiziell verboten war, blieb die Distanz zwischen den Kolonien und Spanien groß und die Kontrolle vor Ort gering. Plünderungen und die Entführung indigener Frauen in die kolonialen Männergesellschaften beispielsweise Trinidads sind wahrscheinlich und dürften in Akten meist verschwiegen worden sein. Doch selbst wenn seine antispanischen Berichte zu weit griffen, so ist logisch, dass die Indigenen an der Küste sich neue Verbündete und eine Gelegenheit zum Tauschhandel nicht entgehen ließen. Speziell Eisenwerkzeuge besaßen einen hohen Wert im Tal des Orinoco, und ihr Besitz konnte die unter den Indigenen etablierte Balance von Macht und Einfluss verschieben. Hierbei spielte eine besondere Rolle, dass die *Kaziken* durch das Verteilen von erbeuteten oder erhandelten Wertgegenständen oder Gefangenen ihre Macht festigen oder ausbauen konnten.

All diese Erfolge und die Beharrlichkeit, die Ralegh bezüglich Guyana an den Tag legte, führten jedoch nicht zu einer Verbesserung seiner Position. Dies war erst durch eine erfolgreiche Militäraktion in europäischen Gewässern möglich. 1596 befehligte Ralegh die Nachhut der englischen Flotte beim Angriff auf Cádiz, wo sich die Spanische Armada für einen neuen Invasionsversuch gegen England sammelte. Er zeichnete sich in der erfolgreichen Unternehmung durch Tapferkeit und eine Verwundung aus, was Elisabeth dazu brachte, ihn wieder in seine alten Ämter einzusetzen, inklusive des Befehls über ihre Leibwache.

In dieser zentralen Position geriet Ralegh zwischen die Fronten, als der Earl von Essex sich in seiner Rolle als Favorit der Königin bedroht sah und bereit war, den offenen Aufstand gegen seine Rivalen zu wagen. Ralegh kam eine entscheidende Rolle bei der Niederschlagung der Adelsrevolte zu. Gleichzeitig entzweite er sich aber mit dem einflussreichen königlichen Ratgeber Robert Cecil, speziell, wenn es um Monopole ging, wie er sie für die Zinnminen von Cornwall besaß. Die Folge war, dass mehr und mehr Personen begannen, hinter den Kulissen gegen Ralegh zu arbeiten und seinen Ruf zu sabotieren. Adressat dieser Bemühungen war Elisabeths designierter Erbe Jakob VI. von Schottland, der nach ihrem Tod als Jakob I. König von England werden würde. An ihn gingen zahlreiche Briefe, die vor Raleghs Hochmut und Egoismus warnten und davor, dass er jemand anderes als Thronfolger bevorzuge.

Nach dem Tod Elisabeths ließ Jakob I. Ralegh aus seiner Gunst fallen. Kurz darauf sagte ein Adeliger, der angeklagt war, im Auftrag Spaniens einen Aufstand gegen Jakob anzetteln zu wollen, aus, Ralegh sei sein Mitverschwörer. Es kam zur Anklage gegen den Seehelden. Der adelige Verschwörer hatte seine Aussage allerdings bereits längst widerrufen. Ohne Beweise, abgesehen von einer widerrufenen Aussage, lieferte der Ankläger der Krone eine traurige Vorstellung ab. Ralegh nutzte die Öffentlichkeit des Prozesses, um sich als

Held und Opfer einer Intrige darzustellen, und begeisterte, wie alle Beobachter bemerkten, das Publikum. Die Jury wusste allerdings, was von ihr erwartet wurde, und verurteilte Ralegh zur Empörung des Publikums wegen Hochverrats zum Tode.

Die Strafe wurde jedoch nicht sofort vollstreckt, so dass Ralegh 1603 vorläufig, also bis zu seiner Begnadigung oder Hinrichtung, ein zweites Mal im Tower inhaftiert war. Insgesamt blieb er 14 Jahre dort. Ihm wurden zwei Räume, ein kleiner Garten und ein Laboratorium bewilligt, wo er medizinische Experimente durchführte. Sein vertrauter Stellvertreter Lawrence Keymis und einige Diener, darunter auch Indigene aus Guyana, standen ihm zur Seite und konnten jederzeit den Tower verlassen. Auch seiner Frau und seinem Sohn stand es frei, ihn zu besuchen, ebenso Freunden und interessierten Gesprächspartnern. Durch das Todesurteil war Raleghs Besitz eigentlich an die Krone gefallen, doch Jakob I. hatte verfügt, dass Vormünder weite Teile des Landbesitzes und der Immobilien für Bess und Raleghs Sohn Watt verwalteten.

Während seiner langen Haft wandelte sich Ralegh zum Gelehrten. Er entwickelte angeblich wundertätige Medizin, die aber in der Praxis wenig Wirkung zeigte, verfasste und publizierte Denkschriften zur europäischen Politik, zur Entwicklung einer Marine sowie über die englische Innenpolitik. Sein größtes Werk in dieser Zeit war der erste Band einer Geschichte der Welt, der den Bogen von der Schöpfung bis zur Zeit des Römischen Reiches spannte. Obwohl es sich um ein gewaltiges und kostspieliges Werk handelte, wurde es ein Bestseller, der zahlreiche Auflagen und Nachdrucke erlebte. Raleghs Meinung als Experte war auf vielen Gebieten gefragt.

In all den Jahren blieb Guyana ein ständiges Thema. Dies war umso naheliegender, als Jakob 1604 mit Spanien Frieden geschlossen hatte und streng gegen jedwede Freibeuterei vorging. Damit fiel nach Jahrzehnten des Erfolgs ein einflussreicher Wirtschaftszweig in sich zusammen. Investoren, Seeleute und Schiffseigner suchten Alternativen. Für sie wäre die Eroberung eines Landes, auf das Spanien keinen Anspruch hatte, eine perfekte Gelegenheit.

Ab etwa 1607 begann Ralegh, seine Kontakte zu mobilisieren. Er hoffte, mit dem Auftrag für eine Guyanareise und die Eroberung von Manoa oder wenigstens die Erschließung von Goldminen am Orinoco entlassen zu werden. Mehrfach diskutierten Räte Jakobs I. und ranghohe Höflinge seine Vorschläge, doch keiner dieser frühen Versuche war letztlich erfolgreich.

Gestützt auf Raleghs Berichte und Erfahrungen traten in den Jahren nach 1607 aber mehrere andere Männer auf den Plan, die koloniale Projekte an der Küste Südamerikas und in Guyana verwirklichen wollten. Allerdings waren ihre Vorhaben durchweg bescheidener als Raleghs gewaltige Visionen von hunderttausenden neuen Untertanen in großen goldenen Städten. Für einige waren seine Landschaftsbeschreibungen der Küste der heutigen Guyanas weitaus ansprechender und vor allem greifbarer. In Raleghs und Keymis' Bericht war die Rede von fruchtbarer Erde, der Möglichkeit, Zuckerrohr und Tabak anzubauen, und vor allem von Indigenen, die nur allzu bereit, ja geradezu begeistert waren, sich mit den Engländern zu verbünden. Warum sich also nicht für militärischen Schutz die Arbeitskraft der Indigenen nutzbar machen, um den von Ralegh so erfolgreich beworbenen Tabak für England zu produzieren?

Im Jahr 1609 waren gleich zwei Männer bereit, sich auf das Wagnis von Guyana oder, wie die Region auch genannt wurde, der *Wild Coast* einzulassen. Es handelte sich um den Juristen Robert Harcourt, einen Angehörigen der katholischen Minderheit in England, und den Höfling Thomas Roe, der über Fürsprecher in allerhöchsten Kreisen verfügte.

Thomas Roe war unter anderem eng mit dem jungen Prinzen Heinrich vertraut, den Ralegh mehrfach als Gast im Tower empfing. Während er Heinrich amerikanische Pflanzen in seinem Hofgarten zeigte und mit Karten und Modellen über Seefahrt und Kolonialreiche informierte, muss das Gespräch auch auf Roe gekommen sein. Der Prinz vermittelte eine Partnerschaft zwischen dem Höfling und dem inhaftierten Seehelden. Thomas Roe besuchte Ralegh daraufhin persönlich, und gemeinsam planten sie, dass Roe nach Amerika reisen sollte, während Ralegh notgedrungen im Tower blieb. Roes Aufgabe war es, die *Wild Coast* genauer zu vermessen und schließlich von der Mündung des Orinoco ins Landesinnere vorzustoßen und Goldminen oder sogar die Stadt Manoa zu finden. Ralegh unterstützte die Expedition mit seiner Expertise und mehr noch mit seinen Kontakten. Sein Name hatte, wie man von anderen Reisen wusste, noch immer Gewicht bei den Indigenen, und mehr als ein indigener Amerikaner befand sich in Raleghs Gefolge in London und konnte Roe als Dolmetscher helfen.

Eine ähnliche, aber nicht mehr überlieferte Vereinbarung traf Ralegh außerdem mit dem Juristen Robert Harcourt. Auch dieser Mann hatte Kontakte zum jungen Prinzen Heinrich aufgenommen und auf dessen Fürsprache hin eine Lizenz erhalten, die Küste Guyanas anzulaufen und dort eine kleine Siedlung zu errichten. Sein Ziel war allerdings nicht der Orinoco, sondern der Oyapock, der heute den Grenzfluss zwischen Guyana und Brasilien bildet. Auch Harcourt erhielt von Ralegh Informationen und Zugang zu einem Indigenen, der angeblich seit 14 Jahren in London lebte und ihn als Dolmetscher begleiten sollte. Anders als Thomas Roe organisierte Ralegh jedoch keine Geldgeber für das Projekt, so dass Harcourt sein eigenes Vermögen und seinen Landbesitz einsetzen musste, um die Reise zu finanzieren. Angesichts des Erfolgsdrucks, dem er ausgesetzt war, überrascht es nicht, dass er seine Reise genau dokumentierte und einen Werbetext für sein Projekt veröffentlichte.

Von den beiden Männern, die an Raleghs Stelle nach Südamerika fuhren, brach der Anwalt Harcourt zuerst auf und erreichte die Mündung des Oyapock am 17. Mai 1609. In seinem Reisebericht erzählte er davon, dass die Indigenen, alt wie jung, den Namen Walter Ralegh noch immer kannten und in hohem Ansehen hielten. Nachdem der Dolmetscher erklärte, dass er ein Freund Walter Raleghs sei und Tauschwaren mitbringe, erlaubten die örtlichen *Kaziken* ihm, eine kleine Gruppe Siedler am Fluss abzusetzen, und übernahmen deren Versorgung. In den folgenden Wochen legte er mit 30 Mann unter dem Befehl seines Bruders den Grundstein für ein geplantes Netz aus Handelsposten, in denen Engländer mit den Indigenen Waren für den Transport vorbereiten sollten, etwa wie Färberholz, wilden Tabak oder Tiere wie Äffchen und prächtige Vögel. In der Wartezeit sollten die Indigenen außerdem durch Belohnungen und Schutz vor spanischen Übergriffen dazu gebracht werden, Tabak und Zuckerrohr anzubauen. Geradezu eine Ironie der Geschichte ist, dass Harcourt, entgegen allen Empfehlungen Raleghs, in der Region nicht nach Gold suchte – ausgerechnet dort, wo man im 19. Jahrhundert gewaltige Vorkommen entdeckte.

Erst nachdem Harcourt schon aus Guyana zurückgekehrt war, konnte Raleghs zweiter Partner Thomas Roe im Februar 1610 Segel setzen. Seine Ziele waren weitaus enger an denen Raleghs orientiert, was auch direkte Investitionen von Verwandten und Freunden Raleghs in sein Projekt erklärt. Auffällig ist, dass Roe im Vergleich mit Harcourt keine Siedler mit entsprechender Ausrüstung wie Saatgut an Bord hatte, sondern lediglich kampferfahrene Veteranen und Munition. Er veröffentlichte auch keinen Reisebericht, sondern schrieb in Briefen von den Schwächen der spanischen Verteidigungsanlagen und deren Lücken, die ein Eindringen in das Tal des Orinoco oder Essequibo ermöglichen würden. Die in den Briefen erkennbare Grundidee Roes ist eine Konfrontation mit dem Spanischen Imperium und damit ein direkter Verstoß gegen die politische Leitlinie Jakobs I. Die Tatsache, dass Roe einflussreiche Förderer mobilisieren konnte, zeigt, dass nicht alle Ratgeber und Höflinge dem Friedenskurs des Königs folgten. Roe ließ in einer indigenen Siedlung 20 Mann zurück, die dort weitere Erkundungen vornehmen und einen späteren Angriff vorbereiten sollten.

Doch im Jahr 1612 starben zunächst der kolonialaffine königliche Ratgeber Robert Cecil und dann noch Prinz Heinrich und damit Harcourts, Roes und Raleghs Förderer. Allen, die auf eine Konfrontation mit Spanien hofften, war der Wind aus den Segeln genommen. Eine dauerhafte Allianz mit Spanien, vielleicht sogar eine Ehebündnis, standen nun auf der politischen Agenda.

Angesichts solcher Entwicklungen überrascht es wenig, dass Thomas Roe sich neuen Zielen zuwandte. Er reiste nach Indien und besuchte den Hof des Großmoguls, wo er für die *East India Company* Verhandlungen führte. Seine Kolonie in Guyana schien für ihn fast jede Bedeutung verloren zu haben. Nur zweimal in fünf Jahren schickte er auf niederländischen Schiffen Vorräte. Als einige seiner Männer daraufhin ohne seine Erlaubnis Südamerika den Rücken kehrten und mit einer Schiffsladung kostbaren Tabaks nach England zurückkehrten, änderte sich dies zumindest kurzfristig. Roe kämpfte um einen Anteil am Profit des Tabakverkaufs, ignorierte danach seine kleine Kolonie aber völlig. Was aus den übrigen 16 Männern wurde, ist bis heute unbekannt.

Die friedliche Handelskolonie Harcourts, die in bisher unbeanspruchtem Gebiet lag, war auch mit den neuen politischen Rahmenbedingungen weiterhin vereinbar und hätte weiterbestehen können. Doch seine bescheidenen Mittel waren aufgebraucht. Nur ein einziges Mal konnte er seinen Kolonisten Nachschub und Handelswaren schicken. Harcourts Bruder nutzte die Gelegenheit, um sich nach London abzusetzen. Gemeinsam schwenkten sie nun auf die Linie Walter Raleghs um und versuchten, mit der Aussicht auf Gold Investoren zu ködern.

Während Ralegh 1613 noch immer im Tower saß, veröffentlichte Harcourt seinen Reisebericht und den Entwurf für die Einrichtung einer Handelskompanie. In den Texten versprach Harcourt einen nördlichen Zugang zu dem legendären Goldreich Guyana im Inneren Südamerikas. Für Ralegh muss es ein Tiefschlag gewesen sein, dass Jakob I. Harcourt jetzt offizielle *Letters Patent* gewährte, mit denen jener ein Monopol auf allen Handel mit Guyana und der *Wild Coast* bekam. Solange dies bestand, durfte niemand anderes die Häfen und Buchten des Landes auch nur anlaufen. Ralegh war ausgebootet.

Ob er deswegen hinter den Kulissen gegen Harcourt intrigierte, ist nicht bekannt, aber es ist auffällig, dass sich trotz des Patents keine Geldgeber finden ließen. Neben Raleghs mutmaßlichem Einfluss dürfte die Konkurrenz der *Virginia Company* eine zentrale Rolle gespielt haben. Seit 1607 bestand eine Kolonie im heutigen Virginia, die inzwischen sogar Gewinn erwirtschaftete. Harcourts Versuch, Guyana als die bessere Alternative darzustellen, überzeugte offenbar niemanden. Ohne Investoren gelang es ihm lediglich, ein Schiff zur Versorgung seiner Handvoll Siedler zu schicken und die Unternehmung gerade eben am Leben zu erhalten. Erst viel später, im Jahr 1629, kehrte Harcourt noch einmal an den Oyapock zurück. Nach einer erneuten Publikation seiner Werbetexte konnte er dank eines geänderten, kolonialfreundlichen politischen Klimas Investoren und Siedler überzeugen, sich ihm anzuschließen. Zusammen mit etwa 100 Mann gründete er eine Guyanakolonie, deren Spur sich in der Geschichte verliert.

Während Harcourt seine erste Expedition durchführte und seinen Werbetext veröffentlichte, saß Walter Ralegh in Haft und war dazu verdammt, nur Zuschauer zu sein. Erst 1617, 22 Jahre nach seiner großen Guyana-Expedition, kehrte er mit einem Paukenschlag zurück. Er schaffte es, seine Entlassung aus dem Tower zu erwirken und eine Flotte von insgesamt 14 Schiffen mit mehr als 1000 Mann zu mobilisieren, die ihm in ein letztes Abenteuer folgten.

Die Geschichte dieser letzten Mission Raleghs ist aufgrund einer sehr einseitigen Überlieferungslage nur unter Vorbehalt zu rekonstruieren. Ein Großteil der Informationen stammt von ihm selbst und ist kaum als neutral zu betrachten. Ralegh stand mit dem Rücken zur Wand. Sein Todesurteil war lediglich ausgesetzt, nicht aufgehoben, und er erhielt keine Begnadigung. Ein schuldhaftes Scheitern oder irgendein Verstoß gegen die erheblichen Einschränkungen, die der König ihm auferlegte – und sein Leben war verwirkt. Diese Situation brachte ihn zweifellos dazu, jedes Wort in Briefen und Berichten auf die Goldwaage zu legen.

Dass er überhaupt den Tower verlassen durfte, verdankte Ralegh Spannungen zwischen zwei Interessengruppen am englischen Hof. Der im Jahr 1614 neu ernannte *Secretary of State* Ralph Winwood vertrat einen prokolonialen und damit notwendigerweise auch antispanischen Kurs. Er investierte sein eigenes Vermögen in Virginia und unterhielt gute Beziehungen zu Kreisen, die auf einen neuen Seekrieg gegen das Spanische Imperium hinarbeiteten. Breitere Unterstützung fand diese lose Interessengemeinschaft um 1616, als Jakob I. eine Eheallianz mit Spanien forcierte. Der König wollte damit seine Friedenspolitik verstetigen und durch eine hohe Mitgift die leeren Kassen füllen. Als Teil seiner Politik gewährte er dem spanischen Gesandten in London, Graf Gondomar, Einblick und indirekten Einfluss auf die englische Überseepolitik.

In dieser spannungsgeladenen politischen Situation verbündete Ralegh sich mit Winwood. Jener überzeugte den König, dass angesichts der leeren Kassen die von Ralegh erforschten Goldminen in Guyana eine ideale Lösung bieten würden. Ob Winwood und seine Partner allerdings wirklich an die Existenz

Manoas glaubten, die Ralegh so oft beschworen hatte, ist ungewiss. Für sie war es aber unabhängig davon eine Win-win-Situation. Entweder würde Ralegh, wie versprochen, das Gold für England ohne Mühe erbeuten oder er würde bei dem Versuch einen Konflikt mit Spanien provozieren, das gerade eine Siedlung am Orinoco gegründet hatte. Dieser Konflikt würde dann das umstrittene Heiratsprojekt im Keim ersticken und der englischen Außenpolitik eine neue Richtung geben.

Der König zögerte zunächst und bezog auch den spanischen Gesandten Graf Gondomar als Berater ein. Gondomar votierte dagegen, den erklärten Feind der Spanier, Ralegh, freizulassen. Jedwede Provokation, jedweder Eingriff in die Machtsphäre Spaniens sei ein Kriegsgrund und würde die guten Beziehungen beider Länder gefährden, warnte Gondomar. Seine Mahnung blieb nicht ohne Wirkung, obwohl König Jakob auch seinen *Secretary of State* Winwood und dessen Partner nicht enttäuschen wollte und eigentlich nichts gegen den Erwerb gewaltiger Goldminen in Übersee einzuwenden hatte.

Der König wählte einen Mittelweg. Ralegh wurde entlassen, aber nicht begnadigt. Er erhielt die Erlaubnis, nach Guyana zu fahren und dort die von ihm gefundenen Minen zu erschließen und auszubeuten. Von der Eroberung einer goldenen Stadt war nicht mehr die Rede. Bemerkenswert ist, dass er lediglich eine *Commission*, einen Auftrag, dorthin zu segeln, aber keine *Letters Patent*, also einen offiziellen Titel als Statthalter oder Gouverneur, erhielt. Ralegh bekam außerdem den ausdrücklichen Befehl, kein spanisches Schiff anzugreifen, keinen spanischen Hafen zu plündern und keinesfalls in Gebiete vorzudringen, welche zum spanischen Kolonialreich gehörten. Auf Drängen Graf Gondomars musste Ralegh die unbedingte Befolgung dieses Befehls schriftlich geloben. Angesichts der Tatsache, dass die Spanier nicht nur seit 1494 formal ganz Amerika für sich beanspruchten, sondern tatsächlich vor kurzem eine Siedlung am Orinoco errichtet hatten, war die Mission Raleghs damit ein Ding der Unmöglichkeit.

Doch es war Raleghs einzige Chance, seinen Namen reinzuwaschen und eine Begnadigung zu erhalten. Er musste darauf spekulieren, dass ihm, wenn seine Beute nur groß genug war, auch ein Eindringen in die spanischen Kolonien verziehen werden würde. Ob er selbst tatsächlich an die Goldminen Guyanas oder an die Existenz der Stadt Manoa glaubte, ist anhand der überlieferten Quellen nicht mehr festzustellen. In jedem Fall aber wich er niemals davon ab, in jedem Brief und jedem Bericht auf deren Existenz hinzuweisen. Auch sein Verhalten deutet darauf hin, dass er sich in seinen Jahren im Tower selbst von der Wahrheit seiner Visionen von Guyana überzeugt hatte.

Ralegh ließ ein neues Schiff für diese Mission bauen, das er passenderweise *Destiny* – Schicksal – taufte. Seine Frau und seine Familie setzten hierfür all ihr Geld ein und nahmen Schulden auf ihren Landbesitz auf. Für Ralegh wurde die Reise so zu einem Alles-oder-nichts-Szenario. Sein Name allein zog Investoren, Schiffseigner, Ausrüster und vor allem Seeleute an, die früher unter ihm, Drake oder Frobisher auf Kaperfahrt gewesen waren oder gegen die Spanische Armada gekämpft hatten. Ob diese Leute an Raleghs Erzählungen von Goldminen und der prächtigen Stadt Manoa glaubten, ist nicht überliefert, aber eher unwahrscheinlich. Für die meisten dürfte die Aussicht auf eine Rückkehr zu der guten alten Zeit, in der spanische Schatzschiffe eine legitime Beute darstellten, der Grund gewesen sein, sich der Expedition anzuschließen. Nur fragmentarische Hinweise in Quellen deuten darauf hin, dass Ralegh eine List vorbereitete, um die Beschränkungen zu umgehen, die ihm der König auferlegt hatte. Er nahm französische Hugenotten und Niederländer als assoziierte Partner in seine Flotte auf, was ihm erlaubte, ihnen die Schuld an einer eventuellen Konfrontation zu geben und seine Hände in Unschuld zu waschen.

Graf Gondomar war alarmiert. Die Größe der Flotte und der Streitmacht, die Ralegh versammelte, gab ihm Anlass zur Vermutung, dass Ralegh keine Minen erschließen wollte, sondern die Plünderung spanischer Kolonien vorbereitete. Er drängte Jakob I., ihm alle Unterlagen über die Expedition Raleghs zugänglich zu machen. Sich nach wie vor alle Optionen offenhaltend, gewährte Jakob die Bitte. Gondomar konnte so die Zahl und Kampfstärke der Schiffe nach Spanien, in die Karibik und nach Guyana melden, wo man sofort begann, die Verteidigung zu organisieren. Raleghs Mission, die ohnehin schon politisch nahezu unmöglich gewesen war, wurde jetzt auch noch zu einem militärischen Wagnis.

Ohne Informationen über die spanischen Vorbereitungen stach Ralegh am 19. August 1617 mit 14 Schiffen und mehr als tausend Männern in See. Als zweiter Befehlshaber segelte sein langjähriger Vertrauter Lawrence Keymis mit ihm, der schon eine eigene Expedition geführt und die Goldvorkommen angeblich mit eigenen Augen gesehen hatte. Auch Raleghs einziger Sohn Walter, genannt Watt, folgte seinem Vater.

Die Reise stand allerdings von Beginn an unter keinem guten Stern. In Briefen, einem Journal und einer erst nach seiner Rückkehr geschriebenen *Apology* berichtet Ralegh, wie widrige Winde und Stürme die Fahrt noch in europäischen Gewässern verzögerten. Erst mit erheblicher Verspätung erreichten seine Schiffe die Kanarischen Inseln und damit die übliche erste Station auf dem Weg nach Amerika. Ralegh schildert in seinen Berichten ausführlich, wie er dort

Wasser und Vorräte aufnahm, für jede einzelne Lieferung zahlte und sogar Belege und Zeugnis über das gute Verhalten seiner Männer einforderte.

Er wusste, dass diese Absicherung dringend notwendig war, denn einige Schiffe verließen die Expedition bereits hier. Wie er schreibt, waren mehrere Männer, sowohl Offiziere als auch einfache Seeleute, enttäuscht, dass er sich an seine Befehle halten wollte. Sie hatten gehofft, spanische und zur Not auch französische oder niederländische Schiffe aufzubringen und wie in alten Zeiten die Meere unsicher machen zu können. Ralegh nannte seine Seeleute fortan nur noch *Scum of the earth* / Abschaum der Welt und klagte, wie mühsam sein Kommando war.

Die Atlantiküberquerung war von schlechtem Wetter geprägt. Stürme, tagelanger starker Gegenwind und Flauten wechselten sich ab. Bald gingen die Vorräte zur Neige und Krankheiten brachen aus. Auch Ralegh selbst, der inzwischen über 60 Jahre alt war, sah sich außerstande, das Bett in seiner Kajüte zu verlassen.

Nachdem die Flotte endlich im November Südamerika und die *Wild Coast* erreicht hatte, übergab Ralegh den Befehl für die Expedition ins Landesinnere an Lawrence Keymis. Er selbst blieb an der Küste, um den Rückweg zu sichern und Vorräte bei seinen indigenen Verbündeten zu sammeln. Es ist erstaunlich, wie viele Kontakte Ralegh in der Region noch besaß. Mehrere Indigene aus Kazikenfamilien begrüßten ihn, kamen zu seinen Schiffen, brachten Essen und Tauschwaren als Geschenke und erzählten ihm von Goldvorkommen in ihren jeweiligen Heimatregionen. Auffällig ist, dass Ralegh diese Männer, von denen mindestens einer selbst *Kazike* war, alle als seine Diener bezeichnete und angab, dass jeder von ihnen für eine Weile im Tower gelebt hätte. Ihre Namen gibt er mit »*Harry the Indian*« oder »*Leonard the Indian*« an und deutet so an, dass sie alle in England getauft worden waren. Der Beiname zeigt allerdings auch, dass für Ralegh ihre Herkunft immer noch bestimmte, wer sie waren.

Nachdem Keymis am 10. Dezember mit mehreren hundert Mann und Raleghs Sohn Watt aufgebrochen war, blieb Ralegh nur noch zu warten. Es dauerte drei Monate, bis seine Späher ihm die Rückkehr der Expedition meldeten. Schon die ersten Berichte wiesen darauf hin, dass deutlich weniger Männer zurückkamen, als er ausgesandt hatte, und dass es keinerlei Hinweise auf eine schwere Fracht gab. An Bord der *Destiny* empfing Ralegh dann seinen alten Gefolgsmann Keymis und nahm dessen Bericht entgegen, der leider nur durch Raleghs Zusammenfassung überliefert ist.

Die Mission war eine Katastrophe. Keymis hatte am 2. Januar, angeblich in unmittelbarer Nähe der Goldvorkommen, eine neue spanische Siedlung namens Sao Thóme vorgefunden. Sofort sei er angegriffen worden und habe sich gegen unerwartet starke Gegenwehr den Weg in die Stadt freikämpfen müssen. Unter schweren Verlusten, zu denen auch Raleghs einziger Sohn gehörte, hatte er dann Sao Thóme erobert. Keymis überreichte Ralegh nach seiner Rückkehr einige erbeutete Dokumente, aus denen hervorging, dass die Spanier gewarnt waren. Sie hatten nicht nur Verstärkung erhalten, sondern waren darauf vorbereitet, auftauchende Engländer sofort zu bekämpfen. Über 30 Tage lang hatte Keymis nach seinem teuer erkauften Sieg die Umgebung untersucht, aber kein Gold erbeuten können. Angeblich habe Keymis, so Ralegh, dafür spanischen Heckenschützen die Schuld gegeben. Was er in seinem Bericht aber natürlich nicht erwähnen konnte, war die Tatsache, dass Keymis offensichtlich ebenso wenig wie Ralegh selbst eine Ahnung hatte, wo die Goldminen liegen sollten, von denen sie in ihren Berichten geschwärmt hatten. Hierbei ist bezeichnend, dass keine seiner Expeditionen bisher mehr als nur ertauschte kleinere Goldgegenstände nach England gebracht hatte. Keymis schloss seinen Bericht damit, dass seine Männer auf dem Rückzug Sao Thóme gegen seinen Befehl niedergebrannt hätten. Damit hatte Raleghs Expedition eindeutig gegen königliche Befehle verstoßen.

Als Keymis seinen Bericht beendet hatte und Ralegh um Verzeihung bat, warf jener seinen Gefolgsmann hinaus und sagte, dass er Keymis allein die Schuld für alles gab und sie ihm auch offiziell geben würde. Kurze Zeit später nahm Keymis sich in seiner Kabine das Leben. Er schoss sich in den Kopf, und während er noch mit dem Tode rang, stach er sich eine Klinge ins Herz. Mit dieser nach christlicher Vorstellung schweren Sünde vollbrachte er für seinen Befehlshaber eine letzte große Tat. Nun konnte Ralegh alle Verantwortung Keymis zuschieben.

Ralegh nahm den Freitod seines treuen Gefolgsmannes kaum zur Kenntnis. In Briefen an seine Frau klagte er vielmehr bitterlich über den Verlust seines Sohnes und den desaströsen Ausgang der Mission. Er könne sich jetzt nur noch der königlichen Gnade unterwerfen, im Vertrauen darauf, dass er niemals absichtlich gegen den Befehl Jakobs I. verstoßen habe. An Ralph Winwood schrieb er, dass die verräterischen Warnungen an die Spanier Schuld daran gewesen wären, dass Keymis angegriffen worden sei. Jener habe sich nur verteidigt und danach nicht mehr genug Männer und Arbeiter gehabt, um die fünf Goldminen zu erschließen, die es vor Ort ganz sicher gebe.

Die schlechten Nachrichten verbreiteten sich schnell in der Flotte. Mehrere Schiffe desertierten sofort, andere später, als die Flotte die Karibik passierte. Raleghs Streitmacht fiel in sich zusammen, und er unternahm kaum etwas, um dies zu verhindern. Stattdessen berichtete er Ralph Winwood, dass die schlechte Moral und die Meuterei seiner Seeleute der Grund waren, warum er nicht persönlich eine der Minen gesichert habe, deren genaue Lage er ja kenne. Am Ende blieb von seiner großen Flotte nur die *Destiny*, die mit einer Rumpfbesatzung ohne ein Gramm Gold nach England zurückkehrte. Dort warteten bereits Graf Gondomar und die prospanische Hofpartei mit schweren Vorwürfen auf Ralegh, während die antispanische Gegenseite nach dem überraschenden Tod von Ralph Winwood an Einfluss verloren hatte.

Ralegh wurde verhaftet und für den Ausgang der Mission vor Gericht gestellt. Dabei achtete man nach den Erfahrungen bei seinem ersten Prozess darauf, ihm diesmal keine Öffentlichkeit zu bieten. Ralegh plante dennoch seine Verteidigung und rechtfertigte sich in Briefen an mögliche Fürsprecher und verfasste eine ausführliche Rechtfertigungsschrift. Darin brachte er die aus seinen Briefen bekannten Gründe vor und ergänzte, dass er an der Disziplinlosigkeit der Männer unschuldig sei, da jene ihre Ursache nur darin gehabt habe, dass er keine volle Begnadigung und keine offiziellen *Letters Patent* erhalten hatte. Er gab somit dem König die Schuld. Bezüglich der verletzten Ansprüche der Spanier auf Guyana argumentierte er, dass eine kleine Siedlung nicht ein alleiniges Recht auf das gewaltige Flusstal begründen könne. Außerdem habe auch König Jakob die Ansprüche der Spanier nicht wirklich ernstgenommen. Schließlich hatte er ja Ralegh die Erlaubnis gegeben, nach Guyana zu fahren, und vorher schon Robert Harcourt und Thomas Roe dorthin geschickt. Die politische Lage sei also nicht so eindeutig, wie seine Ankläger behaupten, und es wäre daher nur recht und billig, wenn der König ihn begnadige. Letztlich sei die Tatsache, dass er sich dem Gericht gestellt hatte, der Beweis dafür, dass sein Gewissen rein sei.

Ein Ausschuss des Geheimen Rates untersuchte die Vorwürfe und kam zu dem Ergebnis, dass die Minen nicht existierten, Ralegh nur einen Krieg mit Spanien habe provozieren wollen und sich dabei der Feigheit schuldig gemacht habe. Ein neues Urteil erging jedoch nicht, da Jakob I. lediglich die Vollstreckung des alten Todesurteils von 1603 befahl. Es kann als eine Art Ironie der Geschichte gelten, dass der Anlass für Raleghs Hinrichtung somit ein Angriff auf das Spanische Imperium war, die rechtliche Begründung dafür aber eine Verurteilung wegen Zusammenarbeit mit den Spaniern. Der König gewährte Ralegh aber eine ehrenvolle, öffentliche Hinrichtung durch Enthauptung und bot dem ehemaligen Seehelden damit, wie eingangs beschrieben, eine letzte Bühne.

Betrachtet man die weitere Wirkung Raleghs in der Geschichte, fällt auf, wie nachhaltig er alle Versuche abwehrte, seinen Ruf zu ruinieren. Bereits kurz nach der Hinrichtung galt er als letzter der großen englischen Seehelden oder *Seadogs,* der wegen der umstrittenen, prospanischen Politik eines aus Schottland stammenden Königs habe sterben müssen. Die Erinnerung an ihn war schon damals mit der Erzählung von einem goldenen Zeitalter Englands und seiner Seefahrer unter Königin Elisabeth verflochten. Selbst ein Versuch seiner Richter, Raleghs Ruf durch eine Schrift über seine Fehltaten, seinen zweifelhaften Charakter und sein ehrloses Verhalten zu ruinieren, hatte keinen Erfolg. Legenden darüber, wie Ralegh seinen Mantel über eine Pfütze gelegt hatte, um Königin Elisabeth den Weg zu bereiten, wie er als erster Engländer staunenden Höflingen eine Pfeife vorgeraucht habe, seine Taten in der Schlacht um Cádiz und die Kaperung der *Madre de Dios* durch seine Seeleute – all das wog im kollektiven Gedächtnis weitaus mehr.

Als es in England in der Mitte des 17. Jahrhunderts zum Bruch und offenen Krieg zwischen König und Parlament kam, gewann die Erinnerung an Walter Ralegh, der mehrmals Parlamentarier gewesen war, neue Bedeutung. Seine Hinrichtung wurde zu einem Beispiel für Willkür und Grausamkeit der Könige aus dem Hause Stuart erklärt, und seine alte Rechtfertigung, die *Apology,* erschien erstmals im Druck. Seitdem strahlte der Stern Raleghs hell in der historischen Erinnerung. Theaterstücke, Opern und Romane über sein Leben erschienen im 19. Jahrhundert. Er nahm als Koloniegründer und Seefahrer einen festen Platz im Pantheon der Helden des weltumspannenden Britischen Empires ein. Noch im Jahr 2002 erreichte er Platz 93 bei der Wahl der historisch bedeutsamsten Persönlichkeiten der britischen Geschichte, direkt hinter J. R. R. Tolkien. Doch bei allem Gedenken an Walter Ralegh in England sollte nicht vergessen werden, dass er es mehr als jeder andere Europäer seiner Zeit schaffte, seinem Namen einen guten Ruf bei den indigenen Amerikas zu verleihen. Es ist einmalig, dass sich für andere Seefahrer allein durch einen Bezug auf seine Person der Weg zu einem friedlichen Willkommen an der *Wild Coast* öffnete.

## Quellen und Literatur

Die Geschichte Walter Raleghs und seiner Reisen nach Guyana hat bereits in der Zeit selbst ein weites Echo hervorgerufen. So erschien sein Bericht über die Nichtentdeckung Guyanas im Jahr 1595, wie erwähnt, ein Jahr später als *The discovery of the large, rich, and beautiful Empire of Guiana, with a relation of the great and golden city of Manoa (which the Spaniards call El Dorado)* in England im Druck. Die Originalausgabe kann vielerorts online eingesehen werden. Durch die von Richard Hakluyt etablierten Kanäle folgte kurze Zeit später eine reich illustrierte, deutsche Übersetzung in Frankfurt durch Theodor de Bry und seine Erben. Das Werk von 1599 trägt den Titel *Achter Theil Americae, Jn welchem Erstlich beschrieben wirt das Mächtige vnd Goldtreiche Königreich Guiana, zu Norden deß grossen Flusses Oronoke, sonsten Oregliana genannt, gelegen*. Dieses Buch kann ebenfalls online gelesen werden, beispielsweise über die Seite der Universitätsbibliothek Heidelberg. Die englische Originalversion hat zuletzt im Jahr 2015 eine neue Edition bekommen, für welche der Herausgeber Joyce Lorimer lange vergessene Passagen aus Manuskripten ergänzt und kritisch verglichen hat.

Die Reise von 1617 wurde in England nur durch die sehr oberflächliche und kurze anonyme Schrift *Newes of Sr. Walter Rauleigh. With the true description of Guiana.* begleitet. Weitaus umfangreicher war die Schrift von Raleghs Gegnern, mit der sie versuchten, seinen Ruf zu vernichten, und ihm Betrug, Piraterie und Verrat vorwarfen. Diese Schrift erschien ebenfalls anonym im Jahr 1618 mit dem Titel *A declaration of the demeanor and cariage of Sir Walter Ralegh*. Raleghs literarische Verteidigung gegen die Vorwürfe mit dem Titel *Sir Walter Rawleigh his apologie for his voyage to Guiana* blieb hingegen mehrere Jahre ein Manuskript und erschien erst lange nach seiner Hinrichtung 1650 im Druck.

Die Veröffentlichungen aus der Epoche selbst lassen sich durch zwei Quellensammlungen ergänzen, in denen sich Briefe Raleghs, Dokumente zur Vorbereitung, zur Durchführung und zum Ergebnis der Seereisen finden – inklusive Übersetzungen von spanischen Berichten und Informationen über die diplomatischen Winkelzüge Graf Gondomars im Hintergrund. Diese Sammlungen sind *Last voyages. Cavendish, Hudson, Ralegh; the original narratives* herausgegeben von Philip Edwards im Jahr 1988 und Vincent T. Harlows Edition von 1932 unter dem aussagekräftigen Titel *Ralegh's last voyage. being an account drawn out of contemporary letters and relations, both Spanish and English, of which the most part are now for the first time made public.*

Über Ralegh sind zahlreiche Biographien erschienen. Einen ersten Überblick bietet der exzellente Artikel im *Oxford Dictionary of National Biography* von Mark Nicholls und Penry Williams. Beide Autoren haben auch 2011 gemeinsam ein Buch veröffentlicht: *Sir Walter Raleigh in Life and Legend*. Eine andere, aktuelle biographische Perspektive bietet Alan Gallay mit dem Buch *Walter Ralegh: Architect of empire* von 2019. Die meisterliche Selbstinszenierung Raleghs und sein Spiel mit den verschiedenen Rollen des Seehelden, Höflings, Eroberers, Dichters und Gelehrten analysierte Stephen Greenblatt bereits 1973 in einer Studie mit dem Titel *Sir Walter Ralegh. The Renaissance man and his roles*.

Um Ralegh im Kontext der kolonialen Projekte seiner Zeit einzuordnen, lassen sich folgende Arbeiten zu einem Gesamtbild zusammenfügen: Die klassische Darstellung von Kenneth R. Andrews von 1984 über die englische Überseepolitik, *Trade, plunder and settlement. Maritime enterprise and the genesis of the British Empire, 1480 – 1630*, und eine hervorragende Übersicht über englische Projekte in Guyana, inklusive denen von Thomas Roe und Robert Harcourt, die Joyce Lorimer 1989 unter dem Titel *English and Irish settlement on the river Amazon. 1550 – 1646* veröffentlichte. Das faszinierende Thema der indigenen Übersetzer Raleghs und ihrer Ausbildung steht wiederum im Zentrum mehrerer Kapitel des Buches *Transatlantic encounters. American Indians in Britain, 1500 – 1776* von Alden Vaughan aus dem Jahr 2006. Zuletzt bleibt anzumerken, dass es sehr viele Bücher und Artikel in Fachzeitschriften sowie in Sammelwerken über die literarische Bedeutung von Raleghs Schriften gibt. Hier sei nur ein zentrales Werk genannt: Mary C. Fullers *Voyages in print. English travel to America, 1576 – 1624* von 1995.

# 10. Allmacht und Ohnmacht des Glaubens – Nordbrasilien 1612–1615

Die Mönche hatten den Angriff zwar kommen sehen, konnten aber der Übermacht nichts entgegensetzen. Alle vier Kapuziner waren in Panik in ihre kleine, erst vor wenigen Tagen errichtete Kapelle gelaufen und stemmten sich nun mit aller Kraft von innen gegen die Tür. Die Angreifer schlugen auf das Holz ein, warfen sich dagegen, riefen laut und sprengten schließlich mit Gewalt die Angeln der Tür. Die ganze Zeit über sahen der Befehlshaber und der ranghöchste Verteidiger der neuen Kolonie *France Equinoxiale*, Sieur de La Ravardière und Sieur de Razilly, dem Geschehen zu, ohne einzugreifen. Sie standen mit einigen ihrer Männer in der Nähe und amüsierten sich vermutlich königlich über die Angst der Mönche.

Bei den Angreifern handelte es sich um 20–30 junge Frauen aus dem Gefolge eines indigenen Fürsten oder *Ouassou*, der gekommen war, um einen Gottesdienst zu sehen. Alle Frauen waren völlig nackt und wütend darüber, dass die Mönche sich ihnen nicht zeigen wollten, sie nicht ansahen und sie von sich fernhielten. Sie verlangten, wie Dolmetscher aus ihren Rufen heraushören konnten, die fremden Propheten mit eigenen Augen zu sehen und auf angemessene Weise zu begrüßen und kennenzulernen. Da es zu solch einer Begrüßung gehörte, die Arme und Oberschenkel des jeweils anderen mit streichelnden Bewegungen zu berühren, waren die Mönche in Panik vor den Frauen zurückgewichen und geflohen. Sie fürchteten sich, wie sie in einem Bericht schrieben, vor dieser Versuchung. Doch ihr Rückzug und ihre Gegenwehr waren vergeblich. Die nackten Frauen stürmten die kleine Kapelle und begrüßten die fremden Propheten. Das Unbehagen der Mönche dabei dürfte besonders die Protestanten unter den Männern, die sie eigentlich verteidigen sollten, sehr erheitert haben. Damit waren sie aber nicht allein, denn gleich zwei Druckschriften berichteten einige Monate später in Frankreich von diesem Ereignis zur Unterhaltung eines breiten Publikums.

Allerdings war und ist diese Erzählung mehr als nur ein Kuriosum, denn die Verfasser vermittelten ihrer Leserschaft dadurch wichtige Informationen. Zum einen war die Überfahrt von etwa 400 Kolonisten von Frankreich in das ferne Brasilien offensichtlich geglückt. Protestanten und Katholiken hatten erfolgreich zusammengearbeitet und eine Siedlung sowie eine kleine Kapelle errichtet. Sie verfügten über Dolmetscher, welche eine friedliche Kontaktaufnahme mit den indigenen *Tupinamba* ermöglicht hatten. Die Mönche hatten außerdem begonnen, Gottesdienste zu feiern, und damit die Neugier ihrer indigenen Nachbarn geweckt. Sogar lokale Fürsten kamen zu den Zeremonien und brachten Gefolge mit. Dies waren, trotz der Erstürmung der Kirche, sehr gute Vorzeichen für eine neue Kolonie, deren Ziel die Missionierung der Indigenen Brasiliens war, um aus ihnen gute Untertanen der französischen Krone zu machen.

Den Kapuzinern in Brasilien war es damit gelungen, mittels einer Geschichte, die sicherlich breite Aufmerksamkeit weckte, erste Erfolge in Frankreich zu vermelden, die weit über die Leistungen ihrer direkten Konkurrenten hinausgingen. Wie in Kapitel 4 beschrieben, waren die Jesuiten in der Acadie zu dieser Zeit gerade in Konflikte mit Poutrincourt und dessen Sohn verstrickt.

Dieser Unterschied ist einer von zwei Gründen, warum sich eine genauere Betrachtung der Kolonie in Brasilien lohnt. Sie bildet gewissermaßen das Gegenstück zum Neufrankreich der Jesuiten und ermöglicht ein breiteres Verständnis der französischen Kolonialgeschichte um 1610, als erstmals Ordensgeistliche eine führende Rolle einnahmen. Angesichts seines deutlich größeren Erfolgs ermöglicht ein Blick auf *France Equinoxiale* aber auch zu verstehen, was eigentlich Kolonialisierung unter Führung der Kirche bedeutete. War dies wirklich eine andere Art kolonialer Expansion oder nur alter Wein in neuen Schläuchen? Welche Methoden wurden angewandt, wenn nicht Profit, sondern Mission an erster Stelle stand? Wie wurde pragmatische Notwendigkeit mit hehren Zielen in Einklang gebracht, und welche konkreten Folgen ergaben sich daraus für die Indigenen und die Europäer vor Ort?

Um diese Frage zu beantworten, ist es notwendig, die Geschichte von *France Equinoxiale* und auch der indigenen Gemeinschaften der *Tupinamba* in der Region des heutigen brasilianischen Bundesstaates Marañón längerfristig zu betrachten. Tatsächlich markierte der eingangs beschriebene Angriff im Jahr 1612 lediglich den erfolgreichen Start einer neuen Etappe in den Beziehungen beider Gruppen, die schon Jahrzehnte vorher geknüpft worden waren.

Wie auch in der Acadie lag in Nordbrasilien die Initiative für die Erkundung des Landes und den Aufbau erster Handelsbeziehungen nicht bei Mönchen, sondern bei Seefahrern und Schiffsausrüstern mit rein weltlichen Interessen. Unter jenen nahmen, ebenso wie in Kanada, Hugenotten eine führende Rolle ein. Seit den 1570er Jahren war für sie der Norden Brasiliens als Ziel zunehmend interessant geworden. Anfangs hatte man weiter südlich noch die Portugiesen offensiv herausgefordert und um 1530 sogar mehr Schiffe und Männer über den Atlantik geschickt als die iberische Konkurrenz. Doch mit dem Untergang der einzigen französischen Festung in der Nähe des heutigen Rio de Janeiro 1560, die in Kapitel 11 beschrieben ist, hatten diese Bemühungen ein jähes Ende gefunden.

Die portugiesische Krone war seit 1530 bemüht, ihren Anspruch auf Brasilien durch eine wirkliche Herrschaft vor Ort zu untermauern. Der König ließ den Kontinent von der Küste aus in sogenannte *Capitanias* teilen. Das waren Gebiete, die er Adeligen als erblichen Landbesitz verlieh, damit sie auf eigene Kosten die Besiedlung voranbringen würden. Doch diese Kolonialisierungspolitik hatte sehr unterschiedlichen Erfolg. Während bei Pernambuco eine erfolgreiche Kolonie entstand, brauchte es in einigen *Capitanias* ein Eingreifen der Krone, um die Siedlungen zu retten. Manche *Capitanias* konnten gar nicht erschlossen werden und blieben vorerst unbesiedelt, wie beispielsweise die Region, in der *France Equinoxiale* entstehen sollte.

Bereits 1530 hatte der König von Portugal diese Landschaft dem Höfling João de Barros zum Lehen gegeben. Jener war Schatzmeister des Handelshauses, über das in Lissabon der gesamte Indienhandel lief, und daher in der Theorie mit Seefahrt bestens vertraut. Er entsandte eine große Flotte von zehn Schiffen mit Kolonisten, doch sie alle gingen in einem Sturm verloren. De Barros zog sich daraufhin aus diesem Vorhaben zurück. Stattdessen verfasste er für den König eine Geschichte der Taten und Reisen der Portugiesen in Indien, Asien und Amerika, die bis heute als Meilenstein der Geschichtsschreibung dieser Zeit gilt.

Der Norden Brasiliens vom heutigen Bundesstaat Maranhão bis zum Amazonas war somit um 1610 noch immer ohne eine portugiesische Siedlung oder Befestigung. Die Landschaft war schwer zugänglich. Weitgehend flach und sumpfig durchzogen zahlreiche kleine und größere Flüsse dichte, feuchtnasse Wälder. Teilweise ragte der Wald weit in die Gezeitenzone hinein und bildete bei Flut überspülte Mangroven. Wo das Land etwas höher war, stand der dichte südamerikanische Dschungel mit seinen für die Franzosen fremdartigen Pflanzen und Tieren, die alle europäischen Reisenden in Erstaunen versetzten. Diese Landschaft hatte über Jahrzehnte hinweg jeden klassischen Eroberungszug oder jede *Entrada,* wie die Konquistadoren der Welser sie immer wieder versucht hatten, unmöglich gemacht. Über das Land jenseits der Küsten war kaum etwas bekannt, und auch an der Küste selbst kannte man nur wenige gute Naturhäfen.

Dies hatte die Region zu einem Ziel für indigene Migration gemacht. Die Frauen, die sich gewaltsam Zutritt zur Kapelle der Kapuziner verschafft hatten, waren mit ihren Familien erst seit wenigen Generationen dort ansässig.

Ihre Vorfahren waren aus südlichen Siedlungsregionen der *Tupinamba* geflohen. Grund waren, wie sie berichteten, Überfälle und Sklavenjagden der Portugiesen sowie Angriffe feindlicher Indigener, welche sich mit den Portugiesen verbündet hatten. Die *Tupinamba* waren auf Kanus an der Küste entlang in die damals von Menschen unbesiedelte Region gekommen und hatten dort Dörfer errichtet. Die Franzosen trafen also nicht auf Ureinwohner, die noch keinen Kontakt mit der Außenwelt hatten, sondern auf Menschen, deren ursprüngliche Lebensweise durch transatlantische Einflüsse bereits für immer verändert war. Es waren Gesellschaften, die Erfahrungen mit Europäern hatten, transatlantischen Handel kannten und die versuchten, für sich einen Platz in dieser neuen Welt zu sichern.

Auf der Insel *Maragnon,* die Franzosen spätestens um 1590 regelmäßig anliefen, lebten damals nach Zählungen der Mönche etwa 12.000 Menschen in 27 Dörfern. Jedes von ihnen beschrieben die Kapuziner in ihren Berichten mit Namen, Herrschern und relativer Lage zueinander. Selbst hier, fern der portugiesischen Einflusszone bei Pernambuco, kam es noch zu Angriffen und Überfällen durch Sklavenjäger. Für die *Ouassou* genannten Oberhäupter der 27 Dörfer waren daher Portugiesen ein Feind, gegen den sie Verbündete brauchten.

Zweifellos wussten die *Tupinamba* in der Region nicht nur zwischen Portugiesen und Franzosen zu unterscheiden, sondern gingen auch davon aus, dass die Franzosen die erhofften Alliierten sein konnten. Speziell hugenottische Händler waren sehr um freundschaftliche Beziehungen bemüht, da sie darauf angewiesen waren, dass die Indigenen ihnen Tauschwaren an die Küste brachten. Ab etwa 1560 fuhren sie jedes Jahr in den Norden Brasiliens. Ihre Überfahrten waren in solch einem Maß alltäglich, dass die Schiffsversicherung für die Route von Westfrankreich nach Brasilien nur um ein Prozent teurer war, als wenn man über Gibraltar nach Italien fuhr. Aus Nordbrasilien brachten die hugenottischen Kaufleute rotes Farbholz, bunte Vögel und kleine Äffchen nach Frankreich. Wann immer möglich, luden sie zusätzlich Tabak ein, der inzwischen zu einem bei Hof begehrten Luxusgut geworden war. Im Austausch erhielten die *Tupinamba* vor allem billigen Schmuck, aber auch eiserne Werkzeuge. Europäische Kleidung weckte zwar angeblich ihre Neugier, war aber in der feuchten Hitze unbequem und zerfiel schnell.

Es gab also in Frankreich um 1600 eine Vielzahl von Personen, welche die Küsten kannten und Erfahrung im Handel mit den *Tupinamba* hatten. Unter diesen waren besonders sogenannte *Truchements,* Grenzgänger zwischen den Kulturen, von zentraler Bedeutung. Dies waren Männer, die meist einzeln unter und mit den Indigenen lebten. Viele blieben für mehrere Jahrzehnte in Brasilien, manche sogar ihr ganzes Leben. Die französischen Seefahrer und Händler entdeckten den Wert dieser Männer bereits in den 1510er Jahren, nachdem einzelne Schiffbrüchige, besonders abenteuerlustige Händler oder wegen Vergehen ausgesetzte Seeleute sich unter den Indigenen eine neue Existenz aufgebaut hatten.

Einmal angekommen nahmen *Truchements* unter den Indigenen aufgrund ihres Wissens eine besondere Stellung ein. Dieser Status spiegelt sich darin wider, dass meist mehrere indigene Familien bemüht waren, ihnen eine Frau zu vermitteln. Durch solche Verbindungen machten die *Tupinamba* die *Truchements* zu Mitgliedern ihrer Gesellschaft. Die Frauen unterwiesen sie in indigenen Sprachen, lernten oft selbst etwas Französisch und begleiteten ihre Männer manchmal sogar nach Europa. Sie unterstützten ihre Männer durch ihr Wissen über lokale Ressourcen und die indigene Kultur. Davon profitierten wiederum die Familien der Frauen, denn die *Truchements* ermöglichten ihnen, Tauschwaren passend vorzubereiten, und sprachen für sie mit anderen Europäern. Für die Händler schließlich brachte die Arbeit mit *Truchements* den immensen Vorzug, dass Waren passgenau und ladefertig auf sie warteten.

Die *Truchements* waren ein Erfolgsmodell, das die Franzosen auch in anderen Regionen kopierten und später sogar in Kanada einführten, wo die Trapper oder *Courreur de Bois* bis ins 19. Jahrhundert eine vergleichbare Rolle spielten. Für koloniale Projekte konnten die *Truchements* aber ein zweischneidiges Schwert werden, denn für manche lag die Loyalität eher bei ihrer neuen Familie als bei ihren einstigen Landsleuten.

*Truchements* werden in der Region von Maranhão in Nordbrasilien allerdings erst nach 1594 erwähnt. In diesem Jahr brach der hugenottische Pirat und Händler Jacques Riffault auf, um dort ein kleines Handelskontor zu errichten und *Truchements* abzusetzen. Auch wenn die Quellenlage über seine Reise dürftig ist, lässt sich vermuten, dass eines seiner Schiffe an der Küste Schiffbruch erlitt, da er den geplanten Handelsposten nicht errichtete. Er ließ aber einige Männer vor Ort zurück und etablierte so *Truchements* unter den *Tupinamba*. Einer dieser Männer war Charles des Vaux. Er siedelte sich auf einer großen, küstennahen Insel an, welche die *Tupinamba Maragnon* nannten, und lernte dort die Sprache und Gebräuche. In den folgenden Jahren unterwies er die *Tupinamba* darin, Tabak für den Tauschhandel anzubauen und zu trocknen sowie begehrte Federn und Pflanzen zu sammeln. Da sein Auftraggeber nicht mehr zurückkehrte, arbeitete er in dieser Zeit mit anderen Kapitänen zusammen.

Einer dieser Kapitäne war der Hugenotte Daniel de La Touche, Sieur de La Ravardiére. Er war auf der Suche nach neuen Handelskontakten und einem geeigneten Ort für eine Kolonie, als er an einem bekannten Handelsplatz auf Charles des Vaux traf. Eben diese Begegnung war der Ursprung des späteren Kolonialprojektes *France Equinoxiale*.

Die Idee des Sieur de la Ravardiére, eine dauerhafte französische Präsenz im Norden Brasiliens zu etablieren, war ganz im Sinne von Charles des Vaux. Beide Männer waren von dem Wert des Landes und dem großen Nutzen einer dauerhaften Verbindung zwischen Franzosen und *Tupinamba* überzeugt. Des Vaux begleitete daher Ravardiére nach Frankreich und warb mit all seiner Expertise für die Gründung einer Kolonie, sogar vor dem König persönlich. Durch eine Konversion zum Katholizismus machte er das Vorhaben auch für französische Katholiken zu einer akzeptablen Investition. Die Werbung beider Männer war offensichtlich erfolgreich, denn Heinrich IV. erließ 1605 ein Patent, mit dem er den Protestanten Sieur de Ravardiére zu seinem Generalleutnant und Statthalter in Brasilien und am Amazonas machte.

Doch wie so oft war das offizielle Patent nur ein leerer Anspruch, der mit viel Investitionen vor Ort erst verwirklicht werden musste. Hierfür brauchte es jedoch mehr Mittel, als beiden zur Verfügung standen. Immerhin konnte Ravardiére zusammen mit des Vaux 1609 auf einer Handelsfahrt in die Region zurückkehren. Diesmal überzeugte der *Truchement* einige Indigene, nach Frankreich zu reisen, um dort von ihrem Land zu berichten und die Franzosen gewissermaßen zur Gründung einer Kolonie einzuladen. Einer von ihnen nannte sich Oyraptue und war *Ouassou* oder Anführer einer der Gemeinschaften auf der Insel *Maragnon*.

Als die indigenen Reisenden, geführt von Charles des Vaux, die Küste des ihnen fremden Frankreichs erreichten, befand sich das Land im Umbruch. Heinrich IV. war 1610 bei einem Attentat getötet worden. Die Macht lag nun bei seiner Witwe Maria de Medici, die im Namen des kleinen Königs Ludwig XIII. regierte. Das bedeutete eine Erschütterung der bisherigen politischen Netzwerke und Patronagestrukturen, denn die Hugenotten, die unter Heinrich bei Hofe noch einen guten Stand gehabt hatten, gerieten unter der dezidiert katholischen Regentin ins Abseits. Ein klares Zeichen für einen Politikwechsel war Maria de Medicis Unterstützung gegenreformatorischer Orden in Frankreich und die Inszenierung katholischer Frömmigkeit als zentrale Tugend für die Damen ihres Hofstaates.

Dieses politische Klima hatte dazu geführt, dass die Hofdame de Guercheville, wie in Kapitel 4 beschrieben, zusammen mit den Jesuiten Einfluss auf die Kolonisierung der Acadie nahm. Andere Orden wollten dem nicht nachstehen. Dies galt speziell für die papsttreuen Kapuziner, deren relativ junge

Gemeinschaft in Italien aus den Franziskanern hervorgegangen war und mit Nachdruck gegen die Reformation eintrat. Marias de Medicis Vorgängerin, die Königin Katharina de Medici, hatte die Kapuziner 1575 nach Frankreich eingeladen und ihnen an der Rue de St. Honoré eine eigene Kirche zur Verfügung gestellt. Jetzt, unter der neuen Regentin, suchten die Mitglieder des Ordens nach Gelegenheiten, um sich zu beweisen. Für die Regentin schienen sie daher bestens geeignet, um dem Kolonialprojekt in Brasilien eine stärker katholische Richtung zu geben.

Charles des Vaux und Sieur de Ravardiére sperrten sich nicht dagegen, einen katholischen Orden an ihrem Projekt zu beteiligen. Vermutlich war ihnen klar, dass es angesichts der politischen Lage keine andere Möglichkeit gab, um Unterstützung bei Hofe zu gewinnen. Parallel zu ihrer Übereinkunft mit den Kapuzinern fanden beide Männer aber noch andere Partner, die ein Netzwerk in hohe Adelskreise und ein eigenes Vermögen mitbrachten. Es handelte sich um den Kammerherrn François de Razilly und seine drei ebenfalls vermögenden, einflussreichen und im Kampf erfahrenen Brüder.

Razilly und Ravardiére sicherten ihre neue Partnerschaft vertraglich ab, und Maria de Medici versprach der neuen Unternehmung ihre Unterstützung, sofern die Missionierung der *Tupinamba* durch die Kapuziner im Mittelpunkt stand. Die Regentin und der minderjährige König erließen neue Patente und ernannten Sieur de Razilly und Sieur de Ravardiére und damit einen Katholiken und einen Hugenotten gleichermaßen zu Admirälen für die Küste Brasiliens und Stellvertretern des Königs. Die Kapuziner wählten vier Brüder für den Beginn des Projektes aus. Zwei von ihnen, Claude d'Abbeville und Yves d'Evreux, taten sich schon bald als Führungspersönlichkeiten und Propagandisten hervor.

Unterstützung der Krone bedeutete allerdings keineswegs, dass die Regentin Geld investierte. Selbst mit den Gebrüdern Razilly an Bord musste die Finanzierung noch immer mühsam eingeworben werden. Um Bankiers, Kaufleute und Schiffsausrüster zu überzeugen, blieb keine andere Wahl, als neben dem frommen Ziel der Missionierung und der Ausweitung des französischen Machtbereichs auch handfeste Vorteile zu versprechen. Hier kam sicherlich des Vaux' Expertise mit dem Tabakhandel zum Tragen sowie die von Walter Ralegh in seiner weit verbreiteten Druckschrift über Guyana geschürte Erwartung auf Gold in der Region. Wie schon oft schlossen sich also auch in *France Equinoxiale* Personen mit unterschiedlichen Erwartungen und Zielen zusammen.

Endlich, am 19. März 1612, konnte eine Flotte mit mehr als 500 Personen, davon etwa 300 Soldaten und 100 Kolonisten überwiegend katholischer Konfession, zur Insel *Maragnon* aufbrechen. Frauen gehörten, wie so oft bei einer ersten Reise, nicht zu den Passagieren. Anders als die Mitreisenden waren die Seeleute und Schiffsausrüster überwiegend Hugenotten. Dasselbe galt für die *Truchements,* die bereits vor Ort lebten. Es handelte sich demnach um eine konfessionelle Mischung, die erhebliches Konfliktpotential barg. Erstaunlicherweise schildert aber jede einzelne Quelle die Zusammenarbeit als gelungen und harmonisch.

Schon bald entstand ein umfangreiches Schrifttum im Zusammenhang mit *France Equinoxiale.* Mehrere kleinere Druckschriften mit Berichten über den Anfang der Kolonie sowie zwei umfangreiche Bücher sind überliefert, von denen Claude d'Abbevilles *Histoire* mehr als 800 Seiten umfasst. Autoren oder Herausgeber waren ausschließlich die Kapuziner. Von Beginn an stand für sie fest, dass eine erfolgreiche Missionsarbeit nur dann die Krone zu einem anhaltenden kolonialen Engagement bewegen würde, wenn die Menschen in Frankreich darüber lesen und – besser noch – die Früchte der Arbeit mit eigenen Augen sehen könnten.

Ihre Werke sind jedoch mehr als nur Ereignisgeschichten. Speziell das Buch von Claude d'Abbeville bietet ausführliche Kapitel über Geographie, Astronomie, indigene Lebensweise, Landesnatur sowie zur Geschichte der *Tupinamba* und deren sozialer Ordnung. Auch wenn dieser Text wie alle anderen mit Vorsicht auszuwerten ist, bietet er doch unersetzliche Einblicke in eine Welt, über die es keine anderen schriftlichen Zeugnisse gibt.

Liest man diese Berichte kritisch, so fällt sofort auf, wie sehr die Mönche bemüht waren, daheim einen überwältigenden Erfolg zu melden. Hinzu kommt, dass sie nicht einmal versuchten, die Glaubenswelt und Kultur der *Tupinamba* neutral zu beschreiben, sondern immer mit christlich-französischen Vorstellungen verglichen. Mutmaßliche Gemeinsamkeiten betonten sie dabei so stark wie nur möglich und gingen über Unterschiede rasch hinweg, um zu beweisen, wie gut die *Tupinamba* für eine Missionierung geeignet seien und wie einfach sie zu Untertanen Ludwigs XIII. gemacht werden könnten. Insgesamt erlauben die Quellen eine relativ dichte Rekonstruktion der Ereignisse, zumal auch spätere Befragungen gefangener Franzosen durch portugiesische Beamte überliefert sind.

Die Überfahrt war schwer, da widrige Winde und Stürme die Flotte heimsuchten, hinter denen die Kapuziner Machenschaften des Teufels vermuteten. Nacheinander mussten alle Schiffe die Reise abbrechen und im Hafen von Plymouth in England Zuflucht suchen. Erst zwei Monate nach ihrem Aufbruch aus Frankreich konnten sie von dort im Mai ein zweites Mal in See stechen.

Nach einer langen Überfahrt, die Claude d'Abbeville zum Anlass nahm, um ausführlich die Fische des Meeres zu beschreiben und dies mit Analogien über die Missionare als Menschenfischer, den Fisch als Symbol des Christentums und eine erfolgreiche Christianisierung zu verbinden, erreichte die Flotte die kleine Insel Fernand de la Rongne. An diesem Ort, den die Kapuziner als ein kleines Paradies präsentierten, trafen die Männer auf einen Portugiesen aus Pernambuco, der sich dort mit 17 versklavten Indigenen, darunter auch Frauen und Kindern, aufhielt. Sofort nahmen die Franzosen den Portugiesen gefangen und ließen die Indigenen zu deren großer Freude frei. Im Zuge der großen Dankbarkeit und Freude auf beiden Seiten tauften die Kapuziner die ehemaligen Sklaven und feierten dies als göttliches Omen für ihre Mission.

Hieran zeigt sich, dass die Kapuziner anders als die Jesuiten in der Acadie weniger Wert auf eine gründliche Unterweisung legten. Formelle Christianisierung konnte sofort und direkt erfolgen, die Einführung in Lehre, Sitten und Riten folgte dann später. Die Begeisterung und Dankbarkeit der ehemaligen Sklaven waren angeblich so groß, dass mehrere die Franzosen begleiten wollten und zwei sogar darum baten, nach christlichem Ritus getraut zu werden.

Von Fernand de la Rongne aus setzte die Expedition ihren Weg zu einer kleinen Insel fort, die direkt bei der großen Insel *Maragnon* lag. Den Weg dorthin wies ihnen der schon erwähnte *Tupinamba* Oyraptue. Hier gingen die Soldaten, Kolonisten und Mönche erstmal an Land, da sie die große Insel nicht ohne eine offizielle Einladung durch die *Tupinamba* betreten wollten. Mit dieser Einschränkung grenzten die Kapuziner ihr Projekt eindeutig von dem kolonialen Vorgehen der Portugiesen und Spanier ab. Dies spielte besonders in ihren Büchern und Druckschriften eine wichtige Rolle: Während die iberischen Mächte als Eroberer gekommen waren, wollten sie die neue Welt nur als eingeladene Freunde betreten. Dafür, dass sie diese Einladung auch tatsächlich erhalten, sollte Charles des Vaux sorgen, der Kontakt zu *Truchements* herstellte, die seit 1594 in der Region lebten. Sie waren bereit, das große Siedlungsprojekt zu unterstützen, das die *Tupinamba* dauerhaft vor den Portugiesen schützen und regelmäßige Handelsbeziehungen ermöglichen sollte.

Während des Vaux Kontakte knüpfte, errichteten die Kapuziner auf der kleinen Insel, die sie St. Anne nannten, ein Kreuz und dankten feierlich für die erfolgreiche Überfahrt. Von hier aus konnten sie den Ort ihrer neuen Kolonie erstmals in Augenschein nehmen. In den Berichten widmet speziell Claude d'Abbeville dem Pflanzenreichtum und fruchtbaren Klima großen Raum. Er betont die angenehme Wärme, die den schönsten Gegenden Frankreichs in der besten Jahreszeit entspreche. Die Nähe zum Äquator führe dazu, dass es keinen Winter gäbe und das ganze Jahr Landwirtschaft möglich sei. Die saftig grünen Wälder mit ihrem dichten Baumbestand seien der beste Beleg dafür. Egal ob man die Vögel im Himmel, die Fische im Wasser oder die Landtiere auf der Erde betrachte, Gott lasse diesen Teil der Welt mit Leben geradezu überquellen.

Von der Insel St. Anne aus setzte Charles des Vaux nach *Maragnon* über und bereiste die nähergelegenen Dörfer. Dort, so gaben die Mönche in ihren Berichten an, erklärte er den *Tupinamba*, dass der König von Frankreich sie nun unter seinen Schutz stelle, wenn sie dies denn möchten. Außerdem habe der König vier große Propheten gesandt, welche den *Tupinamba* den wahren Glauben offenbaren können. Sollten sie den Glauben annehmen, würde dies ihr Leben bereichern und ihnen viele Vorzüge bieten. Leider ist nicht überliefert, was des Vaux den *Tupinamba* genau versprochen hat, doch die Kapuziner vermerkten, dass er einige Tage später mit der Antwort zurückkehrte, dass alle *Ouassou* begeistert seien, sich unter den Schutz des Königs von Frankreich zu stellen. Sie seien außerdem willens, den Franzosen zu gehorchen, und wünschten sich sehnlichst, mehr über die wahre Religion zu erfahren.

Auch wenn aus heutiger Sicht sehr wahrscheinlich ist, dass die *Tupinamba* nicht ahnten, welche weitreichende Bedeutung die Franzosen ihrer Einladung zuschrieben, so war sie für Razilly, Ravardiére und die Kapuziner umso wichtiger. Sie waren allein durch diesen Akt ihrer eigenen Ansicht nach keine Eroberer oder Eindringlinge, wie die verteufelten Portugiesen, sondern kamen als Freunde und Brüder der *Tupinamba*. Ihre Art, das Land in Besitz zu nehmen und die Lebensweise der Menschen umzuformen, präsentierten sie im Vergleich als moralisch überlegen und weitaus gottgefälliger.

Als die Franzosen in voller Stärke auf die Hauptinsel übersetzten, erwarteten sie dort bereits mehrere hundert *Tupinamba*, die der *Truchement* Charles des Vaux über die bevorstehende Ankunft informiert hatte. Sie sahen zu, wie die Franzosen ein Kreuz errichteten und ein Dankgebet mit Gesang abhielten. Außerdem wurden sie Zeugen, wenn auch vermutlich ohne die volle Bedeutung der Szene zu verstehen, wie die Mönche die Insel und das Umland für die heilige katholische Kirche in Besitz nahmen. Dieser Vorgang ist kolonialgeschichtlich sehr bemerkenswert, da keiner der beiden weltlichen Befehlshaber bisher das Land für sich und den König beansprucht hatte. Man setzte so eindeutig den Vorrang des Glaubens in Szene. Auch die Reihenfolge der Bauprojekte auf der Insel bestätigt diese Tendenz. Zuerst entstand eine kleine Kapelle mit angrenzenden Hütten für die Mönche. Die *Tupinamba* unterstützten den Bau, sowohl indem sie Baumaterial heranschafften, das es auf der Insel angeblich im Übermaß gab, als auch dadurch, dass sie selbst Hand anlegten. Dies präsentierten die Mönche in ihren Berichten natürlich als Geste der Unterwerfung und Akzeptanz für die neue Herrschaft des Christentums über die Insel. Im Beisein der Kapuziner verkündeten die Befehlshaber der Kolonie mithilfe von des Vaux, sie wollten fortan gute Freunde der *Tupinamba* sein und unter ihnen leben und wenn nötig an ihrer Seite sterben.

Für Claude d'Abbeville und seine Brüder war der Aufbau der Kolonie eine Zeit voller neuer Erfahrungen. Ausführlich beschrieb er, wie fremdartig das Aussehen der *Tupinamba* für sie war. Die Nacktheit der Männer und mehr noch der Frauen, die sie als ausnahmslos sehr schön anzusehen beschrieben, irritierte sie besonders. Doch auch die Tatsache, dass die Frauen die Haare lang und offen trugen, während die Männer sie teilrasierten, war für die Mönche sehr ungewohnt. Geradezu schockierend war schließlich die Gewohnheit der Männer und Frauen, ihre Unterlippen zu durchstechen und das Loch mit Schmucksteinen zu verschließen. Mit solchen Details machten Abbeville und seine Brüder in ihren Texten für ihre Leser die Fremdartigkeit der *Tupinamba* anhand von Äußerlichkeiten greifbar. Das Gute an einer solchen, rein äußerlichen Fremdheit war, dass sie der Missionierung nicht entgegenstand und durch Kleidung und eine Taufe überwunden werden konnte.

Auf die Errichtung der kleinen Kapelle folgte der Bau eines Forts an zentraler Position. Hierfür wählten die Befehlshaber einen erhöhten Felsen, von dem aus sowohl mehrere kleine Flussläufe als auch der natürliche Hafen der Insel mit Geschützen kontrolliert werden konnten. Auch hier fassten die *Tupinamba* mit an und organisierten Baumaterial und Nahrungsmittel. Am Hafen errichteten die Kolonisten mit Unterstützung der *Tupinamba* noch ein Magazin für Handelswaren und einige weitere Unterkünfte. Das Fort erhielt den Namen Saint-Louis, was gleichermaßen eine Ehrung des damaligen Königs Ludwigs XIII., aber auch seines heiliggesprochenen Vorgängers Ludwigs IX. war.

Binnen kurzer Zeit waren Fort und Kapelle fertiggestellt. Hierbei half es sicher, dass Razilly und Ravardière beschlossen hatten, nur eine kleine Befestigung zu errichten und keine Anlage, in der alle 400 Franzosen wohnen sollten. Ihr Plan war stattdessen, vermutlich auf Anraten von des Vaux, dass die Kolonisten und Soldaten in kleinen Gruppen von zehn bis zwölf Personen verteilt in unterschiedlichen indigenen Siedlungen leben sollten. Dies erwies sich als eine sehr gute Idee. Zum einen war damit die Last, zusätzliche Personen zu versorgen, gleichmäßig und weiträumig verteilt, und zum anderen konnten die Franzosen, unterstützt von den vorhandenen *Truchements,* in vielen Orten gleichzeitig persönlich Kontakte knüpfen und Sprachkenntnisse erwerben.

Am 12. August feierten die Kolonisten gemeinsam die erste Messe auf der Insel. Angeblich zeigte sich dabei ein großes Publikum angereister *Tupinamba* sehr von den Gesängen, dem Weihrauch und den prunkvollen Gegenständen beeindruckt. Mehrere *Ouassou* äußerten den Wunsch, an dem Ritual teilzunehmen und selbst das Abendmahl zu erhalten. Als sie erfuhren, dass dies Christen vorbehalten war, baten sie sogleich um eine Taufe für sich und ihr Gefolge.

Die Mönche lehnten dies zunächst ab, versprachen aber nach einer raschen, grundlegenden Unterweisung, mit dem Taufen zu beginnen. Die *Tupinamba* gingen daraufhin heim und verbreiteten die Nachricht von dem beeindruckenden Ritual der fremden Propheten auf der Insel. Weitere *Ouassou* kamen mit ihrem Gefolge, darunter auch die jungen Frauen, die schließlich, wie eingangs beschrieben, frustriert über ihre Ausgrenzung die kleine Kapelle stürmten.

Als sie die kleine Kapelle und die Mönche untersuchen konnten, gewannen sie offenbar den Eindruck, dass die fremden Propheten sehr ärmlich leben würden. Kurze Zeit später kam eine Gruppe von ihnen mit einigen Männern zur Kapelle und bot den Mönchen vier weiche Baumwollmatratzen und dazu noch vier hübsche junge Frauen an, die sich um den Haushalt und andere Bedürfnisse kümmern sollten. Dies war aus Sicht der *Tupinamba* ein ganz normales und erprobtes Vorgehen im Umgang mit den *Truchements,* die sie durch Frauen dauerhaft an ihre indigenen Gemeinschaften gebunden hatten. Die Mönche lehnten dies aber ab und ließen durch Dolmetscher erklären, dass sie niemals mit einer Frau zusammen sein könnten. Dies löste großes Erstaunen bei den *Tupinamba* aus, die aber zufrieden feststellten, dass die Mönche immerhin die geschenkten Baumwollmatratzen annahmen.

Claude d'Abbeville und seine Gefährten berichteten über die Ereignisse bis zu diesem Zeitpunkt in mehreren Briefen an Ordensbrüder und Geschäftspartner. Diese Texte erschienen in Frankreich im Druck und sollten den Eindruck von einem rundum gelungenen Start der Unternehmung vermitteln. Daher informierten sie genau über die erste Messe und ersten Taufen in Brasilien und wiesen auf Edelsteinvorkommen oder Goldminen in der Region hin, was eher profan interessierte Leser ansprechen sollten. Doch auch wenn die Mönche sich an verschiedene Zielgruppen wandten, waren ihre eigenen Prioritäten klar.

Ihre Texte sind in Gänze durchzogen von der Vorstellung, dass die Missionierung in Brasilien Teil des finalen Kampfes zwischen Gott und seinem Widersacher, dem Teufel, ist. Mit jeder Taufe kämpften sie ihrer Auffassung nach für den Sieg Gottes und gegen das Böse schlechthin. Diese transzendente Deutung der Welt war aber nicht abstrakt. In den Texten der Kapuziner ist der Teufel real und in der physischen Welt präsent. Er persönlich schickte die Stürme, und er bereiste Brasilien und quälte dort die Menschen, die noch nicht unter dem Schutz Gottes standen. Jeder Widerspruch, ja auch jedes schlechte Wort, das über die Kolonie gesprochen wurde, war demnach ein Dienst für den Teufel und jede Unterstützung des Projektes eine gottgefällige Tat. Für Abbeville und die übrigen Kapuziner ist diese Deutung der Welt mehr als nur koloniale Propaganda. Sie ist für sie genauso real wie der Dschungel Brasiliens oder die Fische des Meeres. Auch wenn dies aus moderner Sicht irrational erscheint, prägte der Glaube ihr Handeln und die Art und Weise, wie sie Informationen nach Europa übermittelten. Diese Informationen wiederum beeinflussten dort andere in ihren Entscheidungen. *France Equinoxiale* ist also ein weiteres Beispiel dafür, dass nicht nur die vorgefundene Realität, sondern auch mitgebrachte Ideen die Geschichte prägen.

Vor Ort auf der Insel *Maragnon* knüpften die Kolonisten inzwischen engere Beziehungen zu den *Tupinamba*. Der *Ouassou* Japy, Oberhaupt der größten Siedlungsgemeinschaft auf der Insel, kam mit großem Gefolge zu einem offiziellen Besuch. In einer langen Rede, welche *Truchements* übersetzten, lobte Japy angeblich die Franzosen als Freunde und begrüßte ihre neue Herrschaft über die Insel. Hierbei ist gut vorstellbar, dass in den Berichten Japys Besuch als Akt der offiziellen und vollständigen Unterwerfung überinterpretiert wurde.

Im Beisein von Japy und vielen anderen *Ouassou* richteten die Kapuziner schließlich am 8. September 1612 feierlich ein großes Kreuz auf. In einer Prozession mit Gesang wiesen sie dabei auch den Söhnen mehrerer *Ouassou* eine Rolle zu. Dies war Teil ihrer Strategie, gezielt Kinder für das Christentum zu gewinnen und möglichst viele von ihnen zu unterweisen und zu taufen. Ausführlich gibt Claude d'Abbeville in seiner *Histoire* ein Beispiel für den Erfolg dieser Vorgehensweise, in dem er einen besonders gelehrigen und vom Christentum überzeugten Knaben beschreibt, der später sogar anderen *Tupinamba* den Glauben näherbrachte. Mit solchen Erzählungen, ob sie nun wahrheitsgetreu, ausgeschmückt oder frei erfunden waren, bereitete er propagandistisch den Boden für seine Forderung, ein Priesterseminar auf der Insel zu finanzieren.

Den Eindruck des Erfolgs auf ganzer Linie bekräftigt Abbeville zusätzlich, indem er ausführlich eine Rundreise der Mönche zu den Dörfern der Insel beschreibt. Den Anfang machten dabei mehrere Besuche der größten Siedlung *Iuniparan,* deren Oberhaupt Japy bereits seine Treue zu den Franzosen bekräftigt hatte. Doch nicht nur dort, sondern überall seien die Brüder begeistert empfangen worden. Ihre Ausführungen über die Vorzüge des Christentums, welche meist Charles des Vaux übersetzte, hätten die *Tupinamba* vorbehaltlos überzeugt und dazu gebracht, in großer Zahl um Taufe und Unterweisung zu bitten. Außerdem habe der *Truchement* dem Publikum vermitteln können, dass die Franzosen ein dauerhaftes Bündnis wünschen. Er verkündete, dass aus den *Tupinamba* und den Franzosen eine einzelne, gemeinsame Nation von Christen werden solle, was seine Zuhörer überall mit großer Freude erfüllt habe.

Dies war aber erst der Anfang. Abbeville widmet weite Strecken seiner *Histoire* der Schilderung indigener Glaubenswelten, die ihm die *Truchements* erklärten. Dabei ist auffällig, dass Abbeville gezielt nach Übereinstimmungen mit dem Christentum sucht und beispielsweise eine Sintflutgeschichte, ein Verständnis von Gut und Böse und eine allmächtige, väterliche Schöpfungsfigur wiedererkennt. Als Kontrast zur äußerlichen Fremdartigkeit schlussfolgert er aus diesen Gemeinsamkeiten für seine französischen Leser, dass es sehr leicht sei, die *Tupinamba* zu christianisieren.

Allerdings ist zu beachten, dass Abbevilles Beobachtungen kaum als Wiedergabe original indigener Vorstellungen gelten können. Hier wirkte ein doppelter Filter, da zum einen der *Truchement* die indigenen Vorstellungen erstmal verstehen und übersetzen musste. Er war dabei sicherlich von seiner eigenen Herkunft und Bildung geprägt. Erst danach prüfte Abbeville mit seinen eigenen Vorannahmen die Informationen auf Gemeinsamkeiten. Außerdem wäre es durchaus denkbar, dass die befragten *Tupinamba* ihre Auskunft an die Nachfragen Abbevilles anpassten und so gewichteten, dass jener zufrieden war. Dies sind die typischen Probleme einer einseitigen Überlieferung.

Die Rundreise der Mönche diente aber nicht nur der Missionierung. Mehrere *Truchements* übersetzten hierbei Einladungen an alle *Ouassou*, einer weiteren feierlichen Zeremonie beizuwohnen. Diesmal handelte es sich um das Aufpflanzen der Standarten und damit die weltliche Besitznahme der Insel im Namen Ludwigs XIII. Es ist ausgesprochen ungewöhnlich, dass die Kolonisten diese Zeremonie erst am 1. November 1612 und damit Wochen nach der Ankunft und nach der Besitznahme für Gott und die Kirche abhielten. Bei diesem Anlass hielt Sieur de Razilly eine Rede, in der er die versammelten *Ouassou* als »mes amis« ansprach. Sechs besonders wichtige *Ouassou* hatten für die Zeremonie sogar Kleidung mit französischen Wappen erhalten und marschierten mit in einer Prozession vom Fort zu dem Platz, auf dem eine Wappensäule errichtet worden war. Laut Abbevilles Bericht habe Razilly erklärt, dass die *Tupinamba* fortan unter dem Schutz des Königs ständen und Brüder der Franzosen seien. Daraufhin griffen die *Ouassou* zu Boden und hoben Hände voll Erde empor, die sie dem Herrn Razilly anboten. Abbeville lässt sie in seiner Beschreibung damit aus freien Stücken alle Rechte auf ihr Land an die Franzosen abtreten und spricht von einer abgeschlossenen Eroberung, die nicht mit Waffen, sondern mit dem Kreuz, nicht mit Gewalt, sondern mit Liebe erfolgt sei.

Um das Zusammenleben auf der Insel zu regeln, erließen Ravardiére und Razilly Gesetze für die europäischen Kolonisten, aber ausdrücklich nicht für die indigene Bevölkerung. Der Glaube stand dabei an erster Stelle. Respekt und Gehorsam gegenüber Gottes Namen und Gebot waren ebenso vorgeschrieben wie die Unterstützung der Kapuziner bei der Missionierung. Erst danach stand der Gehorsam gegenüber weltlichen Befehlshabern. Für das Zusammenleben mit den *Tupinamba* gab es klare Anweisungen. Keinesfalls durften die Franzosen Besitz der *Tupinamba* an sich bringen, sie beleidigen oder auch nur bedrängen. Auf Vergewaltigung indigener Frauen stand der Tod, und auch freiwillige, amouröse Beziehungen waren für den Europäer untersagt und wurden mit einem Monat Zwangsarbeit geahndet. Diese Gesetze sind klarer Ausdruck einer Kolonialpolitik, die Razilly und die Mönche als absoluten Gegensatz zur iberischen Eroberung der Amerikas verstanden und auch so inszenierten.

Zur Umsetzung ist aber anzumerken, dass die Aufteilung der Franzosen in viele kleine Gruppen in verschiedenen Dörfern Kontrolle sehr schwer machte. Speziell einvernehmliche Beziehungen zu Frauen dürften kaum zur Anzeige gebracht worden sein, zumal sie für die etablierten *Truchements* Teil ihrer Lebensweise waren. Allerdings vermerkte Abbeville hierzu, dass einer der *Truchements* seine indigene Gefährtin nach deren Taufe christlich heiratete. Hieran zeigt sich, dass die Kapuziner pragmatisch vorgingen und keine lange Unterweisung oder Prüfung des Glaubens verlangten. Damit verhinderten sie Konflikte mit den *Truchements,* wie sie 50 Jahre zuvor in der Kolonie bei Rio de Janeiro aufgetreten waren (siehe Kapitel 11), und konnten trotzdem gegenüber den Jesuiten in der Acadie schnell messbare Erfolge melden.

Die *Tupinamba* selbst unterstanden den Gesetzen der Kolonie nicht, sondern sollten weiter unter ihrem eigenen Recht leben. Abbeville schien zu befürchten, dass diese Regelung in Frankreich als Tolerierung unchristlicher, eventuell verbrecherischer Praktiken gelten könnte. Daher fügte er hinzu, dass alle *Ouassou* versprochen hätten, sie würden freiwillig darauf verzichten, ihre Gefangenen rituell zu töten und zu verspeisen. Für die Leser in Europa bedeutete dies, dass die *Tupinamba* bereit waren, das aufzugeben, was sie in den europäischen Augen mehr als alles andere zu Fremden und Wilden gemacht hatte. Es war also ein klar erkennbarer, großer Schritt hin zu einer Verwandlung der *Tupinamba* in Christen.

Die erzielten Erfolge in Brasilien, welche die Kapuziner sich auf die Fahnen schrieben, erreichten Frankreich zunächst nur in Form von Texten. Den Mönchen und auch Sieur de Razilly war aber klar, dass ihre Erfolge für den Hof erlebbar sein mussten, um Investoren zu gewinnen und Siedler nach Brasilien zu locken.

Aus diesem Grund machte sich Claude d'Abbeville mit Sieur de Razilly, sechs *Tupinamba* und einigen *Truchements* als Dolmetschern im Dezember 1612 nach Frankreich auf. Ihr Ziel war es, die Verwandlung der *Tupinamba* in Franzosen durch die Taufe und ihre Unterwerfung unter den König aufwändig in Szene zu setzen. Neben detaillierten Beschreibungen in Abbevilles *Histoire* berichteten auch die Hofzeitung und mehrere Einblattdrucke über diese spirituelle Werbetour.

Den Auftakt nahm die Reise im März 1613 in Le Havre, wo die *Tupinamba* vom Gouverneur mit denselben Riten und Zeremonien empfangen wurden wie Botschafter eines europäischen Landes. Damit machten Razilly und Abbeville deutlich, dass sie die *Tupinamba* nicht als unterworfene Barbaren oder besiegte Feinde präsentierten, sondern als Alliierte. Die dabei zeremoniell mitschwingende Gleichrangigkeit war aber eingeschränkt, kamen die *Tupinamba* doch, um zu Franzosen zu werden und ihre politische wie religiöse Eigenständigkeit aufzugeben. Nach einer feierlichen Prozession sagten die *Tupinamba* in Le Havre das christliche Glaubensbekenntnis in ihrer eigenen Sprache auf, was als Beweis erfolgreicher Missionsarbeit galt. Begeistert lud daher eine Äbtissin die Täuflinge und Kapuziner in ihre Abtei, wo sie sich über Brasilien berichten ließ.

Im April folgten dann drei prächtige Inszenierungen in Paris. Nach einer großen Prozession mit tausenden Schaulustigen zogen die Mönche mit den *Tupinamba* in die Hauptkirche der Kapuziner ein. Dabei präsentierten die neuen Christen sich, sicherlich auf Anweisung Abbevilles, als Grenzgänger zwischen den Kulturen. Sie trugen bereits weiße Gewänder, waren aber noch mit Federn geschmückt und schüttelten brasilianische Rasseln, genannt *Maracas*. Dieser Anblick war eine solche Sensation, dass rund um das Gebäude die königliche Garde mobilisiert werden musste, um die Menschenmengen zurückzuhalten. Während viele Neugierige draußen bleiben mussten, waren in der Kirche die besten Plätze für Mitglieder des Hofes und führende Kleriker reserviert. Sie hörten zu, wie die *Tupinamba* das Ave Maria und Vaterunser in ihrer eigenen Sprache beteten, und sahen, wie sie während einer Messe alle Gesten richtig vollführten.

Auf den feierlichen Einzug folgte ein Empfang bei Hofe. Dort hielt einer der *Tupinamba* eine lange Rede in seiner Muttersprache, welche ein *Truchement*

Abb. 14 Diese Buchillustration aus Claude d'Abbevilles *Histoire de la mission des Pères Capucins* zeigt die vollzogene Verwandlung des Tupinamba Louis Henry in einen Christen. Durch die feierliche Taufe war aus einem angeblichen *Sauvage*/ Wilden ein neuer Untertan der französischen Monarchie mit einem modischen Hut aus Biberpelz geworden. Dies präsentierte der Kapuziner in seinem Buch als Beweis für den Erfolg seiner Missionsarbeit.

übersetzte. Vor dem versammelten Hofstaat wolle der Gesandte erklären, dass sein gesamtes Volk ihn geschickt habe, um aus freiem Willen ihre vollständige und immerwährende Anerkennung der Vorherrschaft und Befehlsgewalt des Königs zu verkünden. Naheliegenderweise wurde diese Inszenierung sehr positiv aufgenommen, auch wenn aus heutiger Sicht die proklamierte Autorität des *Tupinamba* als Abgesandter seines ganzen Volkes mehr als nur fraglich ist.

Am 24. Juni zelebrierten die Mönche und die noch lebenden drei *Tupinamba* – die anderen drei waren inzwischen an Krankheiten gestorben – den Übertritt zum Christentum. Der König und die Königinmutter mit ihrem Hofstaat sahen von den ersten Reihen der Kirche aus zu und nahmen die Befragung der *Tupinamba* in deren Muttersprache, ihre als artig empfundenen Gesten und das Aufsagen von Gebeten angeblich mit sichtbarer Freude auf. Als dann auch noch alle drei *Tupinamba* bei der Taufe durch den Bischof von Paris den Namen Louis erbaten, mit der Begründung, dass dieser Name bei ihnen besonders begehrt sei und einen Ruf von Stärke, Ruhm und Weisheit habe, steigerte sich das Vergnügen des jungen Königs noch einmal. Nach der Taufe dankte einer der drei Louis' in einer Rede in seiner Muttersprache für die Errettung vor dem Teufel.

Prozessionen zu anderen Klöstern schlossen sich an. Hierfür hatten die *Tupinamba* sich umgezogen und traten nun ganz als Franzosen auf. Ihre Transformation war somit abgeschlossen, was sich auch daran zeigte, dass sie kurz darauf französischen Frauen vorgestellt wurden, die sie heiraten sollten. Das ganze Schauspiel zeigt, wie die Kapuziner einen Triumph zelebrierten, der ihren jesuitischen Rivalen bisher verwehrt geblieben war. Die Jesuiten standen in der Acadie nach einer schweren Krise wieder ganz am Anfang. Die Taufe in Paris zu feiern, markierte somit auch den Anspruch der Kapuziner, der bessere Orden zu sein und die größeren Leistungen für Gott zu erbringen.

Doch so groß sie ihren Triumph auch inszenierten, es gelang Razilly und den Kapuzinern nicht, größere Summen einzuwerben. Speziell der König und die Königinmutter waren nicht bereit, in die Unternehmung zu investieren. Ein Grund hierfür dürfte die Unterzeichnung eines außenpolitischen Vertrages gewesen sein, der für aufmerksame Beobachter ein Warnzeichen darstellte. Im August 1612 vereinbarte Maria de Medici für den minderjährigen König eine Ehe mit einer spanischen Prinzessin. Beide Seiten – die Habsburger und Bourbonen – versprachen dabei Frieden und eine Anerkennung ihrer Grenzen. Für *France Equinoxiale* war dies ein Problem.

Da Spanien und Portugal gleichermaßen von den Habsburgern regiert wurden, lag die Kolonie nun in einem Gebiet, das ein Verbündeter des Königs schon seit 1494 für sich beanspruchte. Angesichts dessen war ungewiss, wie die Krone sich bei einem Konflikt verhalten würde. Diese Sorge nahm noch zu, als auf die Zerstörung der Jesuitenkolonie in der Acadie 1613 nur eine schwache Reaktion Maria de Medicis folgte. Kolonialpolitik spielte für sie offenbar nur eine nachgeordnete Rolle. Als die Krone sich abwandte, taten es ihr viele Händler und Kaufleute gleich. Ihnen konnten Razilly und Abbeville ohnehin keine kurzfristigen Profite anbieten, da jede Kolonie zunächst ein Verlustgeschäft war.

Nur durch Investitionen mehrerer Kleriker war es möglich, eine Flotte mit weiteren 200–300 Siedlern, darunter auch Frauen und Kinder, zusätzlichen Kapuzinern sowie den drei *Tupinamba* mit ihren französischen Frauen zur Insel *Maragnon* zu schicken. Vor Ort begrüßte sie Sieur de la Ravardiére, der weiter allein das Kommando führte, während Razilly in Frankreich um Unterstützer warb.

Doch die Freude über ihre Ankunft währte nur kurz. In der zweiten Hälfte des Jahres 1614 beschloss der Gouverneur der portugiesischen Kolonie Pernambuco mit Einverständnis der Krone eine Offensive gegen *Maragnon*. Hierfür verlegte er zunächst etwa 500 Mann dorthin, begleitet von verbündeten Indigenen, und ließ ein Fort errichten. Als Ravardiére von den *Tupinamba* auf die

Ankunft der Portugiesen aufmerksam gemacht wurde, beschloss er zu handeln, solange die Zahlenverhältnisse für ihn noch günstig waren.

Mit zahlreichen *Tupinamba* an seiner Seite mobilisierte er seine Soldaten. Sein Plan war es, die Schiffe, auf denen seine Verstärkung eingetroffen war, für einen raschen Schlag mit insgesamt fast 1000 Mann gegen die Portugiesen zu nutzen. Sein Angriff am 19. November 1614 entwickelte sich jedoch zu einem verlustreichen Gefecht, das als Schlacht von *Guaxenduba* in die portugiesisch-brasilianische Geschichte einging. Der erste Angriff der Franzosen kam an der provisorischen Verteidigung der Portugiesen zum Erliegen. Trotz ihrer Unterzahl hielten jene die Position und trennten schließlich mit einem Vorstoß die Franzosen und deren indigene Verbündete. Nacheinander griffen die Portugiesen dann erst auf freiem Feld die Franzosen an und zwangen sie zu ihren Booten zurück und danach die von *Truchements* geführten *Tupinamba*, die sich auf einem Hügel verschanzt hatten. Als die Portugiesen die *Truchements* und wenigen Franzosen unter den *Tupinamba* getötet hatten, wandten sich zuletzt die indigenen Krieger zur Flucht und zogen sich unter hohen Verlusten zurück.

Die Franzosen sammelten sich beim Fort Saint-Louis, wo die Portugiesen sie in den folgenden Wochen einschlossen. Angesichts dieser Lage war Ravardiére bereit, über einen Waffenstillstand zu verhandeln, wogegen der portugiesische Kommandant nichts einzuwenden hatte, da er Verstärkung erwartete. Beide Seiten kamen überein, jeweils eine gemeinsame Delegation nach Paris und Lissabon zu schicken und die Monarchen um eine Entscheidung über die Zukunft der Region zu bitten. Fast alle Kapuziner nutzten diese Gelegenheit, um die Kolonie zu verlassen. Sie setzten damit für die Siedler und indigenen Verbündeten ein desaströses Signal.

Nach ihrem Aufbruch verging knapp ein Jahr ohne eine offizielle Antwort. Inoffiziell machte allerdings die portugiesische Seite durch die Entsendung von Verstärkungen deutlich, dass sie nicht nachgeben wollte. Bis zum November 1615 wartete man auf eine Entscheidung, die in Europa nie getroffen wurde, dann griffen die Portugiesen an. Nach einer kurzen, eher der Form halber geleisteten Gegenwehr kapitulierte Ravardiére und übergab das Fort an die Angreifer. Die siegreichen Portugiesen nahmen die Siedler gefangen, organisierten aber nach einer Befragung deren Rücktransport nach Frankreich und ließen sie frei. Diese Geste, die ein ganz anderes Zeichen setzte als das von Pedro Menéndez de Avilés in Florida verübte Massaker (siehe Kapitel 7), ermöglichte es der französischen Regentin, den Untergang der Kolonie politisch weitgehend zu ignorieren.

Mehr noch, Maria sorgte dafür, dass es keinen öffentlichen Aufschrei oder eine Vergeltung wie im Falle Floridas gab, indem sie die Berichterstattung über die Ereignisse zensieren ließ. In den erlaubten Publikationen war die Rede von einem ritterlichen Zweikampf der Soldaten und der Großmütigkeit der siegreichen Portugiesen. Die Allianz in Europa war der Regentin und ihren Beratern offensichtlich wichtiger als der Besitz einer Insel vor der Küste Brasiliens.

Doch wie reagierten die beiden weltlichen Befehlshaber der Kolonie auf diese Entwicklung? Sieur de La Ravardiére galt wegen seiner Kenntnisse und Kontakte als zu gefährlich, als dass man ihn einfach hätte gehen lassen können. Er blieb bis 1616 Gefangener der Portugiesen. Danach kam er unter der Auflage frei, Portugal nicht zu verlassen, und erhielt eine kleine Pension. Doch Ravardiére klagte über diese Behandlung und forderte höhere Zahlungen, sonst werde er nach Frankreich zurückkehren. Als Reaktion sperrte man ihn 1619 wieder ein.

Sieur de Razilly versuchte in Frankreich für ein neues *France Equinoxiale* zu werben. Ein königliches Druckverbot und die mysteriöse Zerstörung einer neuen Werbeschrift waren aber letztlich klare Signale dafür, dass er keinen obrigkeitlichen Rückhalt mehr hatte. Dennoch veröffentlichte Razilly 1617 eine neue Geschichte der Kolonie, in deren Vorwort er an die Krone appellierte, sich nicht von Verschwörern und inneren Feinden um eine großartige Brasilienkolonie bringen zu lassen. Eine Reaktion blieb jedoch aus.

Auf der Insel *Maragnon* selbst trafen ab dem Jahr 1620 zunehmend Siedler aus Portugal ein, die dort eine neue Siedlung errichteten: San Louis, die heute noch bestehende Provinzhauptstadt der Region Maranón. Aus Sorge, die Franzosen oder eine andere Macht könnten ihren Anspruch auf Brasilien infrage stellen, stießen die Portugiesen zu dieser Zeit bis an den Amazonas vor, wo sie einen ersten Außenposten errichteten. Sie trafen dort auf viele kleine Gruppen von *Truchements,* darunter auch Engländer und Niederländer, die erste Handelsposten im gewaltigen Delta errichtet hatten. Der Kampf um die Vorherrschaft über einen der größten Flüsse der Welt hatte gerade erst begonnen.

Vergleicht man die Geschichte von *France Equinoxiale* mit der anderer kolonialer Projekte aus Frankreich, so zeigen sich erhebliche Unterschiede. In Frankreich wurde die Erinnerung und das Gedenken an dieses Projekt weitgehend unterdrückt. Anders als der Untergang der Kolonie in Florida oder die interkulturellen Begegnungen der Hugenotten mit den *Tupinamba* bei Rio de Janeiro ist *France Equinoxiale* im ehemaligen Mutterland nur ein Thema für Spezialisten. Hierzu trug neben der politischen Leitlinie der Zeit sicherlich auch der gute Umgang der Portugiesen mit den besiegten Franzosen bei, der wenig Skandalöses an sich hatte. Außerdem wurden die Kapuziner in der Geschichtsschreibung zur kolonialen Expansion Frankreichs und im kollektiven Gedächtnis von den Jesuiten an den Rand gedrängt. Letztlich waren es die Jesuiten, die mit ihren Seminaren und ihrer Missionsarbeit die Geschichte Kanadas prägten. Über ihr koloniales Engagement entstanden Quelleneditionen und umfangreiche Forschungsarbeiten, wobei oftmals Brüder des Ordens die Geschichte ihrer eigenen Vorgänger erforschten. Solch eine Tradition gibt es für die Kapuziner nicht, deren Leistungen und Schriften in Frankreich nur sehr bedingt in der neueren Forschung beachtet werden. Es sind eher Brasilianer und deutsche Romanistinnen und Romanisten, zum Teil in Brasilien ansässig, welche die Geschichte dieser Kolonie untersuchen. Insgesamt haben wir es bei *France Equinoxiale* also mit einer Kolonie zu tun, die zwar nicht verloren ging, aber in Frankreich weitgehend vergessen wurde.

Hierzu bildet Brasilien einen starken Gegensatz, wo *France Equinoxiale* nicht nur in der Forschung, sondern auf regionaler Ebene auch in der öffentlichen Erinnerungskultur präsent ist. Straßennamen und Gebäudebezeichnungen, selbst eine Büste des besiegten Ravardière und ein Museum erinnern in der Provinzhauptstadt São Luís an deren französische Wurzeln. Geradezu eine Umkehr der historischen Selbstdarstellung ist, dass die Kapuziner im Vergleich mit den beiden säkularen Befehlshabern hier völlig in den Hintergrund geraten.

Eine bemerkenswerte Umdeutung erhielt auch die Schlacht bei *Guaxenduba*. Sie galt in der jungen nationalen Geschichtsschreibung Brasiliens im 19. Jahrhundert als ein Triumph der portugiesischen Siedler über äußere Feinde. Da jene ihren Sieg gemeinsam mit indigenen Verbündeten errungen hatten, machten Historiker daraus ein Symbol für die Stärke und Einheit der jungen brasilianischen Nation unter Vorherrschaft der Siedler aus Europa. Diese Darstellung ist noch heute wirkmächtig.

## Quellen und Literatur

Wie dieses Kapitel gezeigt hat, waren die Bemühungen zur Gründung von *France Equinoxiale* von ausführlicher Werbung begleitet. Mehrere umfangreiche Schriften erschienen im Druck und sind auch heute noch verfügbar. Aus ihnen lässt sich die Geschichte der Kolonie rekonstruieren, sofern man bedenkt, dass die Autoren mit diesen Texten ganz gezielt Werbung für ihr Projekt machen wollten. Die Werke bilden daher eine ebenso unersetzliche wie auch problematische Überlieferung. Es ist daher auch weiterhin die Aufgabe der Archäologie, Ethnologie, Anthropologie und benachbarter Disziplinen, ein kritisches Korrektiv für die Erfolgsmythen der Kapuziner zu schaffen.

Die zeitgenössischen Schriften bietet heute die französische Nationalbibliothek auf der Internetseite https:///www.Gallica.fr frei verfügbar zur Ansicht und zum Download an. Von den insgesamt 15 Schriften seien hier die fünf Hauptquellen erwähnt, in denen manch kleines Werk auch als Einschub erneut abgedruckt worden ist: Es handelt sich um zwei frühe Werke von Claude d'Abbeville von 1612: *Lettre d'un père capucin s'estant acheminé au fleuve Maragnon & terres adjacentes en L'inde Occidentale* sowie *L'arrivee des peres Capucins en l'inde nouvelle appellée Maragnon, avec la reception que leur ont faict les sauvages de ce pays & la conversion d'iceux á nostre saincte foi* und die dritte, kleinere Schrift *Discours et congratulation à la France sur l'arrivée des peres Capucins en L'inde Nouvelle* von 1613. Zweifellos Abbevilles wichtigstes Werk ist jedoch seine gewaltige *Histoire de la mission des Pères Capucins en l'Isle de Maragnan* von 1614. Hinzu kommen die Schriften des Yves d'Evreux: einmal die *Suitte de l'histoire des choses plus mémorables advenues en Maragnan ès années 1613 et 1614* von 1615 sowie die *Voyage au nord du Brésil*, deren Drucklegung zuerst verhindert worden ist. Franz Obermeier hat sie 2012 in einer neuen, kommentierten Ausgabe herausgegeben. Zwar nur eine stark gekürzte Übersetzung, aber dennoch eine spannende Quelle ist die zeitgenössische deutsche Fassung von Abbevilles zweitem Bericht durch Chrisostomus Dabertzhofer, die in Augsburg 1613 mit dem Titel *Die Ankunfft der Vätter Capuciner Ordens in die newe Indien Maragnon genannt* erschien.

Auch wenn die Geschichte dieser Kolonie in Deutschland in der Geschichtswissenschaft eher wenig Beachtung gefunden hat, gibt es trotzdem herausragende Studien im Bereich der Amerikanistik und Romanistik hierzu, die einen literaturwissenschaftlichen Hintergrund haben. Hierzu zählen vor allem Andrea Dahers 2002 veröffentlichte Dissertation *Les singularités de la France Équinoxiale,* in der sie die literarischen Motive und Argumentationsmuster der schreibenden Mönche sowie deren dahinterliegendes Weltbild analysierte. Ähnliche Ansätze verfolgte Franz Obermeier bereits 1995 in seiner umfangreichen Regensburger Dissertation, die unter dem Titel *Französische Brasilienreiseberichte im 17. Jahrhundert. Claude d'Abbeville: Histoire de la mission, 1614, Yves d'Evreux: Suitte de l'histoire, 1615* im Druck erschien. Selbstverständlich enthalten die Arbeiten Obermeiers und Dahers auch Zusammenfassungen der historischen Ereignisse.

Für eine breitere Einordnung in die französische Kolonialgeschichte bieten eine Reihe von Arbeiten eine Übersicht. Wie so oft kann auch hier das klassische

Standardwerk von Charles-André Julien herangezogen werden, das 2003 eine neue Auflage erhielt: *Les voyages de découverte et les premiers établissements. XVe–XVIe siècles.* Als Ergänzung bieten sich an: von Philippe Bonnichon *Des cannibales aux castors. les découvertes francaises de l'amérique 1503 – 1788* von 1994 und von Philip Boucher das englischsprachige Überblickswerk *France and the American tropics to 1700. Tropics of discontent?,* das er 2008 veröffentlichte.

Wenn der Fokus weniger auf der französischen Kolonialgeschichte und mehr auf Brasilien als historischem Raum liegen soll, eröffnen zwei andere Werke eine gute Übersicht: Maurice Pianzolas 1991 erschienenes *Des Français à la conquête du Brésil (XVIIe siècle). Les perroquets jaunes,* in dem der Autor sich allerdings einige Freiheiten nimmt, und die englischsprachige Einführung *A history of colonial Brazil 1500 – 1792* aus dem Jahr 1987 von Bailey W. Diffie und Edwin J. Perkins.

Zuletzt sei noch auf einen Sammelband mit wissenschaftlichen Beiträgen verwiesen, den Jean-Yves Mérian 2007 herausgab. In dem Band *Les aventures des Bretons au Brésil à l'époque coloniale* finden sich zahlreiche einschlägige Forschungsbeiträge und Überblicksartikel zur Seefahrt, der Wahrnehmung Brasiliens und zu den Ursachen des Scheiterns von *France équinoxiale.*

# 11. Märtyrer unter Menschenfressern? Rio de Janeiro 1555–1560

Im Jahr 1550 warteten die Kaufleute, Seefahrer, Gastwirte, Kleinhändler, Handwerker und all ihre Angestellten und Bediensteten in der Stadt Rouen angespannt auf ein Trompetensignal. Jahrelang hatten sich auf den großen Moment vorbereitet, der nun unmittelbar bevorstand. König Heinrich II. besuchte die Hafenstadt und erwies Rouen die Ehre, einen offiziellen Einzug mit voller höfischer Pracht abzuhalten. Bei dieser Zeremonie würde er der Stadt seine besondere Gunst versprechen, ihre Privilegien bestätigen und den Bewohnern eine Gelegenheit geben, ihre Wirtschaftskraft, ihr Wissen und ihre Stärke vor ihm und seinem Hofstaat und damit vor den Eliten der ganzen Monarchie in Szene zu setzen. Für Rouen war dies eine Chance, sich die Mächtigen des Landes gewogen zu machen und sich vor allen anderen Städten des Reiches hervorzutun. Dies hing allerdings – und das dürfte so manchem eine schlaflose Nacht bereitet haben – davon ab, dass die geplanten Spektakel ohne Pannen vonstattengingen.

Schließlich ertönten die langen erwarteten Signale. Heinrich II. und sein Gefolge, die sich zunächst am anderen Ufer der Seine eine Parade der Amtsträger und Vertreter unterschiedlicher Berufsgruppen angesehen hatten, nahmen nun selbst Aufstellung für ihren Einzug. Der König machte sich auf den Weg nach Rouen, begleitet von der Königin, ihren Hofdamen, ranghohen Marschällen und Admirälen, den Prinzen von Geblüt, mehreren Bischöfen und Erzbischöfen, sieben Kardinälen und einer Reihe von Gesandten, unter anderem aus Venedig, Spanien, Portugal und dem Heiligen Römischen Reich.

Der Weg in die Stadt führte die Prozession, deren Mitglieder mit ihren glänzenden Waffen und prächtigen Kleidern ein beeindruckendes Schauspiel boten, zunächst zu einer Brücke über die Seine. Noch bevor sie die Brücke jedoch betreten konnten, bat ein Vertreter der Stadt sie, innezuhalten und eine Tribüne zu besteigen, von der aus sie das Flussufer genauer betrachten könnten.

Von dort aus bot sich den illustren Gästen ein Anblick, wie ihn sicherlich keiner von ihnen jemals zuvor gesehen hatte. Auf einer Breite von 350 Schritt hatten die Bürger Rouens das Ufer der Seine in einen künstlichen brasilianischen Regenwald verwandelt. Dort standen zahlreiche rot angemalte Bäume, die offenbar brasilianisches Färberholz darstellen sollten. Echte Tiere aus Brasilien, prächtige Papageien und kleine Äffchen kletterten auf den Bäumen und sprangen von Ast zu Ast. An beiden Enden dieser Landschaft aus roten Bäumen und exotischen Tieren war je ein großes Holzhaus in der Bauweise der *Tupinamba* Brasiliens errichtet worden. Sowohl der Bereich vor jedem der beiden Häuser als auch der Wald zwischen ihnen war jedoch keine leere Naturlandschaft, sondern gefüllt mit Menschen – und zwar mit nackten Menschen. Etwa 300 Männer und Frauen, die nur mit Schmucksteinen, Körperbemalung und Federn bedeckt waren, tanzten, kletterten auf die Bäume, schlugen Holz, das sie für einen Tauschhandel am Ufer stapelten, jagten den Affen nach oder schaukelten in Hängematten.

Ein Vertreter der Bürgerschaft erklärte dem Hofstaat, dass 50 der nackten Menschen vor ihnen Männer und Frauen aus Brasilien waren, die als Gäste für einige Wochen nach Frankreich gekommen seien, um König Heinrich II. einen Einblick in ihr Heimatland zu geben. Die übrigen 250 seien französische Seeleute und *Truchements,* die unter den Indigenen gelebt hätten und deren Sprache, Tänze und Jagdtechniken kennen würden.

Der zweifellos spektakuläre Einblick in die für den Hofstaat fremde Welt Brasiliens war jedoch nur der Auftakt für eine koloniale Vision, welche die Bürger von Rouen ihrem Herrscher vorführten. Die Szenerie änderte sich, als ein französisches Schiff an das Ufer segelte. Lebhaft gestikulierend versicherten sich die *Tupinamba* und die Seeleute Freundschaft und tauschten Holz gegen nützliche Handelswaren, ausdrücklich keinen Tand oder Kinkerlitzchen. Danach legte das Schiff unter Salutschüssen wieder ab und entfaltete die königliche Fahne.

Bevor die Szenerie langweilig werden konnte, brachte die Regie Spannung hinein. Die Indigenen teilten sich in zwei Gruppen, welche die *Tupinamba* und ihre Feinde darstellten, die mit den Portugiesen verbündeten *Tabageres*. Beide Seiten inszenierten, noch immer nackt, eine wilde Schlacht mit Keulen, Schilden und stumpfen Pfeilen, welche beim Hofstaat auf großes Interesse stieß. Nachdem die Verbündeten der Franzosen zum allgemeinen Gefallen gesiegt hatten, lud der Vertreter der Stadt Heinrich ein, zur Brücke voranzuschreiten. Dort wartete ein lebendes Bild auf ihn, also ein Podest, auf dem Darsteller in Kostümen ihm eine kurze Szene boten. Die Bürger Rouens hatten hier einen Orpheus und einen Herakles inszeniert, die wilde Bestien durch ihre Kunst beziehungsweise ihre Kraft bezwangen und unterwarfen. Für die Zuschauer vermittelte das eine eindeutige Botschaft: Die wilden Bestien standen für Brasilien, und die Franzosen selbst konnten wie Orpheus und Herakles die Wildnis zähmen.

Die königliche Parade zog weiter zur Mitte der Brücke, von wo aus sie die Seine in Gänze überschauen konnten. Auf ein Signal hin ruderten nun Dutzende kleine Boote heran, die wie Seemonster und mythologische Meereswesen aussahen. In einem von ihnen fuhr ein als Neptun verkleideter Mann zur Brücke, wo

Abb. 15 Diese Illustration aus einem zeitgenössischen französischen Bericht zeigt die *entré royal*/ den feierlichen Einzug König Heinrichs II. in Rouen 1550. Der Zeichner legte hierfür zeitlich aufeinander folgende Stationen zusammen. So sieht man den künstlichen brasilianischen Wald links abgebildet, über der Bücke das lebende Bild von Orpheus und Herakles und auch noch die dritte Station, die maritime Inszenierung auf dem Fluss. Die gleichzeitige Abbildung zeigt, dass diese Stationen zusammengehörten und eine gemeinsame koloniale Bedeutung hatten.

er Heinrich II. feierlich seinen Dreizack überreichte. Auch hier war die Bedeutung offensichtlich: Frankreich gebührt die Herrschaft über das Meer.

In der nächsten Szene stellten die Bürger Rouens sofort klar, dass sie es waren, die den königlichen Anspruch in die Tat umsetzten. Das französische Schiff, dessen Besatzung vorher mit den *Tupinamba* gehandelt hatte, entfernte sich nun vom Ufer. Plötzlich entfaltete ein anderes Schiff die portugiesische Fahne und ging zum Angriff über. Kanonen, vermutlich ohne Munition, wurden abgefeuert und die Besatzungen rangen schon bald in einem wilden Enterkampf miteinander. Selbstverständlich gewannen die Franzosen und zwangen die angeblichen Portugiesen, in die Seine zu springen und ans Ufer zu schwimmen. Berichten nach erheiterten das Gefecht und sein Ausgang den König und die anwesenden Höflinge sehr, während die Reaktion des portugiesischen Gesandten nicht vermerkt ist.

Nach diesem Sieg zog der König in die Stadt, wo noch zahlreiche weitere Bilder auf ihn warteten, die stärker auf Herrschertugenden und die Stadtpolitik zielten. Brasilien und die Herrschaft über das Meer waren aber aufgrund ihrer prominenten Platzierung und des gigantischen Aufwands zweifellos die Höhepunkte des königlichen Einzugs.

Im Vergleich mit anderen kolonialen Projekten zeigt sich hier besonders deutlich, dass koloniale Utopien nicht nur eine Sache für lesende Eliten waren, sondern tausende Menschen in ihren Bann ziehen konnten. Die Inszenierung verrät viel darüber, welche Art von kolonialer Expansion die Bürger von Rouen bereits betrieben hatten und welche sie sich für die Zukunft versprachen. Sie inszenierten keine Christianisierung wie die Mönche um Abbeville 60 Jahre später in Paris (siehe Kapitel 10) und auch keine Unterwerfung und Eroberung. Sie entwarfen die Vision einer interkulturellen Allianz, in welcher *Tupinamba* und Franzosen Partner waren – zwar nicht gleichgestellt, aber keineswegs so, dass einer dem anderen unterworfen war. Es gibt auch keine Hinweise auf eine Entführung der Indigenen. Im Gegenteil, die ständige Anwesenheit von Dolmetschern, das Fehlen von Zwang und vor allem die hohe Bedeutung, welche langanhaltend gute Beziehungen zu den *Tupinamba* für den wirtschaftlichen Erfolg hatten, sind Hinweise für eine eventuell tatsächlich freiwillige Reise indigener Männer und Frauen nach Europa. Auch die den *Tupinamba* zugeschriebene Rolle passt dazu. Sie führten keinen Akt der Unterwerfung auf, sondern zeigten, dass sie aus freien Stücken als Handelspartner der Franzosen auftraten.

Dennoch war die gezeigte Vision eindeutig kolonial. Sie war mit einem universellen Herrschaftsanspruch der Franzosen über das Meer und einem starken Glauben an die eigene kulturelle, technische und spirituelle Überlegenheit verbunden. Die *Tupinamba* waren und blieben in den Berichten der Zeit *Sauvages*, Wilde. Doch jene Wilden sollten laut dieser Inszenierung nicht erobert oder unterworfen, ja nicht einmal christianisiert werden – eine für die Zeit sehr ungewöhnliche Darstellung einer zukünftigen interkulturellen Beziehung.

Die Frage nach dem Ursprung dieser kolonialen Utopie und auch danach, wie das Wissen erworben und die notwendigen Kontakte für die aufwändige Inszenierung von Rouen geknüpft werden konnten, führt einige Jahrzehnte zurück ins Jahr 1504. Bereits in diesem Jahr begann ein regelmäßiger transatlantischer Kontakt zwischen der Bretagne und Normandie einerseits und dem südlichen Brasilien andererseits. Schon während der allerersten Reise zeigten sich grundlegende Tendenzen, die noch 1550 in Rouen die Inszenierung prägten. Unter Leitung von Binot Paulmier de Gonneville erreichte die erste französische Handelsexpedition die Küste Brasiliens. Sie tauschte Handelswaren gegen Tiere und Farbholz und brachte nicht nur wertvolle Waren, sondern mindestens auch einen *Tupinamba* namens Essomericq nach Frankreich. Essomericq blieb in Frankreich, wo er die Taufe empfing und später die Tochter Gonnevilles heiratete.

Gonneville folgten weitere Seefahrer aus St. Malo, Rouen, Dieppe und anderen Städten. Vor Ort in Brasilien blieben einzelne Franzosen zurück, die mit indigenen Frauen zusammenlebten und so Teil von Familienverbänden wurden. Dies waren die bereits in Kapitel 10 beschriebenen *Truchements*. Zwischen beiden Gesellschaften stehend genossen diese Männer einen besonderen Status, lebten weitgehend in Freiheit und ermöglichten den Kaufleuten und Schiffsausrüstern in Frankreich hohen Profit durch die Vorbereitung von Handelswaren.

In St. Malo, wo die Frau Jacques Cartiers, wie in Kapitel 2 erwähnt, als Taufpatin für eine Catherine du Bresil fungierte, gab es in der Mitte des 16. Jahrhunderts sogar ein brasilianisches Haus. Das Gebäude war thematisch passend mit Bildern und Statuen verziert und bot immer wieder Unterkunft für kleine Gruppen von Reisenden. Aber nicht nur in St. Malo, auch in Dieppe und Rouen waren mehrfach *Tupinamba* zu Gast.

Bis 1530 nahmen diese Kontakte ständig zu. Da die Portugiesen ihre vom Papst bestätigten kolonialen Ansprüche auf ganz Brasilien kaum in die Tat umsetzten, war es naheliegend, aus diesen saisonalen Kontakten eine dauerhafte Präsenz zu machen. Schiffe aus Frankreich brachen auf, um Faktoreien zu errichten oder einen der isolierten portugiesischen Außenposten zu erobern. Die Portugiesen reagierten, wann immer möglich, mit Gewalt. Sie brachten französische Schiffe auf und zerstörten den ersten Handelsposten auf der Insel St. Alexis. Auch das kurzzeitig von Franzosen besetzte Pernambuco eroberten sie zurück. Durch Schläge und Gegenschläge entwickelte sich in den frühen 1530 Jahren ein Konflikt, der beiderseits des Atlantiks ausgetragen wurde. Der Schiffsausrüster Jean Ango sandte von Dieppe Kaperfahrer aus, die nicht nur Schiffe aufbrachten, sondern für eine Weile stark genug waren, sogar Lissabon zu blockieren.

Doch bis zu der großen Inszenierung von Rouen 1550 waren alle diese Bemühungen nicht von dauerhaftem Erfolg gekrönt. Die Franzosen hatten die Schiffe, das Wissen und das Startkapital für eine koloniale Expansion nach Brasilien, aber es fehlte die politische Unterstützung durch die Krone. Für Franz I. waren Kriege in Europa und seine Rivalität mit dem Habsburger Kaiser Karl V. und Heinrich VIII. von England weitaus wichtiger. Die portugiesische Krone nutzte dies geschickt aus, verhandelte über ein Bündnis und kaufte sich schließlich die Gefolgschaft des *Admirals de France* Philippe Chabot. Jener leistete fortan bei Hofe Lobbyarbeit gegen Brasilienreisen. Während Admiral Chabot von innen gegen französische Handelsreisen und Kolonien arbeitete, forcierte Johann III. von Portugal ab 1530 die Gründung eigener Kolonien – eine Initiative, die wie in Kapitel 10 beschrieben, nur bedingt Erfolg hatte.

Im Laufe der 1540er Jahre besserten sich dann die Aussichten für eine dauerhafte Präsenz der Franzosen in Brasilien. König Franz I. setzte Admiral Chabot wegen Bestechlichkeit ab. Als der König dann noch einen Frieden mit Spanien schloss, der den französischen Kaperfahrten ihre Ziele nahm, und Jacques Cartier und der Sieur de Roberval am St. Lorenz, wie in Kapitel 2 erzählt, spektakulär scheiterten, war Brasilien als Ziel von großem Interesse. 1546 trieben allein aus Le Havre 28 Schiffe dort Handel mit den von *Truchements* beratenen *Tupinamba*.

Das große Spektakel von 1550 in Rouen war daher der Versuch vieler Interessengruppen aus den Hafenstädten der Monarchie, den neuen jungen König Heinrich II. davon zu überzeugen, dass er Reisen nach Brasilien und die Gründung einer dauerhaften Kolonie unterstützen sollte. Ein unmittelbarer Erfolg stellte sich jedoch nicht ein. Dies lag unter anderem auch daran, dass erneut Krieg mit Spanien ausbrach und die Häfen der Karibik und die Schiffe der Silberflotte so wieder zu Zielen für französische Kaperfahrer wurden. Kapitäne im Auftrag von Ausrüstern wie Jean Ango plünderten nun Havanna und Santo Domingo.

Zugleich sammelten Ango und andere Schiffsausrüster besonders in Dieppe weiter Wissen über Brasilien. Berichte aus dem Spanischen und Portugiesischen wurden übersetzt, neue Karten angefertigt und eine spätere koloniale Expansion vorbereitet. Die Hoffnung vieler ruhte dabei auf dem 1552 neu ernannten *Admiral de France* Gaspard de Coligny. Wie schon in Kapitel 7 beschrieben, unterstützte Coligny koloniale Projekte und setzte sich beim König für sie ein.

Auch wenn Teile der Forschung vermuten, dass hinter Admiral Colignys Interesse der Plan steckte, eine Zuflucht für die Hugenotten in Übersee zu schaffen, so ist dies um 1555 wenig wahrscheinlich. Zu dieser Zeit war der spätere Hugenottenführer Coligny selbst noch nicht zum reformierten Bekenntnis übergetreten. Seine Unterstützung für ein Siedlungsprojekt in Brasilien sollte daher eher als eine Fortsetzung des früheren Engagements verstanden werden. Auch die Auswahl der Männer, die schließlich den Atlantik überquerten, spricht gegen die Idee einer protestantischen Zuflucht.

Coligny war es 1555 gelungen, Heinrich II. davon zu überzeugen, Geld und seine Autorität einzusetzen, um eine Kolonie in Brasilien zu gründen. Es war Zeit, die Idee, die fünf Jahre zuvor in Rouen aufwändig inszeniert worden war, Wirklichkeit werden zu lassen. Als Ort hierfür war die Bucht von Rio de Janeiro ausgewählt worden. Dort lebten seit Jahren mehrere *Truchements,* und die *Tupinamba* waren Verbündete und würden den Aufbau einer Kolonie unterstützen. Die Franzosen benannten die Bucht allerdings nicht mit dem heute üblichen portugiesischen, sondern dem indigenen Namen: *Guanabara.* Jenen kannten sie von *Tupinamba* aus dieser Region, von denen schon mehrere in Frankreich gewesen waren. Von ihnen wusste man Genaueres über das ganzjährig milde Klima, die fruchtbaren Böden sowie die Tier- und Pflanzenarten, die auf den etwa 130 Inseln der Bucht eine eigene, kleine Welt bildeten. Bereits vor der Abfahrt konnte man daher genau planen. Zunächst wollte man eine Festung mit einer rein männlichen Besatzung nahe der einzigen Einfahrt der Bucht errichten, die einen geradezu perfekten, gigantischen Naturhafen bildete. Jener Stützpunkt wäre dann Schild und Ausgangspunkt für die Errichtung von Handelsposten und eventuell auch Siedlungen auf den 130 Inseln von *Guanabara*. Die als sicher geltende Unterstützung der Indigenen, die vorhandenen Kenntnisse, die Netzwerke vor Ort und die Tradition des Brasilienhandels – all das zog Investoren an.

So beteiligten sich neben der Krone und dem Admiral de Coligny auch Schiffsausrüster aus der Normandie und Bretagne. 1555 gelang es ihnen, zwei große Schiffe und insgesamt 600 Mann nach Brasilien zu schicken. Die Besatzung der Schiffe war eine ungewöhnliche Mischung. Den Befehl hatte ein Ritter des Malteserordens, der zugleich Vizeadmiral der Bretagne war: Nicolas Durant de Villegagnon. Er hatte gute Kontakte zum Hof und zeichnete sich sowohl durch Erfahrungen als Festungskommandant als auch als Befehlshaber zur See aus. Er war derjenige, der Maria Stuart von Schottland vorbei an allen englischen Schiffen sicher nach Frankreich zu ihrer Hochzeit mit dem Kronprinzen gebracht hatte. Trotz seines Ansehens und seiner Stellung in einem geistlichen Ritterorden stand Villegagnon dem Protestantismus nicht feindlich gegenüber. Er hatte gemeinsam mit dem späteren Reformator Johannes Calvin studiert und interessierte sich für eine Reform der Kirche.

Zu seiner Gruppe gehörten, neben einem *Tupinamba*, der in seine Heimat zurückkehrte, überwiegend freiwillig mitreisende einfache Soldaten und Arbeiter, eine kleine schottische Leibwache, aber auch Sträflinge, unter denen sich eine Gruppe verurteilter Ketzer befand. Diesen Männern – Anhänger Calvins oder Wiedertäufer – hatte Villegagnon eine Alternative zu Hinrichtung oder Zwangsarbeit geboten. Als geistlicher Beistand begleitete der Franziskanermönch André Thevet die Expedition. Er war weitgereist und hatte eine in Gelehrtenkreisen vielgelobte geographisch-historische Beschreibung der Levante geschrieben. Dies qualifizierte ihn dazu, auch Chronist der neuen Kolonie zu sein – eine Aufgabe, die er mit mehreren Berichten über die Reise und einer Geschichte der Kolonie erfüllte.

Bei der Ankunft in der Bucht von *Guanabara* am 14. August 1555 war Thevet nach eigenen Angaben verblüfft von all den Tieren und Pflanzen, welche ihn dort erwarteten. Saftig grüne Wälder, zahlreiche Delphine und Fische im Wasser und gewaltige Vogelschwärme am Himmel versprachen – wie er schilderte – ein paradiesisches neues Land. Villegagnon ließ seine Schiffe im Schatten des heute so berühmten Zuckerhuts Anker werfen und nahm sogleich Kontakt zu den *Truchements* in der Region auf. Die Männer bereiteten den Neuankömmlingen einen großartigen Empfang mit einem Festmahl und Alkohol – ein Fest, das Thevet mit der Ankunft der Trojaner um Aeneas in Italien verglich. Der Ritter

Villegagnon wählte eine kleine, isolierte Insel an der Einfahrt zur Bucht für seine neue Kolonie aus. Dort waren er und seine Siedler vor Angriffen der Portugiesen, aber auch Diebstählen geschützt. und er konnte seine zum Teil straffälligen Männer besser überwachen. Die Insel war so klein, dass es dort kaum Tiere, keine Süßwasserquelle und keine indigene Bevölkerung gab. Aber von ihr aus ließ sich die Einfahrt in die Bucht überwachen, und sie war leicht zu verteidigen.

Sogleich begann der Bau von Fort Coligny, wie die neue Festung genannt wurde. Während der Bauzeit wohnten Villegagnon und einige Männer wie André Thevet in einer Art improvisierten Palast, den die *Tupinamba* ihnen, so berichtet Thevet, aus Baumstämmen und Blättern errichtet hatten. Villegagnon verpflichtete jeden Mann, ohne Achtung der Standesunterschiede, bei den Bauarbeiten zu helfen. Für ihn war die Kolonie eine Art Ordensfestung, in der er ein hohes Maß an Disziplin verlangte und jeden Widerspruch unterdrückte.

Doch die lange und harte Überfahrt hatte bei André Thevet ihren Tribut gefordert. Der Mönch war zu krank, um zu arbeiten oder die kleine Insel zu verlassen und das verlockende Land jenseits der Bucht selbst zu erkunden. Alles was ihm blieb, bevor er nach zehn Wochen dauerhafter Krankheit die Heimreise antrat, waren Gespräche mit den *Truchements,* die den Kontakt zu den Indigenen herstellten, und die Gelegenheit, *Tupinamba* in Augenschein zu nehmen, wenn sie die kleine Insel besuchten.

Thevet hatte somit seine Reise nach Brasilien beendet, ohne vom Land mehr als die kleine Festungsinsel gesehen zu haben. Dennoch verfasste er bald darauf ein umfangreiches Werk, die *Singularitez de la France Antarctique.* Darin ging er ausführlich auf Pflanzen, Landesnatur und die Lebensweise der Indigenen ein. Das Bild, das er insgesamt von den Indigenen zeichnet, ist deutlich negativ. Mehrfach stellt er klar, dass sie für ihn nur wenig anders als Tiere seien, und zeigt sich immer wieder schockiert über ihre Nacktheit, das Tragen von Schmucksteinen in der Unterlippe oder den Wangen und über ihre Sexualmoral. Hierfür fügte er mangels eigener Anschauung Informationen, die bereits in anderen Werken, teilweise nur in Manuskriptform, verfügbar waren, mit den Berichten der *Truchements* und seinen kurzen Treffen mit *Tupinamba* zusammen. Das Ergebnis war ein Buch, dessen Glaubwürdigkeit nur mit großer Vorsicht zu bewerten ist. Insbesondere Thevets Äußerungen über den rituellen Kannibalismus der *Tupinamba,* die angeblich ihre Gefangenen für Wochen und Monate bei sich aufnahmen, bevor sie sie auf brutale Weise töteten, zerstückelten und verspeisten, sind in der Forschung immer wieder als übertrieben und manchmal sogar als eine europäische Fantasie kritisiert worden. Die Debatte dauert noch an.

Abb. 16 Diese Abbildung aus André Thevets Buch *Les Singularitez de la France Antarctique* von 1557 wurde von dem Mönch aufgenommen, um die Menschen in Brasilien als wild, gefährlich und fremdartig zu präsentieren. Damit hat er scharfe Kritik von Seiten Jean de Lérys provoziert, der in seinem eigenen Buch die indigenen Rituale der Exekution und des Kannibalismus weitaus neutraler beschrieb. Doch trotzdem trugen beide Werke dazu bei, dass sich auch über Frankreich hinaus in Europa die in der historischen Forschung mehrfach kritisierte Idee verfestigte, Kannibalismus sei ein zentraler Teil des Lebens der indigenen Kulturen Brasiliens.

Für eine reine Erfindung sprechen die Ähnlichkeit zu klassischen, historischen Erzählungen und die Übernahme bestimmter Textelemente aus früheren Berichten und Geschichten der Antike und des Mittelalters. Außerdem hat Thevet auch andere fiktionale Elemente wie die Gründung einer Stadt namens Henryville in sein Buch aufgenommen. Andererseits spricht gegen eine reine Fiktion, dass es deutliche Unterschiede zu älteren, tradierten Berichten gibt, spezifische Elemente, die nicht nur ein, sondern mehrere Reisende in ihren Berichten festgehalten haben. Inwiefern Thevet aber Berichte wie den des deutschen Hans Staden kopierte, eigene Gespräche mittels *Truchements* als Grundlage für sein Werk nahm oder sich auf die Erzählungen der *Truchements* vor Ort stützte, ist heute nicht zu ermitteln. Wichtig ist in seinem Fall, dass er sich nicht auf persönliche Anschauung berufen konnte, da er das Landesinnere nie betreten hatte. Bei ihm wäre somit sowohl bewusste Übertreibung möglich als auch, dass er von den *Truchements* getäuscht wurde. Jene hätten durch Übertreibung der Gefährlichkeit und Fremdartigkeit der *Tupinamba* sicherlich ihre eigene Bedeutung als Vermittler besonders betonen können. Allerdings liegt ein starkes Argument dafür, dass den Geschichten vom Kannibalismus ein wahrer Kern innewohnt, darin, dass auch Thevets größter Kritiker, der selbst nur wenige Jahre später unfreiwillig für Monate unter den *Tupinamba* leben sollte, dieselben Rituale schildert: der Calvinist Jean de Léry.

De Lérys Reise mit einer Gruppe von calvinistischen Predigern in die inzwischen *France Antarctique* getaufte Kolonie Villegagnons hat eine eigene Vorgeschichte, zu der auch die erste große Krise der kleinen Kolonie gehört. Wie erwähnt, konnte André Thevet, als er krank auf der Insel von Fort Coligny blieb, immerhin einige *Tupinamba* treffen, die als Besucher dorthin kamen. Diese Besucher waren in erster Linie die Partnerinnen der *Truchements* und deren gemeinsame Kinder. Ähnlich wie Thevet so war auch Villegagnon, der seine Männer als eingeschworene Gemeinschaft von christlichen Kriegern verstand, zutiefst empört über die Sittenlosigkeit in Brasilien, die er damit vor Augen hatte. Männer, die, ohne eine christliche Ehe einzugehen, mit Frauen der *Tupinamba* zusammenlebten und Kinder zeugten oder Frauen, die nackt seine Insel besuchten, – das war untragbar. Villegagnon befahl, dass alle Beziehungen zwischen Franzosen, inklusive den *Truchements*, und *Tupinamba* sofort auszusetzen seien, bis die Frauen vollständig im Christentum unterwiesen wären und aus eigenem Verständnis heraus konvertieren wollten. Außerdem sollte keine Frau auf seiner Insel mehr nackt sein dürfen.

Mit diesen Anweisungen riskierte der Befehlshaber die überlebenswichtigen Kontakte seiner Kolonie und verstörte die indigenen Verbündeten, die sich über das Band der Verwandtschaft mit den *Truchements* verbunden sahen. Auch der Zwang für indigene Frauen, Kleidung zu tragen, die sie als sehr unbequem empfanden, verschlechterte die Stimmung. Eine scharfe Reaktion war die Folge.

Einige *Truchements* und Kolonisten schmiedeten im Februar 1556 ein Mordkomplott. Nicolas Barré, einer der Kolonisten, schilderte in einem später in Frankreich erscheinenden Bericht, dass Villegagnon nur mithilfe seiner schottischen Leibwache den Anschlag vereiteln und die Disziplin vorerst wiederherstellen konnte. Der eigentliche Rädelsführer, ein normannischer *Truchement*, entkam jedoch und floh zu den *Tupinamba*, die ihn nicht ausliefern wollten. In den folgenden Wochen und Monaten stachelte der *Truchement* die *Tupinamba* gegen die Kolonie auf und benutzte, wie Nicolas Barré erzählt, den Vorwurf, die Fremden seien schuld an neuen Krankheiten, die an der Bucht ausbrachen. Dieser aus heutiger medizinischer Sicht völlig gerechtfertigte Vorwurf war für Barré gar nicht nachvollziehbar, da es nach seiner damaligen Einschätzung letztlich der Wille Gottes war, ob jemand erkrankte oder gesund blieb.

Angesichts des Komplotts und der Spannungen kam Villegagnon zu dem Schluss, dass die Kolonie dringend geistlichen Beistand brauchte, um neue Gottesfurcht in seinen Männern zu wecken und die Disziplin wiederherzustellen.

Villegagnon beschloss daher, sich an seinen alten Studienfreund Johannes Calvin zu wenden. Jener hatte, wie man hörte, in Genf die Kirche von Sünden und Irrungen gereinigt und viele fromme Männer um sich versammelt. Auch wenn Villegagnon die theologischen Details von Calvins Lehre nicht kannte, so sprachen dessen tadelloser Charakter und Frömmigkeit für eine Zusammenarbeit. Villegagnon bat in seinem Brief um die Entsendung von Predigern, die in Brasilien leben und sowohl die Kolonisten seelsorgerisch betreuen als auch die *Tupinamba* missionieren sollten. Seine größte Hoffnung auf Unterstützung ruhte jedoch auf dem König, dem er als Zeichen seines Erfolgs neun kriegsgefangene *Tabageres*, also Feinde der *Tupinamba*, schickte, welche ihm verbündete *Tupinamba* übergeben hatten. Heinrich II. war jedoch wenig begeistert. Nachdem er in Rouen noch freie Indigene Brasiliens bewundert hatte, ließ er die neun Gefangenen jetzt als Diener und somit Sklaven an seine Höflinge verteilen. Geld oder Männer schickte er keine. Lediglich zu einer Erlaubnis für Admiral Coligny, weitere Männer und Vorräte nach Brasilien zu schicken, ließ er sich bewegen.

Zusammen mit dieser Verstärkung reiste auch eine Gruppe von 14 Predigern aus Genf unter Führung eines Pierre Richer nach Brasilien, um Villegagnon zu unterstützen. Zu ihnen gehörte der später als Autor so erfolgreiche Jean de Léry. Sie waren Teil einer Verstärkung von etwa 300 Mann und fünf Frauen, die 1557 im Auftrag von Admiral de Coligny die Festungsinsel erreichten. Den Berg, in dessen Schatten die kleine Kolonie lag, nannten sie damals noch nicht den »Zuckerhut« sondern, wie Léry vermerkte, den »Buttertopf«.

Er und die anderen Calvinisten waren gekommen, um das wahre Wort Gottes zu verbreiten und den zahlreichen Bekehrungen zum Katholizismus durch die Spanier und Portugiesen protestantische Missionsarbeit entgegenzusetzen. Dies war für sie mehr als nur eine politische Agenda, es war Teil eines Kampfes um das Heil der Welt und der Menschheit insgesamt.

Als die Calvinisten nach einer langen und kräftezehrenden Überfahrt in Brasilien angekommen waren, begrüßte Villegagnon sie zunächst herzlich und schien begeistert, endlich den benötigten geistlichen Beistand bekommen zu haben. Er befahl, jeden Tag lange Gebete und einen Gottesdienst zu halten. Mit Tränen in den Augen habe er selbst jede Gelegenheit zum innigen Gebet genutzt. Während den Männern um Richer und Léry die Frömmigkeit des Befehlshabers durchaus zusagte, waren sie über die Versorgungslage und den Arbeitszwang entsetzt. Ohne Erholung mussten sie nach der Reise schwer körperlich arbeiten und bekamen nur wenig zu essen. Offensichtlich schwelten noch immer Konflikte mit den *Truchements* und den *Tupinamba*, so dass kaum frische Nahrungsmittel zur Insel gebracht wurden. Vermutlich durch diesen schlechten Eindruck, aber eventuell auch durch den später eskalierenden Konflikt beeinflusst, schildert Léry in seinem Buch Villegagnon vom ersten Moment an in einem schlechten Licht. Er beschreibt, wie jener die Kolonisten zu schwerer und die Gefangenen zu schwerster Arbeit zwang und sich nie ohne seine Leibwache zeigte, wobei er wie ein König aufgetreten sei. Insbesondere die einstigen Verschwörer arbeiteten in Elend und in Ketten dem Tode nahe. Täglich habe Villegagnon seine Kleidung gewechselt und dabei mit der Farbwahl seine Stimmung für den Tag ausgedrückt. So habe man nach einer Weile wissen können, wann Villegagnon ansprechbar und diskussionsfreudig war und wann ein Gewaltausbruch bevorstand.

Die täglichen Gottesdienste und Predigten nahm Villegagnon zum Anlass, um mit Léry, Pierre Richer und den anderen Calvinisten über die Präsenz Christi im Abendmahl und andere Streitpunkte der europäischen Reformationen zu sprechen. Auch wenn Léry sich über die Laienhaftigkeit des Befehlshabers im Nachhinein lustig machte, so zeigte der Malteserritter intensive Frömmigkeit und den unbeirrbaren Willen, die Gemeinschaft auch theologisch zu führen. Dieser Wille war es, der die Kolonie letztlich ein zweites Mal spaltete.

Villegagnon war wie viele Menschen in der Mitte des 16. Jahrhunderts konfessionell nicht eindeutig orientiert und bewegte sich in einer Art Grauzone. Er bestand zwar nicht auf dem traditionellen Abendmahl, war aber keineswegs bereit, die Realpräsenz Christi in Brot und Wein anzuzweifeln. Aus Disput wurde ein offener Konflikt, als Villegagnon die Frage nach dem rechten Glauben mit der Anerkennung seiner Befehlsgewalt verband. Er stellte die Calvinisten vor die Wahl: entweder wenden sie sich von ihrer Irrlehre ab, oder sie werden verbannt.

Keiner der Männer, so schildern Richer und Léry später, war bereit nachzugeben. Daher verließen sie die Festungsinsel und zogen zu den *Tupinamba* auf das Festland. Hier verfügten sie über eigene Kontakte, die sie bei Besuchen in den ersten Wochen aufgebaut hatten. In seiner Zeit unter den Indigenen vom Oktober 1557 bis zum Januar 1558 fertigte Léry umfangreiche Zeichnungen und Notizen an. Er hielt darin alles fest, was er für ein Verständnis der Religion, der Sprache, der Gebräuche, der Ernährung, des Kriegswesens, der Kleidungsgewohnheiten und des Familienlebens der *Tupinamba* für wichtig hielt. Seine Perspektive als vom Wohlwollen der Gastgeber abhängiger Flüchtling brachte ihn dazu, sehr viel weniger als seine europäischen Zeitgenossen aus einer Perspektive eigener Überlegenheit auf die *Tupinamba* zu blicken. Ganz im Gegenteil, die spätere Erfahrung der Glaubenskriege in Frankreich prägte die erst 1577 erschienene Druckfassung seiner Berichte dahingehend, dass er die Lebensweise und die Moral der Indigenen manchmal als der europäischen überlegen ansah. So war Nacktheit für ihn kein Ausdruck von fehlender Moral und Wildheit. Nacktsein schloss seiner Ansicht nach Treue in Partnerschaften und Schüchternheit gegenüber Fremden nicht pauschal aus, sie sei vielmehr dem Klima und fehlenden Stoffen geschuldet. Nicht zuletzt würden die *Tupinamba*, insbesondere die Frauen, mehrmals täglich baden und sogar tauchen, was mit Kleidung kaum zu bewerkstelligen wäre. Infolgedessen seien Frauen dort so gesund, dass sie wenige Tage nach der Geburt wieder arbeiten könnten. Im Vergleich sei außerdem festzuhalten, dass es in Europa zwar viele Menschen gäbe, die Kleidung besäßen, aber moralisch verdorben und zügelloser wären als die *Tupinamba*.

Léry war einer der ersten, der das Bild des edlen Wilden entwarf, der mit seiner Naturverbundenheit, gesunden Lebensweise und natürlichen Sittlichkeit der künstlichen, selbstzerstörerischen Welt Europas überlegen sei. Selbst Grausamkeiten in der Kriegsführung und speziell den von ihm ausführlich beschriebenen Kannibalismus der *Tupinamba* relativierte er, indem er ihn mit den Verbrechen und Schrecken der Glaubenskriege in Europa verglich. Diese für seine Zeit ungewöhnliche Perspektive, die aber nicht mit einer wirklich neutralen Beobachtung verwechselt werden sollte, brachte ihm in den folgenden Jahrhunderten hohe Anerkennung ein. Manche berühmten Ethnologinnen und Ethnologen des 20. Jahrhunderts führten die Ursprünge ihrer Disziplin auf diese Reise und Jean de Léry zurück.

Auffällig ist auch, dass Léry sein Leben bei den Indigenen im Vergleich zu dem in der Kolonie sehr positiv schildert. Das Essen sei viel besser und die Unterbringung angenehmer als in Fort Coligny. Statt Zwangsarbeit habe es freie Zeit für Gebete und zur Erkundung von Tieren und Pflanzen gegeben. Verbindet man dies mit der für Léry angeblich nicht wichtigen sexuellen Freizügigkeit der *Tupinamba*, so ist offensichtlich, warum für viele *Truchements* und Kolonisten die indigene Lebensweise hohe Attraktivität besaß. Diese Attraktivität könnte auch erklären, warum Villegagnon auf eine strenge Teilung der kolonialen und außerkolonialen Welt in Brasilien setzte. Er fürchtete sowohl einen Niedergang der Moral als auch schlicht und ergreifend Desertionen.

Bei aller positiven Darstellung blieb für Léry der Kannibalismus der *Tupinamba* der zentrale Punkt, der ihre Kultur und Lebensweise für ihn fremd und anders machte. Sie war auch ein Grund dafür, dass die Calvinisten nicht vor Ort bleiben und missionieren, sondern nach Hause zurückkehren wollten. Hierbei ist zu beachten, dass Léry wie schon der deutsche Söldner Hans Staden und der

Mönch André Thevet vor ihm keinen profanen Kannibalismus beschreibt. Es ging nicht darum, dass Indigene lediglich einen Hunger nach Fleisch stillen – solch ein Kannibalismus wäre mit der Einführung von Nutztieren leicht abzuschaffen. Bei dem Kannibalismus handelte es sich laut allen drei Autoren vielmehr um ein komplexes Ritual, das viele gesellschaftliche Ebenen verband und essentiell für die soziale Ordnung und das Zusammenleben der *Tupinamba* gewesen sei. Opfer waren immer Kriegsgefangene. Meistens handelte es sich um Männer, die sich als Krieger hervorgetan hätten, manchmal aber auch um Frauen, die als Trägerinnen die Feldzüge begleitet hätten.

Léry beschrieb ausführlich, wie er und die anderen Calvinisten an einem Feldzug teilnahmen. Außer einigen Schüssen in die Luft hätten sie aber kaum einen Beitrag geleistet. Sie seien vielmehr staunende Zuschauer einer Schlacht gewesen, in der mehr als 4000 Kämpfer gegeneinanderstanden. Alle seien nackt und nach dem Austausch einiger Pfeilsalven in wildem Nahkampf verstrickt gewesen. Zum Glück genügte der symbolische Beitrag der Calvinisten den *Tupinamba* als Beweis ihrer Zusammenarbeit und sicherte ihnen ihr Quartier.

Léry schildert in seinem Buch, wie die *Tupinamba* Gefangene in Fesseln verschleppten. Sie brachten sie in ihr Dorf, wo sie dann für mehrere Wochen als Teil der Gemeinschaft lebten. Sie erhielten ein Haus, eine Lebensgefährtin auf Zeit und nahmen sowohl an gemeinsamen Ritualen als auch an der Arbeit im Dorf teil. Zu einem bestimmten Zeitpunkt wurden sie dann aber geschmückt, gefesselt und zur Hinrichtung gebracht. Dabei steigerten sich das Opfer und die Dorfgemeinschaft in Erregung hinein. Das Opfer betonte immer lauter und aggressiver, wie viele Angehörige der Umstehenden es getötet und gegessen habe und rechtfertigte so seine eigene Tötung als Racheakt, für den, wie das Opfer versicherte, die Rache seiner eigenen Familie bald folgen werde.

Unter lautem Schreien, das an die früheren Gewalttaten erinnerte, wurde dann der oder die Gefangene erschlagen. Léry gibt an, selbst bei der Tötung einer gefangenen Frau Augenzeuge gewesen zu sein. Der Leichnam wurde sogleich von Männern zerteilt und dann von Frauen auf einem Grill über Glut gebraten. Durch das gemeinsame Verspeisen der Toten festigte die Gemeinschaft ihren sozialen Zusammenhalt und zelebrierte die gemeinsame Feindschaft mit denen, welche die eigenen Leute gegessen hatten, als Aufgabe für die nächste Generation. Ein Augenzeuge dieser Szene zu sein, war für Léry nach eigenen Angaben äußerst problematisch, da er und die anderen Calvinisten aufgefordert worden seien, als Freunde mitzuessen. Als sie sich weigerten, hätte dies Misstrauen geweckt, das mühsam wieder abgebaut werden musste.

Kannibalismus war laut Léry also keineswegs alltäglich, sondern ein besonderes Ereignis von hoher zeremonieller und sozialer Bedeutung. Dies zeigt sich auch daran, dass die Frauen oder Männer, welche mit den Gefangenen zusammengelebt hatten, eine rituelle Trauer durchlaufen mussten und dass derjenige, der den tödlichen Schlag führte, zwar gefeiert wurde, sich aber auch für eine Weile sozial isolieren musste.

Die Details, die Léry über den Kannibalismus berichtet, sind beeindruckend und stimmen weitgehend mit den anderen Berichten überein. Dies ist umso bedeutsamer, als Léry ausdrücklich bemüht ist, Falschinformationen in anderen Texten und besonders bei Thevet bei jeder Gelegenheit zu kritisieren. So erklärte er, dass der Gedanke völlig absurd sei, dass es indigene Gruppen gäbe, welche Menschenfleisch ebenso zubereiten und feilbieten, wie es die Metzger in Europa mit Tierfleisch machen würden. Auch die Zubereitung sei oftmals falsch dargestellt, denn das Braten auf dem *Bukan* genannten Grill mit wenig Hitze und Rauch sei die einzig authentische Weise.

Auch wenn Léry und die anderen Calvinisten sich selbst nicht unmittelbar bedroht sahen, waren sie angesichts der Spannungen doch erfreut, als ihnen jemand eine Passage in die Heimat anbot. Im Januar 1558 war der Kapitän des Handelsschiffes *Jacques* bereit, sie an Bord zu nehmen. Villegagnon gab ihnen offiziell die Erlaubnis zur Abreise. Der Malteserritter hatte dabei allerdings einen Hintergedanken. Angeblich, so berichtet Léry, gab jener dem Kapitän einen Brief, der bei Ankunft in Frankreich unverzüglich dem Gouverneur der Hafenstadt zu übergeben sei. Darin stand, dass die Passagiere gefährliche Ketzer seien, die sogleich verhaftet und mit dem Tode bestraft werden müssten.

Die Rückreise verlief jedoch anders als geplant. Ein Sturm kam auf und ungewöhnlich hoher Wellengang hob und senkte das Schiff um viele Meter. In eben noch ausreichend tiefem Wasser ragten plötzlich meterhohe Felsen empor, die Augenblicke später wieder verschwanden. Einer dieser Felsen durchschlug den Rumpf und die *Jacques* musste mühsam und unter ständigem Pumpen nach *Guanabara* zurückfahren. Dort spaltete sich die kleine Calvinistengruppe. Drei von ihnen wollten auf keinen Fall erneut in See stechen, zumal die Besatzung der *Jacques* selbst große Sorge zeigte, ob das Schiff die Überfahrt schaffen würde. Diese drei Calvinisten beschlossen, auf die Festungsinsel zurückzukehren und Villegagnon um Gnade zu bitten. Die übrigen, unter ihnen Richer und Léry, vertrauten sich hingegen dem Meer an, nicht wissend, dass sie an Bord immer noch den Befehl zu ihrer eigenen Hinrichtung transportierten.

Im Fort Coligny reagierte Villegagnon wütend auf die Rückkehr der Verbannten. Er forderte sie ein letztes Mal auf, ihrem Glauben abzuschwören. Als sie sich weigerten, ließ er sie hinrichten. Dies nahm Richer später zum Anlass, die Männer zu den ersten Märtyrern des Protestantismus in Amerika zu erklären – eine eher propagandistische als theologische Einordnung, da der Calvinismus eigentlich weder Heilige noch klassische Märtyrer kennt.

Doch bevor Richer sich an die Aufarbeitung der Ereignisse machen konnte, galt es, den Heimweg zu überstehen. Die Überfahrt auf der *Jacques* entwickelte sich zu einem Albtraum. Diesmal waren es Flauten und Angriffe anderer Seefahrer, welche die Reise beinah fatal enden ließen. Ihre Heimkehr trotz aller Widrigkeiten präsentierte Léry später in seinem Buch als Beweis der Gnade Gottes. Er fand dies auch bei ihrer Ankunft in Frankreich bestätigt. Dort übergab der Kapitän, laut Léry, seine Unterlagen der Stadtverwaltung, wo ein Sympathisant der Hugenotten den Brief Villegagnons geöffnet habe, in dem die Verhaftung der Rückkehrer angeordnet wurde. Er habe dann die Calvinisten gewarnt und ihre sichere Abreise nach Genf ermöglicht.

Was das Ende des Glaubensstreits rund um *France Antarctique* hätte sein können, war allerdings erst der Auftakt. Zurück in Europa entfesselten die Calvinisten, allen voran Pierre Richer, ein Gewitter von Druckschriften und schweren Vorwürfen gegen Villegagnon. Ein Betrüger, Verräter, Mörder und sogar Menschenfresser sei er, viel wilder und grausamer als die Wilden Brasiliens. Die Kolonie erschien in den Texten als Gefängnis in düsterer Umgebung und Villegagnon mehr als ein Monster denn als ein Mensch.

Für die weitere Versorgung und Finanzierung der Kolonie waren die Angriffe fatal. Die Hugenotten im Umfeld Colignys und auch der Admiral selbst waren kaum noch bereit, die Unternehmung mit Geld und insbesondere mit Männern zu unterstützen. Als Villegagnon in Brasilien davon erfuhr, sah er sich mit dem Rücken zur Wand. Isoliert, ohne Nachschub und wehrlos gegen publizistische Angriffe unterstellte er seine Kolonie einem Stellvertreter und kehrte nach Frankreich zurück. Dort versuchte er vergeblich, den katholischen Klerus zur Unterstützung der Kolonie zu überreden, was ihm den Ruf eines konfessionellen Wendehalses einbrachte. Zugleich verfasste er mehrere Schriften, in denen er den Vorwürfen gegen seine Person entgegentrat und Calvins Lehre insgesamt angriff. Dabei blieb er allerdings immer auf einer theologischen, argumentativen Ebene und ließ sich nie auf Beleidigungen und Verleumdungen herab, wie die Protestanten sie gegen ihn in Stellung brachten. Dies könnte erklären, warum es seinen Gegnern letztlich gelang, seinen Ruf zu ruinieren.

Die Kolonie *France Antarctique* hatte schwer unter dem Mangel an Verstärkung und Nachschub zu leiden, zumal inzwischen die Portugiesen nicht mehr bereit waren, solch einen Eingriff in ihre Anspruchszone hinzunehmen. Der Anführer einer Expeditionsstreitmacht, Mem de Sá, ging 1560 zum offenen Angriff gegen die Kolonie über und zerstörte Fort Coligny. Doch Mem de Sá gelang es nicht, einen Rückzug der Franzosen von der Insel aufs Festland zu verhindern oder die *Truchements* in der Region zu stellen. Auch nach 1560 gab es noch immer Franzosen an der Bucht von *Guanabara*. Sie handelten mit französischen Schiffen, führten einen Kleinkrieg gegen die Portugiesen und lebten unter und mit den *Tupinamba*. Erst zwischen 1565 und 1567 setzten die Portugiesen ihren Herrschaftsanspruch in die Tat um. Sie gründeten die Stadt Rio de Janeiro und vertrieben schließlich die überlebenden Franzosen.

Mit dem Ende der Kolonie in Brasilien war jedoch der Streit darum in Frankreich noch lange nicht vorbei. Ganz im Gegenteil: Es entbrannte Mitte der 1570er Jahre ein literarischer Konflikt um die Deutung der Ereignisse. Darin ging es um nichts weniger als das historische Erbe der Kolonie *France Antarctique*, also darum, welche Geschichte zukünftige Generationen einander über sie erzählen würden. Grund hierfür war, dass im Jahr 1562 die schwelenden Konflikte zwischen der katholischen Mehrheit und der hugenottischen Minderheit zu einer Reihe von offenen Bürgerkriegen eskalierten. Konfession wurde zum Argument, um Landsleute zu foltern und zu massakrieren – eine Situation, die prägte, wie man über die Ereignisse in Brasilien dachte.

Ausgangspunkt der erneut aufflammenden Diskussion war das Erscheinen von André Thevets Werk *Cosmographie Universelle* im Jahr 1575, in welcher er alle Kontinente der Welt beschrieb und sich ausführlich mit der Entdeckung Amerikas beschäftigte. Thevets Worte hatten Gewicht, war er doch inzwischen offizieller Kosmograph des Königs. Im Kapitel über die inzwischen untergegangene Kolonie in Brasilien fand sich Erstaunliches. Thevet gab den Calvinisten die Schuld am Untergang. Sie hätten die Disziplin untergraben, den Befehlshaber herausgefordert und sogar die Indigenen so weit aufgestachelt, dass Thevet selbst, aber auch alle anderen Rechtgläubigen um ihr Leben hätten fürchten müssen.

Anders als Villegagnon sei es ihnen stets nur um Gold und Macht gegangen, nie um Christianisierung oder die Interessen des Königreiches. Die Uneinigkeit habe der Kolonie jede Unterstützung gekostet und den Portugiesen ihren erfolgreichen Angriff ermöglicht. Auch wenn er direkte Vergleiche vermied, so war offensichtlich, dass Thevet ein protestantisches Feindbild erschuf, das auf dem geistigen Horizont der französischen Glaubenskriege basierte.

Diese Schilderungen Thevets waren es, die nach eigenen Angaben Jean de Léry dazu brachten, aus seinen umfangreichen Notizen eine Publikation zu machen: die *Histoire d'une voyage fait en la terre de Bresil* von 1578. Sein Werk beginnt und endet mit einem Vor- und Nachwort, in dem er direkt den königlichen

Kosmographen Thevet angriff. Léry kritisiert, dass jener völlig zu Unrecht für sich in Anspruch nehme, das Land selbst gesehen zu haben. Gerade einmal zehn Wochen habe Thevet in Brasilien verbracht und dabei Fort Coligny nie verlassen. Sein Bericht sei außerdem voll von Fehlern und Lügen, so beispielsweise über die neue Stadt Henryville, die es niemals gegeben habe. Voller Spott über Thevet erklärt Léry seinen Lesern außerdem, dass der Mönch die Kolonie lange verlassen habe, bevor die Calvinisten dort eintrafen. Wie könne er dann über ihr Verhalten berichten oder sich durch sie bedroht gefühlt haben?

Auch Léry wollte mit seiner Kritik Position im Streit der Konfessionen in Frankreich beziehen und die antiprotestantische Propaganda entlarven. Aber noch wichtiger war ihm, Thevets Darstellung der *Tupinamba* zu widerlegen. Auch wenn viele Details zur Lebensweise, Körperschmuck und zum Kannibalismus übereinstimmen, so stehen die letztlichen Schlussfolgerungen einander deutlich entgegn. Wo Thevet brutale Wilde beschreibt, die Tieren nahestehen, präsentiert Léry Menschen von einer unverdorbenen Natürlichkeit mit eigener Religiosität und Moral und kritisiert die bei Thevet als überlegen porträtierte europäische Gesellschaft für deren Doppelmoral und Grausamkeit.

Der Streit beider Seiten prägt das geistige Erbe der Kolonie *France Antarctique* bis in die Gegenwart. Der Angriff und Sieg der Portugiesen gerieten darin zur Nebensache. In Darstellungen der Ereignisse vom Beginn des 17. bis zum Beginn des 21. Jahrhunderts wurde die Geschichte der Kolonie zu einer Geschichte des Glaubensstreits erklärt. Dabei wird oft nicht bedacht, dass die Zeitgenossen zwar tatsächlich den Konfessionskonflikt ins Zentrum ihrer Werke stellten, aber damit weniger über die Kolonie, sondern vielmehr über Frankreich diskutierten.

Thevet, Richer, Villegagnon und de Léry ging es nicht nur um die Schuldfrage, sondern auch um die Zukunft ihres Landes. Thevet und Villegagnon forderten eine restriktive Konfessionspolitik, die Ausweisung und Bekämpfung der Hugenotten, die sie als Störer der Ordnung, Aufrührer und Feinde der Monarchie präsentierten. Die Lektion von *France Antarctique* für das Mutterland war für sie, dass ein konfessionell gespaltenes Frankreich leichte Beute für seine Feinde wäre.

Léry, Richer und ihre Glaubensgenossen sahen dies anders. Für sie war eine harte Konfessionspolitik, die in Tyrannei und Unterdrückung umschlägt, die Ursache für die Spaltung der Kolonie und ihren Untergang. Mehr noch, der eigentliche Feind ist für sie nicht der Anhänger einer anderen Konfession, sondern derjenige, der voller Hass seine Christlichkeit aufgibt. Villegagnon, der aus Hass zum Monster geworden sei, ist für sie das Sinnbild für Menschen, die nicht mehr Teil Frankreichs sein sollten. Ihre eigene Bereitschaft, nach Brasilien zu gehen, beweise hingegen, dass sie sich für das Wohl des Landes einsetzen, und ihre

Rückkehr gegen alle Widrigkeiten zeige, dass Gott auf ihrer Seite sei. Ihre Botschaft an Frankreich war daher, man müsse Vielfalt dulden wie vor dem Beginn der Glaubenskriege, bis die wahre Konfession sich durch Gottes Wirken friedlich durchsetzen würde.

Wie auch in anderen Fällen war hier das Schreiben über außereuropäische Räume nicht einfach nur Teil einer Erfassung und Erforschung der Welt, sondern behandelte immer auch die Frage, wer man selbst war und wer man sein sollte. Im Falle von Jean de Léry ist es allerdings ein Glücksfall für die Forschung, dass er dies mit so ausführlichen Beobachtungen und Schilderungen der Menschen verband, unter denen er in Brasilien lebte. Seine *Histoire* ist wie alle Quellen ihrer Zeit problematisch, aber zweifellos eines der besten Zeugnisse über die vorkolonialen indigenen Lebenswelten in Brasilien, die wir heute haben. Nicht zuletzt wurde sie auch die Vorlage für eine lange Reihe von Nachfolgewerken, zu denen Claude d'Abbevilles Bericht von 1614 (siehe Kapitel 10) ebenso gehört wie die Werke von Claude Lévi-Strauss, einem der bekanntesten Ethnologen und Anthropologen des 20. Jahrhunderts. Der von Léry maßgeblich begründete Mythos vom edlen Wilden hat wiederum seine eigene, lange Traditionslinie, die ihre Spuren in der Philosophie, aber auch in den Werken von Robert Louis Stephenson und Karl May hinterlassen hat.

### Quellen und Literatur

Wie auch in anderen Fällen, in denen die europäischen Kolonisten an der Küste Amerikas in schwere Konflikte gerieten, so entstand auch im Falle von *France Antarctique* eine gespaltene Überlieferung, die sich bis heute in den verfügbaren Quellen niederschlägt. Schon früh erschien die erste Beschreibung des Landes und Kolonialprojektes durch André Thevet, der 1557 seine *Les singularités de la France Antarctique* veröffentlichte. Eine kommentierte Neuausgabe durch den Thevetexperten Frank Lestringant erschien als *Le Brésil d'André Thevet* 1997. War dieser Text noch eher deskriptiv, wenn auch mit starken fiktionalen Elementen, so ging Thevet in seiner späteren *La cosmographie universelle* von 1575, wie oben beschrieben, offen zum Angriff auf die Calvinisten über. Er reagierte damit auf die heftigen Vorwürfe der Calvinisten gegen Villegagnon. Jener hatte sich nach seiner Rückkehr in Frankreich als literarischer Kämpfer gegen die Andersgläubigen positioniert und theologische Debattenbeiträge sowie Eingaben für eine strenge Konfessionspolitik an die Krone im Jahr 1561 unter dem Titel *Responce par le chevalier de Villegaignon aux Remonstrances faictes à la royne mère du roy* veröffentlicht. Darüber hinaus erschien 1560 auch eine Verteidigung seiner Taten in Brasilien als *Response aux libelles d'injures publiez*. Diese Schriften sind online bei der Französischen Nationalbibliothek unter https://www.gallica.bnf.fr einzusehen.

Im Vergleich erwies sich die Gegenseite der französischen Calvinisten – oder Hugenotten – durchaus offensiver. Speziell Pierre Richer trieb es in Schriften wie *La Refutation des folles resveries, excrables blasphemes, erreurs et mensonges de Nicolas Durand, qui se nomme Villegaignon* von 1561 mit schwersten Vorwürfen und der Darstellung des ehemaligen Befehlshabers als Menschenfresser auf die Spitze. Die zentrale Quelle aus protestantischer Sicht ist aber natürlich Jean de Lérys *Histoire d'un voyage fait en la terre du Brésil* von 1578, mit der er scharf auf Thevets *Cosmographie* antwortete. Das Original ist als Digitalisat unter https://www.gallica.bnf.fr frei einsehbar, eine deutsche Übersetzung erschien als *Unter Menschenfressern am Amazonas. Brasilianisches Tagebuch 1556–1558* im Jahr 1967 und wurde vielfach nachgedruckt. Es handelt sich um einen der einflussreichsten Reiseberichte und wichtigsten Texte über indigene Kulturen des 16. und 17. Jahrhunderts, dessen Lektüre bei aller Parteilichkeit des Autors in jedem Fall zu empfehlen ist.

Zwei eher neutrale Berichte zur Geschichte der Kolonie verfasste Nicolas Barré und sandte sie in Form von Briefen nach Frankreich, wo sie 1557 und 1558 im Druck erschienen. Marc Lescarbot nahm diese beiden *Lettres* in seine *Histoire de Nouvelle France* auf und druckte sie dort vollständig ab (vergleiche dazu die Literaturveise am Ende von Kapitel 2 dieses Buches).

Für einen historischen Überblick zur Kolonie und ihrer Bedeutung für die Geschichte Brasiliens bieten sich mehrere Werke an. Zunächst einmal Charles André Juliens klassisches Werk von 1947 in der Neuausgabe von 2003, *Les voyages de découverte et les premiers établissements. XVème–XVIème siècles*, sowie die Geschichten Brasiliens von Armelle Enders aus dem Jahr 2008, *Nouvelle Histoire du Bresil*, und die schon 1987 erschienene *A history of colonial Brazil. 1500–1792* von Bailey Diffie und Edwin J. Perkins. In dem von Andrew Johnston 1997 herausgegebenen Sammelband *Essays in French colonial history* beschrieb außerdem Silvia Castro Shannon die Ziele und Entwicklung der Kolonie in dem Beitrag *Military Outpost or protestant refuge? Villegagnon's Expedition to Brazil in 1555*. Eine ähnliche Frage verfolgte auch Mauricio Abreu, der sich gemeinsam mit mehreren französischen Kollegen 2009 in einem großen Sammelwerk der Geschichte hugenottischer Seereisender und ihrer Kolonien widmete. Sein Beitrag, *La France Antarctique, colonie protestante ou catholique?* erschien in dem Buch *Les huguenots et l'Atlantique. Pour dieu, la cause ou les affaires* herausgegeben von Mickaël Augeron. Darin finden sich auch Beiträge über *Nouvelle France* (Kapitel 2) und *France Equinoxiale* (Kapitel 10). In deutscher Sprache sind zwei Einordnungen dieser Kolonie zu empfehlen: zum einen in die Geschichte der Entdeckungen von René Alexander Marboe in dem Buch *Europas Aufbruch in die Welt. 1450–1700*, zum anderen die Einordnung in die Geschichte des Wissens über Amerika in Europa durch Frauke Gewecke in ihrem 1986 erschienenen Werk *Wie die neue Welt in die alte kam*. Kürzlich erschien außerdem eine Untersuchung zur Inszenierung kolonialer Visionen in Europa von Simon Karstens im Jahrbuch für Überseegeschichte 2022 mit dem Titel *Wilde Krieger an der Seine und fromme Gesandte in Paris. Indigene Reisende aus Brasilien in Frankreich (1550 und 1613)*.

Eine Besonderheit in der Geschichte der Erforschung der Kolonie von Villegagnon ist, dass auch deutsche Forscherinnen und Forscher aus der Romanistik, Amerikanistik und Geschichte die Texte von Thevet und speziell Léry intensiv analysiert haben. Drei Arbeiten sind hier besonders hervorzuheben: Annerose Menningers kritische Auseinandersetzung mit den Kannibalismusberichten unter dem Titel *Die Macht der Augenzeugen. Neue Welt und Kannibalen-Mythos, 1492–1600* von 1995, die in Deutschland eine erneute kritische Debatte darüber angestoßen hat; die vergleichende Analyse französischer Texte, die im Kontext unterschiedlicher gescheiterter Kolonien entstanden sind und auf die darin transportierten Fremdheitsvorstellungen, auf Amerikabilder und französische, koloniale Identität eingehen, von Monika Wehrheim-Peuker aus dem Jahr 1998 mit dem Titel *Die gescheiterte Eroberung. Eine diskursanalytische Betrachtung früher französischer Amerikatexte* sowie Kristen Mahlkes literaturhistorische Analyse des Welt- und Amerikabildes des 16. Jahrhunderts, *Offenbarung im Westen. Frühe Berichte aus der Neuen Welt*, von 2005.

Diese Übersicht wäre aber sträflich unvollständig, wenn nicht wenigstens eine Auswahl der Werke von Frank Lestringant vorgestellt werden würde. Es handelt sich bei ihm zweifellos um den größten Experten zur Geschichte der Kolonie. Einen guten Überblick über seine vielfältigen Analysen der beteiligten Personen, entstandenen Texte und ihren Bezügen zueinander bietet die Neuausgabe älterer Artikel in einem Band von 1996 mit dem Titel *L'expérience huguenote au nouveau monde. (XVIe siècle)*. Sein Hauptwerk, das sich über lange Strecken mit Léry und den anderen calvinistischen Autoren beschäftigt, ist allerdings *Le huguenot et le sauvage. L'Amérique et la controverse coloniale, en France, au temps des guerres de religion (1555–1589)* in der dritten überarbeiteten Auflage von 2004. Doch die Beschäftigung mit *France Antarctique* prägte Lestringants Werk sogar schon seit seiner Dissertation, die dem Leben und Wirken André Thevets gewidmet war und 1991 als *André Thevet: cosmographe des derniers Valois* erschien. Empfehlenswert ist zu den Widersprüchen in den überlieferten Quellen auch sein Beitrag *Villegagnon: entre la légende noire et la légende dorée* in dem 2007 von Jean-Yves Mérian herausgegebenen Tagungsband *Les aventures des Bretons au Brésil à l'époque coloniale*.

## 12. Eine verlorene Festung am Ende der Welt – Die Magellanstraße 1584

Keiner hatte überlebt. Egal ob in den Ruinen der provisorisch errichteten Kirche oder in den paar Dutzend einfachen Hütten, die verloren im geometrischen, in den Boden geritzten Muster einer weitläufig und großzügig geplanten spanischen Kolonialstadt standen: Überall gab es nur noch Leichen. Dies war das Bild, das sich im Januar 1587 den Männern des englischen Seefahrers Thomas Cavendish bot, als sie die Überreste der Siedlung Don Rey Felipe am kargen Ufer der Magellanstraße durchsuchten. Laut dem später publizierten Reisebericht lag ein schwerer Gestank nach Verwesung über der Geisterstadt am Ende der bekannten Welt. Der Geruch war so abstoßend, dass Cavendish und seine etwa 120 Männer während ihres Aufenthalts in ständiger Sorge waren, sich mit einer Seuche zu infizieren. Während seine Seeleute widerwillig die Ruinen und die Küste nach Informationen und verwertbaren Gegenständen absuchten, fügte Cavendish selbst an Bord seines Schiffes aus ihren Berichten und aus der Aussage eines einzelnen überlebenden Spaniers, den sie ein Stück von der Siedlung entfernt halb verhungert an Bord genommen hatten, das Bild einer Katastrophe zusammen – eine Katastrophe, die für ihn selbst allerdings ein Glücksfall war.

Cavendish hatte vor seiner Abfahrt aus England bereits gehört, dass eine spanische Kolonie an der Passage errichtet worden sei, deren Kanonen die Durchfahrt vom Atlantik in den Pazifik kontrollierten. Zwar war, kurz bevor er in See stach, die Nachricht eingetroffen, dass diese Kolonie kleiner als geplant und schlecht versorgt war, doch es blieb ungewiss, ob er und seine Männer auf Widerstand stoßen und sich eventuell den Weg in den Pazifik würden freikämpfen müssen. Hierfür war sein Schiff, die wendige *Desire*, mit 16 Kanonen und zwei kleineren Begleitschiffen zwar relativ gut ausgerüstet, aber jeder Konflikt so weit von einem Hafen entfernt bedeutete ein Risiko.

Daher war Cavendish erleichtert, als er sich mit seinem Schiff langsam an der kargen Küste der Meeresstraße entlang nach Westen vortastete und keinen Feind ausmachen konnte. Erst nach einigen Tagen sah sein Ausguck in der Dunkelheit einzelne Lichtzeichen an der Küste. Als Cavendish am nächsten Morgen ein Boot aussandte, traf sein Spähtrupp auf eine kleine Gruppe halbverhungerter Männer in zerfetzter Kleidung, von denen immerhin einer bereit war, an Bord zu kommen. Cavendish erfuhr, dass die spanische Kolonie aufgegeben worden war und nur noch etwa 15 Überlebende verstreut an der Küste lebten. Cavendish ließ den

Männern am Ufer daraufhin zurufen, dass sie mit den anderen Überlebenden zur Siedlung kommen sollten, wo er sie evakuieren könnte. Den Spanier an Bord der *Desire* nahm er hingegen direkt mit, um ihn weiter zu befragen.

Der Überlebende stellte sich als Tomé Hernandez vor. Er erzählte, dass er Teil einer der größten und ambitioniertesten Expeditionen gewesen sei, welche die spanische Krone im 16. Jahrhundert nach Amerika geschickt hatte. Die Flotte, mit der er 1582 in See gestochen war, umfasste nicht weniger als 23 Schiffe, die fast 3000 Seeleute, Soldaten, aber auch Siedler mit ihren Frauen und Kindern über den Atlantik bringen sollten. Ziel des Projektes war es, die einzige damals bekannte Passage zwischen Atlantik und Pazifik unter dauerhafte Kontrolle zu bringen: die Magellanstraße nahe der Südspitze Amerikas. Der erschöpfte und verzweifelte Hernandez erzählte Cavendish und seinen Männern in den vier Tagen, die sie vor der Geisterstadt lagen, die lange Geschichte dieser Unternehmung. Er schilderte eine kaum zu glaubende Verknüpfung von Naturkatastrophen, Intrigen, Gewalttaten und Unglücksfällen, die dazu führten, dass von dem großen Plan, die Ozeane zu kontrollieren, nichts als Ruinen und eine Handvoll Männer und Frauen, dem Hungertod nahe, übrigblieb.

Der verhängnisvolle Plan nahm seinen Anfang allerdings schon einige Jahre, bevor Tomé Hernandez in See stach. Sein Ursprung lag in der ersten englischen Weltumsegelung durch Francis Drake, der 1577 auf den Spuren Magellans als zweiter Seefahrer in den Pazifik vordrang. Drake überzog die schutzlosen Hafenstädte und Schiffe des Vizekönigreichs Peru mit einer Serie von Angriffen. Die Schäden waren immens und ebenso die Beute, die Drake mit nur einem einzigen englischen Schiff auf einem Ozean machte, auf dem niemand mit einem Angriff gerechnet hatte. In dieser Situation wandte sich der Vizekönig von Peru an Sarmiento de Gamboa, der bereits als Seefahrer, Organisator von Expeditionen und sogar Historiker des untergegangenen Inkareiches in Erscheinung getreten war. Gamboa erhielt den Auftrag, eine Flotte zusammenzustellen, um Francis Drake zu verfolgen und zum Kampf zu stellen.

Gamboa beschloss, sich mit seinen Kriegsschiffen dort auf die Lauer zu legen, wo Drake mit seiner Beute zurück in den Atlantik fahren musste – an der Magellanstraße. Als dritter Seefahrer überhaupt nahm er, erstmals von Westen aus, Kurs auf die Meerenge und wartete dort ebenso lange wie vergeblich auf den englischen Freibeuter. Drake hatte in der Zwischenzeit ein zweites Mal das Unerwartete gewagt und sich entschlossen, den Pazifik zu durchqueren, um dann rund um Afrika nach England zurückzukehren.

Gamboa musste einsehen, dass sein Plan gescheitert war. Er beschloss aber, das Beste aus der Situation zu machen. Mit einem seiner Schiffe durchquerte er als erster Europäer die Passage von West nach Ost, nahm genaue Messungen der Strömungen und Meerestiefen vor und suchte an der Küste nach geeigneten Standorten für Forts und Außenposten, um eine zweite Überfallserie, wie Drake sie gewagt hatte, für immer zu verhindern.

Während Gamboa die karge Küste nahe der Südspitze Amerikas entlangfuhr und seinen Plan zur Errichtung von Festungen und ganzen Städten schmiedete, schuf er zugleich die ersten Grundlagen für deren Untergang. Ganz den Gepflogenheiten und dem Rechtsverständnis der Zeit entsprechend, ging er immer wieder an Land, um an markanten Stellen ein großes Holzkreuz zu errichten und im Beisein eines Notars und vor einer Gruppe von Augenzeugen offiziell von dem Land beiderseits der Passage Besitz zu ergreifen. Diese Landgänge und gelegentlichen Zwischenhalte brachten Gamboa mehr als einmal in Kontakt mit den Menschen, die das Land bewohnten.

Zunächst waren die Kontakte friedlich. Indigene winkten mit einer Art Fahne und signalisierten so den Wunsch, mit den Reisenden zu sprechen. Gamboa ließ Geschenke überreichen und erfuhr mittels Zeichensprache, dass vor einiger Zeit Schiffe mit bärtigen Männern von Ost nach West durch die Passage gekommen waren und den Indigenen ebenfalls Geschenke gemacht hatten. Als die Indigenen Gamboa Stoffstücke französischer, niederländischer und englischer Machart zeigten, erkannte er, dass Drake genau auf diesem Weg in den Pazifik gelangt war. Hier musste also eine Verteidigungslinie gezogen werden. Was für Gamboas genauere Planung noch fehlte, war allerdings Ortskenntnis.

Er versuchte daher, ein weiteres Mal mit den Indigenen zu sprechen, diesmal, um einen Führer anzuwerben. Die Männer und Frauen ergriffen jedoch die Flucht, als sie sahen, dass eine größere Gruppe von den Schiffen an die Küste kam. Gamboa zögerte nicht lange. Er ließ seine Männer Jagd auf die Indigenen machen und einige von ihnen trotz heftiger Gegenwehr gefesselt an Bord bringen. Dort gab er ihnen Geschenke und nahm sie, als sie sich beruhigt hatten, mit nach Osten. Mittels Zeichensprache erfuhr er, dass die Indigenen für alle Buchten entlang der Passage eigene Namen hatten und dass an deren östlichem Ende größere Gruppen von Männern und Frauen siedelten, vor denen die entführten Männer große Angst zu haben schienen.

Die Angst der entführten Männer steigerte sich zu einer Panik, als an der Küste Rauchzeichen aufstiegen und ganze Wolken von Rauch sich auf das Wasser schoben. Die Entführten drängten nun die Spanier, sie sollten an Land gehen und die Indigenen, die hier lebten und die Feuer entzündet hatten, ohne Zögern töten, um deren Angriff zuvorzukommen. Gamboa ließ sein Schiff jedoch vorsichtig weiterfahren, bis sie eine Bucht erreichten, an der er ein Dorf erkennen konnte. Die Indigenen hier, die Gamboa als auffällig größer und besser gekleidet beschrieb als die Bewohner der Landschaft am westlichen Ende der Passage, zogen sich allerdings auf Kanus und zu Fuß zurück, als die Spanier sich näherten. Gamboa befahl daraufhin, einen Stoßtrupp mit einem Boot zum Dorf und von da aus zum Wald vorrücken zu lassen, um friedlich Kontakt aufzunehmen.

Als seine Männer sich dem Wald näherten, rechneten sie angesichts der panischen Warnungen der Entführten mit einem Hinterhalt und waren mit glimmenden Lunten an ihren Hakenbüchsen zum Kampf bereit. Einige der Männer glaubten zu erkennen, dass die Indigenen Waffen bereit machten und zögerten keinen Augenblick. Niemand dachte, dass dies vielleicht eine Vorsichtsmaßnahme angesichts ihres eigenen Vormarsches sein könnte, sondern alle eröffneten das Feuer. Nach einigen Salven kehrten sie zu ihren Schiffen zurück und verließen die Gegend, nicht ohne einen feindseligen Eindruck hinterlassen zu haben.

Im Großen und Ganzen folgten die weiteren Begegnungen mit den Bewohnern des Landes diesem Muster. Es kam zu Scharmützeln, von denen eines für Gamboa und seine Männer besonders eindrücklich war. Kurz nachdem Gamboa formal die gesamte Meeresstraße in Besitz genommen und ihr den neuen Namen *Madre-de-Dios*-Straße gegeben hatte, trafen die Spanier eine Gruppe Indigener, die von einem Mann angeführt wurde, den Gamboa als einen wahren Giganten bezeichnete. Es kam auch hier zum Kampf, und angesichts der außergewöhnlichen Größe seines Gegenübers befahl Gamboa dessen Gefangennahme. Letztlich waren zehn Spanier nötig, um ihn niederzuringen, am Boden zu halten und zu fesseln. Den gefangenen Anführer brachte Gamboa dann wie auch andere Entführte als Beute nach Spanien, wo er ihn dem König vorführen wollte.

Als Gamboa schließlich den Atlantik erreichte und Kurs nach Norden setzen ließ, war er nicht der Einzige, der eine Vielzahl von Informationen gesammelt hatte. Die Indigenen entlang der Passage hatten seine Landgänge und die Errichtung von Kreuzen beobachtet. Mit Feuer und Rauch hatten sie die Ankunft und Weiterreise der Spanier begleitet und benachbarten Gruppen gemeldet. Sowohl die indigenen Gemeinschaften im Westen wie auch im Osten der Passage hatten mehrfach Kontakt aufgenommen und dabei erfahren müssen, dass auch zunächst friedliche Begegnungen mit Gewalt und Entführungen endeten. Kriegsbereite Gruppen, die den Spaniern offen entgegentraten, lernten, die Kampfkraft der Spanier einzuschätzen. Sie merkten, dass sie die Fremden mit ihren Bögen vertreiben oder töten konnten, wenn sie das Gelände nutzten und Abstand hielten. Auch wenn einige Begegnungen gewaltfrei blieben, hatte Gamboa keineswegs eine Grundlage dafür geschaffen, friedlich mit den Indigenen zu leben, sie zu christianisieren und sich Hilfe für seine geplanten Projekte zu sichern.

Als er im August 1580 vor König Phillipp II. trat und seinen Bericht übergab, schien das jedoch kein Problem zu sein. Gamboa beschrieb, wie reich und fruchtbar die Landschaft sei und welch immensen strategischen Wert es haben könnte, die einzige bekannte Passage zwischen den Ozeanen zu kontrollieren. Der König, dem lange Listen der Schäden vorlagen, die Francis Drake im Pazifik angerichtet hatte, ließ sich von Gamboa überzeugen. Obwohl seine Experten und Ratgeber im Rat der Indien in ihrer Meinung gespalten waren, genehmigte er eine Expedition, deren Größe und Ambition alle Beteiligten in Erstaunen versetzte.

Philipp II. ließ jene Flotte zusammenstellen, von welcher Tomé Hernández dem Engländer Thomas Cavendish erzählt hatte: 23 Schiffe, auf denen mehr als 2500 Passagiere in See stachen. Zu Seeleuten und Soldaten mit ihren Waffen, darunter auch Artillerie und Werkzeuge für den Festungsbau, kamen Siedlerfamilien, die eine Stadt gründen sollten, um die Festungen zu versorgen. Auch wenn ein Teil der Soldaten nach Chile weiterreisen sollte, war die Gesamtzahl von knapp 3000 Menschen beeindruckend, die Kurs auf die neu benannte *Madre-de-Dios*-Straße nahmen. Außerdem war sie mehr als ausreichend, um Beobachter in England in Sorge zu versetzen.

Doch die Unternehmung hatte von Beginn an einen entscheidenden Nachteil. Der König ernannte zwar Gamboa zu seinem Statthalter, Gouverneur und Generalkapitän an der Magellanstraße, aber er gab ihm nicht den Oberbefehl über die Flotte. Da die Schiffe auch Truppen für Chile transportierten, unterstanden sie dem für Chile vorgesehenen, ranghöheren Befehlshaber Diego Flores de Valdés. Er sollte alle Entscheidungen bis zum Ausbooten der Siedler und Soldaten an der *Madre-de-Dios*-Straße treffen. Gamboa nahm diese Zurücksetzung nicht einfach hin. Vom ersten Tag an prägten Misstrauen und Missachtung den Umgang beider Männer. In seinen Berichten ließ Gamboa keine Gelegenheit aus, um Flores als einen verdorbenen Egoisten darzustellen, der die Schuld an allen Rückschlägen trug.

Zumindest am gescheiterten Auftakt der Expedition war jener jedoch unschuldig. Bereits kurz vor der spanischen Küste traf ein schwerer Sturm die Flotte und versenkte fast ein Drittel der Schiffe mit Besatzung und allen Passagieren. Eine dezimierte Flotte von 16 Schiffen setzte danach die Reise fort und fuhr über die Kapverdischen Inseln ins seit 1560 portugiesisch kontrollierte Rio de Janeiro (siehe Kapitel 11). Noch vor der Ankunft in Rio brachen allerdings Seuchen auf den überfüllten Schiffen aus und forderten mehr als hundert Opfer.

Überall, wo die Flotte Station machte, desertierten Soldaten und liefen Siedler mit ihren Familien weg. Sie setzten ihre Hoffnungen lieber auf eine Zukunft in einer bereits etablierten Kolonie, die zumindest gelegentlich von Schiffen angelaufen wurde, als darauf, am Ende der Welt aus dem Nichts etwas Neues zu erschaffen. Laut Gamboa trug Valdés erheblichen Anteil an den Desertionen. Er habe offen gegen das Siedlungsprojekt agitiert, die Landschaft an der Meeresstraße schlecht geredet und erzählt, man werde die Siedler dort vergessen und sterben lassen, so warf Gamboa ihm vor.

Die Zahl der Desertionen nahm zu, während die Flotte fast ein halbes Jahr in Rio vor Anker lag und das Ende des Winters auf der Südhalbkugel abwartete. Nur dann könnte man nach der Ankunft gleich mit der Aussaat beginnen. Der notgedrungen lange Aufenthalt führte aber dazu, dass Bohrwürmer die Schiffe so schwer beschädigten, dass eines beim Beladen auseinanderbrach und mit der Besatzung und einer großen Menge an Vorräten für die neue Kolonie unterging.

Spätestens jetzt erreichten die offenen Konflikte zwischen Gamboa und Valdés eine neue Intensität. Valdés, so Gamboa, habe gar nicht mehr zum Ziel fahren wollen, da er zweifelte, dass sie die Straße überhaupt erreichen oder dort ausreichende Ressourcen finden würden, um eine Stadt zu gründen.

Mühsam gelang es Gamboa, ihn zum Auslaufen und zur Suche nach der Einfahrt in die Passage zu bewegen. Doch erneut schlugen Wind und Wetter zu. Mehrfach trieben die Schiffe machtlos an der Küste Südamerikas zurück nach Norden oder aufs Meer hinaus, statt die begehrte Passage zu erreichen. Nach mehreren Wochen mussten sie schließlich mit beschädigten Schiffen und verminderten Vorräten nach Rio de Janeiro zurückkehren.

Hier kam es zu einer folgenschweren Entscheidung. Als die Flotte in die Bucht einlief, trafen sie dort auf eine kleine Versorgungsflotte, die bereits Vorräte, Saatgut, Nutztiere und andere wichtige Güter für die neue Kolonie geladen hatte. Hinzu kam etwas, das für Gamboa noch wertvoller als alles andere war: ein Brief Philipps II., in dem dieser ihm und Valdés für ihren Einsatz dankte und betonte, wie wichtig ihre Mission für das Wohl des Reiches sei und dass es sein königlicher Wille sei, die Festungen und Städte zu errichten. Ausführlich schildert Gamboa in seinem Bericht, wie sehr die Worte ihn bewegt und motiviert hätten, das scheinbar Unmögliche zu wagen.

Valdés sah dies anders. Er behauptete, die Schiffe seien nicht mehr seetüchtig genug, um mehr als nur die direkte Rückreise nach Spanien zu schaffen, und auch die knappen Vorräte würden keinen Umweg mehr zulassen. Gamboa schildert, dass Valdés mit diesen Reden mehr und mehr Männer auf seine Seite gezogen und die Zweifler erneut gewarnt habe, dass an der Magellanstraße nur der Tod auf sie warte. Jeden Versuch einer Aussprache habe Valdés abgeblockt, indem er Gamboa nicht auf sein Schiff kommen ließ. Schließlich gelang es Valdés, die Befehlshaber von einem Dutzend der Schiffe und damit auch deren Männer auf seine Seite zu bringen. Sie sicherten sich die besten Schiffe aus der Versorgungsflotte und einen großen Teil der Vorräte und Ausrüstung, die für die Kolonie vorgesehen waren, und kehrten nach Spanien zurück.

Valdés rechtfertigte dies, wieder in Spanien, als legitime und notwendige Entscheidung in seiner Funktion als Befehlshaber der Flotte, die er angesichts einer unerfüllbar gewordenen Mission sicher nach Spanien habe zurückbringen müssen. Gamboa und den Siedlern blieben in Rio de Janeiro insgesamt fünf Schiffe, auf denen knapp 500 Männer, Frauen und Kinder mit wenig Vorräten ein letztes Mal versuchten, ihr Ziel zu erreichen. Die Erzählung Gamboas bis zu diesem Zeitpunkt bestätigt weitgehend der Kolonist Tomé Hernandez in seinem Bericht, den er Jahre später zu Protokoll gab. Darin findet sich dieselbe verhängnisvolle Verkettung von Rückschlägen, Konflikten und Katastrophen ebenso wie der unbedingte Wille Gamboas, seinen Plan gegen alle Widerstände und Risiken in die Tat umzusetzen.

All die Mühe schien von Erfolg gekrönt, als die kleine Flotte schließlich am 1. Februar 1584 die Einfahrt in die *Madre-de-Dios*-Straße erreichte. An einem der von ihm vorher ausgespähten Standorte wollte Gamboa sogleich einen Teil seiner Leute anlanden lassen und die formelle Gründung der ersten Festung vornehmen, doch die Indigenen hatten die Flotte bereits entdeckt und bereiteten ihr einen düsteren Empfang. Gamboa berichtet von Feuern auf den Hügeln, die, mit nassem Holz und Strauchwerk angefacht, so stark qualmten, dass der Rauch über die ganze Küste zog und die Grenze von Wasser und Land unkenntlich machte. Erst aufkommender Wind vertrieb den beißenden Qualm und die Männer konnten in Ruderbooten an die Küste vorstoßen.

Hier vollzog Gamboa, vermutlich unter den Blicken indigener Späher, eine erneute Besitzergreifungs- und Ankunftszeremonie. Er und seine Begleiter erklärten für einen Notar den erfolgreichen Abschluss ihrer Reise, sangen das Lied *Te Deum Laudamus* und errichteten ein neues Kreuz. Während Ruderboote zwischen den Schiffen und der Küste hin und her pendelten und Männer, Waffen, Vorräte und Werkzeuge an Land brachten, ließ Gamboa die Umgebung erkunden und nahm als nächstes sofort die befohlene, offizielle Stadtgründung in Angriff.

Er ging dabei nach demselben Muster vor, an dem sich auch die Welsergouverneure in Venezuela orientiert hatten (Kapitel 8). Auf dem kargen Boden vermaßen und zeichneten seine Männer den Grundriss für eine ideale spanische Kolonialstadt, entsprechend den Vorgaben des Rates der Indien in Sevilla. Sie ritzten schachbrettartige Straßen, eine Kirche, einen Platz für ein königliches Verwaltungsgebäude, einen zentralen Sammelplatz und den Verlauf einer Stadtmauer in den Boden und markierten die Bauplätze mit Pflöcken.

Kernstück der neuen Ciudad de Nombre de Dios war die Kirche. Die Weihung des Altars, einer schlichten Steinplatte unter freiem Himmel am Ende der Welt, schildert Gamboa in seinem Bericht als großen Triumph – eine Einschätzung, die für einen Mann, der im Vertrauen auf seinen Glauben und seine eigene Mission derartige Widerstände überwunden hatte, durchaus mehr als nur eine Floskel, sondern Ausdruck wirklicher Überzeugung gewesen sein dürfte.

Kurz nach der Ankunft meldeten die Späher eine große Gruppe Indigener, die sich dem Grundriss ihrer Stadt näherten. Es waren etwa 250 Männer und Frauen, die nach dem Austausch einiger Zeichen und Gesten friedlich näherkamen. Sie nahmen die im Entstehen begriffene Siedlung genau in Augenschein und zeigten sich, so der Kolonist Tomé Hernandez, scheinbar zufrieden mit Geschenken, die man ihnen gab.

In der Dunkelheit änderte sich jedoch die Lage. Die von Gamboa aufgestellten Posten gaben Alarm, als aus der Finsternis heraus plötzlich Pfeile auf sie niedergingen. Die Siedler und Soldaten sprangen aus dem Schlaf auf und organisierten eine Verteidigungslinie im offenen Gelände, um die angreifenden Indigenen abzuwehren. Sie erkauften so Zeit, damit andere Verteidiger Rüstungen anlegen und ihre Feuerwaffen bereitmachen konnten. Als immer mehr Schüsse durch die Nacht donnerten und gepanzerte, vor Pfeilen geschützte Männer in den Kampf eingreifen konnten, zogen die Indigenen sich zurück. Gamboas Männer hatten keine Möglichkeit, ihnen nachzusetzen, sondern mussten sich um die Versorgung der Verwundeten kümmern.

In den nächsten Tagen blieb es friedlich, so dass das Anlanden der Vorräte vorangetrieben werden konnte. Dies schien dringend notwendig, denn Wind und eine starke Strömung zerrten an den Schiffen und trieben sie zeitweise wieder auf die offene See hinaus. Gamboa ordnete daher an, das größte Schiff bei Flut gezielt auf Sand zu setzen, um es bei Ebbe mit einer Menschenkette und Karren entladen zu können – ein Manöver, das völlig misslang. Gamboa gab hierfür dem Kapitän die Schuld, während Tomé Hernandez hervorhebt, wie widrig die Winde und Strömungen waren. Der Schiffsrumpf riss bei dem Manöver auf und Salzwasser drang an die Vorräte. Aufgrund des eingedrungenen Wassers war es schließlich unmöglich, das Schiff bei der nächsten Flut wieder flottzumachen.

In dieser kritischen Lage ließen drei der vier verbleibenden Schiffe die unfertige Kolonie im Stich. Angeblich aufgrund starker Strömung und gefährlicher Winde, was sowohl Gamboa als auch Tomé Hernandez als Lüge bezeichnen, kappten die Besatzungen die Ankerkabel und ließen sich auf den Atlantik hinaustreiben. Dort nahmen sie dann Kurs nach Norden.

Gamboa befand sich mit etwas mehr als 300 Männern, Frauen und Kindern in einer ausweglosen Lage. Vorräte und Waffen waren knapp und würden niemals für einen Winter reichen. Vielen seiner Leute fehlte es sogar an Schuhen und passender Kleidung für das kühle Wetter. Um das Saatgut nicht anzutasten, mussten die Vorräte streng rationiert und dringend aus dem Land ergänzt werden. Hierfür wäre die Hilfe der Indigenen von unglaublichem Wert gewesen, doch statt darauf hoffen zu können, mussten er und seine Siedler jederzeit mit einem neuen Angriff rechnen. Die Erfahrungen der Indigenen mit den Spaniern bei deren erster Durchfahrt hatten nun fatale Wirkung.

In dieser Lage wäre es nicht verwunderlich gewesen, wenn Gamboa aufgegeben hätte, aber er ließ sich nicht beirren und hielt sogar an dem Plan fest, nicht einen, sondern zwei Standorte im Namen Philipps II. zu sichern. Streng genommen blieb ihm kaum eine Wahl, denn das verbliebene Schiff fasste keine dreihundert Personen, und alle Siedler in der neu gegründeten Siedlung zu lassen, hätte die natürlichen Ressourcen der Gegend überstrapaziert.

Gamboa notierte genau, wie die Siedler Meeresfrüchte sammelten und durch Versuch und Irrtum ermittelten, welche Wurzeln und Beeren essbar waren. Bezüglich der verfügbaren Mengen widerspricht er sich in seinem Bericht aber deutlich. Einerseits ist er sehr bemüht, die Landschaft als reich und fruchtbar erscheinen zu lassen, aber andererseits steht zwischen den Zeilen, was auch Tomé Hernandez bestätigt: Die Siedler wussten nicht, ob und wie sie die nächsten Monate überleben würden.

Gamboa machte sich daher, kaum dass die Ciudad de Nombre de Jesus grob gesichert war, an eine Teilung seiner Kolonie. Er schickte das kleine Schiff voraus und brach selbst mit der Hälfte der Kolonisten, unter ihnen auch Tomé Hernandez, zu einem Ort auf, der seiner Ansicht nach für eine Stadt und Siedlung bestens geeignet wäre. Wenn es dort wirklich genug Nahrung gäbe, so versprach er den zurückbleibenden Siedlern, würde er sie mit dem Schiff in mehreren Gruppen nachholen. Was Gamboa denen, die mit ihm aufbrachen, allerdings nicht sagte, war, dass ein Fußmarsch von über 200 Kilometern durch unbekanntes und unwegsames Gelände vor ihnen lag.

Der Marsch war von schweren Entbehrungen geprägt. Teilweise ohne Schuhe und abhängig davon, sich die Nahrung unterwegs zu sammeln, marschierte Gamboa mit seinen Leuten und einigen Ziegen und anderen Nutztieren nach Westen. Unterwegs trafen sie mehrfach auf Indigene. Einige Begegnungen verliefen friedlich, wenn es auch bei der kurzen Übergabe von Geschenken blieb und kein Handel zustande kam, anderen endeten rasch in Gewalt.

Für Gamboa und Tomé Hernandez war vor allem eine Begegnung besonders eindrücklich. Eine kleine Gruppe indigener Männer, von denen einer größer und stärker als alle Bewohner des Landes war, die sie bisher gesehen hatten, näherte sich ihnen zögerlich. Zur Verblüffung der Spanier rief der Anführer »*Jesus*«, »*Maria*« und mehrfach »*Capitano, Capitano*« – offenbar hatte sich an der Küste herumgesprochen, dass diese Worte für die Fremden besondere Bedeutung hatten. Lag hier eine Chance für eine eventuelle Zusammenarbeit, Tauschhandel oder den Erwerb von Wissen über die natürlichen Ressourcen? Bevor es dazu kommen konnte, entwickelte sich jedoch ein schweres Missverständnis. Einer der Mönche versuchte zu erklären, dass Gamboa der »*Capitano*« sei, den alle respektieren und dem alle gehorchen würden. Der großgewachsene Indigene verstand die mit Gesten versuchte Erklärung von Gamboas hohem Status aber entweder als Herausforderung seiner eigenen Autorität oder als eine Beleidigung. Er zog einen Pfeil aus seinem Köcher, ritzte sich selbst den Mund damit auf, spuckte dann sein Blut vor den Spaniern aus und schlug sich mehrfach auf die Brust. Dann brachen die Indigenen die Begegnung unvermittelt ab und zogen sich zurück, nur um kurze Zeit später die marschierenden Spanier frontal anzugreifen. Sie töteten oder verwundeten mehrere der entkräfteten Kolonisten, bezahlten aber selbst mit ihrem Leben.

Völlig entkräftet erreichte der Zug schließlich den erhofften Siedlungsort, wo das Schiff mit einigen wenigen Vorräten wartete. Gamboa ließ die Männer versorgen und wiederholte erneut das Ritual einer Stadtgründung. Eine Kirche mit Altar, der Grundriss einer Stadt, die Lage eines Verwaltungsgebäudes, all das wurde von den ausgemergelten, zerlumpten Männern und Frauen in den Boden geritzt, bevor sie provisorische Hütten errichteten. Dies war die vom Engländer Thomas Cavendish später ausgekundschaftete Ciudad Del Rey Don Felipe. In der Umgebung ließ Gamboa das verbleibende Saatgut ausbringen und befahl, Fische zu fangen und Vorräte an Wurzeln und Beeren anzulegen. Die Arbeiten hatten kaum begonnen, als der Winter früh und überraschend zuschlug.

Zwei Wochen lang ging Schneefall nieder und ließ die Stimmung endgültig kippen. Einige Männer planten eine Meuterei, um mit dem Schiff zu fliehen, was Gamboa sofort mit Todesstrafen ahndete. Als die Disziplin mühsam wiederhergestellt war, beschloss er nach zwei Monaten, alle Vorräte und Siedler an einem einzigen Ort zu versammeln und dann so schnell wie möglich aus Chile Proviant heranzuschaffen. Er verließ daher an Bord seines einzigen Schiffes die Stadt Rey Don Felipe mit Kurs auf die erste Siedlung Nombre de Dios.

Tomé Hernandez gehörte zu denen, die vor Ort zurückblieben. Zwei Monate nach Gamboas Abreise sahen er und die übrigen Siedler statt des verzweifelt erwarteten Versorgungsschiffs jedoch nur, wie sich die dem Hungertod nahen Siedler aus Nombre de Dios, über die Hügel zu ihnen schleppten. Nachdem die Vorräte aufgegessen und die Ressourcen vor Ort weitgehend aufgebraucht worden waren, hatten sie auf eigene Faust den mehr als 200 Kilometer langen Weg zurückgelegt, in der vergeblichen Hoffnung auf Nahrung und Obdach.

Über die folgenden Jahre bis zur Ankunft von Thomas Cavendishs *Desire* am Horizont berichtet Tomé Hernandez in düstersten Farben. Nahezu alle Männer, Frauen und Kinder starben an Hunger und Mangelkrankheiten. Nur kleine Gruppen überlebten, in dem sie an der Küste Meeresfrüchte auflasen, rohe Wurzeln kauten und am Rande des Verhungerns vegetierten. Fünfzehn Männer und drei Frauen waren am Ende noch übrig.

Die Indigenen ließen sich in dieser Zeit kaum noch blicken. Offenbar mieden sie das Gebiet und entzogen damit den Siedlern jede Unterstützung. Da sie selbst die gesamte Küste nutzen konnten und mit Booten mobil waren, war es für sie vermutlich kein Problem, dieses eng begrenzte Gebiet, in dem die Fremden mit Rüstungen und Metallwaffen umherirrten, für eine Weile zu meiden.

Dies war die Geschichte, die Cavendish aus den Worten von Tomé Hernandez sowie den steinernen Zeugnissen der ausgestorbenen Kolonie rekonstruierte und für einen später in England publizierten Bericht niederschreiben ließ. In diesem Text gab er der Bucht und den dortigen Ruinen einen neuen Namen, den sie bis heute behalten haben: *Port Famine,* spanisch *Puerto de Hambra:* der Hungerhafen.

Im Laufe von vier Tagen schafften seine Männer Brennholz, Frischwasser und sechs schwere Kanonen an Bord der *Desire,* während Tomé Hernandez voll Sorge Ausschau nach seinen Kameraden und den drei überlebenden Frauen hielt. Noch 40 Jahre später berichtete er, dass er verzweifelt versucht habe, die Engländer zum Warten zu bewegen. Doch als am vierten Tag ein günstiger Wind aufkam, gab Cavendish den Befehl, Segel zu setzen und in den Pazifik vorzustoßen.

Hernandez floh wenig später aus dem Gewahrsam der Engländer, als sie spanisches Gebiet im Vizekönigreich Peru erreichten, und ging nach Lima. Dort baute er sich ein neues Leben auf und gab 1620 in hohem Alter seine Erlebnisse offiziell zu Protokoll. So überlieferte er die Geschichte eines einfachen Kolonisten, der Zeuge vom Ende aller großen Pläne war, die Verbindung zwischen dem Atlantik und Pazifik zu beherrschen.

Es bleibt die Frage, was aus Sarmiento de Gamboa geworden ist. Er hatte, wie geplant, Kurs auf die erste Siedlung genommen. Als er dort eingetroffen war, traf jedoch ein schwerer Sturm sein Schiff. Der Wind war so stark, dass er sogar das Kabel des ausgeworfenen Ankers reißen ließ – zum Entsetzen der Kolonisten, die vom Ufer aus hilflos zusehen mussten. Sie erzählten später Tomé Hernandez, dass sie Gamboa zuletzt gesehen hätten, als sein Schiff als Spielball der Wellen auf den Atlantik getrieben worden sei.

Gamboas Geschichte war hier aber noch nicht zu Ende. Nachdem er fast eine Woche nach Norden getrieben worden war, beschloss Gamboa, sich im Atlantik auf die Suche nach Vorräten zu machen. In seinem Bericht an König Phillip II. schilderte er ausführlich, wie er über Monate unterschiedliche Kolonien anlief, Gouverneure um Unterstützung bat, sich Geld lieh, Teile seiner Ausrüstung verpfändete und versuchte, durch Handel mit Rohstoffen Geld für seine Kolonien zu gewinnen. All das war jedoch vergeblich. Zweimal gelang es Gamboa, Vorräte auf ein Schiff zu laden. Beim ersten Mal sank das Schiff in einem Sturm, beim zweiten Mal ließ sich der Schiffbruch des gemieteten Schiffes nur vermeiden, in dem die Ladung über Bord geworfen wurde.

Schließlich sah Gamboa keinen anderen Ausweg, als nach Spanien zurückzukehren. Eine neue Odyssee begann. Auf dem Rückweg kaperte der später als Kolonist selbst so aktive wie erfolglose Engländer Sir Walter Ralegh (Kapitel 6 und 9) sein Schiff und brachte ihn nach London. Hier lebte Gamboa als Gefangener relativ gut und tauschte sich über Geschichte und Navigation mit englischen Seefahrern aus, während er per Brief auf Unterstützung für seine Kolonien drängte.

Ohne persönlichen Einsatz hatten seine Bemühungen jedoch keinen Erfolg. Erst nach fast drei Jahren wurde er 1586 entlassen und versuchte, über Frankreich nach Hause zurückzureisen. Auf dem Weg geriet er jedoch in die Gewalt eines protestantischen Adeligen, der sich trotz des Drängens seines eigenen Königs, Elisabeths I. und Philipps II. schlicht weigerte, Gamboa freizulassen. Erst nach zwei weiteren Jahren in einer Zelle bezahlte sein König ein hohes Lösegeld und Gamboa konnte endlich in seine Heimat zurückkehren. Die zwei Kolonien am Ende der Welt existierten zu diesem Zeitpunkt schon lange nicht mehr und niemand war bereit, Geld in die Suche nach Überlebenden zu investieren.

### Quellen und Literatur

Von allen in diesem Buch vorgestellten kolonialen Projekten ist Sarmiento de Gamboas das am schlechtesten dokumentierte und erforschte. An Originalquellen liegen immerhin zwei Berichte Gamboas selbst über seine Expedition von 1579 und die Reise von 1582 vor, die alle dabei erlebten Widrigkeiten schildern. Allerdings sind diese Berichte stark von dem Wunsch geprägt, die eigene Leistung hervorzuheben und jede Schuld für Rückschläge von sich zu weisen. Die beiden Berichte hat Clements R. Markham in englischer Übersetzung unter dem Titel *Narratives of the voyages of Pedro Sarmiento de Gambóa to the straits of Magellan* im Jahr 1895 herausgegeben. Ein Nachdruck erschien 1963. Neben den beiden Berichten Gamboas findet sich darin auch das spätere Verhör des Überlebenden Tomé Hernandez von 1620 durch die spanischen Behörden. Seine Angaben sind zwar erst Jahrzehnte später aufgezeichnet worden, bilden aber ein wichtiges Gegenstück zu Gamboas Berichten. Thomas Cavendish hingegen hat seine eigene Reise und den Aufenthalt in den Ruinen der spanischen Siedlung ausführlich beschrieben. Der Report seiner Erlebnisse erschien 1589 in Richard Hakluyts Sammlung von Reiseberichten, *The principall nauigations, voiages and discoueries of the English nation,* im Druck. Dieses Sammelwerk ist online frei verfügbar, beispielsweise auf http://www.Archive.org in einem Neudruck von 1890 mit einem modernen Schriftbild. Deutsche Übersetzungen der Quellen stehen bisher nicht zur Verfügung.

Angesichts der begrenzten Quellenlage und der Tatsache, dass die Kolonie nicht in einer heute dicht besiedelten Region liegt, überrascht es wenig, dass auch kaum Forschung zu Gamboa und seinen Projekten vorliegt. Es gibt keine Gesamtdarstellung zu diesen Vorhaben, und die Angaben in älteren Überblickswerken sind meist lediglich zugespitzte, kurze Erwähnungen, die sich auf das Scheitern fokussieren. Drei etwas längere Beschreibungen, die korrekte Eckdaten und eine Einordnung in die Kolonialgeschichte bieten, sind: von Kenneth Andrews *Trade, plunder and settlement. Maritime enterprise and the genesis of the British Empire, 1480–1630,* erschienen 1984; David F. Marleys 2002 veröffentlichter Überblick *Wars of the Americas. A Chronology of Armed Conflict in the New World* sowie der Klassiker von John Horace Parry, *The discovery of South America,* veröffentlicht 1979 in London. Hinzu kommt ein älterer wissenschaftlicher Aufsatz über die Quellenlage von 1948, den Bernard E. Bobb in der Zeitschrift *Pacific Historical Review,* Band 17/3 unter dem Titel *Pedro Sarmiento de Gamboa and the Strait of Magellan* veröffentlichte. Zu Thomas Cavendish bietet das *Oxford Dictionary of National Biography* einen sehr guten Überblicksartikel von Susan M. Maxwell. Selbstverständlich gibt es mehrere spanische Arbeiten über Gamboa und sein Wirken, darunter auch Biographien. Diese Arbeiten legen ihren Schwerpunkt aber eher auf seine Zeit in Peru und seine Bedeutung als Historiker des Inkareiches.

# Utopie und Untergang – Jenseits des Meeres

An dieser Stelle endet die Reise zu historischen Schauplätzen, die sowohl Orte interkultureller Begegnungen als auch des Untergangs europäischer Kolonialprojekte waren. Sie führte von der gefrorenen Baffin Insel im hohen Norden bis zu dem sturmgepeitschten Ufer der Magellanstraße im Süden. Zwischen diesen beiden Wegpunkten lagen das grüne Tal des gewaltigen St.-Lorenz-Stromes, die Atlantikküsten Kanadas und Neufundlands mit ihren unendlich scheinenden Fischbeständen, die Flussmündungen des sommerlich heißen Virginia, die maritime Welt der *Outer Banks* in Carolina, die Flüsse und Sümpfe Floridas, die Hochebene der Anden, der Dschungel Guyanas zwischen Orinoco und Amazonas sowie die Inselwelten der Bucht von Rio de Janeiro. So unterschiedlich diese Orte und die dortigen Ereignisse auch waren, sind sie dennoch mehr als nur einzelne Episoden – sie sind Teile einer gemeinsamen Geschichte.

An all diese Orte kamen Europäer mit großen Hoffnungen und fanden im besten Fall nur Enttäuschung, gefolgt von einer Rückkehr in ihre Heimat. Meistens, wie die hier untersuchten Fälle zeigen, war aber ein qualvoller Tod das Resultat all ihrer Bemühungen. Die in diesem Buch untersuchten Geschichten sind daher Erzählungen von gescheiterten Visionen, unerfüllten Träumen und des Untergangs und Todes tausender Europäer.

Auch wenn dies für sich genommen schon eine wichtige Erweiterung der bisherigen Erzählungen von der sogenannten Eroberung Amerikas ist, wäre sie immer noch sehr einseitig, wenn man es dabei bewenden ließe. Es ging in diesem Buch aber nicht nur um das Leiden der Europäer, auch wenn ihre zum Teil vergessenen Geschichten erzählt wurden. Ihr Scheitern und ihr Untergang sind zugleich eine wichtige Gelegenheit, um die Bedeutung und den Einfluss der Indigenen Amerikas zu verstehen. Jedes Kapitel enthält Situationen, in denen die Ureinwohner des Landes aktiv oder passiv die weitere Geschichte Amerikas und der transatlantischen Beziehungen prägten: sei es durch Flucht und Verweigerung von Informationen oder Nahrungslieferungen, sei es durch Unterstützung und Hilfe oder sei es durch aktiven Widerstand oder Fehlinformationen. Die Indigenen Amerikas haben sich aus Sicht der Europäer als größte Stütze und größte Gefahr erwiesen und auch zahlreiche Rollen zwischen diesen Extremen gespielt – nur eines waren sie nie: die unbedeutenden Randfiguren, als welche sie viele Autoren des 16. und 17. Jahrhunderts ebenso wie Historiker des 19. und frühen 20. Jahrhunderts ihrer Leserschaft präsentierten.

Dieses Buch will trotz seines neuen Blicks auf das Scheitern der Europäer und den Einfluss der Indigenen die Geschichte nicht umdeuten. Die interkulturellen transatlantischen Begegnungen nach 1492 waren in einer breiteren historischen Perspektive der Auftakt zu einem der größten Verbrechen der Geschichte: der Vertreibung oder Vernichtung der indigenen Menschen und ihrer Kultur. Die hier präsentierten Ereignisse legen allerdings nahe, dass es eine bedauerliche Vereinfachung wäre, wenn man die Besonderheit der ersten Jahrzehnte interkultureller Kontakte nicht beachten würde. Über weit mehr als 100 Jahre verteilt lassen sich Ereigniszusammenhänge ausmachen, in denen die Indigenen Amerikas den Gang der Geschichte beeinflussten oder sogar bestimmten. Dies galt nicht nur, wenn ihr aktiver oder passiver Widerstand erfolgreich war, sondern mehr noch, wenn sie interkulturelle Allianzen mit den Europäern eingingen, selbst über den Ozean reisten und durch die Interaktion mit den Europäern eigene Ziele verfolgten.

Solch eine Wirkmacht lässt sich bei ganzen indigenen Gemeinschaften ebenso feststellen wie bei herausragenden Persönlichkeiten: für Don Luis bei Ajacan, Donnacona bei Quebec, Membertou in der Acadie, Manteo oder Pemisapan in Virginia, Utina in Florida, die Dolmetscher Walter Raleghs, die Täuflinge aus Maragnon oder die Gastgeber Jean de Lérys bei Rio de Janeiro. Für sie alle gilt, dass uns kein Zeugnis in Wort oder Bild aus ihrer Hand überliefert ist. Sie existieren nur in Berichten, Briefen und Erzählungen von Europäern – ein Problem, das sich nur bedingt durch Untersuchungen zur Lebensweise der indigenen Kulturen mittels Archäologie, Ethnologie oder Anthropologie lösen lässt. Da alle in diesem Buch beschriebenen Ereignisse nur aus einer Perspektive überliefert sind, bleiben allen Versuchen, eine indigene Sichtweise zu rekonstruieren oder auch nur nachzuvollziehen, enge Grenzen gesetzt.

Dennoch lassen sich zumindest einige der Puzzleteile zusammensetzen. So ist unstreitig, dass die teilweise über Jahrzehnte bestehenden interkulturellen Kontakte in bestimmten Regionen dazu führten, dass die Indigenen immenses Wissen über die Europäer sammelten. Dabei dürfte es vermutlich weniger um deren ferne Heimat gegangen sein, über die mittels Zeichensprache ohnehin kaum Informationsaustausch möglich war, sondern viel eher darum, wie sich aus der Anwesenheit der Fremden der größtmögliche Nutzen ziehen lässt.

Viele indigene Anführer und Anführerinnen, egal ob sie großen Siedlungsgemeinschaften oder einem Familienverband vorstanden, zeigten großes Interesse an militärischen Allianzen, Handelsbeziehungen oder sogar familiären Beziehungen mit Europäern. Es ist davon auszugehen, dass sie alle in der Ankunft der in der Region fremden Menschen eine besondere Gelegenheit sahen, um die bestehende wirtschaftliche und außenpolitische Ordnung zu ihren Gunsten zu verändern. Kämpfe und Rivalitäten um einen exklusiven Zugang zu europäischen Prestigewaren waren ebenso ein Ausdruck davon wie konkurrierende Versuche, die Europäer für sich kämpfen zu lassen. Wo die indigene politische Ordnung hingegen durch europäische Interventionen beispielsweise von Spaniern oder Portugiesen bereits gestört war, herrschte oft der Wunsch vor, durch ein Bündnis die Eigenständigkeit sichern und zukünftige Angriffe anderer Europäer abwehren zu können.

In jedem Fall waren die Indigenen nicht nur logistisch, sondern vor allem auch intellektuell und spirituell im Stande, die Europäer und deren Waren, Waffen und Ideen zu einem Teil ihrer Weltordnung zu machen. Von einem Schock oder einer kulturellen Überforderung der Indigenen durch die Fremden kann in den hier behandelten Zusammenhängen keine Rede sein.

Ebenso wenig hielten die Indigenen die Europäer für Götter. Auch wenn die Europäer selbst in einigen Quellen solch einen indigenen Glauben erwähnen, handelt es sich eher um ein Wunschdenken. Quelle hierfür könnten sehr wohl die Berichte über Hernando Cortez sein, über den in spanischen Druckschriften ab der Mitte des 16. Jahrhunderts der Mythos verbreitet wurde, er sei für einen Gott gehalten worden. Hinweise auf solch einen Irrtum finden sich in keinem der hier untersuchten Fälle. Ganz im Gegenteil: Es zeigt sich jedes Mal, dass die Indigenen sich der Sterblichkeit und der Abhängigkeit der Europäer von ihrer Unterstützung entweder von Anfang an bewusst waren oder sehr bald bewusst wurden. Dies bedeutet nicht, dass die Europäer in den Augen der Indigenen keine übernatürlichen oder magischen Fähigkeiten hatten. Doch dies war etwas, das sie als Teil ihrer eigenen Weltordnung verstehen und einordnen konnten. Auch hier waren sie nicht geschockt und überfordert, sondern traten als Akteure mit eigener Handlungsmacht auf. Sie forderten von den Europäern Heilerdienste und eine Aufnahme in das Christentum mit seinen spirituellen Ressourcen, wenn es ihnen nützlich erschien. Dies lag sicherlich auch daran, dass die Sprachbarriere ihnen nur selten ein tieferes Verständnis der spirituellen Bedeutung einer Christianisierung ermöglichte. Dass sie beispielsweise diesen Glauben nicht zusätzlich annehmen konnten, sondern damit ihrer bisherigen Glaubenswelt und sogar Lebensweise entsagen mussten, war ihnen meist unklar. Die Folge waren spätestens dann Konflikte, wenn die Europäer ihre Sichtweise von der Bedeutung der Christianisierung durchsetzen wollten.

Dieser Punkt führt ein letztes Mal zu jenen zurück, die Kolonien planten, aus Europa nach Amerika reisten oder die über Ereignisse und das Scheitern ihrer Visionen schrieben. Im Laufe dieses Buch wurde die Vielfältigkeit ihrer Ideen für koloniale Gesellschaften sichtbar: gewaltige neue Königreiche mit einer gemischten Bevölkerung in großen Städten, eine Kette von Handelsposten bis in den Pazifik, Minenkolonien, Zuflucht und neue Heimat für katholische oder protestantische Minderheiten, die Gründung einer neuen Aristokratie, ein Gottesstaat von ritterlichen Glaubensbrüdern, eine englische Stadt in Übersee, Weltreiche, die sich durch Fischfang finanzieren, die Unterwerfung von El Dorado oder ein christliches Reich, gebaut auf Nächstenliebe.

Vielfältig wie die geplanten kolonialen Gesellschaften waren auch die Rollen, welche die Europäer den Indigenen darin zugestanden. Doch bei allen Unterschieden, die von Allianzen mit weitgehend eigenständigen indigenen Partnern bis zum Wunsch nach deren völliger Unterwerfung oder Vertreibung reichten: Niemand in Europa war frei von der Vorstellung seiner eigenen kulturellen und technologischen Überlegenheit sowie dem Anspruch, den einzig wahren Glauben verbreiten zu müssen. Im besten Fall sah jemand wie Jean de Léry in einem gemeinsamen Leben mit den Indigenen einen Weg, die europäischen Gesellschaften von Irrwegen zu befreien und zu ihren guten Wurzeln zurückzuführen. Dies bedeutete aber zwangsläufig, dass die Lebensweise der Indigenen und ihre Religion nicht weiterbestehen konnten.

Mehr als einmal war genau diese eurozentrische Sichtweise die tiefere Ursache für Misserfolg und sogar den Tod der Europäer. Sie zu überwinden, war aber für die Zeitgenossen nicht nur unmöglich, sondern sogar unvorstellbar. Die meisten Organisatoren kolonialer Projekte und auch die meisten Schriftsteller fürchteten vielmehr, dass die Wildnis jenseits des Ozeans das Wesen der Kolonisten verändern und sie ›verwildern‹ könnte. Wenn es aber möglich gewesen wäre, diesen eurozentrischen Standpunkt zu hinterfragen, hätten sie im Dschungel Südamerikas oder in den kalten Regionen des heutigen Kanadas indigene Überlebenstechnik lernen können. Dies hätte die Geschichte vieler kolonialer Projekte verändert und ihren Untergang verzögert oder vielleicht verhindert.

Doch tragischerweise brauchte es keinen Erfolg, keine verwirklichte Utopie und nicht einmal eine dauerhafte europäische Präsenz, um den Untergang der indigenen präkolumbianischen Welt auszulösen. Das Amerika des Jahres 1491, das in Büchern und TV-Dokumentationen zuletzt große Aufmerksamkeit bekommen hat, war auch dann verloren, wenn die Europäer an der Küste starben und nur gelegentlich ein Schiff dort eintraf. Die Eroberungen in der Karibik und in Mittelamerika lösten weitreichende indigene Migrationsbewegungen aus. Hinzu kam, dass saisonale Handelsbeziehungen den Doppelkontinent Amerika auch weit jenseits der eigentlichen Kontaktzonen veränderten. Neue Seuchen und neue Tierarten kamen ins Land, und neue Quellen für begehrte Waren veränderten seit Jahrzehnten oder Jahrhunderten bestehende Handelsnetze selbst dort, wo noch kein Europäer seinen Fuß hingesetzt hatte.

Die Welt von 1491 ging nicht immer aufgrund einer brutalen Eroberung unter wie in der Karibik, Mexiko oder Peru. Manchmal endete sie mit einer Epidemie, manchmal veränderte sie sich nur langsam durch die Neuausrichtung von Handelsrouten, das Aufkommen neuer Nutztiere wie des Pferdes oder neuer Waffen, welche die bisherigen Lebensweisen oder Hierarchien infrage stellten. Die vorherigen Kapitel haben gezeigt, dass es viele Fälle gab, in denen die Indigenen diese Prozesse aktiv gestalten konnten und selbstbewusst nach ihrem eigenen Vorteil strebten. Doch das änderte sich im Verlauf des 17. Jahrhunderts.

Neue Welten waren in Amerika entstanden, und an vielen Orten blickten die Indigenen des Jahres 1650 auf Landschaften und Tiere, die ihre Vorfahren von 1491 nicht mehr erkannt hätten. Städte waren verschwunden, ganze Föderationen oder Imperien vertrieben oder vernichtet, Glaubenssysteme zusammengebrochen und die Lebensweise bis in die weiten Prärien des amerikanischen Westens im Wandel begriffen. Unbekannter Schmuck, neue Waffen und Materialen wurden getauscht und früher unbekannte Tiere wie Pferde, Schweine, Schafe und Ziegen grasten in entvölkerten Landschaften.

Die untergegangene alte Welt der Indigenen wurde schon bald zum Gegenstand von Erinnerungen, Erzählungen und Legenden. Dabei wurde sie im Laufe der Jahrhunderte, geprägt durch die Schrecken von Vernichtung und Vertreibung, immer mehr zu einer Art verlorenem Paradies. Insbesondere die schweren Angriffe auf die kulturelle Identität der Indigenen im 19. und 20. Jahrhundert in Nordamerika verstärkten diese Tendenz erheblich. Die verlorene Welt der Vergangenheit war und ist für viele von ihnen eine Gegenerzählung zur kolonialen Nationalgeschichte und die gemeinsame Erinnerung daran eine Verteidigung gegen Vorurteile von Wildheit und Rückständigkeit, die ihren Gemeinschaften angeheftet worden waren. Mit dieser Erinnerung an eine vergangene, zumindest in mancherlei Hinsicht bessere Welt begründeten und begründen viele Menschen sowohl in Nord- als auch in Südamerika noch heute ihre berechtigten Forderungen nach Anerkennung ihres Leidens und des ihnen und ihren Vorfahren zugefügten Unrechts. Diese Welt ist das andere gefallene Utopia.

# Zeitleiste

| | |
|---|---|
| 1493 | Zweite Expedition des Christopher Kolumbus. Mehr als 1000 Mann beginnen mit der Eroberung der Karibik. Trotz Rückschlägen und der Aufgabe der ersten Kolonie La Isabella folgt der Aufbau des Spanischen Imperiums von der Karibik aus. |
| 1494 | Aufteilung der Welt zwischen den Herrschern von Portugal und Kastilien im Vertrag von Tordessilas. Fortan trennt eine Demarkationslinie im Atlantik die Welt in eine kastilische Westhälfte und eine portugiesische Osthälfte. |
| 1497 | Im Auftrag der englischen Krone erkundet der Italiener Giovanni Caboto / John Cabot den nordwestlichen Atlantik. Er entdeckt evtl. Neufundland und das nordamerikanische Festland. |
| 1499 | Rückkehr Vasco da Gamas aus Indien. Ihm gelang damit für Portugal die Erschließung des östlichen Seewegs nach Indien. Fortan liegt der Schwerpunkt der portugiesischen Kolonialpolitik auf dem Indischen Ozean. Eine Ausnahme bildet Brasilien, das noch östlich der im Vertrag von Tordessilas 1494 festgelegten Teilungslinie liegt. |
| 1519–1521 | Eroberung des Aztekenreiches durch Hernan Cortez. |
| 1522/1524 | Im Auftrag König Franz' I. von Frankreich erkundet der Italiener Giovanni Verrazano die Küste Nordamerikas. Er findet keinen Seeweg in den Pazifik und beschreibt erstmals die kontinentalen Ausmaße Nordamerikas. Allerdings berichtet er, es gäbe einen Isthmus des Nordens wie in Panama und weckt die Hoffnung auf einen Weg durch den Kontinent. |
| 1525 | Ferdinand Magellan durchquert im Auftrag des Königs von Spanien die nach ihm benannte Passage und findet einen Seeweg in den Pazifik. Er erreicht auf westlichem Wege die Gewürzinseln. Nach seinem Tod kehrt die Expedition erfolgreich nach Spanien zurück. |
| 1526 | Auftakt einer Reihe von Kriegen zwischen den Königreichen Frankreich und Spanien (Kastilien und Aragon) um die Vorherrschaft in Italien und damit die Vormacht in Zentraleuropa, die nach kürzeren Friedensphasen erst 1559 ein Ende nahmen. |
| 1528 | Der König von Kastilien schließt einen Asiento (Vertrag) mit dem Handelshaus Welser-Vöhlin für die Kolonisierung der Provinz Venezuela. |
| 1530 | Erster französischer Versuch, einen dauerhaften Handelsstützpunkt in Brasilien zu errichten, führt zur kurzzeitigen Eroberung des portugiesischen Außenpostens bei Pernambuco. Die Folge: Intensivierung der portugiesischen Kolonialprojekte in Brasilien. |
| 1531–1535 | Eroberung des Inkareiches durch Franzisco Pizarro und seine Brüder. |
| 1531–1535 | Diverse Entradas (Eroberungszüge) durch Gouverneure der Welser in Venezuela. |

| 1535-1536 | Erste und zweite Expedition Jacques Cartiers nach Kanada im Auftrag Franz' I. von Frankreich. Im zweiten Jahr verlustreiche Überwinterung am St.-Lorenz-Strom. |
| --- | --- |
| 1541–1546 | Letzte Große Entrada der Welserkonquistadoren Bartholomäus Welser und Phillip von Hutten in Venezuela. Ermordung beider bei El Tocuyo. |
| 1544–1545 | Kolonialprojekt am St.-Lorenz-Strom unter Leitung Jean François de Robervals mit dritter Expedition Jacques Cartiers. |
| 1550 | Brasilianisches Spektakel in Rouen – prokoloniale Inszenierung für König Heinrich II. von Frankreich. |
| 1556 | Der Welser-Vöhlin-Gesellschaft wird endgültig die Kontrolle über Venezuela entzogen. |
| 1555–1560 | Kolonialprojekt im Auftrag des französischen Admirals Gaspard de Coligny in der Bucht von Rio de Janeiro unter Nicolas de Villegagnon; konfessionelle Konflikte in der Kolonie; am Ende Zerstörung durch eine portugiesische Flotte. |
| 1559 | Friede von Cateau-Cambrésis beendet vorerst den langwierigen Konflikt zwischen Spanien und Frankreich. |
| 1561–1565 | Kolonialprojekte von Jean Ribault und René de Laudonniere in Florida, wieder im Auftrag von Admiral Gaspard de Coligny. |
| 1562–1563 | Erster Religionskrieg in Frankreich, weitere Religionskriege folgen bis 1593 und verhindern ein starkes koloniales Engagement. |
| 1568 | Beginn des Aufstandes in den Niederlanden gegen die spanische Herrschaft. Hieraus entwickelt sich ein Achtzigjähriger Krieg bis zum Westfälischen Frieden 1648. |
| 1571 | Spanische Jesuiten errichten eine Kapelle im heutigen Virginia. Zerstörung der kleinen Missionssiedlung durch Indigene. |
| 1572 | In der Bartholomäusnacht kommt es in Paris zu einem Massaker vor dem Hintergrund der französischen Religionskriege. Ermordung des prokolonialen Admirals Coligny. |
| 1576–1578 | Der englische Freibeuter Martin Frobisher versucht, auf drei Reisen westlich von Grönland eine Nordwestpassage nach Asien zu finden. Im Zuge der Reisen gründeten er und Partner eine Company of Cathay und gehen mehr und mehr zur Suche nach Gold über. |
| 1578–1583 | Kolonialprojekte Humphrey Gilberts bei Neufundland und an der Küste Nordamerikas. |
| 1580 | Spanien und Portugal werden ab diesem Jahr in einer Personalunion vom selben König beherrscht: Phillip II. Die Königreiche bleiben aber in ihren Gesetzen und ihrer Verwaltung getrennt – ebenso wie ihre Kolonialreiche. Die Union besteht bis 1640. |
| 1584 | Sarmiento de Gamboa versucht, die Magellanstraße mit zwei Siedlungen zu sichern. |
| 1585 | König Elisabeth schließt eine Allianz mit den Aufständischen in den Niederlanden. Die Folge ist ein offener Krieg zwischen England und |

| | Spanien/Portugal. Eine Auswirkung des Krieges ist, dass Kaperfahrten und der Seekrieg in England wichtiger sind als Kolonialprojekte. |
|---|---|
| 1585–1587 | Englische Kolonialprojekte in Roanoke (North Carolina) organisiert von Walter Ralegh. |
| 1588 | Versuchte Invasion Englands durch eine Spanische Armada (der berühmteste von insgesamt fünf Versuchen). Diese Bedrohung bindet auf englischer Seite Gelder, Schiffe und Mannschaften in Europa. |
| 1598 | König Heinrich IV. von Frankreich verkündet das Edikt von Nantes und gewährt den Hugenotten sichere Plätze und freie Ausübung ihres Glaubens: Ende der Glaubenskriege. |
| 1595 | Walter Raleghs erste Guyana-Expedition, angebliche Entdeckung des Goldreiches Manoa (El Dorado). |
| 1600 | Verlustreiche Überwinterung französischer Pelzhändler bei Tadoussac am St.-Lorenz-Stom. |
| 1603 | Friedensschluss zwischen England und Spanien. |
| 1604–1607 | Nach Gewährung von umstrittenen und kritisierten Handelsmonopolen durch die französische Krone organisiert der Sieur de Monts mehrere Kolonialprojekte in der Acadie. |
| 1607 | Gründung der Kolonie Jamestown durch die englische Virginia-Company. Erste dauerhafte Kolonie Englands in Amerika, wenn auch 1610 beinah aufgegeben. |
| 1608 | Gründung von Quebec durch Samuel de Champlain im Auftrag des Sieur de Monts. Erste dauerhafte Kolonie Frankreichs in Amerika. |
| 1609 | Spanien und die aufständischen Niederlande schließen einen zwölfjährigen Waffenstillstand. |
| 1610 | Ermordung Heinrichs IV. Seine Witwe Maria de Medici übernimmt die Regentschaft für den minderjährigen König Ludwig XIII. Es folgt eine Politik des Ausgleichs gegenüber Spanien. |
| 1610–1613 | Kolonialprojekt des Sieur de Poutrincourt in der Acadie, finanziert mit umstrittenen Monopolen, aufwändig beworben von Marc Lescarbot. |
| 1612–1613 | Kolonialprojekt französischer Jesuiten und der Hofdame de Gurecheville in der Acadie, zerstört durch einen englischen Angriff. Erster anglo-französischer Konflikt in den Amerikas. |
| 1612–1615 | Kolonialprojekt französischer Kapuziner und der Herren Ravardiére und Razilly auf der Insel Maragnon (heutiges São Luís, Provinz Maranhão), durch portugiesische Streitmacht zerstört. |
| 1617 | Walter Raleghs zweite Guyana-Expedition. |
| 1618 | Hinrichtung Walter Raleghs. |

# Abbildungsnachweis

Abb. 1   © Beate Reußner.

Abb. 2   John Wright, after the c. 1592 globe of Emery Molyneux (https://commons.wikimedia.org/wiki/File:Map_of_the_World_Hakluyt_Vol_I_Adelaide.png), »Map of the World Hakluyt Vol I Adelaide«, als gemeinfrei gekennzeichnet, Details auf Wikimedia Commons: https://commons.wikimedia.org/wiki/Template:PD-old.

Abb. 3   Fischart, Johann: Merckliche Beschreibung / sampt eygenlicher Abbildung eynes frembden vnbekanten Volcks: eyner Neu-erfundenen Landschafft oder Jnsul / neulicher zeit vom Herren Martin Frobiser / durch vngewohnliche vnd nie vnterstandene Schiffart auß Engelland […]. Getruckt zu Straßburg: [Bernhard Jobin?], Anno 1578. Zentralbibliothek Zürich, PAS II 15/32 G, https://doi.org/10.7891/e-manuscripta-92215 / Public Domain Mark.

Abb. 4   Attributed by some to cartographer Giacomo de Gastaldi. (https://commons.wikimedia.org/wiki/File:La_Terra_De_Hochelaga_Nella_Nova_Francia,_Contributed_by_McGill_University_Library.jpg), »La Terra De Hochelaga Nella Nova Francia, Contributed by McGill University Library«, als gemeinfrei gekennzeichnet, Details auf Wikimedia Commons: https://commons.wikimedia.org/wiki/Template:PD-old.

Abb. 5   Champlain, Samuel De, Creator, and David Engraver Pelletier. Geographical Map of New France Made by Mr. de Champlain of Saintonge, Ordinary Captain for the King's Navy. Paris: Jean Berjon, 1612. Map. https://www.loc.gov/item/2021668652/. World Digital Library.

Abb. 6   Unknown author (https://commons.wikimedia.org/wiki/File:Whale_Fishing_Fac_simile_of_a_Woodcut_in_the_Cosmographie_Universelle_of_Thevet_in_folio_Paris_1574.png), »Whale Fishing Fac simile of a Woodcut in the Cosmographie Universelle of Thevet in folio Paris 1574«, als gemeinfrei gekennzeichnet, Details auf Wikimedia Commons: https://commons.wikimedia.org/wiki/Template:PD-old.

Abb. 7   Lescarbot, Marc. Figvre de la terre nevve, grande riviere de Canada, et côtes de l'ocean en la Novvelle France. Chez Iean Milot, tenant sa boutique sur les degrez de la grand'salle du Palais 1609. Courtesy of the John Carter Brown Library.

Abb. 8   »Wunderbarliche, doch warhafftige Erklärung, von der Gelegenheit vnd Sitten der Wilden in Virginia …« [America, pt. 1, German], Frankfort: Theodore De Bry, 1590, p. 40. North Carolina Collection, Wilson Library, University of North Carolina at Chapel Hill.

Abb. 9   Theodor de Bry (https://commons.wikimedia.org/wiki/File:Village_of_Secoton_Theodor_de_Bry_1590.jpg), »Village of Secoton Theodor de Bry 1590«, als gemeinfrei gekennzeichnet, Details auf Wikimedia Commons: https://commons.wikimedia.org/wiki/Template:PD-old.

Abb. 10   Stich von Theodor de Bry © Staatsbibliothek Bamberg, .45 C 1, Tafel VIII, Foto: Gerald Raab.
Abb. 11   Die Zerstörung von Fort Caroline. Stich von Theodor de Bry © Staatsbibliothek Bamberg, Geogr.it.f.29, Seite 203; Foto: Gerald Raab.
Abb. 12   Stich von Theodor de Bry © Staatsbibliothek Bamberg, Geogr.f.51-2,Tafel II, Foto: Gerald Raab.
Abb. 13   Stich von Levinus Hulsius © Staatsbibliothek Bamberg, Geogr.it.q.98, #5_Titel blatt, Foto: Gerald Raab.
Abb. 14   Claude d'Abbeville (https://commons.wikimedia.org/wiki/File:Claude_d'Abbe ville,_Histoire_de_la_mission,_Louis_Henri.png), »Claude d'Abbeville, Histoire de la mission, Louis Henri«, als gemeinfrei gekennzeichnet, Details auf Wikimedia Commons: https://commons.wikimedia.org/wiki/Template:PD-old.
Abb. 15   Anonymous French painter (https://commons.wikimedia.org/wiki/File:Brazilian _ball_for_Henry_II_in_Rouen_October_1_1550.jpg), »Brazilian ball for Henry II in Rouen October 1 1550«, als gemeinfrei gekennzeichnet, Details auf Wikimedia Commons: https://commons.wikimedia.org/wiki/Template:PD-old.
Abb. 16   André Thévet, Équarrissage de la victime. Scène d'Anthropophagie rituelle chez les Tupinamba du Brésil. 1557 (gemeinfrei).

# Danksagung

Wie macht man aus einer Habilitationsschrift – einem Werk von mehr als 500 Seiten mit über 2000 Fußnoten, das für ein enges Fachpublikum geschrieben wurde, ein für ein breites Publikum ansprechendes Buch?

Diese Frage stellte sich mir, als Martin Zellhofer vom Böhlau Verlag nach dem Erscheinen meiner Habilitationsschrift *Gescheiterte Kolonien, erträumte Imperien* die Idee mit mir besprach, an dem Thema in anderer Form weiterzuarbeiten. Ihm sei an dieser Stelle nicht nur für die Idee, sondern auch für seine Unterstützung bei der Umsetzung gedankt. Zunächst schien es einfach, wie man dabei vorgehen sollte: Man müsste lediglich die interessantesten historischen Funde und die in der Habilitation entwickelte neue Perspektive in sprachlich anderer Form präsentieren. Doch dies erwies sich als unmöglich, denn das Buch war von Grund auf von abstrakten Fragestellungen und Analysen für Expertinnen und Experten geprägt.

Aus diesem Grund entstand nach und nach ein ganz anderes Buch: Eine Reise zu historischen Schauplätzen und den spannendsten Momenten der Geschichte interkultureller Begegnungen in einem verlängerten 16. Jahrhundert.

Die neue Herangehensweise brachte mit sich, dass ich zwar noch immer auf meine sechsjährige Forschungsarbeit in Deutschland, England und Frankreich zurückgreifen konnte, aber nicht umhinkam, einmal mehr in die historischen Quellen zu schauen. Aus Reiseberichten, Journalen, Briefen, Flugschriften, Büchern und vielem mehr ergaben sich so neue Blickwinkel und Geschichten. Hierfür bin ich erneut all jenen Institutionen dankbar, die meine Recherchen für die Habilitation in London, Paris und Washington D.C. unterstützt haben.

Auch wenn man ein Manuskript alleine schreibt, braucht es stets Unterstützung und Rat, um daraus ein lesbares Buch zu machen. Ich habe dafür besonders meinen beiden Probeleserinnen Dr. Ina Lemm und Stephanie Schmitz für ihre ehrliche Rückmeldung zu danken. Trotz ihrer prüfenden Blicke bleibe ich allein verantwortlich für jeden Fehler und jeden noch zu lang geratenen Satz auf den vorangegangenen Seiten. Den Weg vom überarbeiteten Manuskript zum fertigen Buch verantwortete im Böhlau Verlag Julia Roßberg, der ich für das Projektmanagement danken möchte.

Mein Dank gilt darüber hinaus auch den Studierenden an der Universität Trier, die mit mir in Seminaren die Quellen, auf denen dieses Buch basiert, gelesen und diskutiert haben.

Gewidmet ist dieses Buch meiner Frau Friederike, die einmal mehr bereit war, mich mit der Geschichte der Frühen Neuzeit zu teilen.